W9-CEJ-671

ITALIAN MADE SIMPLE

Second Edition

Cristina Mazzoni, Ph.D.

Associate Professor of Romance Languages
University of Vermont

BOOKS

A Made Simple Book
Broadway Books
New York

Produced by The Philip Lief Group, Inc.

ITALIAN MADE SIMPLE. Copyright © 1960, 2003 by Broadway Books, a division of Random House, Inc.

All rights reserved. No part of this book may be reproduced or transmitted in any form or by any means, electronic or mechanical, including photocopying, recording, or by any information storage and retrieval system, without written permission from the publisher. For information, address: Broadway Books, a division of Random House, Inc.

Printed in the United States of America

Produced by The Philip Lief Group, Inc.
Managing Editors: Judy Linden, Lynne Kirk, Hope Gatto
Copyedited by Rita Coté
Design: Annie Jeon

MADE SIMPLE BOOKS and BROADWAY BOOKS are trademarks of Broadway Books, a division of Random House, Inc.

Visit our website at www.broadwaybooks.com

First trade paperback edition published 1960

Library of Congress Cataloging-in-Publication Data
Mazzoni, Cristina
   Italian made simple / Christina Mazzoni
        p.cm
Originally published: Garden City, NY. : Doubleday, 1943
Includes Index.

   1. Italian language—Textbooks for Foreign speakers—English. I. Title.

PC1129.E5M39 2003
458.2'421–dc21

ISBN 0-7679-1539-9

2003041922

10 9 8 7 6 5 4 3

TABLE OF CONTENTS

PREFACE: WHY STUDY ITALIAN?

Benvenuti! Welcome! By opening this book, you have taken the first step toward learning the most beautiful language in the world! Surely, learning any foreign language is a heady and valuable experience, and there are many wonderful reasons to do it: for example, you will have a practical knowledge when you visit the country where that language is spoken, and you will be able to order food at a restaurant featuring food from that country. Learning a foreign language is also the best way to learn about another culture, and an enjoyable opportunity to examine your own language and culture; learning a foreign language will expand your views of the world, allow you to understand the relevance of the past, and encourage and develop critical reflection and intellectual skills.

And if you choose, among all foreign languages, to learn Italian, then you probably have more specific motivations. Italian is the modern language closest to Latin, from which English derives so many of its words; learning Italian is thus likely to improve your knowledge of English vocabulary. According to the U.S. Census Bureau, Italian is the fourth most common foreign language spoken in U.S. homes—so you may well want to learn Italian in order to learn more about your own history and heritage. Establishing a connection with your ethnic roots can be a powerful and moving experience, whether you end up walking on the same cobblestones worn out by your ancestors' shoes in a tiny Italian town, or whether you simply learn to say the words spoken by the generations that came before you. And if you are not of Italian descent, Italians will be even more appreciative of every effort you make to master their language, giving you a special place among the over fifty million tourists who visit Italy every year.

Of course Italian is also the language of great poets and writers, such as Dante and Petrarch in the Middle Ages and, in the twentieth century, Nobel-prize winners Luigi Pirandello, Grazia Deledda, and Eugenio Montale. If everyone knows that Italy is the land of world-famous artists, Michelangelo and Leonardo among them, you may be surprised to consider that, according to official UNESCO data, 50% of the world's art treasures are found in Italy. Italy is also the home of opera—such as Giuseppe Verdi's *Aida* and *Othello* and Giacomo Puccini's *Tosca*, *La Bohème*, and *Madame Butterfly*. But also many ground-breaking scientists come from Italy, among them Galileo, Enrico Fermi, and Renato Dulbecco. Maria Montessori, whose teaching methods have influenced pedagogy worldwide, was also from Italy.

You might be a gardener who longs to visit places such as the garden of Ninfa in central Italy, or a naturalist who would like to enjoy Italy's many national parks. You might want to hike in some of these parks, or you might want to walk through the streets of Italian cities and towns. Of course if you are a gourmet cook you will want to know more than **al dente** and **al fresco**, and if you are a movie buff you need to be able to see Fellini's and Rossellini's movies without reading the subtitles.

If your interests are more practical you should remember that Italy is one of the top five economies of the world, just behind the U.S., Japan, Germany, and France—a fact which its reputation as the land of art and music may at times obscure. Of course Italy has for a long time now been a leader in the fields of fashion, design, and sports cars. But Italy is a highly industrialized country, with companies in, among other things, electromechanical machinery, transportation equipment, and space engineering. There are about 1000 U.S. firms with offices in Italy, and about 7500 U.S. firms do business with Italy—knowing Italian is a definite plus in the world of business and industry.

So, whether you were looking for more reasons to study what you simply long to learn, or whether you need no reasons to study Italian other than its beauty, welcome to an adventure that will surely change the way you see the world.

CREDITS AND ACKNOWLEDGMENTS

Many thanks to John Cirignano for his generous reading and editing of the entire manuscript, and to Ed Stone and Stefania Mazzoni for their helpful editing. My gratitude also goes to the people who generously supplied the iconographic material for this book (all images are copyright of the author):

Cartoons on pp. 45, 79, 182, 237, 241, are copyright 2003 Andrea Bocchi (www.andreabocchi.com). Cartoons on pp. 89, 101, 121, are copyright 2003 Ettore Frangipane (www.frangipane.it). Maps on pp.144 are copyright 2003 Sabrina Mazzoni (sabgis@yahoo.com). Photos on pp. 24, 30, 118, 129 (top), 139 146, 158, 164, 175, 203, 210, 222, 233, 241, 254, 269, are copyright 2003 Fulvio Fusani (fulvio.fusani@tiscali.it). Photos on pp. 51 and 83 are copyright 2003 Cristina Mazzoni (www.uvm.edu/~cmazzoni). Photos on pp. 43, 53, 62, 68, 71, 75, 89, 95, 96, 104, 114, 129 (bottom), 170, 180, 191, 221, 224, 232, 238, 244, 250, 260, 265 are copyright 2003 Sabrina Mazzoni (sabgis@yahoo.com). Photo on pp. 47 is copyright 2003 Jim Tardio (www.jimtardio.com).

INTRODUCTION

PART I: THE ITALIAN LANGUAGE

As you begin to study Italian, you will be pleased to learn that you already know, or can make a good guess at, the meaning of many Italian words that you see for the first time: there are many Italian words which differ only slightly in spelling, and often not at all, from corresponding English words with the same meaning. Let's look at some of these words.

Many Italian words are spelled exactly like corresponding English words except that they have an additional vowel sound (a, o, or e) at the end.

poeta=poet, **problema**=problem, **artista**=artist, **forma**=form, **lista**=list, **persona**=person, **pianista**=pianist, **musica**=music, **concerto**=concert, **moderno**=modern, **evento**=event, **perIodo**=period, **spIrito**=spirit, **calmo**=calm, **monumento**=monument, **porto**=port, **colore**=color, **cordiale**=cordial, **cereale**=cereal, **classe**=class, **generale**=general, **regione**=region, **importante**=important

There are Italian words that have a vowel sound where the corresponding English word has a final silent e.

rosa=rose, **guida**=guide, **data**=date, **statura**=stature, **vaso**=vase, **uso**=use, **sincero**=sincere, **fortunato**=fortunate, **stato**=state

Many Italian words differ more or less in spelling from corresponding English words, but their meaning is easily guessed.

appartamento=apartment, **artIcoio**=article, **scuola**=school, **generoso**=generous, **teatro**=theater, **famoso**=famous, **famiglia**=family, **programma**=program, **letteratura**=literature, **centro**=center, **turista**=tourist, **attore**=actor, **dottore**=doctor, **gruppo**=group, **scultura**=sculpture, **autore**=author

The Italian ending –zione equals the English ending –tion.

conversazione=conversation, **emozione**=emotion, **stazione**=station, **informazione**=information, **competizione**=competition, **corruzione**=corruption

The Italian ending -à (or -ia) equals the English ending -y.

popolarità=popularity, **opportunità**=opportunity, **quantità**=quantity, **qualità**=quality, **città**=city, **dignità**=dignity, **formalità**=formality, **gloria**=glory, **varietà**=variety, **attività**=activity, **identità**=identity, **velocità**=velocity, **geografIa**=geography, **storia**=history, story, **società**=society

Some musical and culinary words in English are borrowed directly from the Italian, often with only slight changes in pronunciation.

la mUsica: **sonata, aria, adagio, Opera, primadonna, soprano, fortIssimo, pianIssimo, crescendo**
la cucina: **antipasto, pasta, ravioli, spaghetti, pizza, mozzarella, tiramisù, espresso, cappuccino**

Many verbs differ from corresponding English verbs only in their ending.

visitare=to visit, **conversare**=to converse, **presentare**=to present, **arrivare**=to arrive, **decIdere**=to decide, **costare**=to cost, **divIdere**=to divide, **differire**=to differ, **studiare**=to study, **indicare**=to indicate, **preparare**=to prepare, **confessare**=to confess, **preferire**=to prefer, **informare**=to inform

The similarities between the Italian and English vocabularies will be a great help to you in learning Italian. However, you must bear in mind that words with the same or similar spelling in the two languages are in most cases pronounced differently. Also, you must be on the lookout for some Italian words which are alike or similar in spelling to English words, but differ in meaning: **gabinetto** might remind you of a cabinet, but it means toilet. Similarly, **ape** is not an ape but a bee, **magazzino** not a magazine but a warehouse, **camera** means room, **firma** means signature, **fattorIa** means farm, a **librerIa** is not a library but a bookstore, **grosso** means big and **mOrbido** means soft. Usually, however, similarities between Italian and English are a great help in determining the meaning of a word.

PART II: ITALIAN PRONUNCIATION

How is Italian pronounced? The Italian words used in this section to illustrate the Italian sounds need no translation, for they are chosen from easily recognized words. As you learn the correct Italian pronunciation of these words, you also begin to build your Italian vocabulary.

The description of each Italian sound is accompanied by a pronunciation key, which indicates the nearest English equivalent of that sound. This key will only be used in this chapter, for it is best for your language learning not to rely on this crutch and to focus instead on learning the rules of Italian pronunciation.

The stress in Italian words usually falls on the second-to-last syllable.[1] It occasionally falls on the last syllable, and in that case an accent mark always appears on the last letter. In this book, whenever the stress does not fall on the last or second-to-last syllable, the stressed vowel will be capitalized at its first occurrence and in the dictionary.[2]

1. ITALIAN VOWELS

The Italian vowels are **a, e, i, o, u**. There is one word in Italian which contains them all: **aiuole**, flowerbeds. Practice pronouncing each vowel sound aloud. Open your mouth nice and wide to get a big, round vowel sound; keep the vowel sound short, do not draw it out as you do in American-English. Use the English equivalents as a guide, but remember that these are approximations and not exact equivalents. The Italian **r**, as you may know, is always rolled.

Pronounce each Italian word aloud. Stress (emphasize) the syllable in heavy type. Note that **a, i,** and **u** only have one pronunciation, while **e** and **o** can be open or closed. Do not worry too much about the differences between open and closed **e** and **o**, though, as these often vary according to regional inflection.

---

[1] In pronunciation, stress means the emphasis placed on a particular syllable when a word is spoken. For example, in English we say PRObem, because the stress fall on the o and not on the e; similarly, we say OFfice and not ofFICE, COMpany and not comPAny or compaNY, etc.

[2] The first occurrence of a word will usually be in the New Vocabulary section. Some verb forms with an unusual stress will first appear in the body of a chapter and will be italicized there.

ITALIAN VOWEL	NEAREST ENGLISH SOUND	KEY SYMBOL	ITALIAN WORD
a	like **a** in *father*	ah	**data** (*dah-tah*)
u	like **oo** in *boot*	oo	**statura** (*stah-too-rah*)
i	like **ee** in *feet*	ee	**turista** (*too-ree-stah*)
e (closed)	like **a** in *date*	ay	**teatro** (*tay-ah-troh*)
e (open)	like **e** in *met*	eh	**problema** (*proh-bleh-mah*)
o (closed)	like **o** in *hotel*	oh	**colore** (*koh-loh-ray*)
o (open)	like **aw** in *thaw*	aw	**Opera** (*aw-pay-rah*)

Practice aloud. Stress the syllables in heavy type. Pronounce all syllables clearly: except for **h**, all letters are pronounced in Italian.

sonata (*soh-nah-tah*)

lista (*lee-stah*)

forma (*for-mah*)

totale (*toh-tah-lay*)

evento (*ay-vehn-toh*)

guida (*gwee-dah*)

cordiale (*kohr-dyah-lay*)

studente (*stoo-dehn-tay*)

persona (*payr-soh-nah*)

artista (*ahr-tee-stah*)

pOrtico (*pawr-tee-koh*)

scuola[3] (*skwaw-lah*)

pianista[4] (*pyah-nee-stah*)

fortIssimo (*fohr-tees-see-moh*)

monumento (*moh-noo-mayn-toh*)

fortunato (*foh-toor-nah-toh*)

popolarità[5] (*poh-poh-lah-ree-tah*)

opportunità (*ohp-pohr-too-nee-tah*)

2. ITALIAN CONSONANTS

Most Italian consonants are pronounced like the corresponding English consonants. The following, however, need special attention.

c before **a**, **o**, **u**, or any consonant equals English *k*.

c before **i** or **e** equals English *ch* in *church*.

ch is used only before **i** or **e**. It equals English *k*.

colore (*koh-loh-ray*)

centro (*chehn-troh*)

and **ciao** (*chee-ah-oh*)

chImica (*kee-mee-kah*)

and **Chianti** (*kee-ahn-tee*)

Practice: **ca   co   cu   che   chi   cia   cio   ciu   ce   ci**

(*kah*) (*koh*) (*koo*) (*kay*) (*kee*) (*chah*) (*choh*) (*choo*) (*chay*) (*chee*)

---

[3] In the combinations **ua**, **ue**, **ui**, **uo**, the **u** is pronounced like the English *w*.

[4] In the combinations **ia**, **ie**, **io**, **iu**, the **i** is pronounced like the English *Y*.

[5] The accent mark (` ) is used to show that the stress falls on the last syllable. Although dictionaries distinguish between the grave ( `) and the acute (´) accents, the average speaker/writer does not need to worry about the distinction between the two—and neither should you.

generale (*jay-nay-rah-lay*)   **regione** (*ray-joh-nay*)   **gloria** (*glohr-yah*)   **gala** (*gah-lah*)

geografIa (*jay-oh-grah-fee-ah*)   **frAgile** (*frah-gee-lay*)   **spaghetti** (*spah-geht-tee*)

g before **a**, **o**, **u**, or any consonant equals English *g* as in *rag*

gatto (*gah-ttoh*)   **g** before **i** or **e** equals *j*   **gelato** (*jay-lah-toh*)

gh is used only before **i** or **e**. It equals English *g* as in *rag*   **ghiaccio** (*ghee-ah-choh*)

Practice: | ca | co | cu | che | chi | cia | cio | ciu | ce | ci |
| --- | --- | --- | --- | --- | --- | --- | --- | --- | --- |
| (*kah*) | (*koh*) | (*koo*) | (*kay*) | (*kee*) | (*chah*) | (*choh*) | (*choo*) | (*chay*) | (*chee*) |
| ga | go | gu | ghe | ghi | gia | gio | giu | ge | gi |
| (*gah*) | (*goh*) | (*goo*) | (*gay*) | (*gee*) | (*jah*) | (*joh*) | (*joo*) | (*jay*) | (*jee*) |

gli is pronounced as one sound, similar to the *–lli-* in the English *William*

tagliare (*tah-llee-ah-ray*)   **aglio** (*ah-lleeoh*)   **tovaglia** (*toh-vah-lleeah*)

gn is pronounced as one sound, similar to the *ny* in the English word *canyon*

signore (*see-nyo-ray*)   **signora** (*see-nyo-rah*)   **signorina** (*see-nyo-ree-nah*)

h (aside from **gh** and **ch**) appears only in a few short words and some words of foreign origin (*habitat, hobby, hotel*) and is always silent.

ho (*aw*) I have; **hai** (*ahy*) you have; **ha** (*ah*) he/she/it has; **hanno** (*ahn-noh*) they have

qu is always pronounced like the *qu* of the English word *quest.*

quadro, picture (*qu-ah-droh*)

r is trilled with the tip of the tongue; note though that there are plenty of Italians who cannot roll their **r**'s and pronounce them as **v**'s or as French **r**'s instead!

s is usually like English *s* as in *see*. Sometimes, for example between vowels and before voiced consonants (**b**, **d**, **g**, **l**, **m**, **n**, **r**, **v**) it is like *s* in *busy*, or like English *z*.

sincero (*seen-chay-roh*)   **spIrito** (*spee-ree-toh*)   **studente** (*stoo-dehn-tay*)

sbaglio, mistake (*zbah-lli-oh*)   **rosa** (*raw-zah*)

t is never aspirated in Italian, as it is instead in English.

tu (*too*) you   **tè** (*tay*) tea   **telEfono** (*tay-lay-phoh-noh*)

z is like English *ts* in *its* or, if it is located at the beginning of a word, like *ds* in *beds*.

stazione (*staht-yoh-nay*)   **conversazione** (*kohn-vayr-sahts-yoh-nay*)   **zero** (*dzeh-roh*)

All consonants except for **h** and **q** can be doubled (the only word with a double **q** is **soqquadro**, mess). Remember also that double consonants are pronounced more forcefully and with a more prolonged sound than single consonants.

3. STRESS IN ITALIAN WORDS

As in English, there are no absolute rules for determining the syllable on which the stress falls. The majority of Italian words, however, are stressed on the next-to-last syllable. Whenever the stress falls on the very last syllable, an accent mark appears on it.

So what if the stress falls on neither the last nor the second-to-last syllable? Native speakers know where the stress falls from practice. In this book, if the stress falls on a syllable other than the second-to-last syllable, the vowel on which the stress falls will always be capitalized at its first occurance and in the dictionary, at the end.

importante (*eem-pohr-**tahn**-tay*)
pianIssimo (*pyah-**nees**-see-moh*)
quantità (*kwan-tee-**tah***)

4. SOME PRACTICE WORDS

Practice saying aloud the following word lists and you will at once gain naturalness in your Italian pronunciation and begin building the vocabulary useful for the upcoming lessons. Do not worry about memorizing the new vocabulary words now: you will encounter every one of them in the coming chapters.

COMMON ITALIAN FIRST NAMES
MEN'S
Alessandro (*ah-lays-**sahn**-droh*)
Antonio (*ahn-**tohn**-yoh*)
Carlo (*kahr-loh*)
Francesco (*frahn-**cheh**-skoh*)
Gianfranco (*jee-ahn-**fran**-koh*)
Giorgio (*jawr-joh*)
Giovanni (*joh-**vah**-nee*)
Giuseppe (*joo-**zehp**-pay*)
Luca (*loo-kah*)
Marco (*mahr-koh*)

Mario (*mah-**reeoh***)
Paolo (*pah-oh-loh*)
Pietro (*piay-troh*)
Roberto (*roh-**beht**-toh*)
WOMEN'S
Angela (*ahn-jay-lah*)
Bianca (*bee-ahn-kah*)
Chiara (*kee-ah-rah*)
Emma (*ehm-mah*)
Franca (*frahn-kah*)
Francesca (*frahn-**chhe**-skah*)
Isabella (*ee-zah-beh-llah*)
Livia (*lee-vee-ah*)
LucIa (*loo-**chee**-ah*)
Marina (*mah-**ree**-nah*)
Martina (*mahr-**tee**-nah*)
PAola (*pah-oh-lah*)
Stefania (*stay-**fahn**-yah*)
Teresa (*tay-reh-zah*)

THE DAYS OF THE WEEK
lunedì (*loo-nay-**dee***) Monday
martedì (*mahr-tay-**dee***) Tuesday
mercoledì (*mayr-koh-lay-**dee***) Wednesday
giovedì (*joh-vay-**dee***) Thursday
venerdì (*vay-nayr-**dee***) Friday
sAbato (*sah-bah-toh*) Saturday
domEnica (*doh-**may**-nee-kah*) Sunday
settimana (*sayt-tee-**mah**-nah*) week

NUMBERS 1-10
1. **uno** (*oo-noh*)
2. **due** (*doo-ay*)
3. **tre** (*tray*)
4. **quattro** (*koo-**ah**-troh*)
5. **cinque** (*cheen-koo-ay*)
6. **sei** (*say-eeh*)
7. **sette** (*say-tay*)
8. **otto** (*oh-toh*)
9. **nove** (*noh-vay*)
10. **dieci** (*dee-ay-cheeh*)

GREETINGS

Buongiorno (*boo-ohn-jee-or-noh*) good morning, good day

Buonasera (*boo-ohnah-say-rah*) good afternoon, good evening

Buonanotte (*boo-ohnah-noh-tay*) goodnight

Ciao (*chee-ah-oh*) hi, bye

Salve (*sahl-vay*) hello

Piacere (*pee-ah-chay-ray*) pleased to meet you

TITLES

signora (*see-nyo-rah*) Mrs., Ms., Madam

signore (*see-nyo-ray*) Mr., Sir

signorina (*see-nyo-ree-nah*) Miss, Madam

FAMILY WORDS

famiglia (*fah-mee-lliah*) family

figlio (*fee-lleeoh*) son

figlia (*fee-lleeah*) daughter

padre (*pah-dray*) father

madre (*mah-dray*) mother

sorella (*soh-rehl-lah*) sister

fratello (*fra-tehl-loh*) brother

bambino (*bam-bee-noh*) child, little boy

bambina (*bam-bee-nah*) little girl

uomo (*oo-oh-moh*) man

donna (*dohn-nah*) woman

FOOD WORDS OFTEN MISPRONOUNCED BY AMERICANS

biscotti (*bee-skoh-tteeh*) cookies

bruschetta (*broo-skay-ttah*) grilled bread rubbed with garlic, brushed with olive oil, and at times topped with diced tomatoes

focaccia (*foh-kah-ch-chah*)

gnocchi (*nyoh-kkeeh*) dumplings, usually made with potatoes

risotto (*ree-soh-ttoh*) a rice dish in which rice is toasted in olive oil and sauteed onions and then cooked with broth and something else—saffron, seafood, asparagus, or a number of other options

THE ITALIAN ALPHABET

a	(**a**, pronounced: *ah*)
b	(**bi**, pronounced: *bee*)
c	(**ci**, pronounced: *chee*)
d	(**di**, pronounced: *dee*)
e	(**e**, pronounced: *ay*)
f	(**effe**, pronounced: *ay-fay*)
g	(**gi**, pronounced: *jee*)
h	(**acca**, pronounced: *ah-kah*)
i	(**i**, pronounced: *ee*)
l	(**elle**, pronounced: *ay-lay*)
m	(**emme**, pronounced: *ay-may*)
n	(**enne**, pronounced: *ay-nay*)
o	(**o**, pronounced: *oh*)
p	(**pi**, pronounced: *pee*)
q	(**qu**, pronounced: *coo*)
r	(**erre**, pronounced: *ay-ray*)
s	(**esse**, pronounced: *ay-say*)
t	(**ti**, pronounced: *tee*)
u	(**u**, pronounced: *oo*)
v	(**vu**, pronounced: *voo*)
z	(**zeta**, pronounced: *dzay-tah*)

The alphabet is a very useful thing to know in terms of spelling—particularly if you don't have an Italian name, because Italians might need you to spell it. As you have noticed, the Italian alphabet does not include the letters j (i lunga, *ee loon-gah*), k (cappa, *kah-pah*), w (doppia vu, *doh-pee-ah voo*), x (ics, *eecs*), y (ipsilon, *ee-psee-lohn*). When these letters do appear in Italian, they are found in words of foreign origin, such as **jolly**, **xilOfono**, **yoga**. Once again: in Italian every letter is pronounced except for the letter **h**.

COME STUDIARE OGNI CAPITOLO - HOW TO STUDY EACH CHAPTER

The key ingredients to a successful language learning experience are consistent work, variety of media, and, most of all, a sense of fun. Set a realistic goal for yourself, whether it is fifteen minutes a day or a couple of hours during the weekend, and stick to a schedule. Do not be afraid of making mistakes, because of course you will make mistakes—that is how we learn! Learning a foreign language is a time-consuming though also an immensely gratifying undertaking. Your efforts will be rewarded when you visit Italy and all those you will talk to will greatly appreciate your desire to speak and understand their language!

Italian Made Simple will be your primary guide through the study of Italian. This is how you can get the most out of it. Start by practicing your pronunciation with the **Scioglilingua**, Tongue twister (or, literally and more optimistically, "tongue-loosener"); if you are unsure as to how you pronounce a particular word, please refer back to the pronunciation guide in the introductory chapter. Then, when your tongue is nicely loosened, first read the **Presentazione**, Introduction, which will give you an English summary of the content of the reading. Then, with the topic of the reading in mind, study the list of new words in the **Vocabolario nuovo**, New vocabulary. Start thinking of some of the ways in which these words can be applied to the topic of the reading as you have learned it from the **Presentazione** and complete the **Esercizi di vocabolario**, Vocabulary Exercise. All this preliminary work will simplify your understanding of the Italian text of the **Lettura**, Reading. You should read the **Lettura** several times, both silently and aloud. Check your understanding of the reading by doing the exercises in the section called **Comprensione del testo**, Reading comprehension. If you become really stuck on the meaning of the **Lettura**, refer to its English translation in the back of the book. When you have mastered the **Lettura**, study the **Note grammaticali**,

Grammar notes, and do the exercises that follow them. Check the accuracy of your exercise answers in the back of the book. Then have some fun with the **Per chiacchierare**, To chat, section, and if you have access to the Internet visit the recommended Italian sites in the section called **Sull'Internet**, On the web, for more practice.

In each of the eight **CapItoli di ripasso**, Review chapters, you will have the opportunity to review some of the vocabulary while playing with the **Crucipuzzle**, Wordsearch puzzle, and the **Cruciverba**, Crossword Puzzle. You will also find in each review chapter ten **Esercizi supplementari**, Extra exercises, that review the vocabulary and grammar of the preceding five chapters.

If you are learning Italian on your own, you should if at all possible get an Italian-speaking person to help you with your pronunciation, for it is important for you to hear the sounds correctly spoken and to have your own pronunciation checked—particularly at the beginning, as your pronunciation habits are formed.

You can improve your pronunciation and understanding of the spoken words by listening to Italian as much as possible: movies (even with subtitles) can be easily rented from your local video store, audiotapes and CD's can be purchased at music stores or borrowed from the library, Italian radio as well as many audiofiles can be listened to through the Internet... All these activities will develop your "ear" for the language as well as your listening skills. At first, a few minutes of listening each day will suffice. As you progress in your study of Italian, you will find it beneficial to increase your listening time.

Use downtime to practice what you have learned—in the shower, while waiting for the bus, driving to work: talk to yourself, listen to CD's and tapes, practice some tongue twisters. Have a positive attitude, learn to laugh at your mistakes, and most of all have fun!

CAPITOLO I (UNO)

PIACERE! LE PRESENTAZIONI
PLEASED TO MEET YOU! INTRODUCTIONS

SCIOGLILINGUA — TONGUE TWISTER

"Sopra la panca la capra campa, sotto la panca la capra crepa."
Over the bench the goat lives, under the bench the goat dies[1].

PRESENTAZIONE — INTRODUCTION

In this reading you will meet Marina Ricci, the Italian teacher who will guide your learning of Italian. You will also meet her sister, Livia Ricci-Jones, and her Italian-American family. You will learn about the Ricci-Joneses' house and Marina's teaching job downtown.

VOCABOLARIO NUOVO — NEW VOCABULARY

■ **nomi** — nouns
l'anno *year*
il bagno *bathroom*
il bambino *young child, little boy*
la bambina *little girl*
la cAmera / la cAmera da letto *bedroom*
il capItolo *chapter*
la casa *house, home*
la cucina *kitchen*
la donna *woman*

il dottore *doctor*
la famiglia *family*
il figlio *child, son*
i figli *children, sons*
l'insegnante *teacher* (can be either masculine or feminine)
l'italiano *the Italian language, the Italian man*
la madre *mother*
il padre *father*
la sala da pranzo *dining room*
il salotto *living room*
il signore/il signor[2] *Mr., sir, gentleman*
la signora *Mrs., Ms., madam, lady* (more common)[3]
la signorina *Miss, Ms., madam, young lady* (more old-fashioned)
la sorella *sister*
la stanza *room*
l'uomo *man*

■ **aggettivi** — adjectives
americano / americana *American*
felice *happy*
grande *big*
italiano / italiana *Italian*
mio / mia *my*
suo / sua *his, her*

[1] This tonguetwister is among the best-known ones in the Italian language. It looks easy enough, but it is quite challenging even for native speakers of Italian to say it fast and well. Make sure you stress the double "t" in **sotto** because, unlike their English counterpart, Italian double consonants are given an emphasized sound: just dwell on double consonants a moment longer than on single consonants.

[2] Although masculine titles such as **signore, dottore, professore** lose their final **e** in front of a name (**il signor Campi, il dottor Jones, il professor Cuomo**), the stress remains on the **o**, the original second-to-last syllable.

[3] While in the past **signora** used to indicate a married woman and **signorina** an unmarried woman, **signora** is now commonly used to refer to all adult women, and **signorina** is reserved for very young women in formal situations.

■ **verbi** — verbs

abito *I live*	**abitare** *to live*
ha *he/she/it has*	**avere** *to have*
mi chiamo *my name is*	**chiamarsi** *to be named*
sono *I am*	**è** *he/she/it is*
sono *they are*	**Essere** *to be*
insegno *I teach*	**insegna** *he/she/it teaches*
insegnare *to teach*	**lavoro** *I work*
lavorare *to work*	

■ **avverbi e altro** — adverbs and more

a *at, in*	**anche** *also*
buongiorno *good morning, good day*	
ciao *hello, bye bye*	**con** *with*
di *of*	**e** *and*
ecco *here is, here are*	**in centro** *downtown*
loro *they, them*	**ma** *but*
per *for*	**perché** *because, why*
piacere! *nice to meet you!*	**quando** *when*
tutto il giorno *all day long*	

ESERCIZI DI VOCABOLARIO — VOCABULARY EXERCISES

Esercizio 1: Completa le frasi in italiano.
Complete the sentences in Italian.[4]

1. If I am sick I go to the _____.
2. If I want to learn I go to the _____.
3. If I am an **adulto** and my name is Mario I am a
   _____.
4. If I am an **adulta** and my name is Marina I am
   a _____.
5. If I am 6 and my name is Bianca I am a
   _____.
6. If I am 8 and my name is Paolo I am a
   _____.

Esercizio 2: Definizioni — Definitions
1. _____: the room where we sleep

[4] Except for **Definizioni**, Definitions, **Abbinamenti**, Matches, and **Scelta multipla**, Multiple choice, the directions for all exercises will be given using the informal, singular, imperative, or command form of the verb. You will learn this form much later in the book, but in the meantime you can begin to familiarize yourself with some commands since all exercise directions will be given both in Italian and in English.

2. _____: the room where we prepare **l'espresso e il cappuccino**
3. _____: the room where we shower
4. _____: the building where we live
5. _____: the room where we have dinner
6. _____: the room where we watch **la televisione**

Esercizio 3: Abbinamenti — Matches

colonna A	colonna B
1. Sono di Roma.	a. I live in Rome.
2. Lavoro a Roma.	b. I am from Rome.
3. Abito a Roma.	c. I work in Rome.
4. Mi chiamo Livia.	d. My name is Livia.
5. Abito con Livia.	e. I am Livia.
6. Sono Livia.	f. I live with Livia.

LETTURA — READING

1. Buongiorno! Ecco la signora Marina Ricci.
2. "Piacere! Mi chiamo Marina Ricci e sono insegnante. Sono di Roma ma lavoro a New York."
3. "Abito con mia sorella Livia e la sua famiglia per un anno."
4. Ecco la signora Livia Ricci-Jones: "Piacere! Mi chiamo Livia Ricci-Jones. Sono di Roma ma abito a New York."
5. La famiglia Ricci-Jones ha cinque (5) persone: il padre, il signor Mark Jones; la madre, la signora Livia Ricci-Jones; e tre (3) figli: Paolo, Bianca e Lucia.
6. Ecco Paolo: "Ciao! Mi chiamo Paolo. Sono un bambino americano. Sono di New York." Ecco Bianca: "Ciao! Mi chiamo Bianca. Sono una bambina americana. Sono di New York." Ecco Lucia: "Ciao! Mi chiamo Lucia. Sono una bambina americana. Sono di New York."
7. Ecco Mark Jones: "Piacere! Mi chiamo Mark Jones. Sono dottore. Sono americano. Sono di New York."
8. La signora Ricci-Jones è una donna italiana. Il signor Jones è un uomo americano.

9. La casa Ricci-Jones ha sette (7) grandi stanze: il salotto, la sala da pranzo, la cucina, e quattro camere da letto.
10. La casa ha anche due (2) bagni.
11. La famiglia Ricci-Jones è felice perché Marina lavora a New York.
12. Il lunedì, il martedì, il mercoledì, il giovedì e il venerdì, la signora Ricci insegna l'italiano in centro.
13. Il sabato e la domenica non lavora.
14. Quando lavora, la signora Ricci insegna tutto il giorno.

NOTE — NOTES

Sì means *yes* and **no** means *no*. Unlike its English equivalent, the Italian no is pronounced with an open o, *noh*. A useful expression is "**No è no!**" "No is no!"

The familiar word **ciao**, which you should only use with people with whom you are on a first-name basis, means both *hello* and *bye bye*. Interestingly, the word **ciao** comes from the Venetian dialect pronunciation of the word **schiavo**, meaning *slave*. **Ciao** originally meant *I am your slave* or *I'm at your service*.

The days of the week are: **lunedì** (*Monday*), **martedì** (*Tuesday*), **mercoledì** (*Wednesday*), **giovedì** (*Thursday*), **venerdì** (*Friday*) **sabato** (*Saturday*), **domenica** (*Sunday*). In Italy the week starts with Monday and ends with Sunday. The names of the days of the week in Italian are not capitalized.

COMPRENSIONE DEL TESTO — READING COMPREHENSION

Esercizio 4: Scelta multipla — Multiple Choice
1. Marina Ricci è
   a. italiana.   b. americana.   c. francese.
2. Il signor Jones è
   a. italiano.   b. americano.   c. francese.
3. La famiglia Ricci-Jones ha
   a. tre (3) persone.   b. quattro (4) persone.
   c. cinque (5) persone.

4. La casa Ricci-Jones ha
   a. cinque (5) stanze.   b. due (2) bagni.
   c. due (2) camere da letto.
5. La signora Ricci è in America
   a. per studiare.   b. per insegnare.
   c. per sette (7) anni.
6. La signora Ricci-Jones ha
   a. un (1) bambino.   b. sette (7) bambini.
   c. tre (3) bambini.

Esercizio 5: Abbinamenti — Matches

colonna A
1. Chi è la signora Ricci?
2. È italiana la signora Ricci?
3. Dove lavora la signora Ricci?
4. Con chi abita la signora Ricci?
5. Quanti (*how many*) figli hanno i signori Ricci-Jones?
6. Sono felici i signori Ricci-Jones?

colonna B
a. Sì, i signori Ricci-Jones sono molto felici.
b. Sì, la signora Ricci è italiana.
c. La signora Ricci lavora in centro.
d. I signori Ricci-Jones hanno tre (3) figli.
e. La signora Ricci abita con la famiglia di sua sorella.
f. La signora Ricci è un'insegnante.

Esercizio 6: Riempi gli spazi. Fill in the blanks.

La _____ Ricci è italiana. Il signor Jones è il _____ di tre figli. La signora Ricci-Jones è la _____ di tre figli. La signora Ricci-Jones è la _____ della signora Ricci. Il lunedì, il martedì, il _____, il _____ e il venerdì la signora Ricci lavora _____.

APPUNTI DI GRAMMATICA — GRAMMAR NOTES

1. GENDER AND NUMBER OF NOUNS
All nouns in Italian are either masculine or feminine in gender. There is no neuter gender, no

translation for the English *it*. That means that even inanimate objects are either masculine or feminine, so you need to learn the gender as you learn each new word. Fortunately this is usually very easy, because the final letter, in most cases, tells you the gender of each noun.

Most nouns end in a vowel:
nouns ending in –**o** are generally masculine and form their plural with –**i**.

nouns ending in –**a** are generally feminine and for their plural with –**e**.

nouns ending in –**e** may be masculine or feminine and form their plural with –**i**.

bambino>>bambini; bagno>>bagni
bambina>>bambine; cucina>>cucine
stazione (*fem.*)**>>stazioni**
ristorante (*masc.*)**>>ristoranti**

Some nouns have a masculine and a feminine form and the only difference is the final vowel:
bambino *little boy*, **bambina** *little girl*;
figlio *son*, **figlia** *daughter*; **zio** *uncle*, **zia** *aunt*

Some nouns have a masculine and a feminine form but, as in English, the two words are different:
padre *father*, **madre** *mother*;
sorella *sister*, **fratello** *brother*

But most nouns are either masculine or feminine and there is no apparent reason for this:
sedia *chair* (*fem.*); **casa** *house* (*fem.*);
bagno *bathroom* (*masc.*); **anno** *year* (*masc.*)
sole *sun* (*masc.*); **arte** *art* (*fem.*)

As you can see, the only tricky ones are the nouns in –**e**, which do not tell you immediately which gender they are.[5]

You should also note that Italian uses the masculine plural as a generic form: **figli** means *sons* but also *sons and daughter, children*; **studenti** means *male students*, but also *students* in general.

2. GENDER AND NUMBER OF ADJECTIVES

In English adjectives are invariable. In Italian, adjectives always agree with the noun to which they refer in number (singular or plural) and gender (masculine or feminine).

Adjectives in –**o** change to –**a** in the feminine form; their plural is –**i** and –**e** respectively.

Adjectives in –**e** do not change in the feminine; both form their plural with –**i**.

americano, americana, americani, americane
bambino italiano / bambina italiana / bambini italiani / bambine italiane

felice, felici
bambino felice / bambina felice / bambini felici / bambine felici

3. DEFINITE ARTICLES (THE)

In English, the definite article *the is* invariable. In Italian, the definite article agrees with its noun in number and gender.

SINGULAR FORMS

il is used with most masculine singular nouns that begin with a consonant.

lo is used with masculine singular nouns that begin with *z* or *s* + *consonant* (*sp, sb, st, sl*)

la is used with feminine singular nouns.

l' is used instead of **il** or **la** when the next word begins with a vowel.

masculine singular
il **ragazzo** *the boy*
lo **studente** *the student* (*masc.*)
lo **zio** *the uncle*
l'**amico** *the friend* (*masc.*)

feminine singular
la **ragazza** *the girl*
la **studentessa** *the student* (*fem.*)
l'**amica** *the friend* (*fem.*)

PLURAL FORMS

il becomes **i** in the plural.

l' (before a masculine noun) and **lo** become **gli** in the plural.

la becomes **le** in the plural.

l' (before a feminine noun) becomes **le** in the plural.

---

[5] You will also encounter later in the book a few masculine nouns that end in –**a**.

masculine plural
i **ragazzi** the boys
gli **studenti** the students (*masc.*)
gli **zii** the uncles
gli **amici** the friends (*masc.*)

feminine plural
le **ragazze** the girls
le **studentesse** the students (*fem.*)
le **amiche** the friends (*fem.*)

ESERCIZI — EXERCISES

Esercizio 7: Inserisci l'articolo determinativo adatto. Insert the appropriate definite article (you don't have to understand every word).

Esempio:

uomo   **l'uomo**

1. uomo   _____
2. donna   _____
3. padre   _____
4. madre   _____
5. anno   _____
6. zia   _____
7. camera   _____
8. figlia   _____
9. amico   _____
10. cucina   _____
11. libro   _____
12. arte (*fem.*) _____
13. salotto   _____
14. signora   _____
15. studente   _____
16. ragazza   _____
17. famiglia   _____
18. ufficio   _____
19. sorella   _____
20. fratello   _____
21. bambina   _____
22. zio   _____
23. bagno   _____

Esercizio 8: Trasforma articoli e nomi dal singolare al plurale. Transform articles and nouns from the singular to the plural.

Esempi: il libro *i libri*; la camera *le camere*; l'anno *gli anni*; l'arte f. *le arti*

1. il ragazzo   _____
2. la famiglia   le famiglie
3. l'americano   gli americani
4. la donna   _____
5. l'insegnante (*fem.*) le insegnanti
6. la signora   le signore
7. il figlio[6]   i figli
8. l'ufficio[7]   i uffici
9. la madre   _____
10. lo studente   gli studenti
11. l'italiana   le italiane
12. il rappresentante _____
13. il fratello   _____
14. la sorella   le sorelle
15. il signore   i signori
16. la cucina   _____
17. lo zaino   _____
18. l'uomo[8]   uomini

Esercizio 9: Rispondi alle domande secondo gli esempi. Answer the questions according to the examples.

Esempio: **Chi è Colette? (francese)**
È la donna francese

1. Chi è Isabella? (*italiana*) _____
2. Chi è Irina? (*russa*) _____
3. Chi è Tina? (*spagnola*) _____

Esempio: **Chi è Paul? (americano)**
È l'uomo americano

4. Chi è Maurizio (*italiano*) _____
5. Chi è Giorgio? (*greco*) _____
6. Chi è Pablo? (*spagnolo*) _____

Esempio: **Chi sono Colette e Pauline? (francesi)**
Sono le donne francesi

7. Chi sono Isabella e Marina? (*italiane*)
Sono le donne italiane

8. Chi sono Irina e Olga? (*russe*)
Sono le donne russe

9. Chi sono Tina e Irma? (*spagnole*)
Sono le donne spagnole

[6] Use only one i in the plural: **figli**.
[7] Use only one i in the plural: **uffici**.
[8] Irregular plural: **uOmini** (note the location of the stress).

Esempio: **Chi sono Paul e John?** (*americani*)
<u>**Sono gli uomini americani**</u>

10. Chi sono Maurizio e Gianfranco? (*italiani*)
Sono gli uomini italian

11. Chi sono Giorgio e Stavros? (*greci*)
_____

12. Chi sono Pablo e Juan? (*spagnoli*)
_____

Esercizio 10: Completa con gli articoli determinativi e le desinenze di nomi e aggettivi.
Complete with the definite articles and the endings of nouns and adjectives.

___ signor___ Marina Ricci è italian_____. _____
signora Ricci-Jones è italian_____ ma _____ signor
Jones è american_____. _____ tre figli sono italo-
american____. _____ famiglia Ricci-Jones ha due
bambin_____ e un bambin____. I Ricci-Jones
sono felic_____ perché Marina è in America.
Marina è felic_____ perché è in America.

CHIACCHIERANDO — CHATTING
PRESENTIAMOCI! — LET'S INTRODUCE OURSELVES!

In order to ask someone's name, you say: "**Come ti chiami?**" (informal: for family, friends, children) and "**Come si chiama?**" (formal: for everyone else).[9] When you are first introduced to someone you usually shake hands with that person, though some people may also kiss on both cheeks. You often say "**Piacere**" or "**Molto lieto**" (if you are a man) or "**Molto lieta**" (if you are a woman), all of which mean *pleased to meet you*.

Here is a common way to introduce yourself in Italian:

"**Piacere, mi chiamo Marina Ricci. Sono insegnante. Sono di Roma.**"

"Pleased to meet you. My name is Marina Ricci. I am a teacher. I am from Rome."

How would you introduce yourself?

_____

[9] Both questions literally mean "How do you call yourself?"

espressioni utili
Come ti chiami? (informal) / **Come si chiama?** (formal) *What is your name?*
Mi chiamo... *My name is...*
Di dove sei? (informal) / **Di dov'è?** (formal) *Where are you from?*
Sono di... *I am from...*

Esercizio 11: Come si presentano queste persone? Segui l'esempio. *How do these people introduce themselves? Follow the example.*
Stefania Rizzo / architetto / Catania

Piacere, mi chiamo Stefania Rizzo. Sono architetto. Sono di Catania.

1. Gianni Rossi / professore / Milano
_____

2. Artemisia Gentileschi / artista / Roma e Napoli
_____

3. Martina Mosso / studentessa / Bari
_____

4. Giosuè Morpurgo / dottore / Potenza
_____

5. Albertina Modigliani / poetessa / Ravenna
_____

6. Stefano Accorsi / attore / Roma
_____

Esercizio 12: Come si presenta la persona nella foto? Pratica orale: usa la tua fantasia e le parole imparate. *How does the person in the photograph introduce himself? Oral practice: use your imagination and the words you have learned.*

SULL'INTERNET — ON THE WEB

E tu come ti chiami? Practice your Italian pronunciation on this site dedicated to Italian names and their meanings— and maybe find an Italian name for yourself, your friends, your pets…

www.nomix.it

CAPITOLO 2 (DUE)

IL RAPPRESENTANTE E L'INSEGNANTE A LEZIONE
THE SALESMAN AND THE TEACHER IN CLASS

SCIOGLILINGUA — TONGUE TWISTER

"In un piatto cupo poco pepe cape."
In a dark plate little pepper fits.[1]

PRESENTAZIONE — INTRODUCTION

In this reading you will meet Mario Campi, Ms. Ricci's student of Italian, whose progress will match your own. You will learn about his job as a software salesman and about his reasons for studying Italian. You will meet Ms. Ricci again and you will also participate in one of their first Italian lessons.

VOCABOLARIO NUOVO — NEW VOCABULARY

■ **nomi** — nouns
la cosa *thing*
la ditta, l'azienda *firm, company*
la ditta di software, l'azienda di software *software company*
la lezione *lesson*
la lingua *language*
il nome *name*
l'orIgine *origin*
il posto *place*
la primavera *spring*
il rappresentante *salesman*
il rivenditore *vendor*
la scuola *school*
il sOftware *software*

l'ufficio *office*
il viaggio *trip*

■ **aggettivi** — adjectives
bello / bella *beautiful*
bravo / brava *good*
intelligente *intelligent*
interessante *interesting*
molto / molta *much*
simpAtico / simpAtica *nice, fun*

■ **verbi** — verbs
desiderare *to desire, to want*
fare *to make, to do*
imparare *to learn*
importare *to import*
parlare *to speak*
studiare *study*
visitare *to visit*

■ **avverbi e altro** — adverbs and more
a domani *see you tomorrow*
a dopo / a più tardi *see you later*
a lunedì (martedì, mercoledì, ecc.) *see you Monday (Tuesday, Wednesday, etc.)*
anche *also, too*
eccEtera *etcetera (abbreviated as* **ecc.***)*
là, lì *there*
qua, qui *here*
rapidamente *quickly*

---

[1] As the preceding tongue twister, this one presents little difficulty when pronounced slowly, but becomes quite challenging when repeated quickly. Pay attention, again, to the double **t** by placing extra emphasis on it.

ESERCIZI DI VOCABOLARIO — VOCABULARY EXERCISES

Esercizio 1: Definizioni — Definitions

1. _____ : the season of rebirth

2. _____ di _____ : some examples are Microsoft, Adobe, and Netscape

3. _____ : the opposite of **stupido**

4. _____ : a place to learn

5. _____ : a workplace with white-collar workers

6. _____ : we do this in order to learn

7. _____ : when we take one we go from one place to another

Esercizio 2: Abbinamenti — Matches

colonna A   colonna B

1. Sophia Loren è.   a. la lingua dell'Italia.
2. Albert Einstein è.   b. bella
3. Livia è.   c. la madre di tre bambini
4. L'italiano è.   d. impara.
5. Lo studente che studia. e. intelligente.

LETTURA — READING

1. Ecco Mario Campi: "Piacere! Mi chiamo Mario Campi. Sono americano. Sono di Chicago ma abito a New York. Sono un rappresentante."

2. Il signor Campi lavora per una ditta di software americana.

3. Il signor Campi ha un rivenditore a Roma.

4. Il rivenditore importa software dall'America, dalla ditta di Mario Campi.

5. Il signor Campi desidera fare un viaggio in Italia in primavera.

6. Il signor Campi desidera visitare il rivenditore.

7. Il signor Campi desidera anche visitare molti posti interessanti in Italia.

8. L'origine del signor Campi è italiana, ma il signor Campi non parla l'italiano.

9. Perciò il signor Campi studia l'italiano.

10. Il signor Campi ha una bella e brava insegnante.

11. L'insegnante è Marina Ricci. Marina Ricci è un'insegnante simpatica.

12. Tutti i martedì e tutti i giovedì Mario e Marina hanno una lezione.

13. La lezione è sempre nell'ufficio della signora Ricci, in una scuola in centro.

14. Là Mario e Marina studiano e parlano italiano.

15. Il signor Campi è molto intelligente e impara rapidamente.

16. "Buongiorno, signora Ricci, come sta?"

17. "Bene, grazie, signor Campi. E Lei?"

18. "Sto bene, grazie."

19. Mario e Marina studiano e parlano italiano. Dopo la lezione Mario e Marina dicono:

20. "Arrivederci, signor Campi."

21. "Arrivederci, signora Ricci, a giovedì."

NOTE — NOTES

Italian has two forms of addressing others, formal and informal. You usually use the formal address except for: family members, children, friends, often colleagues or fellow members of an association. Otherwise, stick to the formal. The distinction is similar to the American distinction between people you address on a first-name basis and people with whom you are not on first-name terms.

The formal address uses different verb endings from the informal: while the informal uses the **tu** form, the formal uses the **Lei** form (often capitalized to distinguish it from **lei** meaning *she*). **Come stai?** is informal and **Come sta?** is formal. **Salve** and **Come va?** are more neutral and can be used in both formal and informal situations.

There are also different words that you use to greet formally and informally. The popular **Ciao**, used at greeting as well as parting time, is very informal and should be used only with people with whom you use the **tu** form. **Buongiorno** or **buonasera** should be used to greet formally, and **arrivederci** should be used in formal situations at parting time. **Buongiorno** and **buonanotte** can of course be used in both formal and informal settings when used as wishes.

When they meet, Italians usually shake hands (with just one or two short up and down motions, and not a series of them like Americans), or exchange a light kiss on both cheeks. Hugs are less common, and reserved for times when two very close people have not seen each other for a long time.

COMPRENSIONE DEL TESTO —
READING COMPREHENSION

Esercizio 3: Scelta multipla — *Multiple Choice*
1. Il signor Mario Campi è
   a. un rivenditore.   b. un insegnante.
   c. un rappresentante.

2. Il signor Mario Campi
   a. vende prodotti cosmetici.
   b. vende prodotti di software.
   c. insegna l'italiano.

3. In Italia il signor Mario Campi
   a. impara l'italiano.   b. ha una sorella.
   c. ha un rivenditore.

4. Il signor Campi desidera fare un viaggio in Italia
   a. in primavera.   b. domenica.
   c. domani.

5. L'origine del signor Campi è
   a. francese.   b. italiana.
   c. spagnola.

6. Il signor Campi studia
   a. l'italiano.   b. il francese.
   c. il tedesco.

7. Il signor Campi e la signora Ricci hanno lezione
   a. il lunedì e il martedì.
   b. il martedi e il giovedì.
   c. il martedì e il sabato.

8. La lezione di italiano è sempre
   a. nell'ufficio del signor Campi.
   b. in Italia.
   c. nell'ufficio della signora Ricci.

Esercizio 4: Inserisci la parola adatta.
Insert the correct word.

Il signor Campi è un _____ di una _____ di software. A Roma il signor Campi ha un _____. Il signor Campi desidera fare un _____ a Roma. In Italia , il signor Campi desidera _____ l'italiano. L'insegnante del Signor Campi si _____ Marina Ricci. La signora Ricci e il signor Campi hanno una lezione d'italiano tutti i _____ e i _____.

APPUNTI DI GRAMMATICA —
GRAMMAR NOTES

1. INDEFINITE ARTICLES A, AN
The indefinite article *a, an* (always singular) is translated into Italian as follows:

uno is used for masculine nouns beginning with
   z or *s+consonant* (*sc, sp, st, etc.*)
un is used for all other masculine nouns
una is used for feminine nouns beginning with
   any consonant
un' is used for feminine nouns beginning with
   any vowel

uno studente; uno zio (*uncle*)
un padre; un amico
una madre; una donna
un'americana; un'espressione

2. VERB ENDINGS AND SUBJECT PRONOUNS
The infinitive is the base form of the verb. In English it is expressed by *to*: *to speak, to live, to write*, etc. The infinitive of all Italian verbs ends with either **–are**, **–ere**, or **–ire**.[2] Once you learn the endings for each of these sets of verbs, you will be able to conjugate most Italian verbs.

Errare è umano, perseverare è diabolico.
(proverbio)
To err is human, to persevere is diabolical.

---

[2] A few verbs also end with **–rre**

Italian verbs have endings which indicate what the subject pronoun is. Therefore, subject pronouns are usually omitted. They are sometimes included for clarity or emphasis. The subject pronouns are:

io *I*[3]
tu *you* (singular informal)
lui *he / it*
lei *she / it*
Lei *you* (singular formal)
noi *we*
voi *you* (plural)
loro *they*

We will return to the subject pronouns later in the book. In the early chapters the subject pronouns will be used frequently so that you may become familiar with them. Later they will generally be dropped according to Italian usage.

3. PRESENT OF VERBS IN –ARE

A large number of Italian verbs have the ending –are in the infinitive. For example:

abitare *to live*
chiamare *to call*
desiderare *to want, to desire*
imparare *to learn*
insegnare *to teach*
lavorare *to work*
parlare *to speak*
studiare *to study*
visitare *to visit*

To form the present tense of an –are verb, drop the ending –are and add the endings as follows:

PARLARE to speak

io parl-o *I speak, I am speaking*
tu parl-i *you speak, you are speaking*
lui/lei parl-a *he/she/it speaks, he/she/it is speaking*
noi parl-iamo *we speak, we are speaking*
voi parl-ate *you speak, you are speaking*
loro parl-ano *they speak, they are speaking*

Remember that the vowel in italics, in each verb form, indicates the vowel where the stress falls; all

---

[3] Unlike the English *I*, which is always capitalized, the Italian **io** is only capitalized if it occurs at the beginning of a sentence.

these forms have the stress on the second-to-last vowel (by far the most common place for stress to fall, in Italian), except for the third-person plural, in which the stress falls on the third-to-last vowel.

ESERCIZI — EXERCISES

Esercizio 5: Inserisci l'articolo indeterminativo adatto. Insert the appropriate indefinite article.
Esempio: americano <u>**un americano**</u>

1. italiano _____
2. zio _____
3. insegnante (*f.*) _____
4. insegnante (*m.*) _____
5. esempio _____
6. viaggio _____
7. rappresentante (*m.*) _____
8. rappresentante (*f.*) _____
9. cosa _____
10. uomo _____
11. studente _____
12. oggetto _____
13. amica _____
14. donna _____
15. sera _____
16. rivenditore _____
17. scuola _____
18. arte (*f.*) _____
19. signora _____
20. scaffale _____
21. esempio _____
22. espressione (*f.*) _____
23. ragazzo _____
24. zero _____

Esercizio 6: Completa le frasi con l'articolo indeterminativo nella parte A e l'articolo determinativo nella parte B. Complete the sentences with the indefinite article in part A and the definite article in part B.

parte A

1. Marina Ricci è _____ insegnante di italiano.

2. Marco Campi è _____ studente di italiano.

3. Marina Ricci ha _____ ufficio in centro.

4. Marco Campi ha _____ rivenditore in Italia.

5. In casa Ricci-Jones c'è _____ camera per Marina.

6. Buongiorno è _____ espressione italiana.

parte B

7. Marina Ricci è _____ insegnante di Marco Campi.

8. _____ sorella di Marina ha tre figli.

9. _____ figli della sorella di Marina sono simpatici.

10. _____ padre dei ragazzi si chiama il signor Jones.

11. Chi impara _____ italiano?

12. Chi è _____ rivenditore del signor Campi?

Esercizio 7: Coniuga il verbo tra parentesi.
Conjugate the verb in parentheses.

1. Il signor Campi *desidera* (desiderare) fare un viaggio.

2. La signora Ricci *lavora* (lavorare) tutto il giorno.

3. Tu *impari* (imparare) l'italiano.

4. I signori Ricci-Jones *chiamano* (chiamare) i tre figli.

5. La signora Ricci *studia* (studiare) molte lingue.

6. La signora Ricci *abita* (abitare) con sua sorella.

7. I ragazzi Ricci-Jones *parlano* (parlare) molto.

8. Anche noi *parliamo* (parlare) molto.

9. I ragazzi Ricci-Jones *visitano* (visitare) Marina in ufficio.

10. Anche voi *visitate* (visitare) Marina in ufficio.

Esercizio 8: Completa secondo l'esempio.
Complete according to the example.

Esempio: *Tu insegni l'italiano. Io* <u>*insegno*</u> *l'inglese.*

1. Tu lavori sempre in centro.
   Voi *lavorate* sempre in Italia.

2. Lucia non studia l'italiano. Bianca e Marco *studiano* l'italiano.

3. Noi impariamo l'italiano. Io *imparo* lo spagnolo.

4. Loro abitano in America. Noi *abitiamo* in Italia.

5. Lorena parla molto. Giulia e Piero *parlano* poco.

6. Visitate voi Marina in ufficio? *Visiti* tu Marina in ufficio?

CHIACCHIERANDO — CHATTING
I SALUTI — GREETINGS

You have already learned several ways of greeting. Remember that Italians use the terms **signore**, **signora**, **signorina** much more than Americans use their translations—Mr., Mrs. or Ms., Miss or Ms. Italians also enjoy using titles in general: **professore** (*masc.*) and **professoressa** (*fem.*),[4] **ingegnere** (*engineer*), **avvocato** (*lawyer*), **dottore** (*doctor, or anyone with a university degree*).

As you have seen with **il signor Jones**, titles ending in **–ore** are shortened to **–or** before a name:
il signor Puccini, il professor Masella, il dottor Cutugno.

espressioni utili

Ciao *hello, bye bye* (informal)

Salve *hello*

Buongiorno *good morning* (formal and informal), *goodbye* (formal, used in the morning)

Buonasera *good evening* (formal), *goodbye* (formal, used in the afternoon and evening)

Buonanotte *good night* (formal and informal)

Arrivederci *goodbye* (formal)

---

[4] Since in Italy their training and qualifications are similar, **Professore** and **Professoressa** are used for high school teachers as well as college and university teachers.

Come stai? *How are you?* (informal)
Come sta? *How are you?* (formal)
Come va? *How is it going?* (neutral)

Sto... *I am*
...bene *fine*
...benissimo *very well*
...molto bene *very well*
...abbastanza bene *well enough*

...così così *so so*
...male *badly*

Non c'è male. *Not bad.*
Non sto bene. *I am not well.*
Bene, grazie, e tu? *Fine, thanks, and you?* (informal)
Bene, grazie, e Lei? *Fine, thanks, and you?* (formal)

Anche io sto..., Anch'io sto...
...bene *fine*
...benissimo *very well*
...molto bene *very well*
...abbastanza bene *well enough*
...così così *so so*
...male *badly*

Esercizio 9: Completa i seguenti dialoghi con il saluto adatto. *Complete the following dialogues with the appropriate greeting.*

1. "_____, bambino, come stai?" "Io _____
   bene, signor Ratti, e Lei?"

2. "Ciao, Miriam, _____ _____?" "Bene,
   Marco, _____."

3. "_____ professore, _____ _____?"
   "Ciao Maurizio, _____ bene. E tu?"

Esercizio 10: Come saluti le seguenti persone?
How do you greet the following people?

1. "_____, bambino, come stai?" "Io _____
   bene, signor Ratti, e Lei?"

In the morning
1. Mrs. Giannini (an elderly business colleague)
2. Mr. De Carlo (a shopkeeper)
3. Carlotta (your cousin)
4. Miss Amelia Linosa (a friend of your parents')

In the evening
5. Mrs. Susini (your landlady)
6. Mr. Dominici (your teacher)
7. Ciro (your brother)

Esercizio 10: Pratica orale — *Oral practice*
Imagine what the three **signore** in this photo of a small Italian town are saying to one another.

SULL'INTERNET — ON THE WEB
Many famous Italian songs feature words that are **saluti**. Here is a sample **sull'internet** on which you can practice your pronunciation:

Fred Buscaglione, "Buonasera signorina" (1957)
www.italianissima.net/testi/buonaser.htm

Renato Rascel, "Arrivederci Roma" (1958)
www.trovo24.de/altri_arrivederci_roma.htm

Claudia Mori e Alberto Lupo, "Buonasera dottore" (1975)
www.italianissima.net/testi/bounasdo.htm

Jovanotti, "Ciao mamma" (1990)
www.lyricsdomain.com/lyrics/25065/

CAPITOLO 3 (TRE)

ECCO I NOMI DELLE COSE
HERE ARE THE NAMES OF THINGS

SCIOGLILINGUA — TONGUE TWISTER

"Caro conte, chi ti canta tanto canta che t'incanta."
Dear count, whoever praises you praises so well that you are enchanted.[1]

PRESENTAZIONE — INTRODUCTION

This lesson focuses on the importance of nouns and the acquisition of vocabulary, particularly items commonly found in an office or study. Like Mario Campi, you too are encouraged to work hard at vocabulary and not be **pigro** or **pigra**, lazy!

VOCABOLARIO NUOVO — NEW VOCABULARY

■ nomi — nouns

il cestino *basket*	il computer *computer*
il divano *couch*	la domanda *question*
la fotografIa *photograph*	la lAmpada *lamp*
la matita *pencil*	l'orologio *watch*
la parete *wall*	la parola *word*
la penna *pen*	la porta *door*
la risposta *answer*	lo scaffale *shelf*
la scrivania *des*	a sedia *chair*

lo specchio *mirror*	la tAvola, il tAvolo *table*[2]
la tecnologIa *technology*	

■ aggettivi — adjectives

altri / altre *other*	aperto / aperta *open*
famoso / famosa *famous*	importante *important*
infelice *unhappy*	pigro / pigra *lazy*
questo / questa *this*	Utile *useful*

■ verbi — verbs

dice *he/she it says*	dire *to say*
domandare *to ask*	
fa domande *he/she asks questions*	
fare domande *to ask questions*	
indicare *to point to*	risponde *he/she/it answers*
rispOndere *to answer*	io ho *I have* avere *to have*
Lei ha *you have* (formal)	io vedo *I see*
vede Lei? *do you see?* (formal)	

■ avverbi e altro — adverbs and more

allora *then*	a memoria *by heart*
bisogna *it is necessary, one must*	
così *in this way, so*	come *how*
ecco *here is/here are*	e così via *and so on*
o *or*	

---

[1] **Cantare** means to sing also in the sense of *to sing someone's praises*. Here is an opportunity to work on a consonant which seems easy but actually is quite different in Italian than in English. In English, the **t** is aspirated, pronounced with your tongue right behind your front teeth. In Italian, the tongue goes further up front, and the **t** is never aspirated.

[2] There are a couple of words in Italian that exist in both the feminine and the masculine but mean the same thing: **la tavola** and **il tavolo** both mean table (though **tavola** usually refers to the table at mealtime, as in **a tavola**, at the table); **l'orecchio** and **l'orecchia** both mean "ear;" **il cioccolato** and **la cioccolata** both mean "chocolate."

ESERCIZI DI VOCABOLARIO —
VOCABULARY EXERCISES

Esercizio 1: Definizioni — Definitions

1. _____: l'opposto di
   (*the opposite of*) **felice**

2. _____: l'opposto di **inutile**

3. _____: *if you want to enter*
   a room or a house, **la porta** *must be...*

4. _____: l'opposto **di domandare**

5. _____ e _____: *writing instruments*

6. _____: l'opposto di **risposta**

Esercizio 2: Completa le frasi con articolo e nome al plurale. Complete the sentences with article and noun in the plural.

1. *Con la Nikon e la Olympus faccio*

   _____.

2. *Sentences which end with "?" are*

   _____.

3. *When we are tired we sit on* _____
   or on _____ .

4. *If it is dark we turn on* _____.

5. *To see what time it is I look at*

   _____

6. *We put books away on*

   _____.

Actually you would call a door like this, i.e. the main door to a building, **un portone**, or "a big door."

Ecco la porta di una casa italiana

LETTURA — READING

1. L'insegnante, Marina Ricci, saluta lo studente: "Buonasera, signor Campi, come sta?"

2. "Non c'è male, grazie, signora Ricci, e Lei?" "Anch'io sto bene."

3. La signora Ricci spiega: "I nomi delle cose sono importanti. Perciò bisogna imparare i nomi di molte cose. Non bisogna essere pigri."

4. Allora lei indica una sedia, una tavola, un divano, un computer, e così via (ecc.), e domanda "Che cosa è questo?"

5. Il signor Campi risponde "È una sedia; è una tavola; è un divano; è un computer, e così via."

6. La signora Ricci fa altre domande e il signor Campi risponde così:

7. Signora Ricci: "Dov'è il computer?"

8. Signor Campi: "Ecco il computer."

9. Signora Ricci: "Com'è il computer?

10. Signor Campi: "Il computer è molto utile."

11. Signora Ricci: "Vede Lei la porta?"

12. Signor Campi: "Sì, io vedo la porta."

13. Signora Ricci: "Com'è la porta?"

14. Signor Campi: "La porta è aperta."

15. Signora Ricci: "Ha Lei un orologio?"

16. Signor Campi: "Sì, io ho un orologio."

17. Così il signor Campi impara le espressioni: "Che cos'è?" "Dov'è ...?" "Dove sono ...?" "Com'è...?" "Vede Lei ...?" "Io vedo..." "Ha Lei...?" "Io ho ..." "Ecco..."

18. Impara anche le parole: la tavola, la lampada, la scrivania, la penna, la porta, la finestra, la matita, la parete, la fotografia, il libro, l'orologio, lo specchio, lo scaffale, il cestino.

NOTE — NOTES

Ecco is a very common and **utile** word which means "here is...," "here are...," "here it is," "here they are," as well as "look at that!"

Bisogna is an **utile** expression meaning "it is necessary," and it is followed by the infinitive of a verb: **bisogna studiare, bisogna imparare.**

Non in front of a verb makes that verb negative.

COMPRENSIONE DEL TESTO —
READING COMPREHENSION

Esercizio 3: Scelta multipla — Multiple Choice

1. In questa lezione l'insegnante spiega *explains*
   a. i nomi della famiglia.
   b. i nomi delle persone.
   c. i nomi delle cose.

2. I nomi delle cose sono
   a. importanti.   b. interessanti.
   c. buoni.

3. La signora Ricci fa le domande
   a. e il signor Campi non parla.
   b. e la signora Ricci-Jones risponde.
   c. e il signor Campi risponde.

4. Il signor Campi vede
   a. la porta, lo specchio e l'orologio.
   b. i signori Ricci Jones.   c. l'Italia.

5. Il signor Campi impara anche
   a. i verbi.
   b. i nomi delle persone.
   c. molte parole.

Esercizio 4: Abbinamenti — Matches

colonna A

1. La signora Ricci dice che…
2. Bisogna…
3. Non bisogna
4. Il signor Campi impara le parole:…
5. Il computer è…
6. La signora Ricci sta…

colonna B

a. … i nomi delle cose sono importanti.
b. … molto utile.
c. … imparare i nomi delle cose.
d. … bene.
e. … il computer, lo specchio, la penna e la matita.
f. … essere pigri.

APPUNTI DI GRAMMATICA —
GRAMMAR NOTES

1. PRESENT TENSE OF **AVERE**, *TO HAVE*

The verb **avere**, to have, is very common and very irregular—i.e., it does not follow a regular pattern of conjugation. Here are its forms which, like those of all irregular verbs, need to be memorized:

io ho *I have*
tu hai *you have* (singular informal)
lui/lei/Lei ha *he/she/it has; you have* (singular formal)
noi abbiamo *we have*
voi avete *you have* (plural)
loro hanno *they have*

Io ho un lavoro all'università. *I have a job at the university.*
Tu hai una matita e una penna. *You have a pencil and a pen.*
La signora Ricci ha una sorella in America. *Ms. Ricci has a sister in America.*
Il signor Campi ha un rivenditore a Roma. *Mr. Campi has a vendor in Rome.*
Signora Ricci-Jones, Lei ha tre bambini simpatici. *Mrs.Ricci-Jones, you have 3 nice kids.*
Noi abbiamo un orologio italiano. *We have an Italian watch.*
Voi avete una casa in Toscana. *You have a house in Tuscany.*
I signori Ricci-Jones hanno tre figli. *The Ricci-Joneses have three children.*

Le bugie hanno le gambe corte. (proverbio) *Lies have short legs. (i.e. they do not go far)*

2. PRESENT TENSE OF **ESSERE**, TO BE

The verb **essere**, to be, is the other most common verb in Italian, and is also quite irregular. Its forms are:

io sono *I am*
tu sei *you are* (sing.)
lui/lei/Lei è *he/she/it is, you are* (formal)
noi siamo *we are*
voi siete *you are* (pl.)
loro sono *they are*

Io sono un artista. *I am an artist.*
Tu sei un'insegnante. *You are a teacher* (feminine).
Il signor Campi è americano. *Mr. Campi is American.*
La signora Ricci è italiana. *Ms. Ricci is Italian.*
Signora Ricci, Lei è una brava insegnante. *Ms.Ricci, you are a good teacher.*
Noi studenti siamo bravi. *We students are good.*
Voi insegnanti siete intelligenti. *You teachers are intelligent.*

La signora Ricci e sua sorella sono italiane.
Ms. Ricci and her sister are Italian.

La parola è d'argento, il silenzio è d'oro.
(proverbio) *Word is silver, silence is gold.*

ESERCIZI — EXERCISES

*Esercizio 5: Inserisci la forma corretta
del verbo ESSERE.* Insert the correct form of
the verb ESSERE.

1. Noi italiani _____ famosi per l'arte.

2. Marina Ricci _____ un'insegnante italiana.

3. Mario Campi _____ uno studente americano.

4. Voi studenti _____ intelligenti ma pigri.

5. Gli americani _____ famosi per la tecnologia.

6. Io _____ di origine italiana, e tu?

7. Tu, Livia, _____ la sorella di Marina?

8. I computer[3] _____ molto utili

*Esercizio 6: Inserisci la forma corretta del verbo
AVERE.* Insert the correct form of the verb AVERE.

1. Marina Ricci _____ ventinove (29) anni.[4]

2. Io _____ trentasette (37) anni.

3. I signori Ricci-Jones _____ tre (3) figli.

4. Voi studenti _____ molte penne e matite.

5. Noi americani _____ molta tecnologia.

6. Tu, Livia, _____ un computer in casa?

7. Mario Campi _____ due (2)
computer in ufficio.

Esercizio 7: Completa secondo l'esempio.
Complete according to the example.

Esempio: Loro hanno i libri italiani Noi
__abbiamo__ i film italiani

1. Tu hai tre (3) figli e (2 figlie). Voi _____
due (2) figli e tre (3) figlie.

---

[3] Words that end in a consonant, like **computer**, **film**, and **bar**, do
not change in the plural: **il computer, i computer; il film, i film;
il bar, i bar.** These words are usually of foreign origin.
[4] To be of a certain age in Italian in expressed as "to have
(**avere**) a number of years''; we will return to this.

2. Lucia ha quattro (4) anni. Matteo e Marta
_____ otto (8) anni.

3. Noi abbiamo il computer. Io _____
la penna e la matita.

4. Loro hanno hanno un divano italiano. Noi
_____ un divano americano.

5. Gina ha una Fiat blu. Chiara e Francesco
_____ una Ferrari rossa (*red*).

6. Avete voi uno specchio in ufficio?
_____ tu una scrivania in ufficio?

Esercizio 8: Scelta multipla — Multiple choice

1. Marina
   a. non sono pigra, sono studiosa.
   b. non è pigra, è studiosa.
   c. non siete pigre, siete studiose.

2. Il signor Ricci-Jones è
   a. sono felici, non sono infelici.
   b. siete felici, non siete infelici.
   c. siamo felici, non siamo infelici.

3. Voi studenti
   a. sono intelligenti ma pigri.
   b. siete intelligenti ma pigri.
   c. siamo intelligenti ma pigri.

4. Io
   a. sei un'insegnante, non sei una studentessa.
   b. è un'insegnante, non è una studentessa.
   c. sono un'insegnante, non sono una stu-
      dentessa.

5. Tu
   a. sei un rappresentante importante.
   b. siamo un rappresentante importante.
   c. è un rappresentante importante.

6. Io e Mario
   a. sono bravi, non sono pigri.
   b. siete bravi, non siete pigri.
   c. siamo bravi, non siamo pigri.

CHIACCHIERANDO — CHATTING
COS'È? DOV'È? COM'È? FARE DOMANDE —
WHAT IS IT? WHERE IS IT? HOW IS IT? ASKING QUESTIONS

In the reading for this lesson, you have learned
how to ask what something is, where something is,
and whether the person you are talking to has or
sees something.

espressioni utili

Che cosa è? *What is it?* also: **Che cos'è? Che è? Cos'è?**

Che cosa sono? *What are these things?* also: **Che sono? Cosa sono?**

Com'è…? / Come sono…? *How is…? / How are…?*

Dov'è? / Dov'è…? *Where is it? / Where is…?*

Dove sono? / Dove sono…? *Where are they? / Where are…?*

Ha Lei…? *Do you have…?* (formal)

Vede Lei…? *Do you see…?* (formal)

Dove abiti? / Dove abita? *Where do you live? / Where does he / she live? / Where do you live?* (formal)

Esercizio 9: Quali sono le domande per queste risposte? *What are the questions for these answers?*
Stefania Rizzo / architetto / Catania

> *Piacere, mi chiamo Stefania Rizzo.*
> *Sono architetto. Sono di Catania.*

1. _____? È un cestino.
2. _____? Sono le penne.
3. _____? I bambini sono a scuola.
4. _____? L'insegnante è in ufficio.
5. _____? Sì, ho un computer.[5]
6. _____? Il computer è molto utile.

Esercizio 10: Rispondi alle domande secondo l'esempio. *Answer the questions according to the example.*
Esempio: **Dove abita il presidente USA? (Washington)**
<u>**Lui abita a Washington.**</u>

1. Dove abitano i signori Ricci-Jones? (New York)

   _____

2. Dove abita la mamma di Marina? (Roma)

   _____

3. Dove abita il presidente della Fiat? (Torino)

   _____

4. Dove abita il Papa (*Pope*)? (Roma)

   _____

5. Dove abita la Regina d'Inghilterra (*queen of England*)? (Londra)

   _____

6. Dove abita l'arcivescovo (archbishop) di Milano? (Milano)

   _____

SULL'INTERNET — ON THE WEB

Fai le domande ai motori di ricerca! Ask questions to the search engines! Try the following Italian **motori di ricerca** (search engines) by asking them some questions. Note the Italian fondness for the past as evidenced in the names given to their **motori di ricerca**.

www.virgilio.it
Questo motore di ricerca si chiama Virgilio—after the Latin poet Vergil, who acts as Dante's guide in the *Divine Comedy*, **La Divina Commedia**: so also will **virgilio.it** guide you through the web.

arianna.libero.it
Questo motore di ricerca si chiama Arianna—after Ariadne, who according to Greek mythology helped Theseus in and out the labyrinth by giving him a spool of thread to guide him back: similarly, **arianna.it** will help you in and out of the web.

www.iltrovatore.it
Questo motore di ricerca si chiama *Il trovatore*—after Giuseppe Verdi's beloved opera by the same name; but **trovare** also means *to find*, and **iltrovatore.it**, as the name implies, will find for you what you need.

---

[5] The word **sì**, yes, always has an accent.

CHAPTER 4

CAPITOLO 4 (QUATTRO)

UN UFFICIO IN CITTÀ
AN OFFICE IN THE CITY

SCIOGLILINGUA — TONGUE TWISTER

"Un pezzo di pizza che puzza nel pozzo del pazzo di pezza."

A piece of pizza which stinks in the well of the madman of cloth.[1]

PRESENTAZIONE — INTRODUCTION

Another lesson on vocabulary, focusing on other items that are found in an office and on prepositions —words such as in, of, near; also some names of countries and languages are introduced.

VOCABOLARIO NUOVO — NEW VOCABULARY

■ **nomi** — nouns

la **camelia** *camelia*
la **carta** *paper*
la **finestra** *window*
il **libro** *book*
il **pomeriggio** *afternoon*
la **rivista** *magazine, journal*
il **sole** *sun*
lo **studente** / la **studentessa** *student*
il **tavolino** *small table*

la **campagna** *country*
la **città** *city, town*
la **giornata** *day*
il **parco** *park*
il **poster** *poster*

la **strada** *street*

il **vaso** *vase*

■ **paesi e lingue**

la **Francia** *France*
il **SEnegal** *Senegal*
    il **francese** *French*
l'**Austria** *Austria*

la **Germania** *Germany*
    il **tedesco** *German*
l'**Inghilterra** *England*
gli **Stati Uniti** *United States*
    l'**inglese** *English*
la **Spagna** *Spain*
    lo **spagnolo** *Spanish*

■ **aggettivi** — adjectives

eccellente *excellent*
esatto *exact, exactly*
fantAstico / **fantAstica** *fantastic*
favoloso / **favolosa** *fabulous*
magnIfico / **magnIfica** *magnificent*
pIccolo / **pIccola** *small*
stupendo / **stupenda** *stupendous*

■ **verbi** — verbs

conoscere *to know, to be acquainted with*
sapere *to know, to know how*

■ **avverbi e altro** — adverbs and more

al, allo, all', alla, ai, agli, alle *at the*
basta *enough*
c'è *there is*
da *from, since, for*
fra *between*
molto *very*
nel, nello, nell', nella, nei, negli, nelle *in the*
oggi *today*
per favore, per piacere *please*
sopra *over*
su *on*
sul, sullo, sull', sulla, sui, sugli, sulle *on the*
tra *between*

bene *well*
ci sono *there are*
davanti *in front of*
intorno *around*

sotto *under*

vicino *near*

---

[1] Use this tonguetwister to impress in your mind the pronunciation of double **z** in Italian: it is similar to a **ts** in English, and should not be confused with the pronunciation of the soft **z** of, for example, *zoo*. Think for example of **pizza** and **mozzarella**.

ESERCIZI DI VOCABOLARIO — VOCABULARY EXERCISES

Esercizio 1: Abbinamenti — Matches

colonna A	colonna B
1. l'insegnante	a. sulla parete
2. la camelia	b. sullo scaffale
3. il libro	c. nel vaso
4. il poster	d. con la studentessa
5. la scrivania	e. davanti alla sedia

Esercizio 2: Sottolinea la parola corretta.
Underline the correct word.

1. Il computer è (sulla / sotto la) scrivania
2. I libri sono (sullo / davanti lo) scaffale
3. Il poster è (sulla / vicino la) parete
4. Le camelie sono (davanti al / nel) vaso
5. In Germania parlano (il tedesco / l'inglese)
6. Gli uffici sono (in campagna / in città)
7. (La giornata / il pomeriggio) ha 24 ore
8. *Time* e *People* sono (libri / riviste)

LETTURA — READING

1. Oggi è martedì : è una stupenda giornata di sole.
2. Il signor Campi è nell'ufficio di Marina Ricci.
3. La signora Ricci è vicino al signor Campi.
4. La signora Ricci spiega al signor Campi:
   "Intorno a noi ci sono molte cose: nella scuola, nell'ufficio, nella strada, nel parco, nella città e nella campagna.
   Negli Stati Uniti e in Inghilterra bisogna sapere i nomi delle cose in inglese.
   In Spagna bisogna sapere i nomi delle cose in spagnolo.
   In Francia bisogna sapere i nomi delle cose in francese.
   E in Germania, naturalmente, bisogna sapere i nomi delle cose in tedesco."
5. "Sì, signora Ricci, e in Italia, è naturale, bisogna sapere i nomi delle cose in italiano."
6. "Eccellente, signor Campi. Lei è uno studente che impara rapidamente. Ora vediamo se Lei sa dire i nomi delle cose in questa stanza. Mi dica, per favore, cosa c'è sul tavolo?"
7. "Sul tavolo ci sono due riviste, una lampada e un libro di fotografie."
8. "Molto bene. Che cosa c'è sulla parete sopra la scrivania?"
9. "C'è un poster dell'Italia."
10. "Bravo! E che cosa c'è tra le due finestre?"
11. "Tra le due finestre c'è uno specchio molto bello."
12. "Esatto! Che cosa c'è davanti al divano?"
13. "Un tavolino. E sul tavolino c'è un vaso italiano con una camelia."
14. "Che vede Lei sulla scrivania? Sotto la scrivania? Vicino alla scrivania?"
15. "Sulla scrivania vedo un computer, alcuni libri e alcune carte. Sotto la scrivania vedo un cestino. Dietro la scrivania vedo uno scaffale. Vicino alla scrivania vedo una sedia."
16. "Stupendo! Lei conosce molto bene i nomi delle cose in questa stanza. Per oggi basta. Arrivederci, signor Campi."
17. "A giovedì, signora Ricci."

NOTE — NOTES

Here are two essential expressions in Italian: **c'è**, there is, and **ci sono**, *there are.*

The conjunction **e**, and, usually becomes **ed** in front of another vowel.

Ms. Ricci is a very encouraging **insegnante**, **molto positiva**. She says: **Bene! Bravo! Eccellente! Stupendo!** She might also say: **Fantastico! Magnifico! Favoloso!**

COMPRENSIONE DEL TESTO — READING COMPREHENSION

Esercizio 3: Scelta multipla — Multiple Choice

1. Sotto la scrivania c'è
   a. un computer.
   b. un vaso con un'orchidea.   c. un cestino.
2. Davanti al divano c'è
   a. un tavolino.   b. un cestino.
   c. una scrivania.
3. Tra le due finestre c'è
   a. un tavolino.   b. un poster.
   c. uno specchio.

4. In Francia bisogna sapere i nomi delle cose
   a. in tedesco.   b. in inglese.
   c. in francese.

5. In Inghilterra e in America bisogna sapere i nomi delle cose
   a. in italiano.   b. in inglese.
   c. in spagnolo.

6. Il signor Campi è
   a. nell'ufficio di Marina Ricci.
   b. a casa di Marina Ricci.   c. in Italia.

Esercizio 4: Abbinamenti — Matches

colonna A

1. In Spagna bisogna sapere i nomi delle cose…
2. In America e in Inghilterra bisogna sapere i nomi delle cose…
3. Il signor Campi e la signora Ricci sono…
4. Sotto la scrivania c'è…
5. Sulla scrivania ci sono…
6. Sulla parete sopra il tavolo c'è…

colonna B

a. … un tavolino e un vaso italiano.
b. … in inglese.
c. … un cestino.
d. … una sedia.
e. … un poster dell'Italia.
f. … nell'ufficio di Marina Ricci.
g. … in spagnolo.
h. … un computer, alcuni libri e alcune carte.

APPUNTI DI GRAMMATICA — GRAMMAR NOTES

1. PREPOSITIONS

The most frequently used Italian prepositions are: **di** (*of, about*), **a** (*to, at, in*), **da** (*from, since, at*), **in** (*in, at*), **con** (*with*), **su** (*on*), **per** (*for*), **tra/fra** (*between, among*: they are used interchangeably). They all have a general equivalent in English, but each can be used idiomatically in ways that do not correspond to the standard translation.

È un vestito di cotone. *It is a cotton dress* (literally, *of cotton*).
Abitiamo a Bari. *We live in Bari.*
Vengono da Perugia. *They come from Perugia.*

Di solito in Sicilia il tempo è bello. *Usually in Sicily the weather is nice.*
Studio il francese con un insegnante africano. *I study French with an African teacher.*
Il cielo su Nuoro è azzurro. *The sky over Nuoro is blue.*
Compro un regalo per mio fratello. *I am buying a gift for my brother.*
Questo è un segreto tra madre e figlia. *This is a secret between mother and daughter.*

2. CONTRACTIONS OF PREPOSITIONS WITH THE DEFINITE ARTICLE

When the prepositions **a** (*to, at, in*), **di** (*of*), **da** (*from, by*), **in** (*in, into*), and **su** (*on*) are followed by a definite article, the preposition and the article always contract and form one word, as follows.

to the

a+il	= *al* padre
a+la	= *alla* donna
a+lo	= *allo* zio
a+l'	= *all'*uomo
a+i	= *ai* padri
a+le	= *alle* donne
a+gli	= *agli* zii, *agli* uomini

of the

di+il	= *del* padre
di+la	= *della* donna
di+lo	= *dello* zio
di+l'	= *dell'*uomo
di+i	= *dei* padri
di+le	= *delle* donne
di+gli	= *degli* zii, *degli* uomini

from the

da+il	= *dal* padre
da+la	= *dalla* donna
da+lo	= *dallo* zio
da+l'	= *dall'*uomo
da+i	= *dai* padri
da+le	= *dalle* donne
da+gli	= *dagli* zii, *dagli* uomini

in the, into the

in+il	= *nel* cestino
in+la	= *nella* strada

in+lo = *nello* specchio
in+l' = *nell'*ufficio
in+i = *nei* libri
in+le = *nelle* strade
in+gli = *negli* specchi, *negli* uffici

on the
su+il = *sul* pianoforte
su+la = *sulla* scrivania
su+lo = *sullo* scaffale
su+l' = *sull'*orologio
su+i = *sui* libri
su+le = *sulle* scrivanie
su+gli = *sugli* scaffali, *sugli* orologi

Contraction is optional with the preposition **con** (*with*).

with the
con+il = *col* sole
con+la = *colla* pazienza
con+lo = *collo* zucchero
con+l' = *coll'*orologio
con+i = *coi* libri
con+le = *colle* storie
con+gli = *cogli* zaini

With names of cities you always use **a**.
With names of countries you usually use **in**.[2]

Io abito a Roma, tu abiti a New York.
Noi abitiamo in Francia, voi abitate in Italia.
John abita negli Stati Uniti.

3. POSSESSION AND QUANTITY WITH THE PREPOSITION **DI**

Possession in Italian is indicated by a phrase with **di** (*of*, never by an *apostrophe* + *s* as in English):

la casa di Marco *Marco's house (the house of Marco, literally)*
la zia di Livia *Livia's aunt*
il padre dei bambini *the children's father*

You will also frequently encounter the preposition **di**+*article* meaning *some, any*

Compriamo della pasta. *We are buying some pasta.*

---

[2] Names of countries that are masculine and/or plural, such as **gli Stati Uniti**, the United States, require the use of an article: **negli Stati Uniti**.

Ho dei libri interessanti e degli studenti bravi.
  I have some interesting books and some good students.

In order to inquire about possession, you use the phrase **di chi**, meaning *whose, of whom*

Di chi è questa penna? È la penna di Livia.
  Whose pen is this? It is Livia's pen.
Di chi sono questi computer? Sono dell'insegnante. *Whose computers are these? They are the teacher's.*

ESERCIZI — EXERCISES

Esercizio 5: Completa le frasi secondo l'esempio.
Complete the sentences according to the example.
Esempio: Mario è nell'ufficio di Marina.
Marina è __nella__ casa di Livia.

1. Marina sta al tavolo blu. Mario sta

   _____ scrivania.

2. La signora Ricci spiega la lezione al signor Campi. Il signor Campi risponde

   _____ signora Ricci.

3. Ci sono molte cose nella strada. Ci sono molte cose _____ parco.

4. In Francia parlano francese. _____ Spagna parlano spagnolo.

5. Sulla scrivania c'è un computer. _____ tavolo c'è una lampada.

6. Vicino al tavolino c'è un divano. Vicino

   _____ scrivania c'è una sedia.

7. I nomi delle cose sono importanti. I nomi

   _____ persone sono più importanti.

8. Bisogna studiare cogli amici. Io studio

   _____ mio amico Goffredo.

Esercizio 6: Inserisci la preposizione corretta, con l'articolo se necessario. Insert the correct preposition, with an article if necessary.

1. Marina e Mario abitano _____ New York.

2. Molti inglesi abitano _____ Toscana.

3. Marina abita per un anno _____ Stati Uniti.

4. Viaggiamo _____ Francia e _____ Spagna.

5. Marina è la sorella _____ Livia.

6. I bambini Ricci-Jones giocano _____ parco e _____ strada.

Esercizio 7: *Rispondi secondo il contenuto delle letture.* Answer according to the content of the readings.
Esempio: *Chi è un rappresentante di software?*
<u>Il signor Campi è un rappresentante di software</u>

1. Dove abita il signor Campi?

_____

2. Quando desidera fare un viaggio in Italia?

_____

3. Chi desidera visitare in Italia?[3]

_____

4. Parla italiano il signor Campi?

_____

5. Che cosa studia?

_____

6. Come si chiama l'insegnante?

_____

7. È italiana l'insegnante?

_____

8. Con chi abita l'insegnante?

_____

9. Quando hanno la lezione i due?

_____

10. Dove hanno la lezione?

_____

---

[3] **Chi** means *who* or *whom*. It may be used as subject or object.

11. È intelligente il signor Campi?

_____

12. Lui impara rapidamente o lentamente?

_____

CHIACCHIERANDO — CHATTING
IL CALENDARIO: I GIORNI DELLA SETTIMANA E I MESI DELL'ANNO — THE CALENDAR: THE DAYS OF THE WEEK AND THE MONTHS OF THE YEAR

These need to be memorized. Note that the days of the week and the months of the year are not capitalized in Italian. When a day of the week is preceded by a definite article it can mean "every...":
il lunedì=*every Monday, Mondays*; **il martedì e il giovedì**=*every Tuesday and Thursday*, **e così via** (*and so on*).

The names of the week are all masculine and take the article **il**, except for **domenica**, which is feminine and takes **la** for an article: **venerdì**=*Friday*, **il venerdì**=*every Friday*, **domenica**=*Sunday*, **la domenica**=*every Sunday*, etc.

espressioni utili
dopo di *after*
prima di *before*
quando *when*

i giorni della settimana-*the days of the week*
lunedì *Monday* (from **luna**=*moon* + **dì**=*day*, the moon's day)
martedì *Tuesday* (from **Marte**=*Mars* + **dì**=*day*, Mars's day)
mercoledì *Wednesday* (from **Mercurio**=*Mercury* + **dì**=*day*, Mercury's day)
giovedì *Thursday* (from **Giove**=*Jupiter* + **dì**=*day*, Jupiter's day)
venerdì *Friday* (from **Venere**=*Venus* + **dì**=*day*, Venus's day)
sAbato *Saturday* (from the Hebrew **Sabbath**)
dOmenica *Sunday* (from the Latin **Dominus**= Lord + **dì**=*day*, the Lord's day)

i mesi dell'anno – *the months of the year (they are all masculine and do not require an article)*

gennaio *January*	**febbraio** *February*
marzo *March*	**aprile** *April*

maggio *May*   **giugno** *June*

luglio *July*   **agosto** *August*

settembre *September* **ottobre** *October*

novembre *November*   **dicembre** *December*

le stagioni – the seasons (they take the prepositions *di* or *in*)

l'inverno (*m.*) *winter*: **In inverno c'è Natale** *In winter there is Christmas*

la primavera (*f.*) *spring*: **In primavera ci sono i fiori** *In spring there are flowers*

l'estate (*f.*) *summer*: **D'estate c'è il sole** *In the summer there is sunshine*

l'autunno (*m.*) *fall*: **D'autunno gli alberi sono colorati** *In the fall trees are colorful*

Esercizio 8: Pratica orale – rispondi alle domande con i giorni della settimana e l'articolo. Oral practice – answer the questions with the days of the week and the articles.

1. Quando lavori? Lavoro _____

2. Quando studi? Studio _____

3. Quando riposi? (*rest*) Riposo _____

4. Quando esci? (*go out*) Esco _____

5. Quale mese preferisci?

   Preferisco _____

6. Quale stagione preferisci?

   _____

Esercizio 9: Rispondi alle domande secondo l'esempio. Answer the questions according to the example.

Esempio: Che cosa c'è prima del lunedì?
   <u>Prima del lunedì c'è la domenica</u>

1. Che cosa c'è prima della domenica?

   _____

2. Che cosa c'è dopo il sabato?

   _____

3. Che cosa c'è prima del lunedì?

   _____

4. Che cosa c'è dopo il martedì?

   _____

5. Che cosa c'è prima del venerdì?

   _____

6. Che cosa c'è dopo il venerdì?

   _____

Esercizio 10: Rispondi alle domande secondo l'esempio. Answer the questions according to the example.

Esempio: Che cosa c'è prima di febbraio?
   <u>Prima di febbraio c'è gennaio</u>

1. Che cosa c'è prima di aprile?

   _____

2. Che cosa c'è dopo maggio?

   _____

3. Che cosa c'è prima di luglio?

   _____

4. Che cosa c'è dopo agosto?

   _____

5. Che cosa c'è prima di ottobre?

   _____

6. Che cosa c'è dopo novembre?

   _____

SULL'INTERNET — ON THE WEB

Un sito con molte informazioni sul calendario e sul giorno di oggi:

www.agenziacalendario.info

TRA IL DIRE E IL FARE: I VERBI
BETWEEN SAYING AND DOING: VERBS[1]

SCIOGLILINGUA — TONGUE TWISTER

"Lucio e Decio lIsciano dOdici gatti felici."
Lucio and Decio stroke twelve happy cats.[2]

PRESENTAZIONE — INTRODUCTION

After the preceding two lessons focusing on the importance of nouns, this lesson turns to verbs, those words that indicate actions: to study, to read, to work, and so on. We also are reminded of the reasons why Mario Campi is going to **Italia**, we are told when he is leaving and how he is traveling, and the lesson ends with some encouraging words of Ms. Ricci for her hard-working **studente**.

VOCABOLARIO NUOVO — NEW VOCABULARY

■ **nomi** — nouns
l'aeroplano, l'aEreo *airplane*
l'albergo *hotel*
l'Autobus *bus*
la bicicletta, la bici *bicycle, bike*
Dio *God*
l'informazione *information*
la mAcchina *car*
la motocicletta, la moto *motorcycle, motorbike*
il motorino *moped, motor scooter*
il paese *country, small town*
la parte *part*

il piede *foot*
il santo / la santa *saint*
la verità *truth*
il volo *flight*

■ **aggettivi** — adjectives
comune *common*
gentile *kind*
importante *important*
rApido / rApida *quick*
seduto / seduta *sitting*
vario / varia *various, changing*

■ **verbi** — verbs
ascoltare *to listen*
chiEdere *to ask*
cominciare *to begin*
contare *to plan, to count*
conversare *to converse*
costare *to cost*
lasciare *to leave*
prenotare *to reserve*
viaggiare *to travel*

■ **avverbi e altro** — adverbs and more
attentamente *attentively*
di niente *you're welcome*
domani *tomorrow*
forse *maybe*

---

[1] The title of this chapter on verbs refers to the Italian proverb **"Tra il dire e il fare c'è di mezzo il mare,"** "There is a sea (of difference) between saying and doing"—meaning that words are easier than actions, words are cheap. A similar wise proverb that Italians are fond of is **"Tra moglie e marito non mettere il dito,"** "Between wife and husband do not put your finger"—it is best not to interefere in the issues between two married people.

[2] You are here asked to pay close attention to the difference between the **ci** of **Lucio, Decio, dodici,** and **felici** (ci is pronounced like the English *ch*), and the **sci** of **lisciano,** pronounced like the English *sh*. Remember as well to stress the double **t** of **gatti**.

mille *grazie! a thousand thanks!*
naturalmente *of course*
senza *without*
soltanto, solo, solamente *only*

ESERCIZI DI VOCABOLARIO —
VOCABULARY EXERCISES

Esercizio 1: Definizioni di verbi. *Definitions of verbs.*

1. _____ : fare un viaggio
2. _____ : un sinonimo di parlare
3. _____ : fare una domanda (*but not* domandare)
4. _____ : l'opposto di finire
5. _____ : l'opposto di parlare

Esercizio 2: Abbinamenti — Matches

colonna A

1. i paesi
2. l'aereo
3. la bicicletta
4. la macchina / l'automobile
5. la moto / la motocicletta
6. l'albergo
7. soltanto
8. il piede

colonna B

a. solamente
b. l'hotel
c. il volo
d. Kawasaki, Guzzi
e. Ferrari, Fiat
f. l'Italia, gli Stati Uniti
g. a piedi
h. il Giro d'Italia,
   il Tour de France

Firenze: motorini parcheggiati e un autobus che arriva.

LETTURA — READING

1. Il signor Campi e la signora Ricci sono seduti nell'ufficio della signora Ricci. L'insegnante comincia a parlare. Lo studente ascolta attentamente.

2. "Buonasera, signor Campi. Lei studia l'italiano da due settimane. Lei sa già che i nomi delle persone e delle cose sono importanti. Ma anche i verbi sono importanti. Non è possibile conversare senza i verbi. Facciamo un esercizio con dei verbi comuni. Io faccio delle domande. Lei risponde. Se Lei non sa la risposta, dica 'Non so.'"

3. "Bene, signora Ricci. Se non so la risposta, dico 'Non so.' E se so la risposta, rispondo. Cominciamo!"

4. "È un rappresentante americano Lei, signor " Campi?"

5. "Sì, signora Ricci, sono un rappresentante americano, lavoro per un'azienda di software da cinque anni."

6. "Perché studia l'italiano, Lei?"

7. "Studio l'italiano perché sono di origine italiana e perché desidero fare un viaggio in Italia."

8. "Perché desidera fare un viaggio in Italia?"

9. "Perché desidero visitare il paese della mia famiglia e anche perché desidero visitare il mio rivenditore a Roma."

10. "Parla l'inglese il suo rivenditore?"

11. "Non parla l'inglese. Lui parla soltanto l'italiano. Desidero parlare italiano con lui."

12. "Conta di visitare altri paesi, Lei?"

13. "Altri paesi, no. Ma conto di visitare varie parti dell'Italia, inclusa la Sicilia."

14. "Quando lascia la città di New York per l'Italia Lei?"

15. "Lascio New York il 31 (trentuno) maggio."

16. "Come viaggia, in macchina?"

17. "Quando sono in Italia viaggio in autobus, in treno, a piedi e forse in bicicletta o in motorino. Ma da New York a Roma viaggio in aeroplano, naturalmente, è molto rapido, e sto in albergo."

18. "Quanto costa il volo?"

19. "Non so, ma domani conto di chiedere delle informazioni e di prenotare un posto."

20. "Magnifico, signor Campi. Lei impara l'italiano rapidamente."

21. "Mille grazie, signora Ricci. Lei è molto gentile."

22. "Di niente, signor Campi. É la verità. Bene, per oggi basta. Arrivederci."

23. "A giovedì prossimo, signora Ricci. Arrivederci."

NOTE — NOTES

There are several possible answers to the expressions of gratitude **grazie**, **mille grazie** or **grazie mille**, **grazie tante** or **tante grazie** (*thanks, a thousand thanks, many thanks*). The most common responses are **prego**, **di niente**, **di nulla**, **figUrati** (informal), **si figuri** (formal), all of which mean *"you're welcome."*

It is polite in Italian to always respond to **grazie**, and always with words (never with the sound "uh-huh" that Americans often use).

COMPRENSIONE DEL TESTO — READING COMPREHENSION

Esercizio 4: Scelta multipla — *Multiple Choice*

1. Il signor Campi studia l'italiano da
   a. una settimana.   b. due settimane.
   c. tre settimane.
2. Il signor Campi sa
   a. tutto l'italiano.   b. cinque lingue.
   c. che i nomi delle cose e delle persone sono importanti.
3. Il signor Campi lavora per un'azienda di software
   a. da cinque anni.   b. da quattro anni.
   c. da due anni.
4. Il rivenditore del signor Campi
   a. parla l'inglese e l'italiano.
   b. parla soltanto l'italiano.
   c. parla soltanto l'inglese.

5. Il signor Campi conta di
   a. visitare altri paesi.
   b. parlare inglese al suo rivenditore.
   c. visitare la Sicilia.
6. Il signor Campi lascia New York
   a. in aereo   b. il 20 maggio.
   c. con la signora Ricci

Esercizio 5: Inserisci il verbo mancante secondo la lettura. *Insert the missing verb according to the reading.*

1. Il signor Campi _____ fare un viaggio in Italia.
2. Il signor Campi _____ un rappresentante americano di software.
3. Il signor Campi _____ un rivenditore a Roma.
4. Il signor Campi _____ l'italiano con la signora Ricci.
5. Il rivenditore del signor Campi non _____ l'inglese.
6. Il signor Campi _____ di visitare varie parti dell'Italia.
7. Il signor Campi _____ in aereo.
8. Il signor Campi _____ New York il 31 maggio.

APPUNTI DI GRAMMATICA — GRAMMAR NOTES

1. MORE ABOUT THE PRESENT TENSE OF –ARE VERBS

The infinitives of Italian verbs, as we mentioned in Chapter 4, can end in –are, -ere, or –ire. When you remove one of these endings from the infinitive you have the verb *stem*. That is the stem to which you add the particular ending you need. Let's review the present tense of verbs whose infinitive ends in –are:

BALLARE *to dance*
io ball-o *I dance*
tu ball-i *you dance* (singular informal)
lui/lei/Lei ball-a *he/she/it dances, you dance* (singular formal)
noi ball-iamo *we dance*

voi ball-ate *you dance* (all plurals)
loro bAll-ano *they dance*

NOTE: if the stem of the verb contains an **i**, then the **i** is not repeated in the first person plural and the second person singular:

MANGIARE *to eat*
io mangi-o I *eat*
tu mangi *you eat*
lui/lei/Lei mangi-a *he/she it eats, you eat* (formal)
noi mangi-amo *we eat*
voi mangi-ate *you eat*
loro mangi-ano *they eat*

Here are some common **–are** verbs you have already met:

abitare *to live*
ascoltare *to listen*
chiamare *to call*
cominciare *to begin*
contare (di) *to intend (to)*
conversare *to converse*
costare *to cost*
desiderare *to want*
domandare *to ask*
imparare *to learn*
importare *to import*
parlare *to speak*
lavorare *to work*
viaggiare *to travel*
visitare *to visit*

2. USES OF THE PRESENT TENSE
The present tense of verbs is used in Italian to express:

a. an action that takes place in the present, as in the English present tense (**io ballo**=*I dance*)

b. an action that is taking place right now, as in the English *to be*+*-ing* form (**io ballo**=*I am dancing*)

c. emphasis, as in the English *do*+*verb* (**io ballo**=*I do dance*)

d. immediate future (**io ballo**=*I am going to dance, I will dance*)

a. **Balli tutti i giorni?** *Do you dance every day?*

b. **No, ballo ora perché sono felice, e tu?** *No, I am dancing now because I'm happy, and you?*

c. **Io ballo, ma solo a casa mia.** *I do dance, but only at my house.*

d. **Noi balliamo stasera, quando arriviamo in discoteca.** *We will dance tonight, when we arrive at the club.*

When used with the preposition **da** + and expression of time, the present tense can be translated as:

a. the past of the *–ing* form + for/since + expression of time:
Studio l'italiano da un mese. *I have been studying Italian for one month.*
Lei abita in America da settembre. *She has been living in America since September.*

b. the present perfect tense + in/since + expression of time
Non studiamo da tre giorni. *We have not studied in three days.*
Non viaggiamo da ottobre. *We have not traveled since October.*

Pulire=to clean, il divano=couch

3. THE NEGATIVE AND THE INTERROGATIVE FORMS OF VERBS
The negative of a verb is formed by placing **non** (*not*) before it.

Lei lavora tutto il giorno. *She works all day.*

Lei non lavora tutto il giorno. *She does not work all day.*

The Italian interrogative can be formed in three ways:

a. by using a question mark and inflection of the voice without changing the word order.
   Il signor Campi impara l'italiano?
   Is Mr. Campi learning Italian?

b. by placing the *subject* after the *verb*, as in English.
   Impara il signor Campi l'italiano?
   Is Mr. Campi learning Italian?

c. by placing the *subject* of the question at the end of the sentence.
   Impara l'italiano il signor Campi?
   Is Mr. Campi learning Italian?

4. MORE ON SUBJECT PRONOUNS

Subject pronouns are usually not necessary since the endings indicate the subject; they are used in Italian if the subject is not otherwise clear or for emphasis.

As you have read in the reading notes to Chapter Two, a big difference from English is that, for the second person singular, Italian has both a formal and informal way of addressing others. For friends, relatives, children, pets, God and the saints (**Dio e i santi**), you use the **tu** form; for strangers and people with whom you have a formal relationship (a teacher, a doctor, a salesperson, a waiter, etc.) you use the **Lei** form—i.e., you conjugate the verb in the third person singular feminine, as if you were talking about a third person.

People under 25 normally use the **tu** form with each other, regardless of their level of familiarity.

Ciao, mamma, tu come stai oggi? *Hello, mom, how are you today?*
Come ti chiami, piccolo? *What is your name, little one?*
Buongiorno, professore, Lei come sta oggi? *Good morning, Professor, how are you today?*
Mi porta una pizza Margherita, per favore? *Will you bring me a pizza with mozzarella and tomatoes, please?*

ESERCIZI — EXERCISES

Esercizio 5: Trasforma le frasi secondo l'esempio. Transform the sentences according to the example.

Esempio: Io lavoro a Roma. Ma (but) la signora Ricci <u>lavora</u> *a New York.*

1. Loro ascoltano l'insegnante. Ma noi _____ la musica rock.

2. Noi studiamo il francese. Ma tu _____ l'italiano.

3. Tu prenoti il volo per Roma. Ma io_____ per Napoli.

4. Io lascio Roma. Ma tu_____ l'Italia.

5. Lei comincia il libro. Ma voi_____ il film.

Esercizio 6: Trasforma le frasi dal positivo al negativo. Transform the sentences from positive to negative.

1. Noi conversiamo solamente con l'insegnante.
   _____

2. Loro ascoltano la musica di Verdi.
   _____

3. Lei importa oggetti d'arte dall'Italia.
   _____

4. Le camelie costano molto.
   _____

5. Io conto di visitare la Sicilia e la Toscana.
   _____

6. Io chiamo mia sorella tutti i giorni.
   _____

Esercizio 7: Trasforma le frasi nelle 3 forme interrogative possibili. Transform the sentences in the 3 interrogative forms possible.

Esempio: Gli italiani amano i santi.
   a. <u>Gli italiani amano i santi?</u>
   b. <u>Amano gli italiani i santi?</u>
   c. <u>Amano i santi gli italiani?</u>

1. La signora Ricci ascolta la musica classica.
   a. _____
   b. _____
   c. _____

2. Il signor Campi conta di visitare l'Italia.
   a. _____
   b. _____
   c. _____

3. Il rivenditore chiede di sapere la verità.
   a. _____
   b. _____
   c. _____

4. Gli aerei sono rapidi.
   a. _____
   b. _____
   c. _____

5. Il signor Campi lascia New York il 31 maggio.
   a. _____
   b. _____
   c. _____

6. Il signor Campi non viaggia in autobus.
   a. _____
   b. _____
   c. _____

Esercizio 8: Trasforma le domande dalla forma informale alla forma formale o viceversa.
Transform the questions from the informal form to the formal form or viceversa.

1. Tu lavori in Italia o in America?
   Lei, signor Jones, _____?

2. Mamma, tu guardi il film con me?
   Signora Ricci, _____?

3. Bambina, tu mangi il gelato o no?
   Professoressa, _____?

4. Signor Campi, Lei viaggia in macchina o in bicicletta?
   Mario, _____?

5. Professore, Lei studia il latino o lo spagnolo?
   Massimiliano, _____?

6. Signora Ricci, Lei ascolta la musica classica o la musica rock?
   Chiara, tu _____?

CHIACCHIERANDO — CHATTING
MODI DI VIAGGIARE — WAYS TO TRAVEL

There are many ways to travel, and most Italians use, or have used, all of them at some point in their life. Traffic in the cities, **il traffico**, makes motor scooters, **i motorini**, very popular especially among young people, but also among housewives, politicians, and CEO's. Bicycles are popular in Northern Italian towns that are on flat terrain, as well as for sport and exercise. Big cities have convenient subways, and all towns of a certain size have extensive bus systems.

Gasoline (**la benzina**) in Italy is much more expensive than in the U.S. (sometimes four times as expensive!), and public transportation is therefore more popular than it is here.

espressioni utili

viaggiare *to travel*

...in aereo	**...in autobus**
...in bicicletta	**...in macchina**
...in metropolitana	**...in motorino**
...in treno	

Esercizio 9: Rispondi alle domande. Answer the questions.

1. Come viaggia Mario da New York a Roma?
   _____

2. Come viaggia Mario quando è in Italia?
   _____

3. Come viaggiano i giovani italiani?
   _____

4. Come viaggiano le persone in alcune città piatte?
   (*flat*) _____

Altri motorini e vespe parcheggiati in centro.

SULL'INTERNET — ON THE WEB
Here are two classic sites: Ferrari sports cars and Vespa scooters:

www.ferrari.it

www.vespa.com

A. RIPASSO DEL VOCABOLARIO — VOCABULARY REVIEW

1. *crucipuzzle: Vocabolario di base* — *word search puzzle: Basic Vocabulary*

```
n o v e m b r e u z a v P o E A a S r D
X z S q e f e d o m e n i c a v p F b d
a u j X Y k V r s R B x I i e S r G a J
K E r d f e b b r a i o Y n g p i A m T
s a l v e c o U j g k u e i r K l b b a
o d k e Q n a T B K Y r O i f Z e u i n
D l V Q n I a m w Y d i m W v f J o n i
X q R u c g a E W i C a R G T V m n o b
p L t d o r z g i o v e d i B e e a j m
M u R s t Q r c H e C x k V r Z r n n a
a N t e m O o o r s y w g c j f b o g b
I o d V T i o a i M W e o m e W o t i a
y i z Z g i o g d v n l q u A U t t u r
k L q g l z n K L n e L q o B U t e g e
o T a g r o e A a d g a C x m x o m n s
t m u a r t G i i b u o n g i o r n o a
a l m a a g o q a e r o n g i s u Y c n
b j Q t y i n v e r n o I E q A N J i o
a c s d o n n a E J i l u n e d i a a u
s e r b m e c i d e r b m e t t e s o b
```

lunedì	martedì	mercoledì
giovedì	venerdì	sabato
domenica	autunno	estate
primavera	inverno	gennaio
febbraio	marzo	aprile
maggio	giugno	luglio
agosto	settembre	ottobre

novembre	dicembre	uomo
donna	signore	signora
bambino	bambina	ciao
salve	buongiorno	buonasera
buonanotte		

2. *cruciverba* — *crossword puzzle*

orizzontali – across

2. to answer	4. to ask
5. to converse	6. to desire
8. to have	9. to be
10. to know	12. to indicate
14. to import	15. to do
16. to reserve	17. to live (to reside)

verticali – down

1. to begin	3. to visit	7. to listen
11. to count	13. to learn	

B. ESERCIZI SUPPLEMENTARY —
EXTRA EXERCISES

Esercizio 1. Rispondi secondo l'esempio.
Answer according to the example.
Esempio: Che cos'è Roma? <u>**È una città.**</u>

1. Che cos'è l'iMac? _____

2. Che cos'è l'Apple? _____

3. Che cos'è l'estate? _____

4. Che cos'è febbraio? _____

5. Che cos'è il Ritz-Carlton? _____

6. Che cos'è la Ferrari? _____

7. Che cos'è la Francia? _____

8. Che cos'è Time magazine? _____

Esercizio 2. Forma delle frasi secondo l'esempio.
Form some sentences according to the example.

Esempio: Lucia / bambina <u>**Chi è Lucia?**</u>
<u>**È una bambina.**</u>

1. Paolo / bambino _____

2. Marina / insegnante _____

3. Mario / studente _____

4. il signor Marcelli / rivenditore

   _____

5. il signor Campi / rappresentante

   _____

6. Silvio Berlusconi / uomo politico

   _____

Esercizio 3. Sottolinea la parola corretta.
Underline the correct word.
1. (Dove / Che) abitano Mark e Livia Ricci-Jones?
2. (Con chi / Che cosa) abita a New York Marina?
3. (Cosa / Chi) è di Roma, Marina o Mario?
4. (Come / Quando) si chiama la sorella di Marina?
5. (Che / Quando) va in centro Marina?
6. (Perché / Cosa) va in centro Marina?
7. (Chi / Quando) va in Italia Mario?
8. (Perché / Che cosa) va in Italia Mario?

Esercizio 4. Rispondi alle domande dell'esercizio precedente con frasi complete. *Answer the questions of the preceding exercise with complete sentences.*

1. _____

2. _____

3. _____

4. _____

5. _____

6. _____

7. _____

8. _____

Esercizio 5. Forma domande e risposte secondo l'esempio. *Form questions and answers according to the example.*

Esempio: computer / rappresentante di software
<u>**Di chi è questo computer?**</u>
<u>**È del rappresentante di software.**</u>

1. libro / insegnante di italiano

   _____

2. penna / studentessa francese

   _____

3. camelia / donna italiana

   _____

4. bicicletta / bambino americano

   _____

5. bambina / signori Filippi

   _____

6. ditta / signor Campi

   _____

7. fotografia / sorella di Marina

   _____

8. motorino / ragazzi italiani

   _____

Esercizio 6. Rispondi alle domande con frasi complete. Answer the questions with complete sentences.

1. Quali sono i giorni della settimana?

   _____

2. Quali sono i giorni del fine settimana?

   _____

3. Che giorno è oggi?

   _____

4. Che giorno è domani?

   _____

5. Quando studi l'italiano?

   _____

6. Qual è il tuo giorno favorito?

   _____

Esercizio 7. Leggi la filastrocca e rispondi alle domande. Read the rhyme and answer the questions.

   "Trenta (30) giorni ha novembre con aprile, giugno e settembre; di ventotto (28) ce n'è uno, tutti gli altri ne hanno trentuno (31)"

1. Quale mese dell'anno ha ventotto giorni?

   _____

2. Quali mesi dell'anno hanno trenta giorni?

   _____

3. Quali mesi dell'anno hanno 31 giorni?

   _____

4. Quale mese viene prima di marzo?

   _____

5. Quale mese viene prima di tutti?

   _____

6. Quale mese viene dopo di tutti?

   _____

7. Quale mese viene dopo settembre?

   _____

8. Quale mese viene dopo aprile?

   _____

Esercizio 8. Rispondi alle domande. Answer the questions.

1. Quali sono i mesi dell'estate?

   _____

2. Quali sono i mesi della primavera?

   _____

3. Quali sono i mesi dell'inverno?

   _____

4. Quali sono i mesi dell'autunno?

   _____

5. Qual è la tua stagione preferita?

   _____

6. Qual è il mese del tuo compleanno?

   _____

Esercizio 9. Forma domande e risposte secondo quello che hai seguendo l'esempio. Form questions and answers according to what you have following the example.

Esempio: computer **Hai un computer?**
**Sì ho un computer / No, non
ho un computer.**

1. penna _____

2. matita _____

3. specchio _____

4. cestino _____

5. tavolino _____

6. vaso _____

7. scrivania _____

8. scaffale _____

9. camelia _____

10. motorino _____

Esercizio 10. Traduci in inglese.
Translate into English.

"Piacere, io sono Paolo. Sono italiano e ho 22 anni. Lavoro nel piccolo bar dei miei genitori in un paese vicino Roma. Il bar è vicino a un parco ed è aperto tutti i giorni ma non la domenica. Io lavoro tutti i giorni ma non lavoro la domenica. Ho un fratello che si chiama Marco. Lui è più grande di me. Io lavoro la mattina e il pomeriggio, e Marco lavora il pomeriggio e la sera. Qui vedete il bar dove lavoro con la macchina per fare il caffè espresso. Abito in un appartamento vicino al bar così vado al lavoro a piedi."

UNA MALATTIA IN FAMIGLIA
AN ILLNESS IN THE FAMILY

SCIOGLILINGUA — TONGUE TWISTER

"No, non ho un nonno."
No, I do not have a grandfather.[1]

PRESENTAZIONE — INTRODUCTION

We learn about the location of Ms. Ricci's school, meet the school secretary, and learn that Ms. Ricci's youngest niece is sick with a fever. Ms. Ricci tells Mr. Campi about her sister's family, and Mr. Campi invites Ms. Ricci to visit his office next Monday. She accepts.

VOCABOLARIO NUOVO — NEW VOCABULARY

■ **nomi** — nouns

la banca *bank*
il bisogno *need*

il biscotto *cookie*
il cognato / la cognata *brother-in-law / sister-in-law*

la cura *care*
la farmacia *pharmacy*
il fratello *brother*
l'invito *invitation*
la mamma *mom, mommy*
la moglie *wife*

la fame *hunger*
la febbre *fever*
il genitore *parent*
la malattia *illness*
il marito *husband*

il nipote / la nipote *nephew / niece, also grandson / granddaughter*
il nonno / la nonna *grandfather / grandmother*
il papà *dad, daddy*
la piazza *square*
il raffreddore *cold* (viral infection)

la sete *thirst*
la voglia *desire*

il sonno *sleep*
la zia / lo zio *aunt / uncle*

■ **aggettivi** — adjectives

allegro / allegra *cheerful*
amichevole *friendly*
immediato / immediata *immediate*
improvviso / improvvisa *sudden*
maggiore *greater, older*
puntuale *punctual*
solo / sola *alone*

altro / altra *other*
giovane *young*

malata *sick*
sicuro / sicura *sure, safe*

■ **verbi** — verbs

accettare *accept*
avere 10, 20, 40 anni *to be 10, 20, 40 years old*
avere sete *to be thirsty*
invitare *invite*
sbagliare *to make a mistake*

aspettare *wait*
avere fame *to be hungry*

avere sonno *to be sleepy*
salutare *greet*
visitare *visit*

■ **avverbi e altro** — adverbs and more

allegramente *cheerfully*
amichevolmente *in a friendly way*
eccetto *except*
immediatamente *immediately*
improvvisamente *suddenly*
lontano *far*
prego *you're welcome, help yourself, go ahead*
puntualmente *punctually*
se *if*
sempre *always*
sicuramente *surely*
volentieri *happily, willingly*

---

[1] Another tonguetwister that will get you to practice the difference between single and double consonants: the single **n** is much softer than the doube **n**, which is instead stressed.

ESERCIZI DI VOCABOLARIO —
VOCABULARY EXERCISES

Esercizio 1: Completa le frasi.
Complete the sentences.

1. La madre di mia madre è mia _____.
2. Il figlio di mia madre è mio _____.
3. Tutti hanno un _____ e una _____.
4. Il fratello di mio padre è mio _____.
5. La sorella di mio padre è mia _____.
6. Mio padre e mia madre sono i miei _____.
7. Ho bisogno di una Coca-Cola perché ho_____.
8. Ho bisogno di una pizza perché ho _____.
9. Se la mia temperatura è 100 gradi Fahrenheit, ho la _____.
10. Il marito di mia sorella è mio _____.
11. Io chiamo mio padre _____.
12. Il padre di mio padre è mio _____.

Esercizio 2: Definizioni — Definitions

1. _____: una persona con tanti amici è così
2. _____: una persona sempre felice è così
3. _____: una persona che ha 15 anni è così
4. _____: una persona che sta male e ha la febbre è così
5. _____: una persona che non ha dubbi (doubts) è così
6. _____: una persona che non ha amici è così

Ecco una farmacia, a Firenze.

LETTURA — READING

1. È giovedì pomeriggio e il signor Campi arriva puntualmente alla scuola dove lavora la signora Ricci.
2. La scuola è in centro, in una piazza vicino a una farmacia e a una banca.
3. La segretaria lo saluta amichevolmente e dice: "Buonasera, signor Campi; se ha sete c'è qui dell'acqua, e se ha fame ci sono anche dei biscotti. La signora Ricci è in ufficio, prego."
4. In ufficio la signora Ricci aspetta il signor Campi.
5. Quando lo studente entra in ufficio, l'insegnante chiede allegramente: "Buonasera. Come sta?"
6. "Molto bene, grazie, e Lei? E la famiglia?"
7. "Non c'è male, grazie. Ma la bambina di mia sorella, Lucia, sta male. Ha raffreddore e febbre, e ha sempre sonno. Chiama sempre la mamma e il papà e la zia Marina."
8. "Mi dispiace molto. Lucia ha sicuramente bisogno dei genitori e di molte cure. Sua sorella ha altri bambini?"
9. "Sì, ha tre bambini, due figlie e un figlio. Sono i miei soli nipoti, perché ho una sola sorella e non ho fratelli."
10. "Come si chiamano i bambini di sua sorella?"

11. "Si chiamano Paolo, Bianca e Lucia."
12. "Che bei nomi! Quanti anni hanno?"
13. "Paolo ha otto anni. È il figlio maggiore.
Bianca ha sei anni. Lucia ha quattro anni. È
la più piccola. Tutti eccetto Lucia vanno a
scuola. Loro parlano l'italiano con la
mamma, la zia e i nonni, e l'inglese con il
papà. Il marito di mia sorella, mio cognato, è
americano."
14. I due parlano ancora un po' della famiglia
Ricci-Jones. Il signor Campi ha voglia di avere
una famiglia ma non conosce ancora la donna
adatta per lui.
15. Allora il signor Campi ha improvvisamente
un'idea: invita la signora Ricci a visitare il suo
ufficio lunedì prossimo.
16. La signora Ricci accetta volentieri l'invito.
17. Più tardi il signor Campi dice: "Arrivederci,
signora Ricci! Auguri a Lucia!"
18. La signora Ricci risponde: "Grazie mille, signor
Campi. A lunedì!"

NOTE — NOTES

A useful word in Italian is **auguri**, which means
best wishes and is used in a variety of occasions:
to wish happy birthday (the song *Happy birthday
to you* is **"Tanti auguri a te"**), to wish a prompt
recovery, as Mario does here for Marina's niece,
before a school exam, etc.

Another useful and ubiquitous word is **prego**: it
can mean *"you're welcome"* as the standard response
to **grazie**, and it also means *"help yourself"* (when
offering something), *"go ahead"* (when showing
someone the way or letting them go by), *"here you
are"* (when a waiter or bartender offers you something you ordered).

ESERCIZI DI COMPRENSIONE DEL TESTO

Esercizio 3: Vero o falso? *True or false?*
1. Vero / Falso   Quando Mario arriva alla scuola
Marina lo saluta immediatamente.
2. Vero / Falso   La signora Ricci aspetta il signor
Campi in ufficio.

3. Vero / Falso   Quando Mario entra in ufficio la
segretaria dice "Buonasera."
4. Vero / Falso   Il bambino della sorella della
signora Ricci sta male.
5. Vero / Falso   Paolo ha sei anni.
6. Vero / Falso   Bianca ha sei anni.
7. Vero / Falso   Il signor Campi ha voglia di avere
una famiglia.
8. Vero / Falso   Il signor Campi conosce la donna
adatta a lui.
9. Vero / Falso   Mario invita Marina a visitare il
suo ufficio lunedì prossimo.
10. Vero / Falso   La signora Ricci accetta volentieri
l'invito.

Esercizio 5: Abbinamenti — Matches
colonna A
1. La scuola è vicino a…
2. Il signor Campi arriva puntualmente…
3. La segretaria domanda al signor Campi…
4. Quando il signor Campi entra in ufficio…
5. Lo studente domanda all'insegnante…
6. La sorella dell'insegnante…
7. I figli della sorella dell'insegnante…
8. Lo studente invita la professoressa…

colonna B
a. … come sta la famiglia dell'insegnante.
b. … si chiamano Paolo, Bianca e Lucia.
c. … a visitare il suo ufficio lunedì prossimo.
d. … alla scuola della signora Ricci
e. … la signora Ricci gli dice "Buonasera."
f. … se ha sete e se ha fame.
g. … una farmacia e una banca.
h. … ha tre figli.

APPUNTI DI GRAMMATICA — GRAMMAR NOTES

1. ADVERBS
The Italian ending –**mente** corresponds to the
English ending –*ly*: both endings are used to make
adverbs out of adjectives. In Italian, you take the
feminine of the adjective and then you add –**mente**:

attento >attenta > attentamente *attentively*
corretto > corretta > correttamente *correctly*
veloce > veloce > velocemente *rapidly*[2]
naturale > naturale > naturalmente *naturally*[3]

There are of course in Italian, as in English, many adverbs that do not end in **–mente** or *–ly* and have to be learned as part of your vocabulary building. Here are some common examples that should become part of your vocabulary **immediatamente**:

mai	*never*
molto	*very*
poco	*little*
presto	*early, soon*
sempre	*always*
subito	*right away*
tardi	*late*
volentieri	*willingly*

2. SUMMARY OF THE DEFINITE AND THE INDEFINITE ARTICLES

definite article
masculine sing.: *il* libro *lo* zio *l'*americano
masculine plur.: *i* libri *gli* zii *gli* americani

feminine singular: *la* casa *l'*americana
feminine plural: *le* case *le* americane

indefinite article
masculine: *un* libro *uno* zio un americano
feminine: *una* casa *un'*americana

3. IDIOMATIC EXPRESSIONS WITH **AVERE**

Avere is used in many common idiomatic expressions that have no literal English translation and need to be memorized as part of vocabulary building:

avere X anni *to be X years old*
(**quanti anni hai?** *how many years do you have
=how old are you?*)
avere bisogno di *to be in need of*
avere caldo *to be hot*
avere fame *to be hungry*

avere freddo *to be cold*
avere fretta *to be in a hurry*
avere ragione *to be right*
avere sete *to be thirsty*
avere sonno *to be sleepy*
avere torto *to be wrong*
avere voglia di *to feel like*

ESERCIZI — EXERCISES

Esercizio 5: Forma l'avverbio da questi aggettivi.
Form an adverb out of these adjectives.

Esempio: sicuro <u>sicuramente</u>

1. falso _____
2. facile _____
3. difficile _____
4. puntuale _____
5. allegro _____
6. amichevole _____
7. felice _____
8. vero _____
9. unico _____
10. solo _____
11. immediato _____
12. improvviso _____

Esercizio 6: Abbinamenti — Matches

colonna A	colonna B
1. avere freddo	a. to be in a hurry
2. quanti anni hai?	b. to be cold
3. avere sonno	c. to be thirsty
4. avere caldo	d. to feel like
5. avere sete	e. to be 30 years old
6. avere bisogno di	f. to be hungry
7. avere fretta	g. to be sleepy
8. avere voglia di	h. to be hot
9. avere 30 anni	i. to be in need of
10. avere fame	l. how old are you?

---

[2] Adjectives ending in **–e** can be masculine or feminine, so obviously you do not need to change anything from the standard form.
[3] Adjectives ending in **–le** drop the **–e** before adding the ending **–mente**: speciale>specialmente, facile>facilmente, difficile>difficilmente.

*Esercizio 7: Inserisci l'espressione idiomatica con **avere** più adatta secondo il contesto—ricorda di coniugare il verbo!* Insert the most appropriate idiomatic expression with **avere** according to the context—remember to conjugate the verb!

Esempio: Ho un esame domani: __ho bisogno__ __di studiare__

1. Noi non mangiamo da due giorni:

   _____.[4]

2. Io non sbaglio mai, dico solo la verità,

   _____ sempre.

3. Oggi fa 95 gradi, e tutti _____.

4. Con questo caldo io _____

   di una bella Coca-Cola!

5. Quando io sono tutto solo

   _____ di un vero amico.

6. Solamente quando fa 0 gradi mio padre

   _____.

7. Tu sbagli, quello che dici non è vero,

   _____.

8. Lei non ha tempo di parlare, è molto tardi,

   _____.

9. Siamo molto stanchi, _____.

10. Lei è ancora giovane, _____ solo

    45 _____ .

CHIACCHIERANDO — CHATTING
LA FAMIGLIA — THE FAMILY

Go back and review the family terms in the vocabulary section of this chapter and previous ones to complete the following exercise.

Esercizio 8: Completa secondo le letture. Complete according to the readings.

1. Marina Ricci è la _____ di Bianca, Paolo e Lucia.

2. Lucia è la _____ di Paolo e Bianca.

3. Paolo è il _____ di Lucia e Bianca.

4. Bianca e Lucia sono le _____ di Paolo.

5. Il signor Jones è il _____ di Paolo,

   il marito di Livia e il _____ di Marina.

6. I signori Ricci-Jones sono i _____ di

   Paolo, Bianca e Lucia.

7. Il papà di Marina è il _____ di Paolo,

   Bianca e Lucia.

8. La mamma di Marina è la _____ di Paolo,

   Bianca e Lucia.

9. Paolo _____ 8 anni.

10. Bianca _____ 6 _____.

Esercizio 9: Pratica orale — Using the vocabulary you have learned thus far, describe your family and the family of some of your friends and acquaintances.

Esempio: Io ho una mamma. Lei è italiana e amichevole. Io ho un figlio. Lui e' piccolo e bello. Francesca ha un fratello. Lui è un insegnante ma è pigro.

SULL'INTERNET — ON THE WEB

An Italian **sito** with much information for the entire family—**per tutta la famiglia**:

www.lamiafamiglia.net

And another **sito** with **informazioni** on illnesses:

www.saninforma.it

---

[4] **Non mangiamo da due giorni** = We have not eaten in two days (see Chapter Five for this use of the present tense).

CAPITOLO 8 (OTTO)

UN ALTRO UFFICIO IN CENTRO
ANOTHER OFFICE DOWNTOWN

SCIOGLILINGUA — TONGUE TWISTER

"Scopo la casa, la scopa si sciupa; ma se non
scopo sciupando la scopa, la mia casetta con cosa
la scopo?"
*I sweep the house, the broom gets ruined; but if I don't
sweep thus ruining the broom, what am I going to
sweep my little house with?* [1]

PRESENTAZIONE — INTRODUCTION

We are now in Mr. Campi's office downtown.
The office and its contents are described before
Ms. Ricci arrives and goes over the office vocabulary
some more, focusing particularly on colors. It is
lunchtime and the two are hungry; Mr. Campi
invites Ms. Ricci to an Italian restaurant nearby, but
she has to go home because her niece is still sick.

VOCABOLARIO NUOVO — NEW VOCABULARY

■ **nomi** — nouns

il bar *bar, coffee shop*
la casetta *small house* (from **casa,** *house*)
il catAlogo *catalogue*
il cielo *sky*
il colore *color*
l'edificio *building*
il fiore *flower*
il giardino *garden*
il grattacielo *skyscraper*
la carta geogrAfica *map*
la chiesa *church*
la collina *hill*
il disOrdine *mess*
la finestra *window*
il futuro *future*
il giornale *newspaper*
l'idea *idea*

la lEttera *letter*
il mondo *world*
il poeta *poet*
lo stadio *stadium*
la stazione *station*
il supermercato *supermarket*
il teatro *theater*
la via *street*
la luna *moon*
il piano *floor*
il sogno *dream*
la stampante *printer*
il tetto *roof*
la volta *time*

■ **aggettivi** — adjectives

alcuni / alcune *some, a few*
azzurro / azzurra *blue*   **bianco / bianca** *white*
cOmodo / cOmoda *comfortable*
grande *big*
giallo / gialla *yellow*   **grigio / grigia** *gray*
immenso / immensa *immense*
lungo / lunga *long*
marrone *brown* (invariable)
pieno / piena *full*
rosa *pink* (invariable)   **rosso / rossa** *red*
verde *green*   **viola** *purple* (invariable)

■ **verbi** — verbs

arrivare *to arrive*
esagerare *to exaggerate*
rivedere *to see again, to review*
sperare *to hope*

■ **avverbi e altro** — adverbs and more
ancora *again, still*   **a propOsito** *by the way*
magari *I wish!*   **male** *badly*
né... né... *neither...nor...*
specialmente *especially*
un po' di *some, a little bit of*
velocemente *quickly, fast*

---

[1]Remember: in the letter groups **sco, sca, scu** each letter is
pronounced separately (as in the English *sko, ska, skoo*); but
in the letter groups **sci** and **sce**, the **s** and the **c** become one
sound (equivalent to the English *shee, shay*).

ESERCIZI DI VOCABOLARIO —
VOCABULARY EXERCISES

Esercizio 1: Abbinamenti — Matches

colonna A	colonna B
1. al bar	a. nel cielo
2. il supermercato	b. i fiori
3. nel giardino	c. il football americano
4. una chiesa	d. la Basilica di San Pietro
5. un catalogo	e. l'espresso e il cappuccino
6. allo stadio	f. l'opera
7. la luna	g. un grande mercato
8. a teatro	h. L.L.Bean
9. i grattacieli	i. molti treni
10. alla stazione	j. nelle grandi città

Esercizio 2: Completa le frasi con la forma corretta delle seguenti parole (usa ogni parola una sola volta). Complete the sentences with the correct form of the following words (use each word just once).

immenso – giallo – azzurro – velocemente - verde – bianco – un po' di - arrivare[2]

1. Il cielo è _____.

2. La luna è _____.

3. Il giardino è _____.

4. Il sole è _____.

5. A lezione bisogna _____ puntualmente

6. È possibile avere _____ caffé?

7. In aereo viaggiamo _____.

8. Il Grand Canyon è _____.

LETTURA — READING

1. L'ufficio del signor Campi è in un grattacielo in Via Hudson, una strada piena di uffici, banche e altri grandi edifici.

2. Il suo ufficio non è né grande né piccolo, ma è comodo.

3. Ci sono due grandi finestre, e dalle finestre il signor Campi può vedere la Via Hudson. In via Hudson ci sono chiese, una stazione, alcuni bar e anche un museo.

4. Vicino a via Hudson c'è un ospedale. Lo stadio e un teatro non sono lontani.

5. Sulle pareti grigie ci sono dei poster e una grande carta geografica del mondo.

6. Sulla scrivania del signor Campi ci sono due computer, una stampante, molte carte e delle lettere.

7. Fra le due finestre c'è un lungo tavolo. Sul tavolo c'è un po' di disordine, con giornali, riviste e cataloghi.

8. Il signor Campi è seduto alla sua scrivania quando la signora Ricci arriva.

9. Lui saluta allegramente la sua insegnante.

10. "Buongiorno, signora Ricci, sono molto contento di rivedere la mia insegnante."

11. "Buongiorno, signor Campi, come sta?"

12. "Molto bene, grazie."

13. "Il suo ufficio è molto bello, signor Campi. È bella questa sua carta geografica del mondo, e sono belli anche questi suoi poster. Come sono allegri i colori! A proposito, signor Campi, che cosa vede lei su questo poster?"

14. "Vedo il cielo, il sole, e una casa bianca su una collina verde. Ha un tetto rosso e un giardino pieno di fiori. Vedo un sogno, spero di vedere i colori del mio futuro."

15. "Lei è un poeta, signor Campi. E di che colore è il sole?"

16 "È giallo e immenso, è il sole dell'Italia e degli italiani—e specialmente delle italiane..."

17. "Signor Campi, non esageriamo! Di che colore sono il cielo e il giardino?"

18. "Il cielo è azzurro. Il giardino ha tutti i colori: rosso, azzurro, giallo, viola, verde. Mio Dio, signora Ricci! È già l'ora di pranzo! Basta con i colori. Comincio ad avere fame. E Lei non ha fame?"

19. "Sì, anch'io ho fame, e ho anche sete."

20. "Ho un'idea: non molto lontano da qui c'è un ristorante eccellente, si chiama "La luna," è il mio ristorante preferito: che ne dice?"

---

[2]Remember to conjugate the verbs and to make the agreements of number and gender for the adjectives; adverbs, on the other hand, remain invariable.

21. "Io sono italiana e per i ristoranti sono difficile. Comunque devo andare a casa perchè
Lucia sta ancora male. Un'altra volta, forse."

NOTE — NOTES

Mio Dio! *My God!*, is a common exclamation in
Italian, though some may consider it a blasphemy.
Also common, though seen by some as disrespect-
ful, is **Madonna!** roughly the equivalent of *"Mother
of God!"*

L'ora di pranzo, literally the hour of lunch, means
lunchtime; **l'ora di cena** is *dinnertime*.

Che ne dice? Che ne pensa? are idiomatic expressions meaning *"What do you say?" "What do you
think?"* The little word **ne** (which you will
encounter later in the book) stands for *"about it"*
(in English it is implied and not said).

Many Italian words are derived from the English,
and are commonly used even if there is an Italian
alternative. Two examples in this reading are **il
computer** (the equivalent Italian is **il calcolatore/
l'elaboratore**, though few people use these terms)
and **il poster** (the equivalent Italian is **il manifesto**,
which is also commonly used). Others that appear
in this book are **il bar**, *bar or café*, and **il film**,
movie. Because they end in a consonant, these
words do not change in the plural.

ESERCIZI DI COMPRENSIONE
DEL TESTO

Esercizio 4: Scelta multipla — *Multiple Choice*

1. L'ufficio di Mario Campi è
   a. in un grattacielo. b. in una casa.
   c. in una chiesa.

2. L'ufficio di Mario Campi è
   a. piccolo ma comodo.
   b. grande ma comodo.
   c. né grande né piccolo ma comodo.

3. Le pareti dell'ufficio sono
   a. azzurre.   b. grigie.   c. verdi.

4. Quando la signora Ricci arriva
   a. Mario Campi guarda dalla finestra.
   b. Mario Campi è seduto alla sua scrivania.
   c. Mario Campi è seduto sul divano.

5. La signora Ricci dice che
   a. l'ufficio del suo studente è molto bello.
   b. l'ufficio del suo studente è piccolo ma
   comodo.
   c. l'ufficio del suo studente non è nè grande
   nè piccolo.

6. Sul poster Mario Campi spera di vedere
   a. i colori del suo futuro.
   b. i colori del suo ufficio.
   c. i colori dell'America.

7. All'ora di pranzo Mario Campi
   a. ha fretta.   b. ha sonno.   c. ha fame.

8. Vicino all'ufficio di Mario Campi c'è
   a. la scuola della signora Ricci.
   b. il ristorante preferito della signora Ricci.
   c. il suo ristorante preferito.

*Esercizio 4: Inserisci le parole mancanti secondo
la storia.* *Insert the missing words according to
the story.*

1. L'ufficio di Mario è in un _____.

2. L'ufficio di Mario ha due _____.

3. Sulla _____ ci sono due computer,
molte carte e delle lettere.

4. Fra le due finestre c'è un lungo _____.

5. Quando Marina arriva Mario saluta la sua
insegnante _____.

6. Mario è _____ di rivedere Marina.

7. Marina dice che Mario è un _____.

8. All'ora di pranzo Mario e Marina hanno

_____.

9. Mario dice di andare a un _____.

10. Per i ristoranti, Marina è una persona

_____.

APPUNTI DI GRAMMATICA —
GRAMMAR NOTES

1. PRESENT TENSE OF VERBS ENDING IN
-ERE

As you remember, Italian verbs can end in **–are**,
-ere, and **–ire**. You have met the first group

already. The second group, the verbs in **–ere**, have similar present endings:

VENDERE *to sell*
io vend-o *I sell*
tu vend-i *you sell*
lui/lei/Lei vend-e *he/she it sells, you sell*
noi vend-iamo *we sell*
voi vend-ete *you sell*
loro vend-ono *they sell*

Some common verbs conjugated like **vendere** are:

chiEdere *to ask*
chiedo, chiedi, chiede, chiediamo, chiedete, chiEdono
conOscere *to know*
conosco, conosci, conosce, conosciamo, conoscete, conOscono
lEggere *to read*
leggo, leggi, legge, leggiamo, leggete, leggOno
prEndere *to take*
prendo, prendi, prende, prendiamo, prendete, prendono
rispOndere *to answer*
rispondo, rispondi, risponde, rispondiamo, rispondete, rispOndono
scrIvere *to write*
scrivo, scrivi, scrive, scriviamo, scrivete, scrIvono
vedere *to see*
vedo, vedi, vede, vediamo, vedete, vEdono[3]

2. POSSESSIVE ADJECTIVES

The possessive adjective in Italian is usually preceded by the definite article; both article and adjective must agree in number and gender with the noun they modify—in this case, the object of possession.

With the exception of **loro**, which is invariable, the possessive adjective has the same endings as the other adjectives in **–o**, **-a**, **-i**, **-e**. Note that the forms **miei**, **tuoi** and **suoi** add an extra letter before the regular adjective ending.

MASCULINE

singular	*plural*	
il *mio* **libro**	**i** *miei* **libri**	*my book(s)*
il *tuo* **libro**	**i** *tuoi* **libri**	*your book(s)*
il *suo* **libro**	**i** *suoi* **libri**	*his, her, its book(s); your book(s)* (formal)
il *nostro* **libro**	**i** *nostri* **libri**	*our book(s)*
il *vostro* **libro**	**i** *vostri* **libri**	*your book(s)* (plural)
il *loro* **libro**	**i** *loro* **libri**	*their book(s)*

FEMININE

singular	*plural*	
la *mia* **casa**	**le** *mie* **case**	*my house(s)*
la *tua* **casa**	**le** *tue* **case**	*your house(s)*
la *sua* **casa**	**le** *sue* **case**	*his, her, its house(s); your house(s)* (formal)
la *nostra* **casa**	**le** *nostre* **case**	*our house(s)*
la *vostra* **casa**	**le** *vostre* **case**	*your house(s)* (plural)
la *loro* **casa**	**le** *loro* **case**	*their house(s)*

3. FAMILY MEMBERS AND LEVELS OF FORMALITY WITH POSSESSIVE ADJECTIVES

With singular, unmodified nouns referring to family members, the article before the possessive adjective is omitted. With **loro**, though, the article is never omitted. In the plural of nouns referring to family members, or if the noun referring to a family member is modified by an adjective or a suffix,[4] the article is always used.

vostra madre *your (pl.) mother*
il loro padre *their father*
mio zio *my uncle*
tua zia *your aunt*
suo fratello *his/her brother*
nostra sorella *our sister*

i miei zii *my uncles*
le tue zie *your aunts*
i suoi fratelli *his/her brothers*
le nostre sorelle *our sisters*

---

[3] Note that in the **loro** form of the present of verbs, the stress regularly falls on the third-to-last vowel. In all other forms, the second-to-last syllable is stressed.

[4] Suffixes are short endings sometimes added to words to specify a certain meaning. The suffix **–ino**, for example, is a diminutive meaning small, or cute, or sweet: **mio fratello** my brother, **il mio fratellino** my little brother, **mia nonna** my grandmother, **la mia nonnina** my sweet grandmother. Beware, though, because not all suffixes can be attached to all words.

la mia cara madre *my dear mother*
la mia sorellina *my little sister*

As you have learned, Italians use the **tu** form to address children, family members, friends, and animals. Italians use the **Lei** form (third person singular) to address strangers and people with whom they have a formal relationship.

Analogously, **tuo, tua, tuoi, tue** are used in speaking to a person for whom you would use the informal address **tu**.

Suo, Sua, Suoi, Sue (often capitalized to avoid confusion with his/her) are used in speaking to a person for whom you would use the formal address **Lei**.

ESERCIZI DI GRAMMATICA —
GRAMMAR EXERCISES

Esercizio 5: Trasforma le frasi secondo l'esempio.
Transform the sentences according to the example.

*Esempio: **Io non rispondo mai al telefono.***
          Tu rispondi sempre al telefono.

1. Noi non vediamo mai le carte geografiche.
   Voi _____ sempre le carte geografiche.
2. Tu non scrivi mai una lettera a tua madre.
   Io _____ sempre una lettera a mia madre.
3. Loredana non prende mai l'autobus per andare al supermercato.
   Mario e Roberto _____ sempre l'autobus per andare al supermercato.
4. Voi non leggete mai i giornali e i cataloghi.
   Noi _____ sempre i giornali e i cataloghi.
5. Io non vendo mai il software.
   Mario _____ sempre il software.
6. Loro non prendono mai il caffè.
   Tu _____ sempre il caffè.
7. Tu non leggi mai le lettere lunghe.
   Io _____ sempre le lettere lunghe.
8. Io non vedo mai il futuro.
   L'astrologa _____ sempre il futuro.

Esercizio 6: Trasforma le frasi dal singolare al plurale. *Transform the sentences from singular to plural.*

1. Il mio studente vende il libro vecchio.
   _____

2. La mia insegnante legge la lettera.
   _____

3. Il tuo ufficio è nell'edificio grigio.
   _____

4. La sua casa è bella, grande e comoda.
   _____

5. Vedi la nostra finestra immensa?
   _____

6. Compri il nostro computer vecchio?
   _____

Esercizio 7: Traduci le parole tra parentesi.
Translate the words between parentheses.

1. Il _____(my) rivenditore non parla italiano.
2. I _____ (your, pl.) grattacieli sono immensi.
3. I _____ (our) edifici sono più piccoli.
4. Gianni e Fabrizio non rivedono da anni i _____ (their) fratelli.
5. Loretta e Tiziana arrivano oggi con le _____ (their) sorelle.
6. Maria prende la _____ (her) macchina tutti i giorni.
7. Donatella ama il _____ (her) lavoro allo stadio.
8. Io e Miriam non amiamo il _____ (our) giardino.
9. Tu ami la _____ (your, sing.) strada?
10. Mario non ama il _____ (his) lavoro ma ama la _____ (his) casetta, la _____ (his) famiglia e i _____ (his) sogni.

CHIACCHIERANDO — CHATTING
CHIEDERE E DARE INDICAZIONI — ASKING AND GIVING DIRECTIONS

It is relatively easy to ask directions of a stranger in Italian: **Scusi** (*excuse me*) **dov'è l'ospedale? Scusi, dov'è la banca? Scusi, dov'è il cinema? Scusi, dov'è una farmacia?** —the problem, of course, is understanding the answer! Here are some basic tips:

espressioni utili

scusi *excuse me*
dov'è...? *where is...?*
dove sono...? *where are...?*
a destra su... *right on...*
a sinistra su... *left on...*
sempre dritto *straight ahead*
la prima a destra *the first (on the) right*
la seconda a sinistra *the second (on the) left*
in via ... *on ... street*

Esercizio 8: Crea delle domande secondo l'esempio (non dimenticare gli articoli!)
Create some questions according to the example (don't forget the articles!)

Esempi: David di Michelangelo
   <u>**Dov'è il David diMichelangelo?**</u>
   Fosse Ardeatine
   <u>**Dove sono le Fosse Ardeatine?**</u>

1. Basilica di San Pietro _____
2. Musei Vaticani _____
3. Cappella Sistina _____
4. Musei Capitolini _____
5. Ospedale Fatebenefratelli _____
6. fiume (*river*) Tevere _____
7. Foro Romano _____
8. posta _____

Esercizio 9: Abbina le cose nella colonna A con i luoghi nella colonna B e forma delle frasi.
Match the things in column A with the places in column B and form some sentences.

colonna A

1. attori e attrici <u>gli attori e le attrici sono a teatro.</u>
2. studenti e insegnanti _____
3. dottori e pazienti _____

Un'immagine del traffico in centro.

4. dollari e euro _____
5. film e popcorn _____
6. caffè e biscotti _____
7. vitamine e antibiotici _____
8. frutta, verdura, carne, pesce _____
9. aerei e viaggiatori _____
10. segretarie e computer _____

colonna B

a. in banca	b. al supermercato
c. all'aeroporto	d. a scuola
e. in ufficio	f. all'ospedale
g. in farmacia	h. al cinema
i. al bar	l. a teatro

Esercizio 10: Pratica orale — *Oral practice*

Imagine giving directions to someone from your home to your work place, from your home to the nearest bank, from your home to the nearest supermarket, from your home to the nearest movie-theater, and so on.

Esempio: A destra su via Garibaldi, a sinistra su via Rossini, a destra su via del Corso, sempre dritto

SULL'INTERNET — ON THE WEB
Explore a map of Rome and learn to give and receive directions:

www.portalidiroma.net

CHAPTER 9

CAPITOLO 9 (NOVE)

UN CAPPUCCINO AL BAR
A CAPPUCCINO AT THE CAFÉ

SCIOGLILINGUA — TONGUE TWISTER

"Treno troppo stretto e troppo stracco stracca troppi
storpi e stroppia troppo."
*A train that is too narrow and too tired tires out too
many cripples and is too harmful.*[1]

PRESENTAZIONE — INTRODUCTION

At a café downtown Mr. Campi runs into his
friend Roberto Vico, who speaks fluent Italian
because both of his parents are Italian and they all
travel there often. The two chat about Mario's
Italian study, and Mario lets Roberto understand
that he has a bit of a crush on his teacher. He also
tells him about his trip to Italy but then Roberto
has to rush out.

VOCABOLARIO NUOVO — NEW VOCABULARY

■ **nomi** — nouns

l'**amico** *friend*   l'**Acqua** *water*
l'**acqua minerale** *mineral water*
il **banco** *bar (part of the bar where drinks are placed)*
il **barista** / la **barista** *bartender, bar worker*
il **bene** *good*   la **bevanda** *drink*
la **bIbita** *soft drink*   il **bicchiere** *glass*
la **birra** *beer*   la **bottiglia** *bottle*
il **cappuccino** *espresso with steamed milk*
il **caffè** *coffee*
il **cameriere** / la **cameriera** *waiter / waitress*

la **cassa** *cash register*
il **cioccolato** / la **cioccolata** *chocolate*
il **complimento** *compliment*
la **conversazione** *conversation*
il **cornetto** *croissant* (Italian **cornetti** are sweeter
   than French croissants)
il **corso** *course*   il **latte** *milk*
la **lattina** *can*   il **lavoro** *work*
la **mancia** *tip*   la **notizia** *news*
lo **scApolo** *bachelor*   la **sorpresa** *surprise*
il **succo di frutta** *fruit juice* (often in Italy these
   are nectars, with sugar and pulp)
il **tè, il the** *tea*   l'**università** *university*
la **vacanza** *vacation*
lo **yogurt** *yogurt* (pronounce this in the Italian, not
   the American way!)

■ **aggettivi** — adjectives
carino / **carina** *cute, pretty*
contento / **contenta** *glad*
decaffeinato / **decaffeinata** *decaffeinated*
differente *different*
diffIcile *difficult*
diverso / **diversa** *different*
freddo / **fredda** *cold*
indiscreto / **indiscreta** *indiscreet*
macchiato / **macchiata** *stained* (latte macchiato
   milk with some coffee caffè macchiato *coffee with
   some milk*)

---

[1] A much more challenging tonguetwister, this one tests both your ability to roll r's and pronounce the sequence **tr**, which Americans tend to condense into the sound *ch*. First of all, if you cannot roll your r's, relax—many Italians cannot roll their r's either, and pronounce them in the French way, or as **v**'s. And even the condensation of **tr** into *ch* is commonly practiced in Sicily. But it is good to work on these difficult skills, to the best of your ability. For the **tr**, remember to think of **t** and **r** as two separate, distinct letters, and pronounce them one at a time—resist the urge to condense them into one sound!

privato / privata *private*
tutti / tutte *all*
tutti e due / tutte e due *both* (often spelled tutt'e due)

■ **verbi** — verbs

augurare *to wish*
capire *to understand*
frequentare *to attend a school*
lEggere *to read*
piacere *to like*
scrIvere *to write*
succedEre *to happen*
trovare *to find* (remember the site il **trovatore** the finder?)

cambiare *to change*
credere *to believe*

permettere *to allow*
ricevere *to receive*
sembrare *to seem*

■ **avverbi ed espression** — adverbs and expressions

a dire il vero *to tell the truth*
al più presto possibile *as soon as possible*
a meraviglia *wonderfully*
assiduamente *assiduously*
di sOlito *usually*
meglio *better*
qualcosa *something*

d'oro *golden*
perciò *therefore*
spesso *often*

ESERCIZI DI VOCABOLARIO —
VOCABULARY EXERCISES

Esercizio 1: Definizioni — *Definitions*

1. _____: persona che lavora al bar

2. _____: un esempio è la Coca-Cola (bevanda fredda)

3. _____: un esempio è l'Heineken

4. _____: lavora in un ristorante

5. _____: il 15% al ristorante negli Stati Uniti

6. _____: uomo che non ha la moglie

7. _____: c'è minerale gassata e minerale naturale

Esercizio 2: Abbinamenti — *Matches*

colonna A	colonna B
1. leggere	a. scrivere
2. corso	b. differente
3. augurare	c. bello
4. simpatico	d. senza caffeina
5. decaffeinato	e. yogurt
6. freddo	f. amichevole
7. carino	g. l'università
8. diverso	h. Buon Compleanno (*Happy Birthday*)

LETTURA — READING

1. Il signor Roberto Vico, un buon amico del signor Campi, abita a New York. Però lui parla bene l'italiano perché i suoi genitori sono tutti e due italiani e viaggiano spesso in Italia.

2. Il signor Vico sa che il suo amico Campi frequenta lezioni d'italiano. Perciò un giorno, quando Roberto vede Mario in un bar del centro, Roberto saluta il suo amico in italiano. Ecco la loro conversazione:

3. "Salve, Mario. Come va? Prendi un cappuccino o un espresso?"

4. "Così così. Prendo un cappuccino, grazie. Sono molto contento di vederti, Roberto, come stai?"

5. "Io sto benissimo. È buono il cappuccino, qui. E vedo, amico mio, che tu impari l'italiano."

6. "Certamente. Io imparo a parlare, ad ascoltare, a leggere e a scrivere l'italiano."

7. "Trovi l'italiano difficile da imparare?"

8. "No. L'italiano non è una lingua difficile da imparare, e io lo studio assiduamente."

9. "Frequenti un corso all'università?"

10. "No, frequento lezioni private con la signora Marina Ricci. È una brava insegnante, è carina e simpatica, e io parlo, capisco, leggo e scrivo l'italiano sempre meglio ogni giorno. L'italiano mi piace molto, e a dire il vero anche la signora Ricci mi piace molto."

11. "Amico mio, tu parli italiano a meraviglia. Ma sembri anche un po' differente: di solito non parli di donne. Cosa succede al mio scapolo d'oro?"

12. "Grazie dei complimenti per il mio italiano: tu sei molto gentile."

13. "Non è un complimento, è la verità. E del resto parliamo un'altra volta; ora ho fretta. A proposito: i miei amici mi dicono che tu conti di fare un viaggio in Italia quest'estate. È vero? E, se mi permetti di essere indiscreto, vai da solo?"

14. "Sì, conto di andare da solo, è anche un viaggio di lavoro e non solo di vacanza. Ma nella vita ci sono anche delle sorprese, non credi? Comunque, parto in primavera, il 31 (trentuno) di maggio—desidero arrivare in Italia al più presto possibile."

15. "Beato te, che vai in Italia! Buon viaggio e buona fortuna! Conto di ricevere tue notizie se qualcosa cambia nella tua vita. Tanti auguri per il tuo viaggio e per tutto. A presto, amico mio."

16. "Ciao, Roberto."

NOTE — NOTES

The word **bar** in Italian does not denote, as it does in English, a place for heavy drinking and romantic pickups. Rather, **il bar** is where Italians may have **un cappuccino** in the morning, a drink before dinner, **un gelato** in the afternoon, and **un espresso** at any time of day. **I bar** vary immensely: some are hangouts for men, and it is uncomfortable for a woman to drink or eat something there. But overall, **i bar** are places of social gathering and not particularly associated with alcoholic consumption—though alcohol can be consumed there, of course. If it has table service, **un bar** is sometimes called **un caffè**.

To speak about something is translated as **parlare di**: **parlare di donne**, to speak about women, **parlare di politica**, to speak about politics, **parlare di lavoro**, to speak about work, parlare di sport, to speak about sport, and so on.

COMPRENSIONE DEL TESTO — READING COMPREHENSION

Esercizio 3: Abbinamenti — Matches

colonna A

1. Dove abita Roberto Vico?
2. Perchè Roberto parla bene l'italiano?
3. Perchè Roberto saluta Mario in italiano?
4. Perché Roberto dice che Mario sembra un po' differente?
5. Come viaggia in Italia Mario?

colonna B

a. In aereo e da solo.
b. Di solito Mario non parla di donne.
c. A New York.
d. La sua famiglia viaggia spesso in Italia.
e. Sa che il suo amico impara l'italiano.

Esercizio 4: Inserisci le parole mancanti.
Insert the missing words.

1. Roberto è un _____ amico di Mario.

2. Tutti e due i suoi _____ sono italiani.

3. La sua famiglia viaggia _____ in Italia.

4. Roberto e Mario sono in un _____ del centro.

5. Mario trova l'italiano una lingua _____ da imparare.

6. Di solito Mario non parla di _____ .

7. Roberto non parla molto con Mario perchè ha _____ .

8. Roberto conta di ricevere _____di Mario.

9. Roberto augura a Mario "Buon _____ ."

10. Alla fine, Mario dice _____ a Roberto.

APPUNTI DI GRAMMATICA — GRAMMAR NOTES

1. PRESENT TENSE OF –(IRE) VERBS

We are now on the last set of verbs, those with the infinitive ending in **–ire**. There are two groups of verbs in this conjugation; some add the letters **-isc-** before the ending of all persons except **noi** and **voi**. This is how the two groups form the present tense:

PARTIRE *to leave*
part-ire *to leave*
io part-o *I leave*
tu part-i *you leave*
lui/lei/Lei part-e *he/she/it leaves; you leave* (formal)
noi part-iamo *we leave*
voi part-ite *you leave*
loro pArt-ono *they leave*

CAPIRE *to understand*
cap-ire *to understand*
io cap-isc-o *I understand*
tu cap-isc-i *you understand*
lui/lei/Lei cap-isc-e *he/she/it understands; you understand* (formal)
noi cap-iamo *we understand*
voi cap-ite *you understand*
loro cap-Isc-ono *they understand*

The endings, as you can see, are the same as those of the **–ere** verbs except for the **voi** form.

Some verbs that behave like **partire** are:

aprire *to open*
apro, apri, apre, apriamo, aprite, Aprono
sentire *to hear, to feel*
sento, senti, sente, sentiamo, sentite, sEntono

Some verbs that behave like **capire** are:

finire *to finish*
finisco, finisci, finisce, finiamo, finite, finIscono
preferire *to prefer*
preferisco, preferisci, preferisce, preferiamo, preferite, preferIscono[2]

2. AGREEMENT AND POSITION OF ADJECTIVES

As we learned in Chapter One, adjectives in Italian must agree with the noun to which they refer in both number and gender. Adjectives ending in –o in the masculine singular change to –a in the feminine singular, to –i in the masculine plural, and to –e in the feminine plural. Adjectives ending in **–e** do not change in the feminine singular; both feminine and masculine plurals change in **–i**. For example:

l'uomo sincero *the sincere man*
la donna sincera *the sincere woman*
gli uomini sinceri *the sincere men*
le donne sincere *the sincere women*

il ragazzo gentile *the kind boy*
la ragazza gentile *the kind girl*
i ragazzi gentili *the kind boys*
le ragazze gentili *the kind girls*

As for their position, descriptive adjectives usually follow their nouns. Here are some adjectives, however, which often precede their nouns:

bello / bella *beautiful*	**breve** *short*
brutto / brutta *ugly*	**buono / buona** *good*
cattivo / cattiva *bad*	**giOvane** *young*
grande *big*	**lungo / lunga** *long*
nuovo / nuova *new*	**piccolo / piccola** *small*
vecchio / vecchia *old*	

Adjectives of quantity, demonstrative adjectives, and possessive[3] and interrogative adjectives also precede their nouns:

molto / molta: molte cose *many things*
questo / questa: questa carta *this paper*
quello / quella: quella ragazza *that girl*
mio / mia: la mia famiglia *my family*
quale: quale bambino? *which child?*
quanto/quanta: quanti giorni? *how many days?*

ESERCIZI — EXERCISES

Esercizio 5: Trasforma le frasi secondo i soggetti tra parentesi. Transform the sentences according to the subjects in parentheses.

1. Il signor Campi capisce i camerieri italiani.

   (noi / io / voi / tu / le cameriere americane)

   _____

   _____

   _____

   _____

   _____

---

[2] Again, note that in the **loro** form of these verbs the stress falls on the third-to-last vowel.
[3] You will occasionally see the possessive adjective follow its noun, particularly when used addressing someone—the most common case would be **Amore mio**, *My love.*

2. Marina e Mario finiscono la lezione. (io / la professoressa Garofalo / noi / tu / voi)

_____
_____
_____
_____
_____

3. Io apro la porta ai miei amici scapoli. (tu / le sorelle di Claudia / voi / noi / l'attore)

_____
_____
_____
_____
_____

4. Noi preferiamo il caffè al tè. (la mamma e il papà / tu / mia sorella / voi / io)

_____
_____
_____
_____
_____

5. Voi partite per le vacanze quest'estate. (mio fratello / le bambine / tu / noi / io)

_____
_____
_____
_____
_____

Esercizio 6: _Trasforma le frasi dal singolare al plurale._ _Transform the sentences from the singular to the plural._

1. L'uomo americano preferisce la birra fredda.

_____

2. La donna americana ama la moda italiana.

_____

3. Quella ragazza prende un succo di frutta.[4]

_____

4. Questa conversazione finisce allegramente.

_____

5. La mia amica parte domani per l'università._____

6. Quando apre il tuo ufficio di solito?

_____

Esercizio 7: _Fai l'accordo tra aggettivo e nome e metti l'aggettivo al posto giusto nella frase._ _Make the agreement between the adjective and the noun and place the adjective in parentheses in its correct position in the sentence._

Esempio: ___questi___ _libri _____ sono difficili (questo)_

1. Noi studenti abbiamo _____ lavoro_____ da fare. (molto/a)

2. Le _____ ragazze _____ sono molto allegre. (carino/a)

3. Dopo una _____ vacanza_____ ho bisogno di dormire. (lungo/a)

4. _____ anni _____ ha quella cameriera? (quanto/a)

5. Il _____ amico _____ Giovanni è italo-americano. (mio/a)

6. Con _____ barista_____ prendi il caffè, Ugo o Oreste? (quale)

7. Roberto è un mio _____ amico_____. (grande)

8. Il _____ viaggio _____ in aereo per l'Italia di Mario è in maggio. (breve)

CHIACCHIERANDO — CHATTING
AL BAR — AT THE CAFÉ

When you go to one of the many Italian **bar** or **caffè**,[5] you can choose to sit **al tavolo**, where you pay more for service because **un cameriere** or **una cameriera** will serve you, or you can stand **al banco**, at the bar itself—usually a much cheaper option. If you choose to stand **al banco**, first you pay at _the cash register_, **alla cassa**, where you get

---

[4] **Frutta** is an irregular noun: **il frutto** is masculine singular (**il frutto del melo è la mela**, the fruit of the apple tree is the apple), **la frutta** has a plural meaning but a feminine singular form: **la frutta è buona per la salute**, fruit is good for health. So in this exercise you should leave **la frutta** as is, since its meaning is already plural.

[5] You have learned that **bar**, like **film**, does not change in the plural because it ends in a consonant. The word **caffè** does not change in the plural either, because it ends in an accented vowel. So also: **una città, due città; l'università, le università; e così via.**

lo scontrino, *the receipt;* then you give **al barista** (the person who works behind the counter) **il tuo scontrino** (and often a small tip, **una mancia**) and ask one of the following things (**vorrei**=I would like, and **mi dà**=would you give me, are optional but frequently used).

espressioni utili

vorrei /mi dà ... *I would like / could you give me...*

...**un espresso** *espresso*

...**un cappuccino** *cappuccino*

...**un latte macchiato** *hot milk with coffee*

...**un tè** *hot tea*

...**un tè freddo** *iced tea, usually comes already sweetened*

...**un bicchiere di acqua minerale** *glass of mineral water* (**gassata** *bubbly* **naturale** *no bubbles*)

...**un bicchiere di latte** *glass of milk*

...**un'aranciata** *orange soda*

...**una spremuta d'arancia** *freshly-squeezed orange juice*

...**un succo di frutta** *fruit juice*

...**un tramezzino** *light sandwich*

...**un cornetto** *croissant* (sweet)

un caffè...

...**macchiato** *espresso with some milk*

...**freddo** *iced espresso, usually comes already sweetened*

...**decaffeinato / Hag** *decaffeinated espresso*

...**doppio** *double*

...**corretto** *espresso with a shot of strong liqueur*

...**lungo** *espresso made with more water, not as strong*

...**americano** *American-style coffee*

per favore / per piacere / prego *please* (interchangeable, in these cases)

dov'è lo zucchero? *where is the sugar?*

Ecco un bel bar nel centro di una città italiana

Esercizio 8: Pratica orale: ordina le seguenti cose in vari modi differenti. *Oral practice: order the following items in several different ways.*[6]

caffè espresso	euro 0,62
caffè decaffeinato	euro 0,67
cappuccino	euro 0,77
caffè latte	euro 0,77
caffè freddo	euro 0,77
cioccolato	euro 1,23
bicchiere di latte	euro 0,67
latte macchiato	euro 0,77
cornetto	euro 0,79
yogurt	euro 0,98
tè freddo	euro 1,08
bevande gassate in bottiglia	euro 1,03
bevande gassate in lattina	euro 1,08
succhi di frutta	euro 0,94
bicchiere di acqua minerale	euro 0,26
birra nazionale	euro 1,03

Esercizio 9: Rispondi alle domande.
Answer the questions.

1. Che cosa **Ordina** un bambino la mattina?
   _____

2. Che cosa **Ordina** un bambino la sera?
   _____

3. Che cosa **Ordina** un adulto la mattina?
   _____

4. Che cosa **Ordina** un adulto la sera?
   _____

5. Che cosa **Ordini** tu quando vai al bar in agosto?
   _____

6. Che cosa **Ordini** tu quando vai al bar a dicembre?
   _____

SULL'INTERNET — ON THE WEB

The home page of **il Caffè Pedrocchi** in **Padova** (Padua, a town near Venice), founded in 1831, one of the oldest and best-known **caffè** in Italy; check out the stunning **galleria fotografica** (photo gallery).

www.caffepedrocchi.it

---

[6] Do not worry about numbers yet, you will learn them soon. Notice however that Italians use a comma rather than a period to indicate decimals.

UNA TAZZA DI TÈ IN SALA DA PRANZO
A CUP OF TEA IN THE DINING ROOM

SCIOGLILINGUA — TONGUE TWISTER

"Sul mare ci sono nove navi nuove; una delle nove non vuole navigare."[1]
At sea there are nine new ships; one of the nine does not want to sail.

PRESENTAZIONE — INTRODUCTION

Marina and her sister Livia are having afternoon tea and pie. They talk about Livia's job (she imports ceramics from Italy) and about Marina's student Mario. Marina explains some of the reasons why she does not want to get too close to him.

VOCABOLARIO NUOVO — NEW VOCABULARY

■ **nomi** — nouns

il bricco *pitcher*
la cerAmica *ceramic*
la cittadina *small town* (from **città**)
il coltello *knife*
il cucchiaino *teaspoon*
il cuore *heart*
il distributore *distributor*
la forchetta *fork*
la maiOlica *a type of ceramic*
il mese *month*
l'oggetto d'arte *art object*

la canzone *song*

la crostata *pie*
il cucchiaio *spoon*
il disegno *design, drawing*

la frutta *fruit*

il mestiere *job, craft*

il piattino *saucer*
il prodotto *product*
il salatino *cracker*
lo stEreo *stereo*
la tazza *cup, mug*
il torrone *nougat*
la zuccheriera *sugar bowl*

il piatto *plate*
la regione *region*
il sottofondo *background*
lo stile *style*
la teiera *teapot*
la vita *life*
lo zucchero *sugar*

■ **aggettivi** — adjectives

amato / amata *loved, beloved*
attraente *attractive*
celebre *famous*
legato / legata *tied*
necessario / necessaria *necessary*
perfetto / perfetta *perfect*
personale *personal*
qualche *some* (takes a singular noun)
vero / vera *true*

certo / certa *certain*
ornato / ornata *decorated*

■ **verbi** — verbs

comandare *to order, to command*
controllare *to control*
fare merenda *to have a snack*
restare *to stay, to remain*
rimanere *to stay, to remain*
tornare / ritornare *to return, to go back*
rivEndere *to resell*
venire *to come*

---

[1]This **scioglilingua** is not difficult, though it will test you on the roundness of your vowels—all five italian vowels are included, as well as plenty of **n**'s and **v**'s (which are pronounced the same in Italian as in English). Remember that Italian vowels are short and clear-cut, and they are never drawn out as in American English. The words **nuove** and **vuole** also let your practice *diphtongs*, i.e. two vowels that are fused together to make a single sound (in diphtongs, one of the vowels is always **i** or **u**). You can keep practicing your diphtongs with some other words that are new in this chapter: **cucchiaino, cuore, maiolica, mestiere, piattino, piatto, regione, teiera, zuccheriera.**

■ **avverbi e altro** — adverbs and more

adesso *now*   **certamente** *certainly*
che bello! *how nice, how beautiful!*
neanche / nemmeno / neppure *not even*
per esempio *for example*   **perfettamente** *perfectly*
per fortuna! *luckily*   **soprattutto** *most of all*

ESERCIZI DI VOCABOLARIO —
VOCABULARY EXERCISES

Esercizio 1: Sottolinea la parola giusta.
Underline the right word.

1. Serviamo il tè (nella zuccheriera / nella teiera).
2. Mangiamo la crostata con (il coltello / la forchetta).
3. Mettiamo la tazza di tè (sul piattino / sul piatto).
4. Ascoltiamo (le canzoni / gli oggetti d'arte).
5. Con la crostata (facciamo merenda / facciamo il sottofondo).
6. Il bricco di ceramica è (attraente / vero).

Esercizio 2: Definizioni — Definitions

1. _____: in questo momento
2. _____: sicuramente
3. _____: vendere ancora
4. _____: quello che fa il controllore
5. _____: quello che fa il comandante
7. _____: l'opposto di andare
8. _____: l'opposto di falso
9. _____: le banane sono un tipo di ...
10. _____: agosto, dicembre, marzo sono...

LETTURA — READING

1. Marina Ricci e sua sorella Livia Ricci-Jones sono sedute nella sala da pranzo. Sulla tavola ci sono una teiera, due tazze con i piattini, quattro cucchiaini, due forchette, due coltelli, un bricco del latte, una zuccheriera e una crostata di frutta in un piatto. Le due sorelle fanno merenda: prendono il tè con la crostata. Sulla tavola ci sono anche biscotti, salatini e un torrone.

2. In sottofondo lo stereo suona una canzone di Andrea Bocelli. Livia importa oggetti d'arte dall'Italia e rivende questi oggetti a distributori americani. Lei dice a sua sorella "Ti piacciono queste tazze e questi piattini?"

3. "Che belli!" risponde Marina. "Questa tazza bianca ornata di fiori azzurri e gialli è di Deruta, non è vero?"

4. "Sì, infatti. La ceramica di Deruta è famosa."

5. "E quel bel bricco per il latte con i disegni verdi da dove viene?"

6. "Quel bricco viene da Faenza. È una cittadina celebre per la sua ceramica."

7. "Ci sono altre regioni in Italia conosciute per i loro prodotti di ceramica, giusto?"

8. "Certamente. Soprattutto la regione dell'Umbria. E ogni regione ha il proprio stile. La maiolica di Perugia è molto carina, e la ceramica della Toscana è anche molto carina. La maiolica è un tipo di ceramica."

9. "Vedo che tu conosci bene il tuo mestiere, Livia."

10. "Per fortuna! Ma adesso basta con tazze, teiere e piattini. Non vuoi parlare di cose più personali? Per esempio, vuoi parlare di quello studente che vedi due volte alla settimana?"

11. "Vuoi dire Mario? È un uomo molto simpatico e molto intelligente. È anche carino. Mi piace. Però mi piace anche la mia vita in Italia e non voglio rimanere in America per sempre. Allora non voglio essere legata a un uomo americano."

12. "Non vuoi fare come tua sorella, vuoi dire? Ti capisco e non ti capisco. La vita in America è bella, però tu sei molto legata all'Italia, più di me, vero?"

13. "Sì, io voglio vivere in America ancora qualche mese, però voglio tornare nella mia amata Italia, a Roma, dove ci sono i miei amici, il mio lavoro, la mia vita. E i nostri genitori sicuramente non vogliono due figlie in America!"

14. "E noi non vogliamo lasciarli soli, hai perfettamente ragione. Però non è neanche possibile controllare il nostro cuore! 'Al cuore non si comanda,' diciamo sempre in Italia!"

NOTE — NOTES

La crostata is a very popular sweet in Italy; it is usually made with a pastry dough and fruit jam or marmalade, and eaten as a snack or for breakfast more than at the end of a meal. **Il torrone** is very sweet and typically eaten during the Christmas holidays: it is made with sugar and nuts, and often contains honey, chocolate, or liqueurs.

The expression **volere dire**, literally *"to want to say,"* is a synonym of **significare**, *to mean.*

Non è vero? Vero? Giusto? No? These are all tags often added at the end of a sentence to mean *"Isn't it? / Aren't they?"*

Italy is divided into twenty regions, and each region has its own characteristics: history, cuisine, dialects, etc. The names of the regions are: **AL NORD: la Valle d'Aosta, il Piemonte, la Liguria, la Lombardia, il Trentino-Alto Adige, il Veneto, il Friuli-Venezia Giulia, l'Emilia-Romagna; AL CENTRO: la Toscana, l'Umbria, le Marche, il Lazio, l'Abruzzo, il Molise, la Sardegna; AL SUD: la Campania, la Puglia, la Basilicata, la Calabria, la Sicilia.**

COMPRENSIONE DEL TESTO —
READING COMPREHENSION

Esercizio 3: Vero o falso? *True or false?*

1. Vero / Falso Maria e Livia sono sedute in ufficio.
2. Vero / Falso Livia importa software dall'Italia.
3. Vero / Falso Le due sorelle prendono il caffè con la crostata.
4. Vero / Falso La tazza bianca ornata di fiori azzurri è di Deruta.
5. Vero / Falso La regione dell'Umbria è famosa per la sua ceramica.
6. Vero / Falso Marina trova Mario simpatico e carino.
7. Vero / Falso Marina vuole rimanere in America per sempre.
8. Vero / Falso Livia è più legata all'Italia di Marina.
9. Vero / Falso Marina vuole tornare a Roma.
10. Vero / Falso I loro genitori non vogliono due figlie in America.

Ecco la vetrina di una pasticceria con cioccolatini e torrone. Here is the window of a pastry shop with chocolates and nougat.

Esercizio 4: Inserisci le parole adatte. *Insert the appropriate words.*

1. Marina e Livia sono _____ a tavola per prendere un tè.
2. Livia è la _____ di Marina.
3. Livia _____ oggetti d'arte dall'Italia.
4. Faenza, Perugia, la Toscana e l'Umbria sono _____ per la loro ceramica.
5. Livia vuole parlare di cose più _____ .
6. Marina non vuole fare come sua sorella e rimanere in _____ .
7. Marina vuole tornare in Italia dove c'è la sua _____ .
8. I _____ di Marina e Livia vogliono Marina in Italia.
9. Marina e Livia non vogliono lasciare _____ mamma e papà.
10. Al _____ però non si comanda, conclude Livia.

APPUNTI DI GRAMMATICA —
GRAMMAR NOTES

1. PRESENT TENSE OF VOLERE, TO WANT
A very common verb, volere is irregular in several of its tenses—including the present:

io voglio *I want*
tu vuoi *you want*
lui/lei/Lei vuole *he/she/it wants, you want* (formal)
noi vogliamo *we want*
voi volete *you want*
loro vogliono *they want*

2. THE DEMONSTRATIVE ADJECTIVES **QUESTO / QUESTA**, THIS, AND **QUELLO / QUELLA**, THAT

a. **questo**, this, follows the rules of all adjectives in -o; note, however, that in front of a vowel questo and **questa** can become quest'

Questo disegno è molto semplice.
This design is very simple.

Questi disegni sono molto semplici.
These designs are very simple.

Questa tazza è bellissima.
This cup is very beautiful.

Queste tazze sono bellissime.
These cups are very beautiful.

Quest'orologio è mio.
This watch is mine.

Quest'arancia non è dolce.
This orange is not sweet.

b. When used as an adjective, **quello**, that, changes in form to resemble the corresponding forms of the definite article

definite article

il piattino	*the saucer*
la forchetta	*the fork*
l'articolo	*the article*
lo specchio	*the mirror*
i piattini	*the saucers*
le forchette	*the forks*
gli articoli	*the articles*
gli specchi	*the mirrors*

*demonstrative adjective **quello***

quel piattino	*that saucer*
quella forchetta	*that fork*
quell'articolo	*that article*
quello specchio	*that mirror*
quei piattini	*those saucers*
quelle forchette	*those forks*
quegli articoli	*those articles*
quegli specchi	*those mirrors*

ESERCIZI — EXERCISES

Esercizio 5: Trasforma le frasi secondo i soggetti tra parentesi. Transform the sentences according to the subjects in parentheses.

1. Quell'attrice vuole fare merenda. (noi / io / voi / tu / quei bambini)

   _____
   _____
   _____
   _____

2. Quelle donne non vogliono lasciare soli i genitori. (io / quella bambina / noi / tu / voi figli)

   _____
   _____
   _____
   _____

3. Io voglio rimanere nella sala da pranzo. (tu / quegli uomini / voi figlie/ noi / quell'uomo)

   _____
   _____
   _____
   _____

4. Noi vogliamo prendere un caffè con la crostata. (quelle studentesse / tu / quell'insegnante / voi / io)

   _____
   _____
   _____
   _____

5. Voi volete tornare a casa. (quel rivenditore / quei rappresentanti / tu / noi / io)

   _____
   _____
   _____
   _____

Esercizio 6: Inserisci la forma corretta dell'aggettivo dimostrativo "questo / questa." Insert the correct form of the demonstrative adjective "questo / questa."

1. _____ sala da pranzo è dei Ricci-Jones.
2. _____ oggetto d'arte è italiano.
3. Su _____ tavolo ci sono la crostata e il caffè.
4. Mi piacciono _____ tazzine di Deruta.
5. Mi piacciono _____ piattini di Faenza.
6. Mi piace _____ mestiere.
7. Non sono felice di _____ studente.
8. Desidero continuare _____ vita felice.
9. Sono molto cari _____ specchi?.
10. Voglio comprare _____ specchio.

Esercizio 7: Inserisci la forma corretta dell'aggettivo dimostrativo "quello / quella." Insert the correct form of the demonstrative adjective "quello / quella."

1. _____ bambina è italiana.
2. _____ piattino è di maiolica.
3. Su _____ tavola c'è una stampante.
4. Mi piacciono _____ studentesse americane.
5. Mi piacciono _____ insegnanti bravi.
6. Mi piace _____ tè.
7. Non sono felice di _____ mestiere.
8. Desidero comprare _____ piatto di ceramica.
9. Sono italiani _____ specchi?
10. Voglio continuare _____ vita felice.

CHIACCHIERANDO — CHATTING
ANCORA AL BAR: QUANTITÀ E CONTENITORI — STILL AT THE CAFÉ: QUANTITIES AND CONTAINERS

Italians use the metric system to express quantities. Here are some examples:

solids	liquids
1 oz=28 grammi (grams)	1 oz=30 ml (millilitri, milliliters)
1/4 lb=112 grammi	
1/2 lb=225 grammi	
3/4 lb=337 grammi	
1.1 lb=500 grammi	16 oz=1pt=475 ml
2.2 lb=1 chilogrammo	32 oz=1 qt= circa 1 l (litro)
	1 gal=3.75 l

Prendere literally means *to take*, but is used in many idiomatic expressions. One of the most common of these is in connection with food and drinks. So, at a bar or restaurant, you will hear and use:

Che cosa prendi? (informal)   **Che cosa prende?** (formal) - the person you are with or the **barista** may ask you one of these questions, to which you answer:
Prendo un bicchiere di aranciata, grazie.
Prendo una cioccolata calda, grazie.
Prendo delle patatine. (*potato chips*)
Prendo qualche salatino.
Prendo una bottiglia (*bottle*) **di birra.**
Prendo una lattina di aranciata.

And of course: **Grazie; Prego; Per favore / Per piacere.**

Esercizio 8: Completa le domande e le risposte. Complete the questions and answers.

1. Che cosa _____, Gina? _____ un cappuccino, _____.
2. Signore, che cosa _____? _____ una birra.
3. Marta e Gigliola, che cosa _____? _____ l'aranciata in lattina.
4. E noi, cara, che cosa _____? È tardi, _____ solo un bicchiere d'acqua minerale.

Esercizio 9: Pratica orale – Immagina di essere in un bar nel centro di Milano e di ordinare varie bevande e spuntini per te e i tuoi amici. Oral practice – Imagine you are at a bar in the center of Milan and order various drinks and snacks for you and your friends.

Esempio: io prendo una bottiglia di birra e dei salatini; Chiara prende solo un bicchiere d'acqua minerale; ecc.

SULL'INTERNET — ON THE WEB
This would be Livia's favorite site—and there is an English version available—where you can find all you need to know about Italian ceramics, from Deruta and Faenza to Sicilian ceramics.

www.ceramics-online.it

I NUMERI, FINALMENTE I NUMERI
NUMBERS, FINALLY NUMBERS

SCIOGLILINGUA — TONGUE TWISTER

"Trentatré trentini entrArono a Trento, tutti e trentatré trotterellando."
Thirty-three men from Trento entered Trento, all thirty-three of them trotting.[1]

PRESENTAZIONE — INTRODUCTION

We are introduced to numbers and their importance in daily life—for business, for dates, for quantities, etc.—as well as the importance of using them correctly; once again Ms. Ricci congratulates Mr. Campi on his speedy progress in learning Italian.

VOCABOLARIO NUOVO — NEW VOCABULARY

■ **nomi** — nouns

l'affare *business*
la civiltà *civilization*
il denaro *money*
l'occasione *opportunity, occasion*
l'ora *hour*
la quantità *quantity*
la scienza *science*
lo studio *study*
la televisione *television*
la temperatura *temperature*

la categoria *category*
la data *date*

il progresso *progress*
la radio *radio*
i soldi *money*
il telEfono *telephone*

■ **aggettivi** — adjectives

essenziale *essential*
importante *important*

facile *easy*
indispensAbile *indispensable*

moderno / moderna *modern*
prOssimo / prOssima *next*
quotidiano / quotidiana *daily*

■ **verbi** — verbs

dire sul serio *to be serious* (about something one says)
esprImere *to express*
indovinare *to guess*
prestare *to lend*
risparmiare *to save*
telefonare *to telephone*

immaginare *to imagine*
pensare *to think*
provare *to try, to feel*
spEndere *to spend*
usare *to use*

■ **avverbi e altro** — adverbs and more

correttamente *correctly*
davvero *really*
nel frattempo *in the meantime*
tutto il possIbile *everything possible*

ESERCIZI DI VOCABOLARIO — VOCABULARY EXERCISES

Esercizio 1: Definizioni — *Definitions*

1. _____: sinonimo di denaro, indispensabili per comprare (*buy*)
2. _____: l'opposto di difficile
3. _____: il contrario di inutile
4. _____: ha 60 minuti
5. _____: è necessario per imparare

---

[1] This is a very well-known and challenging tonguetwister. Remember to treat **t** and **r** as two different sounds, do not blend them as you would in English. **Trento**, by the way, is a city in the North East of Italy, in the mountainous region called Trentino-Alto Adige; **trentini** is the name given to the inhabitants of **Trento**.

6. _____: un esempio è il 25 aprile 1945

7. _____: è indispensabile se vuoi parlare dall'America all'Italia

8. _____: una cosa indispensabile è così

Esercizio 2: Inserisci la forma corretta dei seguenti verbi. Insert the correct form of the following verbs.

spendere – costare - cambiare - risparmiare - telefonare - prestare

1. Noi _____ quando mettiamo il denaro in banca.

2. Noi _____ quando usiamo il denaro per comprare le cose.

3. Noi _____ quando diamo il denaro a un'altra persona per un po' di tempo.

4. Per parlare da Roma a New York noi _____.

5. Una Ferrari _____ molti soldi.

6. Per comprare le cose in Italia _____ i dollari in euro.

I numeri sono indispensabili per viaggiare e per telefonare.

LETTURA — READING

1. "Signor Campi, Lei sa già che i nomi delle cose sono importanti. Lei sa già che non possiamo fare una frase senza verbi."

2. "È vero, signora Ricci, Lei ha perfettamente ragione, come sempre."

3. "Ecco, signor Campi, c'è una categoria di parole che è importante come i nomi e i verbi. Infatti è difficile immaginare la nostra civiltà moderna senza queste parole. Può indovinare Lei che cosa sono?"

4. "Posso provare: Lei vuole dire i numeri?"

5. "Adesso è Lei che ha ragione. Può spiegare in quali occasioni i numeri sono indispensabili nella vita moderna?"

6. "Certamente. Niente di più facile. Noi abbiamo bisogno dei numeri per gli affari, per vedere quanto costano le cose, quanto spendiamo, quanto risparmiamo, quanto prestiamo..."

7. "Ah! Lei è un rappresentante e pensa subito agli affari. Vuole dire che senza il denaro, senza i soldi, i numeri non possono essere utili?"

8. "Certo che no! Noi abbiamo bisogno dei numeri non solo per usare il denaro, ma anche per indicare la data, l'ora del giorno, la temperatura; per esprimere quantità, per telefonare, per la radio e la televisione, per tutte le scienze, e per mille altre cose."

9. "Numeri, sempre numeri. Sì, signor Campi, i numeri sono essenziali. Però è necessario non solo conoscere i numeri ma anche usare i numeri rapidamente e correttamente nella vita quotidiana."

10. "Lei ha ragione. Io voglio fare tutto il possibile per capire e usare i numeri correttamente."

11. "E io nel frattempo voglio ripetere che Lei fa dei progressi rapidi nei suoi studi."

12. "Lei è troppo gentile, signora Ricci."

13. "No davvero, dico sul serio. Va bene, basta per oggi."

14. "Arrivederci, signora Ricci. E a proposito di numeri, posso avere il suo numero di telefono di casa?"

15. "È meglio di no. A giovedì prossimo, signor Campi."

16. "A giovedì prossimo, allora..."

NOTE — NOTES

The words **qualcosa**, *something*, **niente**, *nothing*, **nulla**, *nothing*, take the preposition **di** between themselves and the adjective which follows them. Mario says in this reading **niente di più facile**, *nothing easier*. Other examples: **qualcosa di interessante** *something interesting*; **niente di importante** *nothing important*; **nulla di buono** *nothing good*.

ESERCIZI DI COMPRENSIONE DEL TESTO

Esercizio 3: Scelta multipla — Multiple Choice

1. Il signor Campi sa già
   a. che non possiamo fare una frase senza i verbi.
   b. che non possiamo fare una frase senza la musica.
   c. che non possiamo andare in Italia a piedi.

2. È difficile immagine la civiltà moderna
   a. senza l'arte.   b. senza la crostata.
   c. senza i numeri.

3. I numeri sono indispensabili
   a. per scrivere una lettera.
   b. per mangiare la crostata.
   c. per telefonare.

4. È necessario sapere usare i numeri
   a. lentamente e correttamente.
   b. rapidamente e correttamente.
   c. rapidamente e allegramente.

5. La signora Ricci dice che
   a. il signor Campi fa progressi lenti nei suoi studi.
   b. il signor Campi fa progressi rapidi nell'amore.
   c. il signor Campi fa progressi rapidi nei suoi studi.

6. Alla fine, il signor Campi chiede alla signora Ricci
   a. il suo numero di telefono di casa.
   b. il suo numero di telefono dell'ufficio.
   c. il suo numero di passaporto.

Esercizio 4: Inserisci la parola adatta.
Insert the appropriate word.

1. I verbi e i nomi delle cose sono _____.

2. La signora Ricci ha sempre _____.

3. Noi abbiamo _____ dei numeri per moltissime cose.

4. È ncessario usare i numeri rapidamente e

   _____.

5. Il signor Campi vuole fare tutto il

   _____ per imparare i numeri.

6. La signora Ricci non vuole dare al signor Campi il suo numero di _____.

APPUNTI DI GRAMMATICA — GRAMMAR NOTES

1. PRESENT TENSE OF **POTERE**, TO BE ABLE TO, CAN, MAY

An irregular verb, **potere** is followed directly by an infinitive, without any preposition in between.

io posso *I can*
tu puoi *you can*
lui/lei/Lei può *he/she/it can, you can* (formal)
noi possiamo *we can*
voi potete *you can*
loro possono *they can*

Volere è potere. (proverbio)
To want is to be able to. (Where there's a will, there's a way)

2. NUMBERS FROM 1 (UNO) UP TO 1.000.000.000 (UN MILIARDO)

A few observations about numbers:

a. **Venti, trenta, quaranta, cinquanta,** etc. drop the final vowel when they combine with **uno** or **otto**: **ventuno, ventotto, trentuno, trentotto, novantuno, novantotto, e così via.**

b. On the final **e** of all numbers ending with **tre**, except for the number **tre** itself, there is an accent — **tré**: **ventitré, trentatré, quarantatré, ottantatré, e così via.**

c. **Uno** is omitted before **cento** (*one hundred*) and **mille** (*one thousand*), but it is used with **milione** (*million*) and **miliardo** (*billion*): **cinquanta più cinquanta fa cento** (*fifty plus fifty makes one hundred*), **cinquecento più cinquecento fa mille** (*five hundred plus five hundred makes one thousand*), **un milione** (*one million*), **un miliardo** (*one billion*).

d. The plural of **mille** is **mila**: **mille, duemila, tremila, quattromila, centomila, cinquecentomila**.

e. With numbers, Italians use periods where Americans would use commas and viceversa: **1.000=mille, 1.000.000=un milione**, ecc. **1,5=1 1/2, 2,5=2 1/2**, ecc.

1 uno	18 diciotto	40 quaranta
2 due	19 diciannove	41 quarantuno
3 tre	20 venti	43 quarantatré
4 quattro	21 ventuno	48 quarantotto
5 cinque	22 ventidue	50 cinquanta
6 sei	23 ventitré	51 cinquantuno
7 sette	24 ventiquattro	54 cinquantaquattro
8 otto	25 venticinque	58 cinquantotto
9 nove	26 ventisei	60 sessanta
10 dieci	27 ventisette	61 sessantuno
11 undici	28 ventotto	63 sessantatré
12 dodici	29 ventinove	70 settanta
13 tredici	30 trenta	71 settantuno
14 quattordici	31 trentuno	80 ottanta
15 quindici	32 trentadue	81 ottantuno
16 sedici	33 trentatré	90 novanta
17 diciassette	38 trentotto	

100 cento	101 centouno	102 centodue
103 centotré	200 duecento	300 trecento
1000 mille	2000 duemila	3000 tremila

550.000 cinquecentocinquantamila

1.000.000 un milione

1.000.000.000 un miliardo

espressioni con il numero QUATTRO:
in quattro e quattr'otto *very quickly* (literally, four and four makes eight)
a quattr'occhi *privately* (literally, with just four eyes)
quattro gatti *very few people* (literally, four cats)
espressione con il numero CENTO:
cento di questi giorni! *may you have 100 days like this!* (used as a wish on a happy occasion such as a wedding or birthday)

ESERCIZI — EXERCISES

Esercizio 5: Trasforma le frasi secondo i soggetti tra parentesi. Transform the sentences according to the subjects in parentheses.

1. Il rivenditore può cambiare i dollari in euro. (noi / io / voi / tu / i turisti)

   _____

   _____

   _____

   _____

   _____

2. I rappresentanti possono indovinare l'importanza dei numeri. (io / il cameriere / noi clienti / tu / voi ragazzi)

   _____

   _____

   _____

   _____

   _____

3. Io posso prestare tutti i soldi che risparmio. (tu / non tutti / voi / noi / quell'uomo)

   _____

   _____

   _____

   _____

   _____

4. Noi possiamo spendere tutto il denaro che abbiamo. (i genitori / tu / mia figlia / voi bambini / io)

_____

_____

_____

_____

_____

_____

5. Voi potete immaginare il progresso della scienza. (una persona intelligente / tutti gli americani / tu / noi studenti / io)

_____

_____

_____

_____

_____

_____

Esercizio 6: Pratica orale - leggi ad alta voce i seguenti numeri di telefono secondo l'esempio. Oral practice - read aloud the following telephone numbers according to the example.
Prefisso: zero-cinque-sette-uno.
Numero di telefono: quarantatré-zero sei-settantacinque or quattro-tre-zero-sei-sette-cinque

1. (02) 45-96-18[2]

2. (06) 95-91-38-42

3. (055) 23-44-56

4. (010) 66-81-90-44

5. (0573) 32-43-56

6. (0774) 98-76-54

7. (0571) 21-33-45

8. (0773) 46-57-68

[2] As you can see, Italian area codes (**il prefisso**) and telephone numbers (**il numero di telefono**) vary in length.
[3] The colon (:) is the most common Italian sign for division.

Esercizio 7: Risolvi e riscrivi a parole le seguenti operazioni matematiche. — Solve and write out in words the following mathematical operations (you read + più, : diviso, - meno, x per, = uguale or fa).

1. $3+4=?$

_____

2. $7 \times 7=?$

_____

3. $9 \times 9=?$

_____

4. $45+55=?$

_____

5. $99:11=?$[3]

_____

6. $24:2=?$

_____

7. $100-55=?$

_____

8. $7 \times 10=?$

_____

9. $7 \times 8=?$

_____

10. $91-55=?$

_____

CHIACCHIERANDO — CHATTING
I NUMERI E L'ETÀ — NUMBERS AND AGE

Quanti anni hai? (informal) **Quanti anni ha?** (formal) This is how you ask someone's age in Italian (though many Italian women are not willing to talk about their age...). To which you answer something like: **Ho trentasette anni.**

Esercizio 8: Chiedi l'età alle seguenti persone e poi rispondi. Ask the following people their age and then answer.

Esempio: il professor Alighieri (66)
  Quanti anni ha, professor Alighieri?
  Ho sessantasei anni

1. Davide (8)

_____

2. la signora Catanzaro (76)

_____

3. zia Rina (54)

_____

4. signora Bianchini (42)

_____

5. dottor Cardinali (39)

_____

6. Massimo e Mario (12)

_____

7. Antonella (23)

_____

8. professoressa Giglioli (81)

_____

Esercizio 9: Pratica orale – Descrivi l'età di tutti i membri della tua famiglia. Oral practice – Describe the age of all the members of your family

Esercizio 10: Pratica orale – Su una scala da 1 a 10, decidi quanto sono importanti queste cose per il tuo studio dell'italiano. Oral practice – On a scale from 1 to 10, decide how important the following things are for your Italian study.

*Esempio: speaking Italian when visiting Italy **dieci***

1. ordering food in Italian at an Italian restaurant.
2. listening to Italian radio
3. watching Italian TV
4. understanding the words of operas
5. singing operas in Italian
6. reading Italian fashion magazine
7. reading the Ferrari owner's manual
8. cooking from original Italian recipes
9. speaking with your Italian relatives
10. reading Dante's *Divine Comedy* in Italian

SULL'INTERNET — ON THE WEB

A list of links to Italian games with numbers and math—enough to drive you crazy for a while, unless you are mathematically inclined and on top of your Italian.

www.matematicamente.it/giochi/

cellulare / telefonino=cell-phone, squillare=to ring

A. RIPASSO DEL VOCABOLARIO — VOCABULARY REVIEW

1. *crucipuzzle: Al bar* — *word search puzzle: At the café*

```
b c i o c c o l a t o s l e t t a l c r
r c M A e f a u m a n c i a F a D E r v
i a w W r t s u c c o k Z w p d o b o o
c f t L a t r a m e z z i n o n T i s n
c f g s m a l u n g o t U k c e a c t i
o e s L i r a b k o V a V o I r i c a t
e a g b c e t a v t m z b a e e l h t t
g s q w a i u r T a v z i t l m g i a a
f e p E j e m i Y n P a b a a o i e Y i
r r p r K t e s b i v l i i r n t r o p
u z e i e p r t i e W a t c e i t e n y
t c V d a s p a s f b t a n n c o b i o
t a L e d t s q c f e t J a i c b i t l
a s h a g o t o o a v i W r m u d r a l
F s g j O B r o t c a n E a M p o r l e
L a a c q u a G t e n a J t Z p T a a t
m a c c h i a t o d d A X v f a m e s l
r I c o r n e t t o a S w B M c K u o o
a z u c c h e r o p y E c B u C P K z c
b c u c c h i a i n o f o r c h e t t a
```

acqua	minerale	zucchero
bar	barista	bibita
bicchiere	aranciata	bevanda
birra	biscotto	bottiglia
bricco	caffe	cappuccino
cassa	ceramica	cioccolato
coltello	cornetto	decaffeinato

hag	crostata	cucchiaino
espresso	fame	merenda
forchetta	freddo	frutta
latte	lattina	gassata
lungo	macchiato	mancia
piattino	salatino	piatto
spremuta	succo	tazza
teiera	tramezzino	

2. *cruciverba* — *crossword puzzle*

orizzontali – across

1. to find	2. to save (money, time, etc)
3. to leave	4. to imagine
7. to guess	8. to accept
10. to wait	14. to understand
15. to arrive	17. to remain
18. to wish	19. to receive
20. to change	21. to seem

verticali - down

1. to telephone
2. to see again
6. to cost
9. to use
11. to sell again
12. to write
13. to spend
16. to greet

3. test d'intelligenza — *intelligence test*

Quale coppia di numeri viene dopo questa serie?

What pair of numbers comes after this series?

30 20 29 21 28 22 27 23 26 24

a. 25 26
b. 25 25
c. 25 24
d. 27 25

B. ESERCIZI SUPPLEMENTARY — EXTRA EXERCISES

Esercizio 1. Rispondi alle domande secondo la tua immaginazione. *Answer the questions according to your imagination.*

1. Sei in Piazza Duomo: Dov'è Piazza Consacchi?

_____

2. Sei in Piazza Consacchi: Dov'è Via Scaricati?

_____

3. Sei in Piazza Matteotti: Dov'è Piazza Duomo?

_____

4. Sei in Via dell'Ospedale: Dov'è Piazza Marconi?

_____

Esercizio 2. Traduci in italiano.
Translate into Italian.

Amelia is a small city in Umbria, in Italy. It is a city with much art. There are also many hotels and restaurants in Amelia. The name of a hotel is "Le colonne." The name of a restaurant is "Da Emma." We can go to Amelia from Rome by train or by bus. We can also go by car, of course, or by bike, if we are very strong. I want to go to Amelia on Sunday, do you want to come with me? You can come in my car, if you want.

_____

_____

_____

_____

_____

_____

Esercizio 3. Rispondi alle domande.
Answer the questions.

1. Conta in multipli (multiples) di due da 0 a 20.

_____

2. Conta in multipli di tre da 0 a 30.

_____

3. Conta in multipli di quattro da 0 a 40.

_____

5. Conta in multipli di cinque da 50 a 100.

_____

6. Conta all'indietro (backwards) da 99 a 86.

_____

Esercizio 4. Completa le frasi con la parola adatta (al plurale). *Complete the sentences with the appropriate word (in the plural).*

*Esempio: L'Italia, gli Stati Uniti e la Germania sono tre...*__paesi__

1. Roma, Napoli e Bologna sono

tre..._____

2. Bianca, Paolo e Lucia sono tre...

_____

3. Viola, giallo e azzurro sono tre...

_____

4. Gennaio, marzo e aprile sono tre...

_____

5. La primavera, l'autunno e l'inverno sono tre...

_____

6. La Fiat, la Ferrari e la Maserati sono tre...

_____

Esercizio 5. _Completa le frasi secondo l'esempio._
Complete the sentences according to the example.
Esempio: _la madre del padre è..._la nonna

1. la figlia della sorella è... _____

_____

2. il figlio della sorella è... _____

_____

3. due donne che hanno lo stesso papà sono

   due... _____

4. due uomini che hanno la stessa mamma sono

   due... _____

5. la moglie del fratello è ... _____

_____

6. il fratello del marito è... _____

_____

Esercizio 6. _Completa le frasi secondo l'esempio_
(non dimenticare i possessivi!) Complete the
sentences according to the example (do not forget
the possessives!)
Esempio: _Il padre di mio padre è..._mio nonno.

1. La madre di mia madre è...

_____

2. La sorella di tuo padre è....

_____

3. Il fratello di sua madre è...

_____

4. Il figlio di mio fratello è...

_____

5. La figlia di tua madre è...

_____

6. Il figlio di suo padre è...

_____

7. La figlia di tua sorella è...

_____

8. La sorella di sua moglie è...

_____

9. Il fratello di tuo marito è...

_____

10. La moglie di mio fratello è...

_____

Esercizio 7. _Completa le frasi con il plurale_
dei nomi secondo l'esempio. _Complete the_
sentences with the plural of the nouns according
to the example.

Esempio: _Amo mia sorella._ _Amo_ le mie sorelle.

1. Esco con mio fratello. Esco con _____.

2. Vedo tua sorella. Vedo _____.

3. Parla con suo zio. Parlo con _____.

4. Non capisco mia nipote. Non capisco

_____.

5. Telefona a sua zia. Telefona _____.

6. Scriviamo a nostra cognata. Scriviamo

_____.

Esercizio 8. _Completa secondo l'esempio._
Complete according to the example.

Esempio: _Questa macchina costa (22.000)_
             ventiduemila euro.
             Dante Alighieri è morto nel (1321)
             milletrecentoventuno.

1. I miei zii hanno pagato solo (900) _____
   _____ euro per quel divano.

2. Un euro corrisponde a circa (1.980) _____
   _____ lire.

3. Roma è a (4.282) _____ da New York.

4. A Milano abitano circa (2.500.000) di persone.

5. Ogni giorno circa (16.000) _____
   persone visitano San Pietro.

6. Dante Alighieri è nato nel (1265) _____.

Guarda la fotografia e completa gli esercizi 9 e 10

Esercizio 9. Completa secondo l'esempio.
Complete according to the example.
Esempio: L'uomo ha una camicia.
> <u>*La sua*</u> *camicia è bianca.*

1. La donna al centro ha un marito. _____
   _____ marito si chiama Giovanni.

2. La donna a destra ha una sorella. _____
   _____ sorella si chiama Adriana.

3. L'uomo porta gli occhiali. _____
   _____ occhiali sono grandi.

4. Le donne portano delle camicie. _____
   _____ camicie sono colorate.

5. L'uomo ha una moglie. _____
   _____ moglie si chiama Adriana.

6. La donna al centro ha un nome. _____
   _____ nome è Adriana.

Esercizio 10. Traduci in inglese.
Translate into Italian.

This is a photograph of my aunts and my uncle. My uncle's name is Giovanni. My aunts' names are Adriana (she is Giovanni's wife) and Maria. Adriana and Maria are sisters. They call me their niece and they call my brothers their nephews, but they are not exactly our aunts: they are my grandmother's sisters. They live in Padova, in Northern Italy. My uncle Giovanni is seventy-eight years old, my aunt Adriana is seventy-seven years old, and my aunt Maria is seventy-two years old. They are all very friendly and cheerful. They usually have a cappuccino together every morning at the bar. They love to cook and they love to eat and drink!

_____

_____

_____

_____

_____

_____

_____

_____

_____

CAPITOLO 13 (TREDICI)

IL NUOVO SISTEMA MONETARIO
THE NEW MONETARY SYSTEM

SCIOGLILINGUA — TONGUE TWISTER

"Sa chi sa che non sa, non sa chi non sa che non sa."

The one who knows that he does not know, knows; the one who does not know he does not know, does not know.[1]

PRESENTAZIONE — INTRODUCTION

The importance of numbers in various situations of daily life is highlighted, and the new European monetary system is introduced—the euro, which is worth about one dollar. This new system is much simpler for Americans than the old system, the liras, but for Italians the new system is more complicated. Then Ms. Ricci tests Mr. Campi on the new system. This time, it is Mr. Campi who congratulates Ms. Ricci on her teaching skills.

VOCABOLARIO NUOVO — NEW VOCABULARY

■ **nomi** — nouns

la biglietterIa *ticket counter*
il biglietto *ticket*
il collega *colleague*
la distanza *distance*
l'Euro *euro*
i grandi magazzini *department store*
l'impiegato / l'impiegata clerk
il centEsimo *cent*
il conto *bill, check, account*
il dOllaro *dollar*

la matemAtica *mathematics*
il mercato *market*
la prAtica *practice*
il programma *program*
il sistema *system*
l'unità *unit*
il pasto *meal*
il problema *problem*
il resto *change* (of money)
lo sportello *ticket window*

■ **aggettivi** — adjectives

europEo / europEa *European* **migliore** *better*
monetario / monetaria *monetary*
prOssimo / prOssima *next* **sEmplice** *simple*
uguale *same, equal* **Ultimo / Ultima** *last*

■ **verbi** — verbs

calcolare *to calculate* **comprare** *to buy*
fare le cOmpere / fare cOmpere *to go shopping* (usually not for food)
fare le spese / fare spese *to go shopping* (usually not for food)
fare la spesa *to go grocery shopping*
incontrare *to meet* **pagare** *to pay*
pesare *to weigh* **usare** *to use*
valere *to be worth*

■ **avverbi e altro** — adverbs and more

circa *about* **meno** *less, minus*
più *more, plus* **proprio** *really*
ugualmente *all the same, equally*

---

[1] This is a Socratic tonguetwister: Socrates claimed that what we should know well is our own ignorance, so that those who think they are knowledgeable are the most ignorant of all. The difficulty of this **scioglilingua** lies more in meaning than in sound.

ESERCIZI DI VOCABOLARIO —
VOCABULARY EXERCISES

Esercizio 1: Abbinamenti — *Matches*

colonna A

1. dove compriamo i biglietti
2. l'unità monetaria americana
3. l'unità monetaria italiana ed europea
4. i soldi che riceviamo quando paghiamo
5. i soldi che dobbiamo pagare al ristorante
6. una persona che lavora con noi

colonna B

a. il conto
b. il resto
c. la biglietteria
d. un collega
e. l'euro
f. il dollaro

Esercizio 2: Inserisci la forma corretta delle seguenti parole. *Insert the correct form of the following words.*

> *matematica – pratica – distanza – negozio –*
> *pagare – valere – costare – incontrare –*
> *semplice – ultimo – prossimo – europeo*

1. L' _____ mese dell'anno
   è dicembre.

2. Il mese _____ è il mese dopo
   di questo.

3. Un problema _____ è un
   problema facile.

4. L'Italia è un paese _____ .

5. La _____ tra Roma e Firenze è
   di circa 300 chilometri.

6. La _____ è la migliore maestra.

7. La _____ è lo studio
   dei numeri.

8. Nei _____ compriamo
   tante cose diverse.

9. Al bar noi _____ tanti amici.

10. In Italia tutti _____ con gli euro.

11. Un euro _____ circa un dollaro.

12. Un caffè _____ circa un euro.

LETTURA — READING

1. "Signor Campi, ricorda la nostra ultima conversazione? È difficile immaginare la nostra civiltà moderna senza i numeri, cioè senza la matematica. È ugualmente difficile immaginare un viaggio senza la matematica. Sa Lei quante volte incontriamo i problemi di matematica in un viaggio?"

2. "Io credo di sì. Usiamo la matematica per cambiare il denaro, per comprare i biglietti, per pagare i pasti e il conto dell'albergo, per pesare i bagagli, per calcolare le distanze, per fare compere nei grandi magazzini e nei negozi, per fare la spesa al mercato e al supermercato."

3. "Conosce Lei il nuovo sistema monetario italiano?"

4. "Figuriamoci! Conosco perfettamente questo sistema: sono un rappresentante di software con colleghi in Italia, no? L'euro è l'unità monetaria d'Italia e d'Europa. Il dollaro americano vale circa un euro."

5. "Se Lei cambia 10 (dieci) dollari in euro, quanti euro riceve Lei?"

6. "Io ricevo circa 10 (dieci) euro, naturalmente."

7. "Se Lei cambia 100 (cento) dollari in euro, quanti euro riceve?"

8. "Ricevo circa 100 (cento) euro. Questo sistema è più semplice del sistema precedente, il sistema delle lire."

9. "È proprio vero, questo sistema è più semplice per gli americani. Ma per gli italiani, a dire il vero, non è semplice conoscere il nuovo sistema, e per molti è un vero problema. Ma ecco un altro esempio: Lei è alla stazione, in biglietteria. Lei vuole comprare due biglietti del treno. Ogni biglietto costa 4 (quattro) euro e 35 (trentacinque) centesimi, e Lei dà un biglietto da 20 (venti) euro all'impiegato allo sportello della biglietteria. Quanti euro riceve di resto?"

10. "Quattro e trentacinque per due fa 8 (otto) e 70 (settanta). Venti meno 8 e 70 fa 11 (undici) e 30 (trenta). Io ricevo 11 euro e 30 centesimi di resto."

11. "Benissimo. Il programma della nostra prossima conversazione è di parlare ancora di questo argomento così importante. La pratica è la migliore maestra."

12. "Lei ha torto: non la pratica, ma la signora Ricci è la migliore maestra!"

13. "Signor Campi! Esageriamo di nuovo?!"

NOTE — NOTES

Since 2002 **le lire** are no longer used as a valid currency in Italy; they have been substituted by **gli euro** (*pl.*, or **l'euro**, *sing.*), the currency common to most of Europe. Like American dollars, euros are divided in cents, centesimi (as you can tell from the ending -**esimo**, the word **centesimo** is the ordinal numeral for the number **cento**, one hundred: **un centesimo** is one hundredth of a euro, or of a dollar).

COMPRENSIONE DEL TESTO — READING COMPREHENSION

Esercizio 3: Abbinamenti — Matches

colonna A

1. Quando incontriamo i problemi di matematica in un viaggio?

2. Il signor Campi conosce il nuovo sistema monetario?

3. Qual è l'unità monetaria d'Italia e d'Europa?

4. Quanto vale un dollaro americano?

5. A quanto corrispondono cento euro?

6. Quanto costa il biglietto del treno del signor Campi?

7. Qual è il programma della prossima conversazione?

8. Chi è la migliore maestra secondo il signor Campi?

colonna B

a. circa un euro.

b. la signora Ricci.

c. quando vogliamo calcolare le distanze, fare le spese, pagare i pasti, ecc.

d. a cento dollari circa.

e. i numeri.

f. perfettamente.

g. l'euro.

h. quattro euro e trentacinque centesimi.

Esercizio 4: Trova la parola sbagliata e sostituiscila con la parola giusta. *Find the wrong word and replace it with the right word.*

1. Nella loro prima conversazione Mario e Marina parlano dell'importanza dei numeri.

_____

2. È facile immaginare un viaggio senza la matematica _____

3. Usiamo la musica per cambiare il denaro.

_____

4. Il signor Campi conosce male il sistema monetario italiano.

_____

5. Il signor Campi è un rappresentante di software con amici in Italia.

_____

6. Il programma della prossima conversazione è di parlare ancora di musica.

_____

APPUNTI DI GRAMMATICA — GRAMMAR NOTES

1. NOUNS AND ADJECTIVES ENDING IN –CA AND –GA, –CO AND –GO

When forming the plural of feminine nouns and adjectives ending in –**ca** and –**ga**, add an **h** before the final –**e** in order to retain the hard **g** (otherwise, the sound would change to *j*

l'amica *friend*	**le amiche** *friends*
lunga *long*	**lunghe** *long*[2]

---

[2] An Italian proverb: **Le cose lunghe diventano serpenti,** *Long things become snakes.*

Masculine nouns ending in **–go** usually form their plural in **–ghi**

il lago *lake*	**i laghi** *lakes*
lungo *long*	**lunghi** *long*

When forming the plural, masculine nouns and adjectives ending in **–co** vary according to where the stress of the word is: if the stress is on the second-to-last vowel, then the plural is **–chi**; if the stress is on the third-to-last vowel, then the plural is **–ci**

il pacco *package*	**i pacchi** *packages*
ricco *rich*	**ricchi** *rich*
il medico *doctor*	**i medici** *doctors*
simpatico *nice*	**simpatici** *nice*

Only three exceptions to this rule exist:

amico *friend*	**amici** *friends*
nemico *enemy*	**nemici** *enemies*
greco *Greek*	**greci** *Greek*

2. MASCULINE NOUNS ENDING IN –A

There are several nouns in Italian that end in **–a** even though they are masculine. They form their plural regularly, in **–i**.

il clima *climate*	**i climi** *climates*
il collega *colleague*	**i colleghi** *colleagues*
il dilemma *dilemma*	**i dilemmi** *dilemmas*
il giornalista *journalist*	**i giornalisti** *journalists*[3]
il poeta *poet*	**i poeti** *poets*
il problema *problem*	**i problemi** *problems*
il programma *program*	**i programmi** *programs*
il sistema *system*	**i sistemi** *systems*

3. PRESENT TENSE OF **SAPERE**, TO KNOW, AND **CONOSCERE**, TO KNOW, TO BE ACQUAINTED WITH

It is important to learn to distinguish between the verbs **conoscere** and **sapere**, both of which are normally translated as *to know* in English but are used in different situations in Italian.

SAPERE (irregular)

io so *I know*
tu sai *you know*
lui/lei/Lei sa *he/she/it knows, you know* (formal)
noi sappiamo *we know*
voi sapete *you know*
loro sanno *they know*

CONOSCERE (regular –ere verb)

io conosco *I know*
tu conosci *you know*
lui/lei/Lei conosce *he/she/it knows, you know* (formal)
noi conosciamo *we know*
voi conoscete *you know*
loro conoscono *they know*

Sapere means *to know a thing or a fact* (sentences a, b); when followed by an infinitive, it means *to know how* (c). **Sapere** is often followed by **che**, meaning *that*.

Conoscere means *to know in the sense of to be acquainted with a person or a thing* (d, e) and *to meet someone* (i); **conoscere** also means *to know a body of knowledge*, such as history, geography, a system, etc. (f). **Conoscere** is never followed by **che**, **se**, **dove**, **quando**, etc., nor by an infinitive.

You should be aware of the fact that, in some cases, both verbs are acceptable (g, h).

a. **Lei sa tutte le risposte?** *Do you know all the answers?*
b. **So che il dottore è qui.** *I know that the doctor is here.*
c. **Non sappiamo leggere il francese.** *We do not know how to read French.*
d. **Non conosco quell'albergo.** *I do not know that hotel.*
e. **Conoscete quella strada?** *Do you know that street?*
f. **Conosciamo questo sistema monetario.** *We know this monetary system.*
g. **Il signor Campi non sa il numero di telefono di casa della signora Ricci.** *Mr. Campi does not know Ms. Ricci's home phone number.*

---

[3] There also are several adjectives ending in **–ista** that are the same in the masculine and the feminine, though they form the plural in the regular way: un uomo fascista, una donna fascista, gli uomini fascisti, le donne fasciste; un ragazzo femminista, una ragazza femminista, i ragazzi femministi, le ragazze femministe.

[4] Because it modifies an adjective, **poco** is here an adverb and does not change in the plural.

h. **Il signor Campi non conosce il numero di telefono di casa della signora Ricci.** *Mr. Campi does not know Ms. Ricci's home phone number.*

i. **Voglio conoscere quella ragazza.** *I want to meet that girl.*

ESERCIZI — EXERCISES

Esercizio 5: Trasforma le frasi dal singolare al plurale. Transform the sentences from the singular to the plural.

1. Quel collega simpatico è l'amico del ragazzo italiano._____

2. Quell'impiegata simpatica è l'amica della ragazza italiana. _____

3. Questo programma magnifico è facile e poco caro. _____

4. Questo medico è bravo e simpatico.

_____

5. Quel supermercato è magnifico.

_____

6. Quell'uomo è greco e quella donna è spagnola.

_____

7. Quell'uomo politico ha un nemico vero.

_____

8. Il mio sistema è infallibile.

_____

Esercizio 6: Scrivi la domanda adatta per ogni risposta negativa, usando la forma singolare dei nomi. Write an appropriate question for each negative answer, using the singular form of the nouns.

Esempio: <u>Hai un amico italiano?</u>
No, ho molti amici italiani.

1. _____
No, ho molti colleghi simpatici.

2. _____
No, ho due amiche simpatiche.

3. _____
No, ho tre medici bravi.

4. _____
No, conosco molti poeti magnifici.

5. _____
No, abbiamo due specchi antichi.

6. _____
No, conosciamo tre giornalisti antipatici.

7. _____
No, vediamo cinque lunghi programmi.

8. _____
No, conosciamo molti uomini greci.

Esercizio 7: Sottolinea il verbo giusto nel seguente dialogo. Underline the correct verb in the following dialogue.

1. (Sa/Conosce) Roma, signora Ricci?

2. Sì, ma non (so/conosco) dove trovare il suo rivenditore, signor Campi.

3. Io, signora Ricci, (so/conosco) cucinare molto bene; posso (sapere/conoscere) il suo numero di telefono e invitarla a cena una sera?

4. Non (so/conosco) cosa dire, signor Campi, non (so/conosco) se è proprio una buona idea.

5. Un giorno desidero proprio (sapere/conoscere) sua sorella e la sua famiglia, signora Ricci.

6. Parliamo d'altro, signor Campi. Lei (sa/conosce) il sistema monetario italiano?

7. Sì, signora Ricci, lo (so/conosco) molto bene. E (so/conosco) anche che Lei non vuole proprio venire a cena a casa mia.

8. Signor Campi, (sappiamo/conosciamo) tutti e due che questa non è una buona idea.

CHIACCHIERANDO — CHATTING
COMPRARE UN BIGLIETTO DEL TRENO O DELL'AUTOBUS — BUYING A BUS OR TRAIN TICKET

The most common means of public transportation in Italy are the train, the bus, and, in larger cities, the subway. For both, tickets need to be purchased beforehand. Booklets of **biglietti**, *tickets*, for **l'autobus e la metropolitana** may be bought **dal tabaccaio**, at the *tobacconist* (in Italy only the

tabaccai can sell tobacco, which is a state monopoly —you will not find cigarettes at a supermarket). Each ticket then needs to be validated at a little machine as soon as you get on **l'autobus**. For **il treno**, you can buy **i biglietti** from a person **alla biglietteria** found in the main lobby of train sttions, or you can use **le biglietterie automatiche**, machines also located in the main lobby. These machines "speak" several languages and are quite user friendly.

"In biglietteria"

passeggero: Buongiorno, vorrei un biglietto per Genova. (o: Mi dà un biglietto per Genova?)
impiegato: Solo andata?
passeggero: No, andata e ritorno. Quant'è?
(or: Quanto costa il biglietto?)
impiegato: Sono quindici euro.
passeggero: Ecco.
impiegato: Ecco a Lei. Buongiorno.

Un treno Eurostar alla stazione di Firenze. La stazione di Firenze si chiama Santa Maria Novella.

Esercizio 8: Pratica orale – Immagina di comprare un biglietto per le seguenti città:
Oral practice – Imagine you are buying a ticket for the following cities:

1. solo andata / Napoli / 16 euro
2. andata e ritorno / Reggio Calabria / 3 euro
3. solo andata / Bologna / 45 euro
4. andata e ritorno / Novara / 33 euro
5. solo andata / Teramo / 23 euro

Esercizio 9: Immagina le domande del passeggero all'impiegato. Imagine the passenger's questions to the employee.

1. passeggero:_____
   impiegato: Il prossimo treno per Genova parte alle dieci e quaranta.

2. passeggero:_____
   impiegato: Arriva a Genova a mezzogiorno e cinque.

3. passeggero:_____
   impiegato: Costa sei euro.

SULL'INTERNET — ON THE WEB

"Quando vuoi partire? Da dove vuoi partire? Dove vuoi arrivare?" Explore the website of the Italian railway system—it is available in English as well as in Italian, should you need it

www.fs-on-line.com

uscire di scena=to go off stage

CAPITOLO 14 (QUATTORDICI)

I NUMERI NELLA VITA DI TUTTI I GIORNI
NUMBERS IN EVERYDAY LIFE

SCIOGLILINGUA — TONGUE TWISTER

"Nell'anfratto della grotta trentatré gretti gatti si grattano."
In the corner of the cave thirty-three mangy cats are scratching.[1]

PRESENTAZIONE — INTRODUCTION

More on numbers: we are introduced to situations at the restaurant, at the airport, on the road, and at a clothing store. Ms. Ricci announces the topic of the next lesson--the time of day--and Mr. Campi is looking forward to a more interesting topic. He also announces that he will be late.

VOCABOLARIO NUOVO — NEW VOCABULARY

■ **nomi** — nouns

l'aeroporto *airport*
il calcolo *calculation*
il chilo, il chilogrammo *kilo*
il chilometro *kilometer*
la colazione *breakfast*
il commesso / la commessa *salesperson*
il giorno *day*
la libbra *pound* (weighing measure)
il miglio (le miglia) *mile*
il negozio di abbigliamento *clothing shop*
il paio *pair*
il peso *weight*

l'argomento *topic*

la cintura *belt*

il guanto *glove*

il negozio *shop*

la pelle *leather, skin*
il prezzo *price*

il regalo *gift*
la somma *sum*
il totale *total*
la valigia *suitcase*

il secolo *century*
la spesa *expense, shopping*
l'uso *use*
la virgola *comma*

■ **aggettivi** — adjectives

caro / cara *expensive, dear*
continentale *continental*
conveniente *reasonably priced*
corretto / corretta *correct*
pesante *heavy*
stesso / stessa *same, self*

■ **verbi** — verbs

convertire *to convert*
farcela *to make it*
portare *to bring, to carry*

dividere *to divide*
moltiplicare *to multiply*
regalare *to give as a gift*

■ **avverbi e altro** — adverbs and more

ancora un po' *a little more*
ben detto! *well said!*
in ritardo *late*
lo stesso *all the same*

ognuno *each one*
tardi *late*

ESERCIZI DI VOCABOLARIO — VOCABULARY EXERCISES

Esercizio 1: Inserisci nello spazio corretto la forma appropriata delle parole tra parentesi.
Insert in the correct space the appropriate form of the words in parentheses.

---

[1] Some more practice with rolling those Italian **r**'s, combined with work on the elusive Italian **t**--remember not to let air escape, as in English. If you are looking for more practice with pronunciation and numbers combined, try this never-ending **scioglilingua**: "Un limone, mezzo limone, due limoni, mezzo limone, tre limoni, mezzo limone, quattro limoni, mezzo limone, ecc."—it looks easier than it is, particularly if you strive for speed and accuracy at once.

1. Non voglio _____ quei

   _____: sono troppo _____!

   (caro / cara, guanto, comprare)

2. Forse vuoi _____ quelle

   _____ a nostra madre?

   (valigia / regalare)

3. Se _____ la _____, i guanti

   sono molto _____!

   (conveniente / spesa / dividere)

4. È possibile _____ questi dollari in

   euro all'_____? Qual è il _____?

   (totale / convertire / aeroporto)

5. Prima voglio andare al _____

   e comprare un _____ di

   _____; la _____ lì è molto gentile!

   (commessa / paio / negozio di abbigliamento /

   guanti)

6. Sono di vera _____, non sono di

   plastica? Non costano molto, il _____ è

   buono. Io _____ un paio di questi

   guanti a _____ dei miei figli.

   (portare / prezzo / pelle / ognuno)

Esercizio 2: Abbinamenti — *Matches*

colonna A
1. il negozio di abbigliamento
2. convertire
3. moltiplicare e dividere
4. il miglio
5. la libbra
6. la somma
7. il regalo
8. in ritardo

colonna B
a. 1.6 chilometri
b. la quantità di denaro
c. la commessa e il commesso lavorano lì
d. i problemi della matematica
e. 2.2 fanno un chilogrammo
f. cambiare i soldi, cambiare religione
g. regalare
h. l'opposto di puntualmente

LETTURA — READING

1. "Parliamo ancora un po' dell'uso della matematica in viaggio."

2. "Noi facciamo colazione al ristorante 'Da Giorgio.' Siamo in quattro amici. Le colazioni costano: 12 (dodici) euro e 55 (cinquantacinque) centesimi; 14 (quattordici) euro e 75 (settantacinque) centesimi; 16 (sedici) euro e 25 (venticinque) centesimi; e 13 (tredici) euro e 45 (quarantacinque) centesimi. Noi lasciamo il 15% (quindici per cento) di mancia. Qual è il totale del conto per tutti e quattro? Quanto lasciamo di mancia?"

3. "La somma totale per tutti è di 57 (cinquantasette) euro. Lasciamo una mancia di 6 (sei) euro e 5 (cinque) centesimi."

4. "Benissimo. Ora io sono all'aeroporto e porto una valigia molto pesante. Faccio pesare la valigia: pesa 30 (trenta) chili. Come posso calcolare il peso della valigia in libbre?"

5. "Non è difficile. Un chilo è uguale a circa 2,2 (due virgola due) libbre. Moltiplico 30 (trenta) per 2,2. La valigia pesa 66 (sessantasei) libbre."

6. "Corretto. In Italia non contiamo le distanze in miglia ma in chilometri. Come fa Lei a convertire i chilometri in miglia?"

7. "Divido per otto e poi moltiplico per cinque. Così, 80 (ottanta) chilometri fanno 50 (cinquanta) miglia. È facile, non è vero?"

8. "Magnifico! Lei fa i calcoli presto e bene. Ancora un altro problema, l'ultimo. Io vado in un negozio di abbigliamento e faccio spese. Compro un paio di guanti per me stessa a 18 (diciotto) euro, un paio di guanti come regalo per mia sorella a 22 (ventidue) euro; e una cintura di pelle da regalare a ognuno dei miei tre nipoti a 7 (sette) euro e 75 (settantacinque) centesimi l'una. Qual è il totale di tutte le mie spese?"

9. "Il conto è di 63 (sessantatrè) euro e 25 (venticinque) centesimi. Sono dei prezzi molto convenienti, poco cari. Se io do alla commessa 7 (sette) biglietti da 10 (dieci) euro, ricevo 6 (sei) euro e 75 (settantacinque) centesimi di resto."

10. "Perfettamente. Per oggi basta con la matematica. Giovedì facciamo una lezione sull'ora del giorno. È un argomento molto importante."

11. "Fantastico! Comunque, signora Ricci, a proposito di ore, giovedì prossimo non ce la faccio ad arrivare prima delle 4:30 (quattro e trenta)."

12. "Va bene lo stesso. È la prima volta che arriva in ritardo. Meglio tardi che mai."

13. "Ben detto! Arrivederci, signora Ricci."

14. "A giovedì, signor Campi."

NOTE — NOTES

The situation described by Ms. Ricci takes place in the U.S.—hence the 15% **mancia**. In Italy, **il servizio**, *service*, is included **nel conto** (labeled as **coperto**, *cover charge*, or **pane e coperto**, *bread and cover charge*), and although **una mancia** is always appreciated, it is neither mandatory nor a fixed percentage.

Da is a useful little preposition that can mean various things in Italian. Two uses are particularly important: In front of an infinitive, **da** means *to* (**Marina compra una cintura da regalare a suo nipote**, *Marina buys a belt to give as a gift to her nephew*); in front of the name of a person or of a person's occupation it means *at the house of, at the shop/office/studio of* (**vado da Paola oggi pomeriggio**, *I am going to Paola's this afternoon*; **andiamo dal dentista domani**, *we are going to the dentist tomorrow*). Many restaurants are called **da**+the owner's name for this reason: it gives the place a sense of hominess, as if you were going to the owner's house to eat: **da Mario, da Alfredo, da zia Caterina.**

COMPRENSIONE DEL TESTO — READING COMPREHENSION

Esercizio 3: Vero o falso? *True or false?*

1. Vero / Falso Mario e Marina parlano ancora un po' dei problemi di matematica.

2. Vero / Falso Nel problema ci sono cinque amici al ristorante che fanno colazione.

3. Vero / Falso I quattro amici lasciano il 15 per cento di mancia.

4. Vero / Falso Una valigia di sessantasei libbre pesa quaranta chili.

5. Vero / Falso Mario Campi fa i calcoli presto e bene.

6. Vero / Falso La prossima volta la signora Ricci arriva in ritardo

Esercizio 4: Inserisci in ogni frase la parola mancante. *Insert in each sentence the missing word.*

1. I quattro amici fanno _____ al ristorante.

2. La _____ che lasciano è del quindici per cento.

3. La signora Ricci fa pesare una valigia all' _____ .

4. Gli italiani calcolano le distanze non in miglia ma in _____ .

5. In un _____ possiamo comprare molte cose, per esempio guanti e cinture.

6. Giovedì _____ il signor Campi arriva in ritardo.

7. La signora Ricci dice che è meglio _____ che _____ .

APPUNTI DI GRAMMATICA — GRAMMAR NOTES

1. PRESENT TENSE OF **FARE**, TO DO, TO MAKE

io faccio *I do*   **tu fai** *you fai*
lui/lei/Lei fa *he/she it/does, you do* (formal)
noi facciamo *we do*   **voi fate** *you do*
loro fanno *they do*

Chi sa fare fa, chi non sa fare insegna. (proverbio)
Those who can do, do, those who cannot do, teach.

L'abito non fa il monaco. (proverbio)
The habit does not make the monk.

There are many idioms (special expressions) with **fare**. The following are among the most important:

fare domande *to ask questions*
fare fare qualcosa *to have something done* (e.g., **fare pesare i bagagli**, *to have the baggage weighed*)
fare l'amore *to make love*
fare l'autostop *to hitch hike*
fare la spesa *to go grocery shopping*
fare le spese, fare le compere *to go shopping* (usually for things other than food)
fare progressi *to make progress*
fare un viaggio *to take a trip*
fare una foto *to take a picture*
fare un bagno *to take a bath*

farcela *to make it, to manage* (**ce la** *do not change regardless of the subject*)

io	ce la faccio
tu	ce la fai
lui/lei/Lei	ce la fa
noi	ce la facciamo
voi	ce la fate
loro	ce la fanno

2. ORDINAL NUMBERS

1st	primo	2nd	secondo
3rd	terzo	4th	quarto
5th	quinto	6th	sesto
7th	settimo	8th	ottavo
9th	nono	10th	decimo
11th	undicesimo	12th	dodicesimo
13th	tredicesimo	20th	ventesimo
21st	ventunesimo	22nd	ventiduesimo
23rd	ventitreesimo	24th	ventiquattresimo
25th	venticinquesimo	26th	ventiseiesimo
30th	trentesimo	40th	quarantesimo
100th	centesimo	1000th	millesimo

After *the 10th*, the ordinals are formed by dropping the final vowel from the corresponding cardinal number and then adding –esimo.[2] Note that in the ordinals *23rd*, **ventitreesimo**, *33rd*, **trentatreesimo**, *43rd*, **quarantatreesimo**, etc., as well as in the ordinals *26th* **ventiseiesimo**, *36th*, **trentaseiesimo**, *46th*, **quarantaseiesimo**, etc., the last vowel of the cardinal number is kept.

Abbreviations for ordinal numbers are usually an **o** or an **a** in superscript (**1°, 2ª, 3°, 4ª, ecc.**)

il primo anno *the first year*
i primi anni *the first years*
il quinto posto *the fifth seat / place*
la decima fila *the tenth row*
il ventesimo secolo *the twentieth century*
Siamo nel ventunesimo secolo. *We are in the twenty first century.*

Ordinal numbers are adjectives ending in –o and agree with the nouns they modify in number and gender.

ESERCIZI — EXERCISES

Esercizio 5: Trasforma le frasi secondo i soggetti tra parentesi. Transform the sentences according to the subjects in parentheses.

1. Mia zia fa sempre la spesa al supermercato.

   (noi / io / voi / tu / i miei amici)

   _____

   _____

   _____

   _____

   _____

2. Quegli studenti fanno i compiti in ritardo.

   (io / quello studente / noi / tu / voi)

   _____

   _____

   _____

   _____

   _____

---

[2] The stress for all ordinal numbers ending in –**esimo** is always on the **e**.

3. Io faccio molte domande su quest'argomento. (tu / quei medici / voi / noi / quel giornalista)

_____

_____

_____

_____

_____

4. Noi facciamo colazione al bar. (le giornaliste / tu / la mia amica Paola / voi commesse / io)

_____

_____

_____

_____

_____

5. Voi fate le stesse cose ogni giorno. (la commessa / i miei colleghi / tu / noi impiegati / io)

_____

_____

_____

_____

_____

Esercizio 6: Inserisci la forma adatta del numero ordinale (ricorda che questi sono aggettivi!) Insert the correct form of the ordinal numeral (remember that these are adjectives!)

1. Rossella è la _____ della classe. (1)

2. Io sono la _____ figlia. (7)

3. Andrea e Mario arrivano sempre _____ nelle gare. (1)

4. È la _____ volta che vedo quel film. (5)

5. È la _____ volta che ti dico di aprire la porta! (10)

6. Per venire a casa mia devi prendere la _____ strada a destra. (4)

7. Un papa che gli italiani amano molto è Giovanni _____. (23).

8. Il primo papa del nuovo millennio è Giovanni Paolo _____ . (2)

9. Prima di Giovanni Paolo _____ c'era Paolo _____ . (1, 6).

10. L'ultimo re d'Italia era Vittorio Emanuele _____. (3)

11. Questo è il _____ capitolo di Italian Made Simple. (12)

12. Prima di questo capitolo c'è l'_____ capitolo. (11)

13. E prima di quello c'è il _____ . (10)

14. Il prossimo capitolo è il _____ . (13)

15. Questa è la _____ frase di questo esercizio. (15)

Esercizio 7: Inserisci negli spazi la forma adatta delle seguenti espressioni. Insert in the blanks the appropriate form of the following expressions.

fare la spesa - fare le spese - fare un viaggio - fare progressi - fare delle domande.

1. La prossima volta che io _____ voglio andare in Asia.

2. Mario impara l'italiano bene e velocemente, l'insegnante è felice perchè lui _____.

3. In quel supermercato conveniente noi _____ per tutta la settimana.

4. I miei figli hanno bisogno di vestiti e scarpe per la scuola, domani andiamo in centro e _____.

5. Se non capite qualcosa, _____.

CHIACCHIERANDO — CHATTING
FARE LA SPESA — GROCERY SHOPPING

More and more Italians these days shop **al super-mercato**, *at the supermarket*. But many Italians still make many more shopping stops. On any given day they may go to places such as...

espressioni utili

il negozio di alimentari *sells a bit of everything to eat (though not usually produce)*

il fruttivendolo / la fruttivendola *sells fruits and vegetables*

il lattaio / la lattaia *sells dairy products*

il macellaio / la macellaia *sells meat*

il pescivendolo / la pescivendola *sells fish*

il salumiere / la salumiera *sells cold cuts, cheeses, some prepared foods*

il pasticciere / la pasticciera *sells cakes and pastries* **(le torte e i pasticcini)**

il fornaio / la fornaia *sells bread, plain pizza, dry cookies*

il gelataio / la gelataia *sells ice cream*

When buying things in bulk, the metric system of weights is used, of course. Some common expressions are:

Questa è la mia fruttivendola in Italia: lei vende la frutta e la verdura più buone del mondo!

un chilo, due chili, tre chili, ecc. *one kilo, two kilos, three kilos, etc.*

mezzo chilo *half a kilo* (roughly a pound)

un etto, due etti, tre etti, ecc. *100 grams, 200 grams, 300 grams, etc.* (450 grams=1 lb.)

mezzo etto *50 grams*

un litro *one liter* (about a quart)

Esercizio 8: Rispondi alle domande. Answer the questions.

1. Chi vende i gelati? _____

2. Chi vende i pasticcini? _____

3. Chi vende il pane? _____

4. Chi vende le banane? _____

5. Chi vende il pesce? _____

6. Chi vende il prosciutto e il salame?

   _____

7. Chi vende lo yogurt? _____

8. Chi vende il latte? _____

9. Chi vende gli spinaci? _____

10. Chi vende il caffè?

   _____

Esercizio 9: Pratica orale – Fai una lista di tutti i cibi incontrati finora e racconta dove puoi comprare questi cibi. Oral practice – Make a list of all the foods encountered thus far and say where you can buy these foods.

Esempio: il caffè: posso comprare il caffè al bar

Esercizio 10: Pratica orale – Fai la spesa per preparare un antipasto all'italiana: Dove vai? Cosa compri? In che quantità? Usa la seguente lista come aiuto. Oral practice – You are shopping to prepare an Italian-style antipasto:

Where do you go? What do you buy? In what quantity? Use the following list as an aid.

espressioni utili
gli affettati *cold cuts*
    la mortadella *mortadella*
    il prosciutto *cotto ham*
    il prosciutto crudo *cured ham*
    il salame *salami*
i formaggi *cheeses*
    il gorgonzola *gorgonzola, a type of sweet blue cheese*
    la mozzarella di bufala *buffalo mozzarella*
    il parmigiano *parmesan cheese*
    il pecorino *romano cheese*
    il provolone *provolone*

altri ingredienti *other ingredients*
    le acciughe sott'olio *anchovies preserved in oil*
    i capperi *capers*
    i carciofini *pickled artichokes*
    le olive nere, le olive verdi *black olives, green olives*
    i peperoni arrostiti *roasted peppers*
    i pomodori secchi *sundried tomatoes*

SULL'INTERNET — ON THE WEB

Ecco due siti molto dolci dalla Sicilia. Il sito di una pasticceria siciliana a Catania:

http://www.savia.it

…e il sito di una gelateria siciliana a Modica:

http://www.anticagelateriarizza.it

Ecco una salumeria italiana con affettati, formaggi e tante altre cose buone.

CHAPTER 15

CAPITOLO 15 (QUINDICI)

CHE ORA È?
WHAT TIME IS IT?

SCIOGLILINGUA — TONGUE TWISTER

"A quest'ora il questore in questura non c'è!"
At this hour, the police chief is not in the police station.[1]

PRESENTAZIONE — INTRODUCTION

Ms. Ricci explains how to tell time in Italian and how to purchase train tickets and movie tickets. Mr. Campi is trying, half serious, half joking, to invite Marina to go with him either to Florence or, at least, to a movie. She avoids answering.

VOCABOLARIO NUOVO — NEW VOCABULARY

■ **nomi** — nouns

l'andata *one-way*   la cena *dinner*
il c**I**nema *movie theater, cinema*
la classe *class*
il latin lover *latin lover* (obviously not an Italian word, but common nevertheless)
la mattina, il mattino *morning* (used interchangeably)
la notte *night*   l'ora di cena *dinnertime*
l'ora di pranzo *lunchtime*   l'ossessione *obsession*
il pomeriggio *afternoon*   il pranzo *lunch*
il ritorno *return*
la sera *evening*   la società *society*
lo spettacolo *show*   il viaggiatore *traveler*

---

[1] An easy and pleasant one to say, this **scioglilingua** is a play on three different words that sound very similar: **quest'ora** is actually two words combined, **questa** and **ora** (the final **a** in **ora** is elided because it precedes another vowel), which happens coincidentally to sound like **questura** and **questore**—the connection between which is obviously not coincidental.

■ **aggettivi** — adjectives
rom**A**ntico / rom**A**ntica *romantic*
tanto / tanta *much*

■ **verbi** — verbs
fare la parte *to play the part*
funzionare *to work*
partire *to leave*

■ **avverbi e altro** — adverbs and more
che peccato! peccato! *too bad!*
insieme *together*
mi dispiace *I'm sorry*
purtroppo *unfortunately*

ESERCIZI DI VOCABOLARIO — VOCABULARY EXERCISES

Esercizio 1: Definizioni — Definitions

1. _____: la prima parte del giorno

2. _____: il pasto centrale del giorno

3. _____: l'ultimo pasto del giorno

4. _____: è necessaria prima del ritorno

5. _____: arriva prima della notte

6. _____: persona che viaggia

7. _____: espressione di scusa

8. _____: è come dire "con"

Esercizio 2: Inserisci la forma corretta delle seguenti parole. Insert the correct form of the following words

peccato – luna – partire – società – spettacolo – sera – cinema – purtroppo – insieme – bianco – mi dispiace – funzionare – notte

1. Mi piace molto la _____, quando c'è la luna _____ nel cielo.

2. Voglio _____ per l'Italia domani mattina.

3. Davvero non puoi venire con me? Che _____!

4. Sì, _____, ma non posso proprio venire; _____ mia madre sta male e devo restare _____ a lei.

5. La parte più romantica del giorno è la _____, quando la luna ancora non arriva.

6. Vuoi venire al _____ con me? C'è un film di Roberto Benigni.

7. Va bene, andiamo però al primo _____, se è troppo tardi ho sonno.

8. La _____ italiana è così disordinata, sono sempre sorpreso che _____.

LETTURA — READING

1. "L'ora! È una delle ossessioni della nostra società! Tutti vogliono sapere: Che ora è? A che ora arriva l'aeroplano? A che ora parte il treno? A che ora andiamo a casa? A che ora comincia lo spettacolo?," dice la signora Ricci.

2. "Signor Campi, ora io faccio, per pratica, la parte dell'impiegata alla biglietteria della Stazione Termini di Roma. Lei fa la parte del viaggiatore che va a Firenze e che chiede delle informazioni. Vuole cominciare, per favore?"

3. "Buon giorno, signora. Un biglietto per Firenze, per piacere."

4. "Diretto, Intercity o Eurostar? Prima o seconda classe?"

5. "Diretto, prego. Seconda classe. Quanto costa il biglietto?"

6. "Dieci (10) euro e 75 centesimi per il solo viaggio di andata."

7. "No, io non voglio rimanere a Firenze, amo troppo Roma; per favore, ho bisogno di un biglietto di andata e ritorno. Desidero partire lunedì mattina."

8. "Ecco il biglietto. Sono venti (20) euro."

9. "Grazie. A che ora parte il treno da Roma, e a che ora arriva a Firenze?"

10. "Ci sono diversi treni al giorno per Firenze. C'è un buon treno diretto alle 8,00 che arriva a Firenze alle 11,37."

11. "Grazie tante."

12. "Prego, signore."

13. "Stupendo, signor Campi. Lei fa la sua parte a meraviglia."

14. "Allora, signora Ricci, posso prendere due biglietti per Firenze? Vuole partire insieme a me per un weekend romantico? Andiamo insieme a Firenze?"

15. "Signor Campi!!"

16. "Va bene, va bene signora Ricci, basta. Purtroppo Lei non vuole! Mi dispiace, ma cambio argomento. Ora io faccio la parte dell'impiegato al cinema. Lei chiede delle informazioni sullo spettacolo. Vuole cominciare per favore?"

17. "Va bene. A che ora comincia lo spettacolo?"

18. "Ci sono tre spettacoli, signora. Il primo comincia alle 4,20 (quattro e venti) del pomeriggio; il secondo alle 6,50 (sei e cinquanta); il terzo alle 9,10 (nove e dieci) di sera."

19. "Qual è il prezzo dei biglietti?"

20. "I biglietti costano 5 (cinque) euro e 50 (cinquanta)."

21. "Per favore, ho bisogno di due biglietti per il terzo spettacolo."

22. "Ecco a Lei. Allora, uno per me e uno per Lei, signora Ricci?"

23. "Signor Campi, Lei fa la parte del latin lover italiano a meraviglia! Però con me non funziona."

24. "Che peccato!"

NOTE — NOTES

There are several types of trains in Italy and it is a good idea to know which types to avoid—unless you are fond of long train trips! **Il treno regionale** is a local train, which stops at every little station: not a good idea if you need to cover long distances. **Il treno locale** is a little faster than the **regionale**, though still not very good for long distances. **Il treno espresso** and **il treno diretto** go fast but not as fast as the **Intercity** or the **Eurostar**: these are more expensive, but to travel between big cities such as Naples, Rome, Florence, Milan, Palermo, they are ideal. For example, from Florence to Rome the **Eurostar** takes 1 hour and 35 minutes, the **Intercity** takes 2 hours and 29 minutes, and the **diretto** takes 3 hours and 37 minutes.

COMPRENSIONE DEL TESTO — READING COMPREHENSION

Esercizio 3: Ricostruisci le frasi. *Reconstruct*

1. delle / una / l'ora / nostra / della / società / è / ossessioni _____

2. Firenze / ecco / viaggiatore / va / che / il /a _____

3. bisogno / Firenze / un / per / biglietto / piacere / per / ho / di _____

4. un / ho / andata / biglietto / e / di / ritorno / bisogno / di _____

5. biglietti / posso / per / prendere / Firenze? / due _____

6. spettacoli, / sono / signora / ci / tre _____

7. biglietti? / qual / dei / prezzo / il / è _____

8. latin lover / la / del / Lei / a / fa / parte / meraviglia _____

Esercizio 4: Inserisci i verbi mancanti.
Insert the missing verbs.

1. L'ora è qualcosa che tutti _____ sapere.

2. Mario _____ la parte del viaggiatore che _____ a Firenze.

3. Marina _____ la parte dell'impiegata che _____ i biglietti.

4. Il biglietto per Firenze _____ 20 euro.

5. Mario _____ partire con Marina per un weekend romantico.

6. La parte del latin lover non _____ con Marina.

APPUNTI DI GRAMMATICA — GRAMMAR NOTES

1. PRESENT TENSE OF **ANDARE**, TO GO
A very common and useful verb that is quite irregular in the present:

io vado *I go*   **noi andiamo** *we go*
tu vai *you go*   **loro vanno** *they go*
lui/lei/Lei va   **voi andate** *you go*
he/she/it goes, you go

2. TELLING TIME
This is how you ask for the time in Italian:

Che ora è? or **Che ore sono?** *What time is it?*

In time of day expressions, **ora**, *hour*, and **ore**, *hours*, are understood

È l'una. *It's 1 o'clock* (literally: It is the one hour).
Sono le due. *It's 2 o'clock* (literally: They are the two hours).
Sono le tre. *It's 3 o'clock.*
Sono le quattro. *It's 4 o'clock.*
Sono le cinque. *It's 5 o'clock.*

e, *and*, is used for time after the hour; **meno**, *minus or less*, is used for time before the hour

È l'una e dieci. *It is the one and ten. / It is one ten.*
Sono le tre meno dieci. *It is the three minus ten. / It is ten to three.*
Sono le nove meno un quarto. *It's a quarter to 9.*

As in English, there is sometimes more than one way to express the same time; generally, though, Italians prefer to say **e mezzo / e mezza** (these two are interchangeable), **e un quarto, e tre quarti**, to **e trenta, e quindici, e quarantacinque**; **meno quindici** is never used, so use **meno un quarto** instead.

Sono le sei e mezza. Sono le sei e mezzo.
   It's half past six, or
Sono le sei e trenta. *It's six thirty.*
Sono le sette e un quarto. *It's a quarter past 7*, or
Sono le sette e quindici. *It is seven fifteen.*
Sono le dieci meno venti. *It's twenty to 10*, or
Sono le nove e quaranta. *It's nine forty.*
Sono le due e tre quarti. *It is two forty five (and three quarters)*, or
Sono le tre meno un quarto. *It is a quarter to three.*
È mezzogiorno. *It's noon.*
È mezzanotte. *It's midnight.*

To ask and to state at what time something takes place, you use the following expressions:

A che ora? All'una. Alle due. *At what time? At one o'clock. At two.*
Alle otto di mattina. *At eight o'clock in the morning*
Alle cinque del pomeriggio. *At five in the afternoon.*
Alle sette e un quarto di sera. *At a quarter past seven in the evening.*
All'ora di pranzo. All'ora di cena. *At lunchtime. At dinnertime.*
Dalle sette alle otto. *From seven until eight.*

3. TIME OF DAY: THE TWENTY-FOUR-HOUR CLOCK TIME

Italians do not use the abbreviations AM and PM. Instead, on Italian schedules and on anything official, time is indicated with the twenty-four-hour clock, beginning directly after midnight. In conversation, if a clarification is necessary, people add **del mattino** or **di mattina**, *in the morning*, **del pomeriggio** or **di pomeriggio**, *in the afternoon*, **della sera** or **di sera**, *in the evening*, **della notte** or **di notte**, *at night*.

Note also that Italians use a comma (or a period) rather than a colon to separate the hour from the minutes.

24,00 (*midnight*), 1,00, 2,00, etc., up to 12,00 (*noon*) are the AM hours

12,00 (*noon*), 13,00, 14,00, etc. up to 24,00 (*midnight*) are the PM hours

14,20 (le quattordici e venti) = *2:20 PM* = **le due e venti del pomeriggio**
6,30 (le sei e trenta) = *6:30 AM* = **le sei e mezza di mattina**
18,30 (le diciotto e trenta) = *6:30 PM* = **le sei e mezza di sera**

ESERCIZI — EXERCISES

Esercizio 5: Inserisci la forma corretta del verbo ANDARE. Insert the correct form of the verb ANDARE.

1. Mario, _____ in Francia o _____ _____ in Italia quest'estate?

2. Livia _____ sempre al cinema il fine-settimana.

3. I figli di Livia _____ a scuola cinque giorni alla settimana.

4. Gli italiani _____ di solito in vacanza in agosto.

5. Noi studenti _____ a lezione tutti i giorni.

6. Voi americani quando _____ in vacanza di solito?

7. Io non _____ mai al ristorante a ora di pranzo.

8. Tu e tua madre _____ sempre al cinema insieme?

Esercizio 6: Che ora è? Scrivi l'ora.
What time is it? Write the time.

Esempio: 11,30 AM <u>sono le undici e mezzo di mattina</u>

1. 12 AM _____

2. 3 PM _____

3. 6,30 PM _____

4. 2,30 AM _____

5. 4,45 PM _____

6. 12 PM _____

7. 1,35 PM _____

8. 9,05 AM _____

9. 10,10 PM _____

10. 2,15 PM _____

Esercizio 7: Completa le frasi con l'ora giusta.
Complete the sentences with the right time.

Esempio: Sono le 8 e io esco fra 30 minuti.
Io esco alle otto e mezzo.

1. Livia è alla stazione. Sono le 3 e il treno parte
   tra 25 minuti. Il treno parte _____
   _____ .

2. Sono le 2. Mario deve incontrare Marina al
   cinema tra due ore. Mario incontra Marina
   _____ .

3. Sono le 4,30. Marina aspetta Mario da un'ora.
   Marina aspetta Mario _____
   _____ .

4. Marina guarda l'orologio. Sono le cinque.
   Tra un quarto d'ora finisce di lavorare. Marina
   finisce di lavorare _____
   _____ .

5. Sono le due meno un quarto. I bambini
   tornano dalla scuola tra tre quarti d'ora.
   I bambini tornano dalla scuola _____
   _____ .

6. Mario è all'aeroporto. È l'una e l'aereo parte tra
   trentacinque minuti. L'aereo parte _____
   _____ .

CHIACCHIERANDO — CHATTING
A CHE ORA...? — AT WHAT TIME...?

Some more practice with telling time and at
what time.

Esercizio 8: Rispondi alle domande. *Answer the questions.*

1. A che ora pranzano di solito gli italiani? (1PM)
   _____

2. A che ora deve tornare a casa Cenerentola
   (=*Cinderella*)? (12AM)
   _____

3. A che ora sorge (*rises*) il sole d'estate?
   (6,15 AM) _____

4. A che ora tramonta (*sets*) il sole d'estate?
   (9,20 PM) _____

5. A che ora sorge il sole d'inverno? (7,10 AM)
   _____

6. A che ora tramonta il sole d'inverno? (5,30 PM)
   _____

Esercizio 9: Pratica orale – Rispondi alle domande. *Oral practice – Answer the questions.*

1. A che ora mangi... la colazione? il pranzo?
   la cena? la merenda?
2. A che ora vai al lavoro?
3. A che ora torni a casa dal lavoro?
4. A che ora vai fuori la sera?
5. A che ora torni a casa la sera?
6. A che ora vai a letto?
7. A che ora guardi la televisione?
8. A che ora studi l'italiano?

ITALIA, ORE 11

SULL'INTERNET — ON THE WEB

Gli orari — Timetables: A site where you can find
the timetables for planes, trains, buses, and more.
Lots of opportunities for practicing telling time
available.

www.cerca.com/ut_orari.htm

CAPITOLO 16 (SEDICI)

ANDIAMO AL CINEMA!
LET'S GO TO THE MOVIES!

SCIOGLILINGUA — TONGUE TWISTER

"Stiamo bocconi cogliendo cotoni, stiamo sedendo cotoni cogliendo."
We are prone picking cottons, we are sitting cottons picking.[1]

PRESENTAZIONE — INTRODUCTION

Mario and Marina have a conversation about their preferences in matters of movies, but their tastes are quite different: she likes Italian movies and finds action movies boring, he likes action movies and finds Italian movies slow. Still, they both enjoy going to the movie theater, and both are usually too lazy and stay at home to watch videotapes and DVD's instead. Mario makes another attempt to invite Marina to a movie, but she politely refuses.

VOCABOLARIO NUOVO — NEW VOCABULARY

■ **nomi** — nouns
il buio *darknes*
la commedia *comedy*
il DVD (di vu di) *DVD*
i gEneri di film: ci sono *film genres: there are*
  i film d'amore *love movies*
  i film d'azione *action movies*
  i cartoni animati *cartoons*

i film cOmici *comical movies*
  le commedie *comedies*
  i film drammAtici *dramas*
  i film di fantascienza *science-fiction movies*
  i film di guerra *war movies*
  i film stOrici *historical movies*
la gente *people* (plural meaning, singular verbs, adjectives, articles)
il gusto *taste*   **i popcorn** *popcorn*
la sala *viewing room in the movie theater*
lo schermo *screen*   **la videocassetta** *videotape*

■ **aggettivi** — adjectives
buffo / buffa *funny*   **divertente** *amusing*
irresistIbile *irrestistible*   **lento / lenta** *slow*
noioso / noiosa *boring*   **Ottimo / Ottima** *excellent*
poco / poca *little*   **tIpico / tIpica** *typical*

■ **verbi** — verbs
annoiare *to bore*
dare *to give*
fare rIdere *to make (someone) laugh*
guardare *to watch, to look*
noleggiare / affittare *to rent*
riparlare *to talk again*

■ **avverbi e altro** — adverbs and more
di sOlito *usually*
grazie a *thanks to*
in generale *in general*
qualche volta *sometimes*
poco *little, seldom*
senza dubbio *without doubt*
un po' / un poco *a little*

---

[1] The verb ending **-ndo** correspond to the *-ing* form in English—we will learn that in a later chapter; note the pronunciation of **gli**, similar to the *lli* in *William*; remember to stress the double **c** in **bocconi**.

ESERCIZI DI VOCABOLARIO —
VOCABULARY EXERCISES

Esercizio 1: Sottolinea la parola giusta.
Underline the correct word.

1. Io amo i film di guerra e tu ami i film d'amore: ognuno ha i suoi (gusti / schermi).
2. Al cinema molti mangiano (il sushi / i popcorn).
3. Al cinema vediamo il film (nella sala / nel salotto).
4. Di solito guardiamo i film (al buio / al fresco).
5. I film lenti sono di solito (noiosi / irresistibili).
6. In generale (noleggiamo / diamo) le videocassette e i DVD.
7. I film eccellenti sono (ottimi / noiosi).
8. Un film buffo di solito è (tipico / divertente).

Esercizio 2: Abbinamenti — Matches

colonna A

1. L'agente 007
2. Un film che fa ridere
3. Guerre stellari (Star Wars)
4. Il Gladiatore
5. Love Story
6. Gli Aristogatti (Aristocats)

colonna B

a. un cartone animato
b. un film d'amore
c. un film storico
d. un film d'azione
e. un film comico
f. un film di fantascienza

LETTURA — READING

1. "Signora Ricci, grazie a Lei ora io so come chiedere informazioni sugli spettacoli del cinema. Mi dica: Lei ama il cinema americano?"

2. "Qualche volta amo vedere un buon film d'amore o una commedia, ma generalmente i film americani non li amo. Non li guardo molto perché pochi sono di mio gusto."

3. "Allora Lei preferisce il cinema italiano?"

4. "Lo preferisco senza dubbio. In Italia vado spesso al cinema. Qui in America ci vado poco perché ci sono pochi film italiani. E Lei, signor Campi? Preferisce anche Lei il cinema italiano?"

5. "Nemmeno per sogno! Io sono in questo un tipico uomo americano: amo i film di fantascienza e i film d'azione. È vero che La annoiano molto questi film?"

6. "Se devo dire la verità, sì. E Lei cosa pensa del cinema italiano?"

7. "Lo conosco poco, ma in generale, a dire il vero, trovo i film italiani un po' lenti, a volte noiosi e spesso non li capisco. Però amo molto il film di Roberto Benigni *La vita è bella.*"

8. "È vero, quello è un ottimo film, divertente e serio allo stesso tempo. C'è un cinema vicino alla sua casa?"

9. "Sì, c'è un cinema abbastanza vicino alla mia casa. Posso andarci a piedi in circa dieci minuti. Ma c'è anche un negozio sotto casa mia dove posso noleggiare DVD e videocassette."

10. "Che cosa preferisce, guardare un film al cinema o stare a guardarlo a casa?"

11. "Preferisco guardarlo al cinema, naturalmente, e guardarlo su un grande schermo. Però sono pigro e allora vado poco al cinema. Se voglio vedere un film, di solito lo noleggio in videocassetta o DVD e sto a casa per guardarlo. E Lei, cosa preferisce?"

12. "Anch'io preferisco il cinema con il grande schermo, il buio e la gente. Ma anch'io, come Lei, sono un po' pigra e finisco per noleggiare DVD e videocassette con mia sorella e mio cognato e stiamo a guardarli a casa."

13. "Allora che ne dice di venire al cinema con me una sera? C'è un cinema in centro dove ci sono spesso film italiani. Ho sentito che danno il film *L'ultimo bacio,* di Gabriele Muccino. Vuole venire a vederlo con me?"

14. "Lei è molto gentile, signor Campi. Ci penso e poi ne riparliamo."

NOTE — NOTES

"Poi ne riparliamo," says Marina: when added at the beginning of a verb, **ri-** means **"again"**: **parlare**=*to speak*, **riparlare**=*to speak again*; **vedere**=*to see*, **rivedere**=*to see again*; **partire**=*to leave*, **ripartire**=*to leave again*; etc.

Although Italian cinema is best known abroad for its neorealist movies from the 1940's and 1950's (Roberto Rossellini and Vittorio De Sica were the most important directors of that period) and for Federico Fellini's timeless masterpieces, many wonderful movies have been made in the past few years, and it is worth scouring your local video store to see what is available (and you can even rent DVD's on line). You must see Roberto Benigni's *La vita è bella* (*Life is Beautiful*), of course; but look also for the lesser-known Nanni Moretti's *La stanza del figlio* (*The Son's Room*), Gabriele Muccino's *L'ultimo bacio* (*The Last Kiss*), and Silvio Soldini's *Pane e tulipani* (*Bread and Tulips*).

Nemmeno per sogno, or **neanche per sogno**, corresponds to the American *"No way!"*—it is a forceful, colloquial, and very common way to express negation (it could be literally translated as "Not even in a dream").

Un bel cinema a Firenze: l'Odeon.

COMPRENSIONE DEL TESTO — READING COMPREHENSION

Esercizio 3: Vero o falso? *True or false?*

1. Vero / Falso   La signora Ricci ama i film americani di fantascienza.
2. Vero / Falso   Il signor Campi preferisce il cinema italiano al cinema americano.
3. Vero / Falso   La signora Ricci va spesso al cinema in Italia.
4. Vero / Falso   Il signor Campi è un tipico uomo americano per i film.
5. Vero / Falso   I film italiani lui li trova un po' lenti.
6. Vero / Falso   C'è un cinema vicino a casa del signor Campi.
7. Vero / Falso   Mario e Marina spesso stanno a casa a vedere i film insieme.
8. Vero / Falso   La signora Ricci accetta subito l'invito del signor Campi.

Esercizio 4: Ricostruisci le frasi. *Reconstruct the sentences.*

1. ama / la / film / signora / non / americani / Ricci / i / d'azione

   _____

2. allo / divertente / film / stesso / Benigni / è / serio / il / di / e / Roberto / tempo

   _____

3. trova / li / non / film / Mario / i / italiani / capisce / lenti / spesso / e

   _____

4. e / cinema / Mario / poco / al / è / va / pigro / allora _____

5. grande / Mario e Marina / i / guardare / sul / un / preferiscono /schermo / film

   _____

6. il / con / L'ultimo bacio / Marina / Mario / vedere / film / vuole

   _____

NOTE GRAMMATICALI —
GRAMMAR NOTES

1. PRESENT TENSE OF **STARE**, TO BE (IN EXPRESSIONS OF HEALTH), TO STAY.

Another one of those common and irregular Italian verbs—you have already encountered it when you learned to say *"How are you?"* **"Come stai?"** (*How are you?*, informal), **"Come sta?"** (*How are you?*, formal), **"Sto bene"** (*I am fine*).

io sto *I am, stay*
tu stai *you are, stay*
lui/lei/Lei sta *he/she/it is, you are, he/she/it stays, you stay*
noi stiamo *we are, stay*
voi state *you are, stay*
loro stanno *they are, stay*

2. DIRECT OBJECT PRONOUNS

Direct object pronouns are used to replace the direct object of a verb—the object, that is, on which the action of the verb falls: we read a book: *we=subject, read=verb, book=direct object; I see you: I=subject, see=verb, you=direct object pronoun.*

The direct object pronouns in Italian are:

mi *me*
ti *you*
lo *him / it* **la** *her / it* **La** *you* (formal)
ci *us*
vi *you* (plural)
li *them* (masculine) **le** *them* (feminine)

Study these sentences, noting the object pronouns and their position:

Questo film mi annoia. *This movie bores me.*
Questo film ci annoia. *This movie bores us.*
Tua madre ti chiama, Agnese. *Your mother is calling you, Agnese.*
Vostra madre vi chiama, ragazzi. *Your mother is calling you, children.*
Compri quell'orologio? Sì, lo compro. *Are you buying that watch? Yes, I am buying it.*
Vedi la mamma? Sì, la vedo. *Do you see the mom? Yes, I see her.*
Vedi quei libri? Sì, li vedo. *Do you see those books? Yes, I see them.*

Comprate le penne? Sì, le compriamo. *Are you buying the pens? Yes, we are buying them.*
Dottoressa, mi chiama se ci sono notizie? Sì, signora LaBella, La chiamo subito. *Doctor, will you call me if there are news? Yes, Ms.LaBella, I will call you immediately.*
Dottoressa, mi chiama se ci sono notizie? Sì, signor Rossi, La chiamo subito. *Doctor, will you call me if there are news? Yes, Mr.Rossi, I will call you immediately.*

As you can see, the direct object pronoun usually precedes the verb in Italian.

If the pronoun is the object of an infinitive, however, the infinitive drops its final –e and the direct object pronouns is attached to it.

Sono molto contento di vederti, Susanna.
I am very glad to see you, Susanna.
Sono molto contento di vederla, signora Ricci.
I am very glad to see you, Ms.Ricci.
Sono molto contento di vederla, signor Campi.
I am very glad to see you, Mr.Campi.

Note that the singular formal object pronoun *you* is **La** in both the masculine and the feminine singular. Capitalization of the polite **Lei** and **La** form, as you may remember, is optional (but it is always followed in this text for extra clarity).

NOTE: Before a verb beginning with a vowel or h...
... the object pronouns **lo** and **la** *usually* become **l'**
... **li** and **le** *never* become **l'**
... **mi**, **ti**, and **vi** *often* become **m'**, **t'**, and **v'**
... **ci** becomes **c'** *only before a verb beginning with* **e** *or* **i**

ESERCIZI — EXERCISES

Esercizio 5: Scelta multipla — *Multiple choice*

1. Guardi i film noiosi?
   a. sì, lo guardo.
   b. sì, le guardo.
   c. sì, li guardo.

2. Cercate il biglietto?
   a. sì, lo cerchiamo.
   b. sì, la cerchiamo.
   c. sì, li cerchiamo.

3. Livia, mi pensi?
   a. no, non lo penso.
   b. no, non ti penso.
   c. no, non vi penso.

4. Signora Ricci, mi chiama domani?
   a. no, non lo chiamo.
   b. no, non le chiamo.
   c. no, non La chiamo.

5. Prendi il caffè tutti i giorni?
   a. no, non lo prendo tutti i giorni.
   b. no, no la prendo tutti i giorni.
   c. no, non ti prendo tutti i giorni.

6. Signor Campi, posso vederla più tardi?
   a. sì, mi potete vedere.
   b. sì, mi può vedere.
   c. sì, la può vedere.

Esercizio 6: Rispondi alle domande secondo l'esempio. Answer the questions according to the example.

Esempio: Prendi il caffè al bar?
       <u>No, non lo prendo</u>

1. Prendi la birra al bar?

   _____

2. Prendi i biglietti del cinema?

   _____

3. Prendi il DVD per Marina?

   _____

4. Prendi i bambini a scuola?

   _____

5. Prendi le videocassette?

   _____

6. Prendi la lettera di Gina?

   _____

Esercizio 7: Completa con la forma corretta di STARE. Complete with the correct form of STARE.

Noi adulti _____ spesso a casa a guardare la televisione, ma nostro figlio Oreste, quando _____ a casa, _____ in camera sua ad ascoltare la musica. I bambini più piccoli _____ in giardino a giocare e il cane _____ con loro. E voi, quando _____ a casa, cosa fate?

CHIACCHIERANDO — CHATTING
IL CINEMA E LA TELEVISIONE — CINEMA AND TELEVISION

espressioni utili

il canale *channel*
il telecomando *remote control*
il telegiornale *news*
la televisione, la tele, la TV=la tivù *television, TV*
la trasmissione, il programma *TV show*
il videoregistratore *VCR*

accEndere la TV *to turn on the TV*
spEgnere la TV *to turn off the TV*

A GRAMMAR NOTE: Italian, the object pronouns are often repeated even if the sentences does not strictly require it. Thus, although "**Mangi la pasta?**" is the standard form, you will often hear instead "**La pasta la mangi?**" and, along those lines, "**Gli spaghetti li mangi?**" "**La carne la mangi?**" "**La birra la bevi?**" "**Il caffè lo prendi?**" e così via.

Esercizio 8: Completa le frasi seguendo l'esempio. Complete the sentences following the example.

Esempio: I film d'amore <u>li guardi?</u>
       No, i film d'amore <u>non</u> <u>li guardo.</u>

1. I film drammatici _____ _____? No, i film drammatici non _____ _____ .

2. I film di fantascienza _____ _____? Certo, i film di fantascienza _____ _____ .

3. Le commedie _____ _____? Sì, le commedie _____ _____ .

4. Un film di guerra_____ _____? Va bene, un solo film di guerra _____ _____ .

5. Questo cartone animato _____ _____?

   No, quel cartone animato non _____ _____ .

6. Questi programmi televisivi ___ _____? No,

   questi programmi televisivi non _____ _____ .

Esercizio 9: Pratica orale – Quali film preferisci?
Quali film trovi noiosi?   Quali film trovi irre-
sistibili?   Quali film ti fanno ridere?
Oral practice – Which films do you prefer? Which
films do you find boring? Which films do you find
irresistible? Which films make you laugh?

1. i film d'amore
2. i film d'azione
3. i cartoni animati
4. i film comici
5. le commedie
6. i film drammatici
7. i film di fantascienza
8. i film di guerra
9. i film storici
10. i film italiani

SULL'INTERNET — ON THE WEB

A site on all that is happening in italian movie theaters right now. You will quickly notice that the majority of the films Italians watch are not Italian films at all (and, by the way, foreign films in Italy are almost always dubbed).

www.cinemazip.com

CAPITOLO 17 (DICIASSETTE)

LE DATE E LA STORIA
DATES AND HISTORY

SCIOGLILINGUA — TONGUE TWISTER

"Dietro quel palazzo c'è un pOvero cane pazzo;
date un pezzo di pane a quel povero pazzo cane."
*Behind that building there is a poor crazy dog; give a
piece of bread to that poor crazy dog.* [1]

PRESENTAZIONE — INTRODUCTION

In this culturally challenging lesson, Mr. Campi is
tested on some important dates of Italian history:
the founding of Rome, the Unification of Italy, the
ascent to power and the death of Mussolini, and
more. Mario shows an impressive knowledge of
history, though he later admits he had prepared
himself by reading a history website in order to
impress his teacher. Once again, he asks her to go
to a movie with him.

VOCABOLARIO NUOVO — NEW VOCABULARY

■ **nomi** — nouns

l'**alleato** *ally*	la **caduta** *fall*
la **camicia** *shirt*	la **caramella** *candy*
il **comandante** *commander*	il **compleanno** *birthday*
la **data** *date*	la **dittatura** *dictatorship*
l'**enciclopedIa** *encyclopedia*	l'**evento** *event*
la **fine** *end*	la **fondazione** *foundation*
la **guerra** *war*	l'**impressione** *impression*
l'**inizio** *beginning*	l'**Internet** *internet*
la **leggenda** *legend*	la **morte** *death*
il **perIodo** *period*	il **sito** *site*
la **storia** *history, story*	la **vittoria** *victory*

___

[1] Another opportunity to practice the pronunciation of **zz**,
which is similar to the American *ts* and not to the American *z*.

■ **aggettivi** — adjectives

affascinante *fascinating, charming*
antico / antica *ancient*
corrispondente *corresponding*
famoso / famosa *famous*

giusto / giusta *right, just*	**importante** *important*
incluso / inclusa *included*	**militare** *military*
mondiale *of the world*	**ogni** *each*
recente *recent*	**triste** *sad*

■ **verbi** — verbs

cliccare *to click*	**confessare** *to confess*
crEdere *to believe*	

fare bella figura *to make a good impression,*
   to look good
fare brutta figura *to make a bad impression,*
   to look bad
interessare *to interest*

■ **avverbi e altro** — adverbs and more

affatto *at all*	**altrettanto** *as much*
avanti *before, come in*	**ora** *now*
presto *soon*	

sotto forma di *as, in the shape of*

ESERCIZI DI VOCABOLARIO —
VOCABOLARY EXERCISES

Esercizio 1: Riempi gli spazi. Fill in the blanks.

1. Un paese che ci aiuta in una guerra è un

   _____ .

2. Alla _____

   del film leggiamo "The end."

3. Una buona prima _____ è importante.

4. Nella seconda guerra mondiale la _____ è degli Alleati.

5. Il governo di Mussolini, come quello di Hitler, è una _____.

6. La storia della fondazione di Roma è storia _____.

Esercizio 2: Inserisci nello spazio corretto la forma appropriata delle parole tra parentesi.
Insert in the right space the appropriate form of the words in parentheses.

1. Voglio visitare quel _____
   internet e _____ sul link di
   storia _____.
   (antico/antica, cliccare, sito)

2. Devo _____ la verità: non
   conosco le _____ della prima
   _____ mondiale.
   (confessare / guerra / data)

3. Sono molto _____ quando
   penso agli eventi _____
   dell'11 settembre: non posso _____
   a quella _____.
   (storia / credere / recente / triste)

4. La _____ di tutta quella
   _____ è incredibile, ed è
   _____ ricordarla.
   (morte / importante / gente)

LETTURA — READING

1. "Signor Campi, Lei conosce bene i numeri. Vedo che sa anche usarli velocemente e correttamente. Vediamo ora se Lei conosce anche i numeri sotto forma di date."

2. "Con piacere, signora Ricci, credo di conoscerli. E mi piacciono le domande in italiano. Soprattutto le sue."

3. "Ecco perché Lei impara presto. Ora ecco qualche data importante della storia italiana. Lei deve provare a indovinare l'evento corrispondente a ogni data."

4. "Ci provo. Cominciamo."

5. "753 a.C. (settecentocinquantatré avanti Cristo)?"

6. "Questa è storia antica. Una bella leggenda dà il 753 a.C. come la data della fondazione di Roma."

7. "Va bene. Allora ecco delle date più recenti: 20 settembre 1870 (milleottocentosettanta)?"

8. "Com'è gentile Lei! Queste sono cose facili! È la data dell'Unificazione d'Italia. Mi interessa questo periodo."

9. "Esatto. Lei conosce il nome del gran comandante militare italiano di quel periodo?"

10. "Giuseppe Garibaldi, il comandante dei Mille, le famose 'camice rosse.' Un uomo affascinante; la sua donna, Anita, è altrettanto affascinante."

11. "Benissimo. 11 (undici) novembre 1918 (millenovecentodiciotto)?"

12. "La vittoria degli Alleati, inclusa l'Italia, nella prima guerra mondiale."

13. "Fantastico! 28 (ventotto) ottobre 1922 (millenovecentoventidue)?"

14. "Questa è una data triste per l'Italia. Segna l'inizio della dittatura di Benito Mussolini e delle sue 'camice nere.'"

15. "Esatto. Adesso finiamo le domande. Ancora una data. 28 aprile 1945 (millenovecentoquarantacinque)?"

16. "Questa data segna la caduta e la morte di Mussolini."

17. "Magnifico! Vedo che Lei conosce la storia d'Italia così bene come il sistema monetario."

18. "Grazie tante. Devo confessare che per fare bella figura con Lei ho visitato un sito internet sulle date importanti nella storia d'Italia. Inoltre ho una buona insegnante che m'insegna ad amare l'Italia."

19. "Adesso è Lei che mi fa dei complimenti."

20. "Nemmeno per sogno! È la verità. Però anche Lei adesso deve dirmi la verità: ci viene al cinema con me una di queste sere?"

NOTE — NOTES

"**Avanti Cristo**," *before Christ* (b.C.), is abbreviated "**a.C.**"; "**dopo Cristo**," *after Christ* (AD), is abbreviated "**d.C.**"[2]

The expressions **fare bella figura** and its opposite, **fare brutta figura**, are common and reveal a lot about Italian culture and the importance it places on appearances. **Le persone fanno bella figura** when they go out dressed elegantly, or when they show impressive knowledge of a subject in a conversation, or when they go out with an attractive partner, or when they give a beautiful and/or expensive gift, or when they cook an amazing dinner for guests. **Le persone fanno brutta figura** when they do the opposite of all these things. In all cases, what matters is the perception that others have of us: you cannot **fare bella figura o brutta figura** when you are alone.

ESERCIZI DI COMPRENSIONE DEL TESTO — READING COMPREHENSION

Esercizio 3: Scelta multipla — Multiple Choice

1. Il signor Campi sa
   a. usare i numeri velocemente e correttamente.
   b. scrivere le poesie velocemente e correttamente.
   c. imparare i numeri di telefono velocemente.

2. Il 753 a.C. è
   a. la data della fondazione dell'Italia.
   b. la data della fondazione di Milano.
   c. la data della fondazione di Roma.

3. Il 20 settembre 1870 è
   a. la data della fondazione di Roma.
   b. la data dell'Unificazione d'Italia.
   c. la data dell'Unificazione degli Stati Uniti.

4. Anita è
   a. la donna del signor Campi.
   b. la donna di Garibaldi.
   c. la sorella della signora Ricci.

5. Le camice rosse erano
   a. gli uomini di Mussolini.
   b. gli uomini di Garibaldi.
   c. gli uomini del generale Custer.

6. Le camice nere erano
   a. gli uomini di Mussolini.
   b. gli uomini di Garibaldi.
   c. gli uomini di Giorgio Armani.

Esercizio 4: Inserisci le parole mancanti.
Insert the missing words.

1. Il signor Campi deve abbinare

   _____ ed eventi.

2. Il 20 settembre 1870 è la data dell'

   _____ d'Italia.

3. Garibaldi e Anita erano persone _____ .

4. L'11 novembre 1918 ricorda la _____

   degli _____ .

5. Il 28 ottobre 1922 comincia la

   _____ di Mussolini.

6. Le camice degli uomini di Garibaldi erano

   _____ .

7. Le camice degli uomini di Mussolini erano

   _____ .

8. Il 28 aprile 1945 ricorda la _____ e

   la _____ di Mussolini.

APPUNTI DI GRAMMATICA — GRAMMAR NOTES

1. DATES

There are two main ways to ask the day in Italian:

Che giorno è? – Lunedì, martedì, ecc. *What day is it? Monday, Tuesday, etc.*

Quanti ne abbiamo? *What is the date?* (literally: How many of them—i.e., days—do we have?)

In the answer, Italians use first the day, then, the month, then the year. The year is never expressed in two sets of digits, as in English, but as a full number:

È il 20 (venti) settembre 1870 (milleottocentosettanta). *It is September 20, 1870* (literally the twenty September).

---

[2] The equivalent of the increasingly common BCE, Before the Current Era, and CE, Current Era, do not exist in Italian (which is after all a predominantly Catholic country).

Primo is used for the *first* day of the month. For the other days, the cardinal numbers **due, tre, quattro,** etc., are used. The article **il** precedes the number. **1°** is the abbreviation for **primo**. The order of the date is: **il**, *number, month, year.*

Oggi è il diciannove dicembre 2002 (duemiladue).
Today is December 19, 2002.

2. SOME USES OF CI

You already know that the useful phrases *there is* and *there are* are expressed in Italian with **c'è** and **ci sono**. The little word **ci** is used often in Italian.[3]

Ci is a pronoun in the following cases:
  a. to replace expressions formed by **a, in, su** + *place* (**a casa, in Italia, sull'autobus**)
  b. to replace expressions formed by **a** + *infinitive* (**a studiare, a mangiare, a lavorare**).
  c. to replace **a** + *noun* in verbs which take **a** such as **credere a** (*to believe in*) and **pensare a** (*to think about*)

Like the other object pronouns, **ci** usually precedes the verb. If **ci** is the object of an infinitive, the infinitive drops its final **–e** and **ci** is attached to it.

While in English a pronoun is not used, in Italian the use of **ci** is required.

a. **A che ora andate al cinema? Ci andiamo alle sette.**
  At what time are you going to the movies? We are going (there) at seven.

a. **Come vai in Italia? Ci vado in aereo.**
  How are you going to Italy? I am going (there) by plane.

a. **Vieni sull'aereo con me? No, non ci vengo, ho paura.**
  Will you come on the plane with me? No, I am not coming (there), I am afraid.

b. **Quando vai a fare la spesa? Ci vado domani.**
  When are you going shopping? I am going (shopping) tomorrow.

b. **Vuoi andare a studiare? No, non voglio andarci.**
  Do you want to go study? No, I do not want to go (study).

c. **Pensi spesso all'amore? Certo che ci penso!**
  Do you think often about love? Of course I think about it!

c. **Credi agli UFO? No, non posso crederci.**
  Do you believe in UFO's? No, I cannot believe in them.

ESERCIZI — EXERCISES

Esercizio 7: Scrivi per esteso le seguenti date (ricorda che gli italiani mettono il giorno prima del mese). Write out the following dates (remember that Italians put the day before the month).

1. 1 / 3 / 2003 _____

2. 15 / 7 / 1994 _____

3. 18 / 4 / 1926 _____

4. 23 / 2 / 1896 _____

5. 25 / 12 / 1300 _____

6. 4 / 10 / 2002 _____

7. 28 / 8 / 1617 _____

8. 11 / 9 / 2001_____

9. 1 / 1 / 2000 _____

10. 13 / 5 / 1722 _____

Esercizio 6: Rispondi alle domande secondo l'esempio. Answer the questions according to the example.

Esempio: Vai al cinema spesso?
  No, non ci vado affatto

1. Ritorni nella tua città spesso?

  _____

2. Credi all'oroscopo?

  _____

---

[3] Occasionally, **vi** is used in place of **ci**—it is a more old-fashioned spelling.

3. Pensi all'amore spesso?

_____

4. Vai in vacanza spesso?

_____

5. Credi agli UFO?

_____

6. Pensi al futuro spesso?

_____

7. Credi alla morte di Elvis Presley?

_____

8. Vai a fare la spesa spesso?

_____

Esercizio 7: Riempi gli spazi con CI o con il pronome oggetto diretto giusto. Fill in the blanks with either CI or with the correct direct object pronoun.

Vado al cinema ogni giorno, infatti _____ vado anche stasera. _____ vanno anche i miei amici Gino e Sara. Sono cari amici, _____ conosco da molti anni. Loro hanno due bambine ma _____ lasciano a casa con la nonna. Le loro bambine amano andare al cinema, _____ vanno ogni settimana. Loro guardano i film per bambini, e io quei film non _____ amo, mi annoiano. Stasera vediamo il film "Rocky Horror Picture Show;" io _____ vedo ogni anno e Gino e Sara _____ vedono due volte all'anno. Le caramelle _____ portano Gino e Sara, i popcorn _____ compriamo al cinema.

CHIACCHIERANDO — CHATTING
AUGURI E DATE — GOOD WISHES AND DATES

In Italian, on someone's birthday, you say **"Auguri!"** oppure **"Tanti auguri."** To ask when someone was born you say: **"Quando sei nato?" "In che anno sei nato?" "Quando è il tuo compleanno?"**

Esercizio 8: Quando sono nati e quando sono morti? Scrivi gli anni di nascita e di morte dei seguenti personaggi storici. When were they born and when did they die? Write the dates of birth and death of the following historical characters.

Esempio: Monteverdi(1567-1643) <u>Monteverdi è nato nel millecinquecentosessantasette ed è morto nel milleseicentoquarantatré.</u>

1. Amenofi (1557-1530 a.C.)

_____

2. Beatrice d'Este (1475-1497)

_____

3. Chiara d'Assisi (1193-1253 d.C.)

_____

4. Francesco D'Assisi (1181-1226)

_____

5. Giuseppe Garibaldi (1807-1882)

_____

6. Caterina da Siena (1347-1380)

_____

7. Galileo Galilei (1564-1642)

_____

8. Leonardo da Vinci (1452-1519)

_____

9. Alessandro Manzoni (1785 – 1873)

_____

10. Gaspara Stampa (1523-1554)

_____

Esercizio 9: Pratica orale – Quando sei nato? Pratica ad alta voce la tua data data di nascita e la data di nascita delle persone a te vicine. Oral practice – When were you born? Practice aloud your date of birth and the date of birth of people close to you.

SULL'INTERNET — ON THE WEB

Un'enciclopedia on line: clicca su STORIA—and you will be able to research and then practice as many dates as you would like.

www.sapere.it

A. RIPASSO DEL VOCABOLARIO — VOCABULARY REVIEW

1. crucipuzzle: IN CITTÀ —
wordsearch puzzle: IN TOWN

```
m b i g l i e t t e r i a r r e u g p a
d U e r e p m o c A a i d e m m o c A l
c i n e m a d i v e r t e n t e y Q e i
n e g o z i o t a c r e m e a h f a r m
p r e z z o s p e s e w Y u b t a p i e
N d b e r a i g g e l o n r b c n e t n
s f r u t t i v e n d o l o i h t s r t
p e n o i z a l o c Z p i l g i a c e a
e s a l u m i e r e a m e l l l s i v r
t d i s t a n z a s p X r e i o c v n i
t c a m i c i a t i d r a t a m i e o i
a m a n c i a i e a f N r r m e e n c n
c a m o r e c g Q i e F p o e t n d e c
o c r E Z c a a l a s r m p n r z o n o
l e o c i t a m m a r d o s t o a l t n
o l S e o s s e m m o c c p o V Q a e t
t l r a f f i t t a r e e n o i z a s r
n a r h o m m a r g o l i h c r q W i a
o i g e l a t a i o r a l l o d t X m r
c o K g c o l l e g a f o r n a i o o e
```

aeroporto	biglietteria	camicia
centesimo	chilogrammo	chilometro
cinema	collega	colazione
commedia	commesso	comprare
conto	distanza	divertente
dollaro	convertire	euro
compere	spese	film

azione	drammatico	fantascienza
guerra	amore	fornaio
fruttivendolo	gelataio	(gente)
impiegato	incontrare	mercato
mancia	negozio	abbigliamento
alimentari	noleggiare	affittare
pasticciera	(pasto)	pescivendola
prezzo	sala	salumiere
spettacolo	sportello	tardi

2. cruciverba — crossword puzzle (all adjectives are given in the masculine singular)

orizzontali – across

1. important	6. military	7. nice, fun
10. recent	14. slow	
17. fascinating, charming		19. typical
20. last	21. right, just	22. excellent

verticali - down

1. irresistible	2. romantic
3. historical	4. heavy
5. better	6. of the world
8. ancient	9. sad
11. dramatic	12. ugly
13. funny	15. each
16. beautiful	18. comical

B. ESERCIZI SUPPLEMENTARY —
EXTRA EXERCISES

Esercizio 1. Leggi l'orario e rispondi alle domande con frasi complete. Read the timetable and answer the questions with complete sentences.

Pesca sportiva (sport fishing): **orario di apertura**
 dalle 8,00 alle 12,00
 dalle 14,00 alle 19,00

1. Da che ora a che ora chiude la pesca sportiva? Perché? _____

2. A che ora apre di mattina la pesca sportiva?
_____

3. A che ora chiude di sera la pesca sportiva?
_____

4. A che ora vuoi andare alla pesca sportiva?
_____

Esercizio 2. Leggi l'orario e rispondi alle domande. Read the timetable and answer the questions.

Ufficio di cambio:	orario di apertura	
lunedì	------	16.30 – 19.30
martedì	10-13	16.30 – 19.30
mercoledì	10-13	16.30 – 19.30
giovedì	10-13	16.30 – 19.30
venerdì	10-13	16.30 – 19.30
sabato	10-13	16.30 – 19.30
domenica	10-13	16.30 – 19.30

1. A che ora apre questo ufficio il lunedì? E a che ora chiude il lunedì sera?
_____

2. Posso andare in questo ufficio alle due di pomeriggio? Perché?
_____

3. A che ora apre questo ufficio il sabato mattina? A che ora riapre il sabato pomeriggio?
_____

4. Posso andare in questo ufficio la domenica a ora di pranzo?
_____

Esercizio 3. Abbinamenti — Matches

colonna A

1. l'aeroporto
2. la biglietteria
3. il telegiornale
4. la valigia
5. il commesso
6. l'impiegata
7. il negozio di abbigliamento
8. il viaggiatore
9. la sala
10. il telecomando

colonna B

a. è dove guardiamo il film al cinema
b. è dove si prende l'aereo
c. è dove si comprano i biglietti
d. serve per le cose necessarie per il viaggio
e. alla televisione dice gli eventi del giorno
f. è la persona che lavora alla biglietteria
g. è la persona che lavora in un negozio
h. è la persona che viaggia
i. serve a cambiare il canale alla televisione
l. è dove compriamo i vestiti

Un negozio di abbigliamento a Firenze

Esercizio 4. Completa la storia con un pronome oggetto diretto o CI. *Complete the story with a direct object pronoun or CI.*

"L'ultimo bacio" è un film molto bello, _____ andiamo a vedere? I miei fratelli _____ vanno domani, io _____ voglio andare oggi. Adesso vi racconto la storia, _____ racconto in generale. C'è Carlo che ama Giulia che aspetta un bambino; però Carlo conosce la giovane Francesca e _____ desidera, _____ incontra, _____ bacia. Francesca anche _____ desidera, _____ incontra, _____ bacia. Giulia capisce che Carlo ha un'altra donna e _____ fa andare via dalla loro casa. Carlo però vuole Giulia, _____ ama davvero, non ama Francesca. Allora Carlo chiama Francesca, _____ incontra, _____ lascia. Francesca _____ prega di rimanere con lei, ma lui _____ abbandona. Giulia ama Carlo e così _____ perdona e _____ fa ritornare a casa, e lui _____ torna molto volentieri.

Esercizio 5. Sottolinea l'articolo corretto o la preposizione articolata corretta. *Underline the correct article or the correct preposition with article.*

1. Voglio vedere (il / la) programma che c'è (al / alla) televisione, ma non trovo (il / la) telecomando: tu sai dov'è?

2. Questo è sempre (il / la) problema.

3. Dobbiamo trovare (il / la) sistema per non perdere (il / la) necessario.

4. Tu vuoi vedere (il / la) film di Fellini (al / alla) tele oppure vuoi andare (al / alla) cinema?

5. Vuoi affittare (un / una) videocassetta o (un / una) DVD?

6. Noi andiamo (al / alla) cinema con (il / la) moto e voi ascoltate (il / la) radio a casa, va bene?

Esercizio 6. Inserisci i seguenti verbi negli spazi adatti. *Insert the following verbs in the right spaces.*

conoscete – sa – andiamo – conosce – sappiamo – sto – andare – stare

1. Accendiamo la TV oppure _____ al cinema?

2. Non ho voglia di _____ fuori, sono stanco!

3. Io _____ a casa, voi fate come credete.

4. Ma i nostri amici non hanno voglia di _____ a casa!

5. C'è un buffo film di Benigni in centro, lo _____?

6. Chiedi a mia sorella, lei _____ tutti i film di Benigni.

7. Ma tua sorella non _____ stare ferma un momento!

8. Per i film di Benigni _____ tutti stare fermi!

Esercizio 7. Rispondi alle domande con i pronomi oggetto diretto. *Answer the questions with direct object pronouns.*

Esempio: Comprate spesso i libri italiani?
Sì, li compriamo spesso.

1. Vedete spesso film italiani?

   _____

2. Accendi tutte le sere la televisione?

   _____

3. Compri tutti i giorni gli affettati?

   _____

4. Vendete qui i biglietti?

   _____

5. Cambiate frequentemente il canale?

   _____

6. Guardi di solito quel programma?

_____

7. Inviti qualche volta quei colleghi?

_____

8. Studiate ogni sera la storia italiana?

_____

Esercizio 8. Trasforma secondo l'esempio.
Transform according to the example.

Esempio: tu   __ti__   chiamo appena arrivo.

1. voi   quando _____ vediamo
         siamo sempre allegri.
2. io   quella ragazza _____ trova irresistibile
         e _____ chiama sempre.
3. noi   siamo famosi e tutti _____ vedono
         in televisione.
4. lui   domani _____ incontro al bar.
5. loro   lavorano ai grandi magazzini,
         _____ incontro spesso lì.
6. lei   lavora all'aeroporto, _____
         incontrate qualche volta?

Esercizio 9. Rispondi alle domande secondo l'esempio. Answer the questions according to the example.

Esempio: Vuole comprare il prosciutto crudo?
         Sì, voglio comprarlo

1. Vuole comprare il salame di Genova?

_____

2. Volete comprare il prosciutto di Parma?

_____

3. Volete comprare la mortadella di Bologna?

_____

4. Vuole vedere le salsicce della casa?

_____

5. Vuole vedere i nostri formaggi?

_____

6. Volete vedere i nostri antipasti?

_____

Esercizio 10. Crea delle frasi sull'anno di nascita di questi personaggi storici secondo l'esempio.
Create sentences on the birth year of these historical characters according to the example.

Esempio: Italo Calvino / 1923
         Conosci l'anno di nascita di Italo Calvino?
         Sì, lo conosco, è il millenovecentoventitré

1. Gabriele D'Annunzio / 1863

_____

_____

_____

2. Dante Alighieri / 1265

_____

_____

_____

3. Giovanni Boccaccio / 1313

_____

_____

_____

4. Vittoria Colonna / 1490

_____

_____

_____

5. Natalia Ginzburg / 1916

_____

_____

_____

6. Gianna Manzini / 1896

_____

_____

_____

CAPITOLO 19 (DICIANNOVE)

DOPO LA STORIA, ECCO LA GEOGRAFIA
AFTER HISTORY, HERE IS GEOGRAPHY

SCIOGLILINGUA — TONGUE TWISTER

"Pisa pesta e pesa il pepe al papa, il papa pesa e
pesta il pepe a Pisa."
*Pisa weighs and grinds pepper for the pope, the pope
weighs and grinds pepper in Pisa.*[1]

PRESENTAZIONE — INTRODUCTION

Another testing lesson, this time on geography rather
than history. Mario is asked questions about Italy's
longest rivers, highest mountains, busiest port, and
its most beautiful cities. Once again, Mario shows
an impressive knowledge of the subject, and this
time he would like a prize for his fine performance:
a trip to the movie theater with Ms. Ricci.

VOCABOLARIO NUOVO — NEW VOCABULARY

■ **nomi** — nouns

l'abitante *inhabitant*	l'altezza *height*
la bugIa *lie*	
la catena di montagne *mountain range*	
la cima *top*	
le congratulazioni *congratulations*	
il dubbio *doubt*	l'est *East*
il fiume *river*	la geografIa *geography*
il mare *sea*	il modo *way*
la montagna *mountain*	il nord *North*
l'ovest *West*	la penIsola *peninsula*
il porto *harbor*	il premio *prize*
lo stivale *boot*	il sud *South*

---

[1] Remember not to overstress these single consonants;
note also that the **s** between two vowels (as in **Pisa** and
pesa) can be pronounced like the s in the English word *rose*.

■ **aggettivi** — adjectives

alto / alta *tall*	basso / bassa *short*
comprensivo / comprensiva *understanding*	
impaziente *impatient*	incantEvole *enchanting*
infinito / infinita *infinite*	largo / larga *wide*
paziente *patient*	situato / situata *situated*
stretto / stretta *narrow*	
televisivo / televisiva *relating to television*	

■ **verbi** — verbs

dire una bugia, dire le bugie *to tell a lie,*
  to tell lies
dire la verità *to tell the truth*
essere d'accordo *to agree*
offrire *to offer*   superare *to overcome*

■ **avverbi e altro** — adverbs and more

a nord di *North of*	al nord in/to *the north*
a sud di *South of*	al sud in/to *the south*
a est di *East of*	all'est in/to *the east*
a ovest di *West of*	all'ovest in/to *the west*
be' *well*	certamente *certainly*
comunque *anyway*	onestamente *honestly*
veramente *truly*	

ESERCIZI DI VOCABOLARIO —
VOCABULARY EXERCISES

*Esercizio 1: Sostituisci le parole in corsivo con
il loro opposto. Replace the italicized words with
their opposite.*

1. Le commesse in quel negozio sono veramente
   pazienti, non so come fanno! (_____)

2. Tu mi devi credere, io *dico* sempre *la verità*.

(_____)

3. Gli Appennini sono più o meno *alti* delle Alpi?

(_____)

4. Il fiume Po è più *stretto* del fiume Arno.

(_____)

5. Firenze è *a sud* di Roma. (_____)

6. Molti dicono che la gente *nel nord* è più allegra della gente *nel sud*. (_____)

Esercizio 2: Definizioni — *Definitions*

1. _____: una persona che capisce gli altri

2. _____: un posto così bello da incantare

3. _____: avere la stessa opinione

4. _____: in un modo onesto

5. _____: sicuramente

6. _____: in tutti i modi

7. _____: molte montagne vicine

8. _____: lungo corso d'acqua

9. _____: lo abbiamo quando non siamo sicuri

10. _____: una cosa che non ha fine

11. _____: una persona come Michael Jordan

12. _____: una persona come Danny deVito

Trapani, in Sicilia: un uomo lavora in una salina, per produrre il sale marino.[2]

---

[2] **Una salina** is *a salt mine*, **il sale marino** is *sea salt*.

LETTURA — READING

1. "Signor Campi, vediamo se Lei conosce la geografia italiana bene come la sua storia. Mi permetta di farle qualche domanda sulla penisola italiana, sul nostro bel paese."

2. "Certamente. Mi dica, ricevo un bellissimo premio se le mie risposte sono giuste?"

3. "Be', signor Campi, questo non è un programma televisivo."

4. "Ma io dico che il premio che desidero non costa nulla! Anzi, il cinema lo offro io! Ci viene con me?"

5. "Signor Campi, non cambiamo argomento. E cominciamo con una domanda facile: su quale fiume si trova la città di Roma?"

6. "Questo è veramente troppo facile. Sul TEvere."

7. "Quali sono i fiumi più grandi e più lunghi dello Stivale?"

8. "Il Po e l'Adige sono i fiumi più grandi e più lunghi d'Italia."

9. "Qual è il fiume più lungo, il Po o l'Adige?"

10. "Il Po è più lungo dell'Adige, non è vero?"

11. "Giusto. Il Po è il fiume più lungo e più largo d'Italia. Ed ora parliamo delle montagne. Quale catena di montagne è situata al Nord?"

12. "Al Nord ci sono le Alpi."

13. "Quali sono le più alte cime delle Alpi italiane?"

14. "Il Monte Bianco (4810 metri) e il Monte Rosa (4634 metri), che superano i 15000 (quindicimila) piedi d'altezza."

15. "Esatto. Qual è il porto più importante del Mediterraneo?"

16. "Il porto di Genova è uno dei porti più importanti del Mediterraneo."

17. "Qual è la più bella città italiana?"

18. "Be', gli italiani stessi non sono d'accordo su questo. I romani dicono che senza dubbio Roma è la più bella città d'Italia. I fiorentini dicono che Roma è meno bella di Firenze. I veneziani dicono che Venezia è la più incantevole e affascinante città di tutte."

19. "Ha proprio ragione. Gli abitanti di ogni città dicono che la loro è la più bella. Ma io che sono di Roma Le dico onestamente che Roma è la più bella città d'Italia. Comunque, signor Campi, l'esame è finito. Congratulazioni, Lei è un bravissimo studente."

20. "Grazie infinite. Allora, che ne dice, posso aspettare il mio premio la settimana prossima?"

NOTE — NOTES

Lo Stivale, the Boot, is a nickname often used to describe Italy—for obvious reasons. Here are some other data on Italy, with which you can practice your numbers (from the website **www.mapquest.com**):

Total Area: 116,305.55 sq mi (301,230.00 sq km)

Population: 57,634,327 (**Estimated Population in 2050**: 45,016,465)

Life Expectancy: 75.85 male, 82.41 female (2000 est.)

GDP (per capita): $21,400 (1999 est.)

Labor Force (by occupation): services 61%, industry 32%, agriculture 7% (1996)

Arable Land: 31%

Telephones (main lines in use): 25 million (1998)

Telephones (mobile cellular): 17.7 million (1998)

COMPRENSIONE DEL TESTO — READING COMPREHENSION

Esercizio 3: Ricostruisci le frasi. Reconstruct the sentences.

1. sono / premio / se / vuole / bellissimo / le / giuste / sue / Mario / un / risposte

   _____

2. Po / più / dell' / è / il / lungo / Adige

   _____

3. bellissime / sono / tutte / Italia / città / le / d'

   _____

4. Mediterraneo / Genova / un / del/ porto / è / importantissimo

   _____

5. al / andare / prossima / Mario / Marina / settimana / vuole / cinema / con / la

   _____

Esercizio 4: Inserisci le parole mancanti.
Insert the missing words.

1. Al _____ d'Italia ci sono le Alpi.

2. Il Po è _____ lungo dell'Adige.

3. Il Monte Rosa è _____ alto del Monte Bianco.

4. Il porto di Genova è uno dei _____ più importanti del _____ .

5. Ogni italiano ama la sua _____ più delle altre.

6. Marina dice che Roma è la _____ bella _____ d'Italia.

APPUNTI DI GRAMMATICA —
GRAMMAR NOTES

1. PRESENT TENSE OF **DIRE**, TO SAY
This very common verb normally means *to say*, though in some cases it is translated in English as *to tell*.

io dico *I say*
tu dici *you say*
lui/lei/Lei dice *he/she/it says, you say*
noi diciamo *we say*
voi dite *you say*
loro dicono *they say*

some expressions with **DIRE**
dire la verità *to tell the truth*
dire una bugia *to tell a lie*
dire le bugie *to tell lies*
dire pane al pane e vino al vino *to say bread to bread and wine to wine* (or *to call a spade a spade*)

2. THE COMPARATIVE
The comparative is used to express comparisons of adjectives, nouns, verbs, and adverbs. The following words are used:

(così)...come	*as...as*
(tanto)...quanto	*as...as; as much...as*
più...di/più...che	*more...than; -er than*
meno...di/meno...che	*less...than*

a. EQUALITY WITH ADJECTIVES AND VERBS
Between adjectives, the comparison of equality is formed by placing **come** or **quanto** after the adjective. **Così** and **tanto** can be placed before the adjective, but they are usually omitted.

Mario è alto come Roberto. *Mario is as tall as Roberto.*
Marina è bella quanto Livia. *Marina is as beautiful as Livia.*

Between verbs, the comparison of equality is formed by placing **quanto** after the verb. **Tanto** may be placed before **quanto**, but it is usually omitted.

Io mangio quanto lui. *I eat as much as he does.*
Noi viaggiamo tanto quanto voi. *We travel as much as you do.*

b. SUPERIORITY AND INFERIORITY
These are formed by placing **più** (*more*) or **meno** (*less*) before the adjective or noun. **Di** (contracted if necessary with the article that follows it) is used to express *than*. With verbs, **più di** or **meno di** are inserted after the verb.

Roberto è più giovane del suo amico Mario. *Roberto is younger than his friend Mario.*
Io sono meno intelligente di Einstein. *I am less intelligent than Einstein.*
Loro hanno più amici di noi. *They have more friends than we do.*
Mario viaggia più di Roberto. *Mario travels more than Roberto.*

Che is used instead of **di** when it is followed by a preposition or an infinitive, and when two qualities referring to the same subject are compared.

Fa più caldo in Sicilia che in Toscana. *It is hotter in Sicily than in Tuscany.*
Preferisco uscire con te che con lui. *I prefer to go out with you than with him.*
Nuotare è meno difficile che sciare. *Swimming is less difficult than skiing.*
Roberto sembra più italiano che americano. *Roberto seems more Italian than American.*

3. SOME IRREGULAR COMPARATIVES
buono *good*
migliore (or **più buono**) *better*
il migliore (or **il più buono**) *the best*

cattivo *bad*
peggiore (or **più cattivo**) *worse*
il peggiore (or **il più cattivo**) *the worst*

grande *large*
maggiore (or **più grande**) *larger*
il maggiore (or **il più grande**) *the largest*

piccolo *small*
minore (or **più piccolo**) *smaller*
il minore (or **il più piccolo**) *the smallest*

Maggiore and **minore** often mean *older* and
younger, respectively.
Do not confuse the adjectives **buono** and **cattivo**
with the adverbs **bene** and **male**.

bene *well*   **meglio** *better*
male *badly*   **peggio** *worse*

La migliore vendetta è il perdono. (proverbio)
The best vengeance is forgiveness.
La fame è il miglior condimento. (proverbio)
Hunger is the best seasoning.

4.   THE SUPERLATIVE
 The relative superlative (the nicest; the most interesting; the least frightening) is formed with *the definite article +* **più** */* **meno** *+ adjective (+* **di** *+ term of
comparison, if required)*

Il più bel cinema è il cinema italiano. *The best
cinema is italian cinema.*
Angelica è la più studiosa della classe. *Angelica is
the most studious in the class.*
Sandro è il meno ricco dei miei amici. *Sandro is
the least rich among my friends.*

The absolute superlative is formed by adding the
ending **–Issimo** / **-Issima** / **-Issimi** / **-Issime** to the
adjective minus its last letter. The ending **–issimo**
indicates *very;* it has the same meaning as the
adjective preceded by **molto** or **tanto**. With the
ending **–issimo**, the adjective follows the rules of
adjectives in **–o**.

gentile *kind*
uomo gentilissimo *very kind man*
uomini gentilissimi *very kind men*
donna gentilissima *very kind woman*
donne gentilissime *very kind women*

lungo/lunga *long*
film lunghissimo *very long movie*
film lunghissimi *very long movies*
storia lunghissim *a very long story*
storie lunghissime *very long stories*

povero/povera *poor*
paese poverissimo *very poor country*
paesi poverissimi *very poor countries*
persona poverissima *very poor person*
persone poverissime *very poor people*

ESERCIZI — EXERCISES

Esercizio 5: Replica secondo l'esempio.
Reply according to the example.
Esempio: Lei dice la verità. (loro/una bugia)
        Ma loro dicono una bugia.

1. Io dico che fa freddo. (tu / che fa caldo)

    _____

2. Noi diciamo che è presto. (voi / che è tardi)

    _____

3. Lei dice che viene. (io / che non viene)

    _____

4. Loro dicono le bugie. (lei / la verità)

    _____

5. Voi dite di dormire. (noi / di uscire)

    _____

6. Tu dici cose brutte. (loro / cose belle)

    _____

*Esercizio 6: Completa con PIÙ/MENO DI o
PIÙ/MENO CHE (ricorda di contrarre DI +
ARTICOLO se necessario).* Complete with
più/meno di *or* **più/meno che** *(remember to
contract* **di** *+ article if necessary).*

1. Le mie gambe sono _____ lunghe

    _____ mie braccia.

2. Marina è _____ innamorata

    (*in love*) _____ Mario.

3. I bambini sono _____ vecchi _____ adulti.

4. Viaggiare in aereo è _____ veloce

_____ viaggiare in macchina

5. L'Italia è _____ grande _____ America

6. Studiare l'italiano è _____ difficile

_____ prendere un caffè

Esercizio 7: Qual è il superlativo assoluto dei seguenti aggettivi? Scrivi il maschile singolare e il femminile singolare. What is the absolute superlative of these adjectives? Write the masculine singular and the feminine singular.

1. bello _____ _____

2. felice _____ _____

3. interessante _____ _____

4. simpatico _____ _____

5. antipatico _____ _____

6. ricco _____ _____

7. povero _____ _____

8. brutto _____ _____

9. lungo _____ _____ [3]

10. largo _____ _____

11. alto _____ _____

12. paziente _____ _____

CHIACCHIERANDO — CHATTING
FARE I COMPLIMENTI A QUALCUNO —
COMPLIMENTING SOMEONE

Giving and receiving compliments in Italy works differently than in the United States. While an American is likely to respond to a compliment with a simple *"thank you,"* saying **"grazie"** to a compliment in Italy is likely to be regarded as gauche. The more common response to a compliment is usually a putdown of the thing one is complimented about: **"Bellissimo il tuo vestito!"** **"Oh, è vecchio, era di mia sorella"** (*"Your dress is very beautiful!"* *"Oh, it is old it used to be my sister's"*).

Esercizio 8: Scrivi dei complimenti secondo l'esempio. Write some compliments according to the example.

Esempio: Che bello quel computer!
(vecchio / nuovo)
Be', è più vecchio che nuovo...

1. Che simpatico tuo fratello! (egoista / altruista)

_____

2. Com'è elegante la tua casa! (comoda / elegante)

_____

3. Com'è buona questa pasta! (saporita / sana)

_____

4. Che bella la tua macchina! (elegante / comoda)

_____

Esercizio 9: Pratica orale – Qualcuno ti fa i complimenti e tu rispondi con qualcosa di negativo. Oral practice – Someone is complimenting you, and you respond with something negative.

1. "Stupendi quegli stivali!"

2. "Le tue scarpe sono bellissime!"

3. "Scrivi delle lettere molto romantiche!"

4. "Sei una persona davvero paziente e comprensiva!"

SULL'INTERNET — ON THE WEB
Per imparare di più sulla geografia italiana, e specialmente sulle venti regioni italiane, visita il sito:

www.mediasoft.it/italy

---

[3] Add an **h** between **lung-** and **-issimo** in order to preserve the **g**'s hard sound.

CAPITOLO 20 (VENTI)

UNA GIORNATA TIPICA
A TYPICAL DAY

SCIOGLILINGUA — TONGUE TWISTER

"Tito, tu m'hai ritinto il tetto, ma non t'intendi
tanto di tetti ritinti."
*Tito, you have repainted my roof, but you don't know
much about repainted roofs.*[1]

PRESENTAZIONE — INTRODUCTION

Marina and Mario tell each other about their daily
routine: Marina is a morning person who enjoys a
light breakfast with her sister's family, Mario is more
of a late sleeper who eats a hearty breakfast alone
before going to work by subway. He gets off the
train early in order to walk a bit, then goes about
his job, eats a very quick lunch, sees clients and
finally goes home to a tired and lonely evening.

VOCABOLARIO NUOVO — NEW VOCABULARY

■ nomi — nouns
la brioche *breakfast pastry (French word,
    pronounced bree-oh-sh)*
i cereali *cereal*
il cliente *customer, client*
il colesterolo *cholesterol*
la contraddizione *contradiction*
la doccia *shower*
dormiglione / dormigliona *person who likes to
    sleep a lot*
la natura *nature*
l'ora di punta *rush hour*

la pancetta *bacon*
il pane *bread*   **la posta** *mail*
il succo d'arancia, la spremuta d'arancia
    orange juice
la sveglia *alarm clock*   **il telEfono** *telephone*
il tempo *time, weather*   **la terrazza** *balcony*
l'uovo, *plur.* **le uova** *egg*   **la vIsita** *visit*

■ aggettivi — adjectives
elettrOnico / elettrOnica *electronic*
mattiniero / mattiniera *morning person*
necessario / necessaria *necessary*
normale *normal*   **pronto / pronta** *ready*
stanco / stanca *tired*   **tostato / tostata** *toasted*

■ verbi — verbs
alzarsi *to get up*
americanizzarsi *to become americanized*
camminare *to walk*   **cenare** *to have dinner*
dedicare *to dedicate*
Essere in orario *to be on time*
fare colazione *to have breakfast*
fare piacere *to please*   **farsi la doccia** *to shower*
lavarsi *to wash oneself*   **mangiare** *to eat*
passare *to pass, to spend*   **pranzare** *to have lunch*
preoccuparsi *to worry*
scEndere *to climb down, to get off*
sedersi *to sit*   **sentirsi** *to feel*
vestirsi *to get dressed*

■ avverbi e altro — adverbs and more
alla fine *finally, at the end*
di buon'ora *early in the morning*
di tanto in tanto *from time to time*
infine *finally*   **in gEnere** *generally*

---

[1] Another classic tonguetwister, and another opportunity to
practice a correct pronunciation of the letter **t**, so different
in Italian—do not let air escape, as in English.

in punto *on the dot*   **poi** *then*
prima *at first*   **un'oretta** *about an hour*
verso *around*

ESERCIZI DI VOCABOLARIO —
VOCABULARY EXERCISES

*Esercizio 1: Inserisci nello spazio corretto la
forma appropriata delle parole tra parentesi.
Insert in the right space the appropriate form of
the words in parentheses.*

1. Le persone che si _____ alle sei di
   mattina sono _____ e non sono
   _____. (mattiniero / dormiglione / alzare)

2. Quando sei _____ andiamo alla
   stazione così siamo _____ e
   _____ il treno giusto.
   (in orario / prendere / pronto)

3. È necessario _____ molto
   tempo allo studio dell'italiano, è importante
   _____ varie _____ alla settimana.
   (ora / dedicare / passare)

4. Quando tu _____ devi _____
   a tavola un' _____ per potere digerire bene.
   (passare / oretta / mangiare)

5. Per _____ sani, bisogna _____
   tutti i giorni, _____ poco e bene,
   _____ tanto tempo con la natura.
   (passare / mangiare / camminare / sentirsi)

6. Di solito noi _____ a mezzogiorno
   _____ alle otto di mattina;
   _____ molto tempo ai pasti.
   (pranzare / fare colazione / dedicare)

*Esercizio 2: Riempi gli spazi (nomi).
Fill in the blanks (nouns).*

1. A colazione noi mangiamo i _____
   e una _____ con il cappuccino e il caffè.

2. Le _____ hanno molto
   _____, i cereali invece no.

3. Mi piace mangiare fuori in _____
   e bere una bella _____.

4. Quando ricevo una _____
   dei miei _____
   a mezzogiorno, li invito a pranzo fuori.

LETTURA — READING

1. "Signora Ricci, mi permette di chiedere come
   passa la sua giornata?"

2. "Certamente. Quando vado a insegnare mi alzo
   alle sei e mezzo, sono mattiniera. Mi lavo e mi
   vesto in circa mezz'ora. Verso le sette mi siedo a
   tavola nella sala da pranzo per la prima
   colazione."

3. "E anche la famiglia di sua sorella si alza di
   buon'ora?"

4. "Sì. Loro sono mattinieri come me e si alzano
   tutti presto, così facciamo colazione insieme.
   Se fa bel tempo ci sediamo in terrazza.
   Naturalmente questo mi fa molto piacere.
   Noi abbiamo l'occasione di parlare della nostra
   giornata e di altre cose, e di passare un'oretta
   insieme."

5. "Che cosa mangia per la prima colazione?"

6. "Di solito prendo un cappuccino e una brioche.
   Questa è una tipica colazione italiana. E Lei?"

7. "Be', io sono dormiglione, non sono mattiniero.
   Per fare in fretta mi faccio la doccia la sera. E
   faccio una colazione più americana: prendo del
   succo d'arancia, un caffè, del pane tostato, e una
   tazza di cereali. A volte prendo due uova con la
   pancetta invece dei cereali, ma non è una
   buon'idea per il colesterolo!"

8. "Voi americani vi preoccupate molto del colesterolo, però poi mangiate uova e pancetta a
   colazione! Questa è una vera contraddizione!
   Signor Campi, Lei cosa fa dopo la colazione?"

9. "Alle otto e mezza in punto sono pronto per
   andare alla stazione della metropolitana dove
   prendo il treno. È l'ora di punta e c'è molta
   gente in treno: è importante essere puntuali.
   Scendo dalla metropolitana due stazioni prima
   del necessario così cammino un po'."

10. "A che ora arriva al suo ufficio?"

11. "Arrivo alle nove e un quarto circa, né in ritardo, né troppo puntuale: in orario. All'ufficio prima controllo la mia posta normale e la mia posta elettronica, e rispondo se necessario. Poi parlo al telefono ai vari clienti. In genere faccio tutto quello che un rappresentante deve fare."

12. "E a che ora pranza?"

13. "Quasi sempre a mezzogiorno e mezzo. Ho bisogno solo di dieci minuti per mangiare."

14. "È troppo poco! In Italia le abitudini del mangiare sono differenti. Gli italiani dedicano più tempo ai loro pasti, un'ora buona. Ma anche in Italia questo ora cambia e la gente si americanizza. Parliamo di questo un'altra volta. Che cosa fa Lei dopo il pranzo?"

15. "Spesso dei clienti vengono a farmi una visita. Di tanto in tanto esco io per vedere dei clienti."

16. "A che ora finisce la sua giornata di lavoro?"

17. "Alle sei in punto lascio l'ufficio. Arrivo a casa alle sette. Mi riposo un po', mi preparo qualcosa da mangiare e poi ceno da solo."

18. "Lei deve sentirsi stanco dopo una tale giornata."

19. "Be', signora Ricci, mi sento stanco ma specialmente molto solo."

NOTE — NOTES

You have been introduced to or reminded of several common uses of the word **ora**, *hour*, and to some related expressions: **di buon'ora** (*early in the morning*), **un'oretta** (*about one hour*), **un'ora buona** (*a good hour, an abundant hour*), **l'ora di punta** (*rush hour*), **essere in orario** (*to be on time*), **essere puntuale** (*to be punctual*), **in punto** (*on the dot*), **essere in ritardo** (*to be late*), **essere in antIcipo** (*to be early*).

COMPRENSIONE DEL TESTO —
READING COMPREHENSION

Esercizio 3: Scelta multipla — *Multiple Choice*

1. Quando lavora, la signora Ricci
   a. si alza verso le 7.
   b. si veste verso le sette.
   c. si siede a tavola verso le sette.

2. La famiglia Ricci-Jones
   a. si alza di buon'ora perché è mattiniera.
   b. va a dormire di buon'ora.
   c. si alza alle nove perché è dormigliona.

3. Per colazione, Marina prende
   a. tè e crostata.   b. uova e pancetta.
   c. cappuccino e brioche.

4. Gli americani si preoccupano
   a. del colesterolo.   b. delle donne italiane.
   c. del software.

5. Per pranzo il signor Campi
   a. ha bisogno di soli dieci minuti.
   b. ha bisogno di soli venti minuti.
   c. ha bisogno di sole dieci ore.

6. In Italia la gente
   a. si americanizza.   b. si preoccupa.
   c. si compra il software del signor Campi.

Esercizio 4: Aggiungi il verbo mancante.
Add the missing verb.

1. Il signor Campi vuole _____ alla signora Ricci quello che fa durante il giorno.

2. Nei giorni di lavoro, la signora Ricci _____ molto presto e _____ a tavola verso le sette.

3. Per colazione gli italiani tipicamente _____ un cappuccino e una brioche.

4. Gli americani _____ molto del colesterolo.

5. In ufficio il signor Campi prima _____ la sua posta normale e elettronica.

6. Gli italiani _____ più tempo ai loro pasti del signor Campi.

7. Alla fine della giornata il signor Campi _____ stanco e solo.

APPUNTI DI GRAMMATICA —
GRAMMAR NOTES

1. PRESENT TENSE OF REFLEXIVE VERBS
Reflexive verbs are used to indicate actions that the subject performs on himself or herself. There are

also many reflexive verbs in Italian which are not reflexive in English, and they need to be learned as part of vocabulary building.

LAVARSI, *TO WASH ONESELF*
io mi lavo *I wash myself*
tu ti lavi *you wash yourself*
lui/lei/Lei si lava *he/she/ washes him/herself, you wash yourself*
noi ci laviamo *we wash ourselves*
voi vi lavate *you wash yourselves*
loro si lAvano *they wash themselves*

The reflexive pronouns are:

mi *myself*	**ci** *ourselves*
ti *yourself*	**si** *themselves*
si *himself, herself, oneself, yourself* (formal)	**vi** *yourselves*

Here is an example of a verb that is reflexive in Italian but not in English:

Fidarsi è bene, non fidarsi è meglio. (proverbio)
To trust is good, not to trust is better.

2. POSITION OF REFLEXIVE PRONOUNS
Reflexive pronouns are object pronouns and have the same rules for position as other object pronouns: they usually precede the verb (sentences a & b below), but follow and are attached to the infinitive minus its final –e (c & d below).

a. **Quasi sempre mi alzo alle sette.**
Almost always I get up at seven.

b. **Non ci alziamo di buon'ora.**
We do not get up early.

c. **I bambini non vogliono alzarsi.**
The children do not want to get up.

d. **Dobbiamo alzarci presto.**
We have to get up early.

3. SOME COMMON REFLEXIVE VERBS
Here is a list of common reflexive verbs that you will encounter throughout this book:

accomodarsi *to sit down, to make oneself comfortable*
accOrgersi *to realize*
addormentarsi *to fall asleep*
alzarsi *to get up (to raise oneself)*
annoiarsi *to get bored*

arrabbiarsi *to get mad*
chiamarsi *to be named (to call oneself)*
coricarsi *to go to bed (to lay oneself down)*
divertirsi *to enjoy oneself, to have a good time*
fermarsi *to stop*   **lavarsi** *to wash oneself*
preoccuparsi *to worry*   **riposarsi** *to rest (oneself)*
sbrigarsi *to hurry up*
sedersi *to sit down (to seat oneself)*
sentirsi *to feel (well, sick)*
trasferirsi *to move*
trovarsi *to be (somewhere) (to find oneself)*
vestirsi *to dress oneself*

ESERCIZI — EXERCISES

Esercizio 5: Coniuga il verbo riflessivo tra parentesi. Conjugate the reflexive verb in parentheses.

1. Vado al cinema, a casa _____(annoiarsi).
2. Andiamo in discoteca perchè vogliamo _____ (divertirsi).
3. Se torno a casa tardi mio padre _____ (arrabbiarsi).
4. Preparate la sveglia perchè dovete _____ presto (svegliarsi).
5. _____ elegante perchè ho un appuntamento con Roberto (vestirsi).
6. I nonni dormono sul divano, di solito _____ davanti alla televisione

Esercizio 6: Scelta multipla — Multiple choice
1. Prima di coricarci
   a. ci addormentiamo.   b. ci laviamo i denti.
   c. si lavano le mani.
2. Prima di andare a scuola, i bambini
   a. si addormentano.   b. ci laviamo i denti.
   c. si alzano.
3. Prima di vestirsi, Laura
   a. si alza.   b. vi alziamo.   c. si alzano.
4. Prima di lavarvi i denti, voi
   a. si alzate.   b. vi sedete.   c. fate colazione.
5. Per riposarti, devi
   a. addormentarli. b. alzarti. c. addormentarti.
6. Prima di addormentarmi, io
   a. mi alzo.   b. mi corico.   c. ti corico.

Esercizio 7: Trasforma le frasi secondo il soggetto tra parentesi. *Transform the sentences according to the subject in parentheses.*

1. Mio zio Pietro è calmo e non si arrabbia facilmente. (noi / io / voi / tu / quegli insegnanti)

2. I miei bambini sono stanchissimi e si addormentano presto. (io / la fruttivendola / noi fornai / tu / voi gelatai)

3. Io sono mattiniera e mi alzo ogni mattina alle sei. (tu / i salumieri / voi / noi / il pescivendolo)

4. Noi siamo felici perché ci trasferiamo in Italia a maggio. (le mie colleghe / tu / la mia amica Patrizia / voi / io)

5. Voi siete impazienti e vi preoccupate troppo del futuro. (il mio dentista / quelle dottoresse / tu / noi medici / io)

CHIACCHIERANDO — CHATTING
PRENDERSI CURA DEL PROPRIO CORPO — TAKING CARE OF ONE'S BODY

espressioni utili
la testa *head*
i capelli *hair* (only the hair on your head)

i peli (body hair except the hair on your head)

la faccia, il viso *face*	**l'occhio** *eye*
la fronte *forehead*	**il naso** *nose*
la bocca *mouth*	**il dente** *tooth*
il mento *chin*	**l'orecchio** *ear*
il collo *neck*	**la spalla** *shoulder*
la schiena *back*	**il sedere** *rear end*
il petto *chest*	**il seno** *breast*
il braccio *arm*	**il polso** *wrist*
la mano *hand*	**il dito** *finger*
l'unghia *fingernail, toenail*	**il gomito** *elbow*
la pancia *belly*	**il sesso** *sex*
i genitali *genitals*	**la gamba** *leg*
la coscia *thigh*	**il ginocchio** *knee*
la caviglia *ankle*	**il piede** *foot*

il dito del piede, *plur.*: **le dita del piede** *toes*

Esercizio 8: Pratica orale – In che ordine ti lavi le parti del corpo? *Oral practice – In what order do you wash your body parts?*

Esercizio 9: Pratica orale – Cos'altro fai la mattina? *Oral practice – What else do you do in the morning?*

verbi utili

alzarsi *to get up*	**farsi la barba** *to shave*
pettinarsi *to comb one's hair*	
rAdersi *to shave*	**spogliarsi** *to get undressed*
svegliarsi *to wake up*	**truccarsi** *to put make up on*
vestirsi *to get dressed*	**mettersi...** *to put on*
...il vestito *dress*	**...la gonna** *skirt*
...i pantaloni *pants*	**...la camicia** *shirt*
...la camicetta *blouse*	**...la maglietta** *t-shirt*
...il maglione *sweater*	**...la felpa** *sweatshirt*
...la giacca *jacket*	**...le scarpe** *shoes*

SULL'INTERNET — ON THE WEB
Un sito sulla salute (*health*) del corpo per le donne (ma anche gli uomini lo visitano). Clicca su "SPORT/FIT" e poi su "ESERCIZI" per tanti esercizi per le varie parti del corpo.

www.donneinlinea.it

CAPITOLO 21 (VENTUNO)

LA VITA NEL QUARTIERE
LIFE IN THE NEIGHBORHOOD

SCIOGLILINGUA — TONGUE TWISTER

"Tre tozzi di pan secco in tre strette tasche stanno."
Three pieces of dried bread are in three narrow pockets. [1]

PRESENTAZIONE — INTRODUCTION

Mario tells Marina about his time off work: renting movies, going out with friends, shopping in his neighborhood, and his joy at having found the Italian school of his dreams. He then asks Marina what she thinks of the suburban neighborhood where she lives with her sister. She likes that there are many Italians there, and she likes her work and her students--some more than others, she adds mysteriously.

VOCABOLARIO NUOVO — NEW VOCABULARY

■ **nomi** — nouns

il burro *butter* la carne *meat*
il centro commerciale *shopping center*
la conversazione *conversation*
la distrazione *distraction* il formaggio *cheese*
la frutta *fruit* il locale *bar, restaurant, pub*
la macchinetta *small machine*
il nido *nest* i pantaloni *pants*
la pEntola *pot* il pesce *fish*
il quartiere *neighborhood*
il tempo lIbero *free time* l'uccello *bird*
il vicino di casa / la vicina di casa *neighbor*

■ **aggettivi** — adjectives
certo / certa *certain* curioso / curiosa *curious*
fornito / fornita *stocked*
fortunato / fortunata *lucky*

■ **verbi** — verbs
bere *to drink* diventare *to become*
permEttersi *to afford, to allow oneself*
uscire *to leave, to go out* volere dire *to mean*

■ **avverbi e altro** — adverbs and more
comodamente *comfortably*
in assoluto *of all*
in periferIa *on the outskirts, in the suburbs*
piuttosto *rather*
temporaneamente *temporarily*

ESERCIZI DI VOCABOLARIO — VOCABULARY EXERCISES

Esercizio 1: Riempi gli spazi (nomi).
Fill in the blanks (nouns).

1. Il _____ è un condimento che ha molto colesterolo.
2. Anche la _____ ha il colesterolo.
3. Gli _____ viaggiano a sud in autunno.
4. Per cucinare la pasta è necessaria una _____ grande.

---

[1] The rolled, or trilled, **r** is pronounced by flipping the tongue against the gums of your upper teeth: try it! Remember also to emphasize, or dwell on, the double consonants: **zz, cc, tt, nn**. As you can see in the word **pan**, *bread*, which is normally said **pane**, Italian sometimes drops the final vowel in poems and songs—as well as in regular spoken language (you have already seen this with **signore**, which becomes **signor** in front of a last name, like also **dottore>dottor, professore>professor**).

5. I miei _____ nel mio
   quartiere sono simpatici e mi aiutano spesso.

6. Non amo le _____ politiche.

7. Per fare un buon espresso è necessaria la
   _____ giusta.

8. Il salmone è il mio _____preferito.

9. Il gorgonzola è il mio _____ preferito.

10. Le banane sono la mia _____ preferita.

Esercizio 2: Sottolinea la parola adatta.
Underline the appropriate word.

1. Preferisci (bere / diventare) una birra o
   dell'acqua minerale?

2. Ti puoi (diventare / permettere) un viaggio
   in Italia?

3. Che cosa (vuole dire / diventa) l'espressione
   "di buon'ora"?

4. Siamo (fortunati / curiosi) perché andiamo in
   Italia ogni anno.

5. Quel negozio di abbigliamento è molto
   (fornito / fortunato) di articoli italiani.

6. Stasera (esci / diventi) con un uomo o con
   una donna?

7. Stefano Accorsi è il mio attore preferito
   (comodamente / in assoluto).

8. Stefano Accorsi è (piuttosto / temporaneamente)
   simpatico e incredibilmente bello

LETTURA — READING

1. "Ora, signor Campi, so alcune cose del modo
   in cui Lei passa le giornate di lavoro. Però
   sono ancora curiosa. Mi dica, Signor Campi,
   Lei come passa il suo tempo libero?"

2. "Come passo il tempo libero? Be', è molto
   semplice. Lei sa già che io ritorno a casa
   piuttosto tardi. Non finisco di cenare prima
   delle 8:00 (otto). Perciò non rimane molto
   tempo libero per fare grandi cose."

3. "Però Lei si permette delle distrazioni, il cinema
   per esempio, o qualche film in videocassetta,
   non è vero?"

Un mercato di quartiere in un piccolo paese...

... e un supermercato moderno in una grande città.

4. "Certo. Quando sono solo leggo e guardo la
   televisione o noleggio qualche film. Oppure
   esco con alcuni amici. Parliamo, andiamo al
   ristorante, al cinema, oppure in qualche locale
   a bere qualcosa. Amo i pub all'inglese: come
   si dice 'pub' in italiano?"

5. "Veramente 'pub' si dice pub,[2] anche in Italia
   sono abbastanza popolari. Nel suo quartiere
   riesce a fare la spesa comodamente?"

---

[2] Depending on the speaker, you will hear the word *pub*
pronounced in its correct English way or in the Italianized
way, *poohb*. So also the jeans Levi's are not pronounced in
the correct English way but in the Italian *lay-vees*, the sneak-
ers Nike are pronounced *nee-kay*, and so on.

6. "Oh, sì, certo. Nella strada dove abito ci sono dei negozi. C'è anche un grande supermercato. Là si può comprare frutta, verdura, latte, formaggio, burro, caffè, carne, pesce, torte, e anche pantaloni e pentole!"

7. "Però lì non vendono le macchinette per fare il cappuccino!"

8. "Non ne vendono ancora. Ma abbiamo un centro commerciale abbastanza fornito, dove possiamo trovare tutto il necessario per preparare dei pasti italiani. È molto comodo."

9. "Lei è fortunato, e poi 'ad ogni uccello il suo nido è bello.'"

10. "Ad ogni uccello il suo nido è bello...' Cosa vuol dire questa frase?"

11. Vuol dire che ogni persona ama la sua casa, significa che Lei ama il suo quartiere anche perché è il suo quartiere, la sua casa, il suo nido..."

12. "Ha proprio ragione. E la migliore cosa in assoluto è che qui a New York c'è la scuola d'italiano dei miei sogni... Ma mi dica, Lei è contenta di vivere qui negli Stati Uniti e ama il quartiere in periferia dove abita con sua sorella?"

13. "Sì, sono felice in quel quartiere, ci sono molti italiani, e poi sono qui in America solo temporaneamente. Amo il quartiere, i vicini di casa, la scuola dove insegno, le persone che lavorano con me..."

14. "E i suoi studenti? Ama anche loro?"

15. "Diciamo che ne amo alcuni più di altri. E ora cambiamo argomento."

16. "Ma come, proprio adesso che la conversazione diventa così interessante..."

NOTE — NOTES

You have just learned some expressions that will be very useful when you are in Italy and unsure of the meaning of a word: **"Come si dice...?"** *How do you say...?* **"Cosa vuol dire...?"** or **"Cosa significa...?"** *What does .... mean?*

COMPRENSIONE DEL TESTO — READING COMPREHENSION

Esercizio 3: Vero o falso? *True or false?*

1. Vero / Falso   Il signor Campi ha molto tempo libero.

2. Vero / Falso   Naturalmente Mario guarda qualche film o esce con alcuni amici.

3. Vero / Falso   Ci sono dei negozi vicino a casa di Mario, e un supermercato.

4. Vero / Falso   Nel supermercato vendono le macchinette per fare il cappuccino.

5. Vero / Falso   La cosa migliore è che Mario ha trovato una scuola di francese.

6. Vero / Falso   Marina ama alcuni studenti più di altri.

Esercizio 4: Ricostruisci le frasi.
Reconstruct the sentences.

1. curiosa / ancora / è / vita / Mario / Marina / di / della _____

2. cenare / Mario / prima / finisce / non / 8 / di / delle _____

3. a / amici / qualche / vanno / Mario / i / e / locale / qualcosa / suoi / in / bere

_____

4. negozi / di / sono / a / Mario / vicino / ci / dei / casa _____

5. d' / fortunato / Mario / scuola / perché / buona / una / italiano / c'è

_____

6. la / interessante / argomento / quando / Marina / conversazione / cambia / diventa

_____

APPUNTI DI GRAMMATICA — GRAMMAR NOTES

1. THE PARTITIVE: *SOME* OR *ANY*

The English some or any before a noun is often expressed in Italian by **di** + *the definite article* (**del, della, dell', dello, dei, delle, degli**). This construction is called the partitive. In English *some* or *any* is often omitted.

Prendo del succo d'arancia. *I am having some orange juice.*

Mangiamo della frutta. *We are eating some fruit.*

Vuoi dello zucchero? *Do you want some sugar?*

Chi ha dei dischetti vuoti? *Who has any blank disks?*

Lui scrive delle lettere tutti i giorni. *He writes (some) letters every day.*

Lei compra degli oggetti d'arte. *She is buying (some) art objects.*

NOTE: OMISSION OF THE PARTITIVE

Di + *the definite article* is omitted when the noun follows a verb in the negative and in lists:

Non prendo succo d'arancia. *I am not having (any) orange juice.*

Lui non importa computer. *He does not import (any) computers.*

Compro verdure, burro, uova... *I am buying vegetables, butter, eggs...*

2. INDEFINITE ADJECTIVES: **QUALCHE** *SOME, ANY;* **ALCUNI / ALCUNE** *SOME, ANY*

Qualche or **alcuni / alcune** may be used when *some* or *any* means *a few, several*. Note that **qualche** and the noun it modifies are *always* singular in form even though plural in meaning:

Qualche volta i bambini si alzano tardi.
Sometimes the children get up late.

Lei ha qualche studente studiosissimo.
She has some very studious students.

Alcuni ragazzi non sono attenti.
Some boys are not attentive.

Alcune ragazze sono assenti oggi.
Some girls are absent today.

3. THE PARTITIVE PRONOUN **NE**

The partitive pronoun **ne** may be translated as *some, any, of it, of them, some of it, some of them, any of it, any of them.* In English, though, these words are often left unsaid. In Italian, on the other hand, **ne** is generally not omitted.

Like all object pronouns, **ne** usually precedes the verb, but follows and is attached to the infinitive form minus the final **–e**.

Vuole della panna? Grazie, ne ho già.
Do you want any cream? Thanks, I already have some.

Hai del pane? No, non ne ho.
Do you have any bread? No, I haven't any.

Avete bisogno di soldi? No, ne abbiamo abbastanza.
Do you need any money? No, we have enough (of it).

Le piacciono queste penne? Sì, ne voglio dieci.
Do you like these pens? Yes, I want ten of them.

Ne is also used as a pronoun to replace nouns and infinitives that follow certain verbs and expressions which take **di**, such as **avere paura di, avere voglia di, avere bisogno di, parlare di**.

Hai paura del futuro? No, non ne ho paura.
Are you afraid of the future? No, I am not afraid of it.

Parli spesso di politica? No, non ne parlo mai.
Do you speak about politics often? No, I never speak about it.

Hai bisogno di un caffè? Sì, ne ho bisogno.
Do you need a coffee? Yes, I need one.

ESERCIZI — EXERCISES

Esercizio 5: Inserisci QUALCHE o ALCUNI / ALCUNE nell'elenco. Insert QUALCHE or ALCUNI/ALCUNE in the list.[3]

1. _____ tazze
2. _____ conversazioni
3. _____ insegnante
4. _____ studentessa

---

[3] Remember: **qualche** takes the singular and **alcuni / alcune** takes the plural.

5. _____ case

6. _____ locale

7. _____ ristoranti

8. _____ viaggio

9. _____ negozio

10. _____ supermercati

Esercizio 6: Inserisci DELLO, DEL, DELL', DEI, DEGLI o DELLE nell'elenco. *Insert DELLO, DEL, DELL', DEI, DEGLI, or DELLE in the list.*

1. _____ pane

2. _____ panini

3. _____ acqua

4. _____ zucchero

5. _____ crostata

6. _____ biscotti

7. _____ tazze di tè

8. _____ burro

9. _____ stuzzicadenti (*toothpicks*)

10. _____ lezioni (*f.*)

Esercizio 7: Rispondi alle domande secondo gli esempi. *Answer the questions according to the examples.*

Esempio: Hai dischi italiani? (5)
Ne ho cinque

1. Mangi specialità italiane? (spesso)

_____

2. Comprate del pane italiano? (qualche volta)

_____

3. Vedi film americani? (sempre)

_____

4. Quanti caffè prendete? (2)

_____

5. Quante lettere scrivi? (1)

_____

6. Quanti fratelli avete? (3)

_____

CHIACCHIERANDO — CHATTING
LA QUANTITÀ E LE SPESE — QUANTITIES AND SHOPPING

In italiano usiamo il partitivo e il **ne** per le quantità. Il partitivo e il **ne** sono molto utili quando andiamo in un negozio e vogliamo comprare qualcosa.

espressioni utili

molto / molta / molti / molte *a lot of, many*
quanto…? quanta…? quanti…? quante…?
how much…? how many…?
tanto / tanta / tanti / tante *a lot of, many, so many*
un barattolo (di) *a can* (used for foods: **un barattolo di pomodori pelati** *a can of peeled tomatoes*)
un pacchetto (di) *a pack*
un sacchetto (di) *a bag*
un sacco di / un mucchio di
a bunch of (colloquial and common)
un vasetto (di) *a jar*
una bottiglia (di) *a bottle*
una decina (di) *about ten*
una dozzina (di) *a dozen*
una goccia (di) *a drop*
una lattina (di) *a can* (used for drinks: **una lattina di birra, una lattina di Coca-Cola**)
una scatola (di) *a box*

Esercizio 8: Pratica orale – Rispondi a queste domande personali usando il NE.
Oral practice – Answer these personal questions using NE.

1. Mangi molta pasta? Perché?
2. Mangi molto colesterolo? Come?
3. Mangi molte uova? Quando?
4. Mangi molta pancetta? Quando?
5. Quanti caffè prendi al giorno? Quando?
6. Quanti dolci mangi al giorno? Di che tipo?

Esercizio 9: Pratica orale – Usa i partitivi per descrivere quello che c'è nel tuo frigo e nella tua dispensa. *Oral practice – Use the partitives to describe what is in your fridge and in your pantry.*

SULL'INTERNET — ON THE WEB

Prova a fare la spesa in questo negozio di alimentari on line di Torino:

www.spesagap.it

CHE TEMPACCIO!
WHAT BAD WEATHER!

SCIOGLILINGUA — TONGUE TWISTER

"SerEn non è, seren sarà: se non sarà sereno si rasserenerà."
It is not clear, it will become clear; if it will not be clear, it will clear up.[1]

PRESENTAZIONE — INTRODUCTION

It is pouring outside, but Mario goes to his lesson anyway, thus showing his dedication to Italian: he is still waiting for his prize for the geography quiz. Marina offers him some tea and an appropriate conversation about the weather. They talk about likes and dislikes in matters of hot beverages—coffee, tea, and herbal tea.

VOCABOLARIO NUOVO — NEW VOCABULARY

■ **nomi** — nouns

l'**attaccapanni** *coat rack*   il **divano** *couch*
l'**entusiasmo** *enthusiasm*   l'**impermeAbile** *raincoat*
l'**ombrello** *umbrella*   la **poltrona** *armchair*
il **portaombrelli** *umbrella rack*
la **segretaria** *secretary*   il **sorriso** *smile*
il **tipo** *type*   la **tisana** *herbal tea*
il **vassoio** *tray*   la **voce** *voice*

---

[1] Rolling the **r** when it is between two vowels can be especially challenging; this **scioglilingua** gives you a chance to practice. It is also happily optimistic about the weather! Remember to emphasize the double **s** as opposed to its single pronunciation. And note that, as in the preceding tongue twister, the word **pane** was shortened to **pan**, so also here the word **sereno** is shortened to **seren**—with the stress remaining to the original second-to-last syllable, which becomes the last syllable: **serEn**.

■ **aggettivi** — adjectives

adatto / adatta *appropriate*
animato / animata *animated*
bagnato / bagnata *wet*   **bollente** *boiling*
caffeinato / caffeinata *caffeinated*
caldo / calda *hot*
dedicato / dedicata *dedicated*
orrIbile *horrible*   **terribile** *terrible*

■ **verbi** — verbs

entrare *to enter*   **mEttere** *to put*
pErdere *to lose*
piOvere a catinelle *to rain cats and dogs*
ringraziare *to thank*
riscaldarsi *to warm up*   **servire** *to serve*
sorrIdere *to smile*   **versare** *to pour*

■ **avverbi e altro** — adverbs and more

fino a, fino a quando *until*   **mentre** *while*
pure *also*   **troppo** *too, too much*

ESERCIZI DI VOCABOLARIO — VOCABULARY EXERCISES

Esercizio 1: Definizioni (verbi) — Definitions (verbs)

1. _____: mettere il tè dalla teiera nella tazza

2. _____: dare qualcosa da bere o da mangiare a qualcuno

3. _____: dire grazie

4. _____: vogliamo farlo quando abbiamo freddo

5. _____: fare un sorriso

6. _____: arrivare ultimo,
il contrario di vincere

Esercizio 2: Abbinamenti — Matches

colonna A

1. serve per mettere cappelli e impermeabili
2. servono per coprirci dalla pioggia
3. serve per servire tazze, teiera, zuccheriera e piattini
4. serve per mettere gli ombrelli
5. serve per sedersi comodamente
6. serve per mostrare allegria
7. un tipo di tè che serve per rilassarci
8. serve per dire le parole

colonna B

a. la tisana
b. la voce
c. il vassoio
d. l'impermeabile e l'ombrello
e. l'attaccapanni
f. la poltrona
g. il portaombrelli
h. il sorriso

LETTURA — READING

1. Piove a catinelle quando il signor Campi arriva dalla signora Ricci. Il signor Campi entra nella scuola e saluta la segretaria.

2. La segretaria gli dice: "Buonasera, signor Campi. Che tempo terribile, non mi piace la pioggia! Entri, entri pure. Lei è bagnato fradicio. Può mettere il cappello e l'impermeabile sull'attaccapanni e l'ombrello nel portaombrelli."

3. Il signor Campi mette il cappello e l'impermeabile sull'attaccapanni, mette l'ombrello nel portaombrelli, e le dice: "Grazie tante. Ora mi sento meglio. Piove a catinelle ma non fa troppo freddo. Spero di non prendere un raffreddore. È in ufficio la signora Ricci?"

4. "Sì signore. L'aspetta dentro. Eccola."

5. "Buona sera, signor Campi. Sono molto contenta di vederla, ma con un tempo così orribile non è bene uscire. Vedo che è molto dedicato allo studio dell'italiano. Può entrare in ufficio e bere una tazza di tè o una tisana, per riscaldarsi un poco."

6. "Grazie, grazie signora Ricci, ho veramente un po' di freddo. Ma non voglio perdere nemmeno una lezione di italiano. Almeno fino a quando ricevo il mio premio per l'esame di geografia, ricorda?"

7. "Ricordo, ricordo. Ma non ci conti troppo. Comunque una tazza di tè le fa bene e mentre beviamo il tè conversiamo sul tempo. È un argomento comune e sarà molto adatto questo pomeriggio."

8. I due vanno in ufficio conversando animatamente. Marina si siede su una poltrona e Mario si siede sul divano, mentre la segretaria porta loro un vassoio con due tazze e due piattini, una teiera piena di acqua bollente, una zuccheriera e dei cucchiaini. Li mette sul tavolino insieme a una scatola con vari tipi di tè e tisane. Poi lascia l'ufficio mentre i due la ringraziano con entusiasmo.

9. "Mi permetta di servirla, signor Campi," dice la signora Ricci, e versa l'acqua bollente nelle tazze.

10. "Le piace di più il tè o la tisana, signor Campi?"

11. "A dire il vero, mi piace di più il caffè, ma mi piacciono tutte le bevande calde in generale, in una giornata così. E a Lei, signora Ricci?"

12. "Non mi piacciono le bevande caffeinate, però mi piace molto il tè decaffeinato e mi piacciono tutte le tisane."

NOTE — NOTES

Che tempaccio! Italian often uses suffixes, or short endings added on to a word, to subtly change the meaning of a word. The suffix –*accio* / -*accia*, means *bad*: **tempo**=*weather*, **tempaccio**=*bad weather*; **parola**=*word*, **parolaccia**=*swear word*; **ragazzo**=*boy*, **ragazzaccio**=*bad boy*. The suffixes –*ino* and –*etto* mean *small*: **casa**=*house*, **casetta**=*small house*; **tavolo**=*table*, **tavolino**=*small table*. Not all words take all endings, however, and not all words that end in –*ino* / -*ina*, -*etto* / -*etta*, etc. have suffixes, so, although it is important to learn the most common ones, only use suffixes that you have heard used before.

The expression **bagnato frAdicio** means *soaking wet*. Similar expressions are **ubriaco fradicio**, *very drunk*, **ricco sfondato**, *filthy rich*, **innamorato cotto**, *crazily in love*.

COMPRENSIONE DEL TESTO —
READING COMPREHENSION

Esercizio 3: Abbinamenti — Matches

colonna A

1. Che tempo fa quando il signor Campi arriva a scuola?

2. Dove può mettere il cappello e l'impermeabile il signor Campi?

3. Dov'è la signora Ricci quando arriva il signor Campi?

4. Perchè il signor Campi viene a scuola anche con la pioggia?

5. Che premio aspetta dalla signora Ricci?

6. Che cosa gli offre la signora Ricci?

7. Cosa piace di più al signor Campi?

8. Che cosa non piace alla signora Ricci?

colonna B

a. Gli piace il caffè.

b. Per l'esame di geografia.

c. Piove a catinelle.

d. L'aspetta in ufficio.

e. Non le piacciono le bevande caffeinate.

f. Sull'attaccapanni.

g. Non vuole perdere neanche una lezione d'italiano.

h. Una tazza di tè o una tisana.

Esercizio 4: Vero o falso? *True or false?*

1. Vero / Falso   Quando entra a scuola Mario saluta la segretaria.

2. Vero / Falso   Mario mette il cappello nel portaombrelli.

3. Vero / Falso   Mario spera di non prendere un raffreddore.

4. Vero / Falso   Marina non è contenta di vedere Mario.

5. Vero / Falso   Mario vuole andare al cinema con Marina.

6. Vero / Falso   Marina serve il tè a Mario.

7. Vero / Falso   Marina e Mario hanno gli stessi gusti per le bevande

APPUNTI DI GRAMMATICA —
GRAMMAR NOTES

1. PRESENT TENSE OF **DARE**, TO GIVE

Dare corresponds quite accurately to the English *to give*, including in expressions such as *to give a party* (**dare una festa**), *to give the impression* (**dare l'impressione**), *to give a hand* (**dare una mano**)

io do *I give*
tu dai *you give*
lui / lei / Lei dà *he/she/it gives, you give* (formal)
noi diamo *we give*
voi date *you give*
loro danno *they give*

The accent mark on **dà** distinguishes it from the preposition **da**, *from, by, at*.

2. INDIRECT OBJECT PRONOUNS

While direct objects receive the action of the verb, an indirect object indicates the person *to* whom an action is directed—though the *to* in English may be expressed or left unsaid:

He writes a letter *to* his agent
= He writes him a letter = He writes a letter *to* him

The indirect object pronouns in Italian are:

mi *to me*
ti *to you*
gli *to him*, **le / Le** *to her, to you* (formal)
ci *to us*
vi *to you*
loro *to them* (increasingly replaced by **gli** in contemporary Italian)

Mi, **ti**, **ci**, and **vi** are the same for both direct and indirect object pronouns, but **gli**, **le** and **loro** make it necessary to distinguish the difference between direct and indirect object pronouns.

Like direct object pronouns, indirect object pronouns precede the verb—except, again, with the infinitive, which drops its final –**e** and has the pronouns attached to its end. **Loro**, however, always follows the verb and is never attached to it; **gli**, before the verb, is a perfectly acceptable substitute for **loro**, is preferred by most Italians in conversation, and will be used throughout this book.

Lui *mi* **dà una penna.** *He is giving (to) me a pen.*
Loro *ti* **scrivono una lettera, Carlo.** *They are writing (to) you a letter, Carlo.*
Lei *gli* **legge una storia.** *She is reading (to) him a story.*
Io *le* **mostro dei cappelli.** *I am showing (to) her some hats.*
Non *Le* **dicono la verità, signore.** *They are not telling (to) you the truth, sir.*
Non *ci* **prestano soldi.** *They are not lending (to) us any money.*
Vi portiamo dei dolci, bambini. *We are bringing (to) you some sweets, children.*
Lei porta *loro* **del tè.** *She is bringing (to) them some tea.*
Non vogliamo parlar*gli*. *We do not want to speak to him.*

SOME COMMON VERBS THAT MAY TAKE INDIRECT OBJECTS

dare *to give*	**dire** *to say*
domandare *to ask*	**donare** *to donate*
leggere *to read*	**mandare** *to send*
mostrare *to show*	**parlare** *to speak*
portare *to bring*	
presentare *to present, to introduce*	
prestare *to lend*	**rispondere** *to answer*
scrivere *to write*	**servire** *to serve*
telefonare *to telephone*	**vendere** *to sell*

3. THE VERB **PIACERE**, TO LIKE, TO BE PLEASING TO

"To like" is translated into Italian as **piacere**, which is equivalent to the phrase *to be pleasing to*. The object of liking becomes the subject of the sentence, with the verb **piace** for a singular subject and **piacciono** for a plural subject. The person who does the liking becomes and indirect object, for which either the indirect object pronoun or **a** + the noun is used.

Il cappello *mi* **piace.**
I like the hat. (The hat is pleasing *to me.*)
    or: **Il cappello piace a me.**

Il cappello *gli* **piace.**
He likes the hat. (The hat is pleasing *to him.*)
    or: **Il cappello piace a lui.**

I cappelli *ci* **piacciono.**
We like the hats. (The hats are pleasing *to us.*)
    or: **I cappelli piacciono a noi.**

I cappelli *gli* **piacciono.**
They like the hats. (The hats are pleasing *to them.*)
    or: **I cappelli piacciono a loro**

I cappelli piacciono *loro.*[2]
They like the hats. (The hats are pleasing *to them.*)

ESERCIZI — EXERCISES

*Esercizio 5: Inserisci la forma corretta del verbo **DARE**. Insert the correct form of the verb DARE.*

1. Io _____ un esame al mese all'università.
2. Voi invece ne _____ sei all'anno.
3. E loro non ne _____ mai!
4. Noi _____ l'impressione di avere sempre fretta.
5. Tu invece _____ l'impressione di non avere mai fretta.
6. La mia migliore amica mi _____ un colpo di telefono due volte al giorno.

Esercizio 6: Inserisci i pronomi indiretti necessari. Insert the necessary indirect object pronouns and nouns from the singular to the plural.

1. Telefoni spesso a tua madre? Sì, _____ telefono ogni giorno, e tu?
2. Lei _____ telefona spesso e così io non _____ telefono mai.
3. E a tuo zio, _____ telefoni mai (*ever*)?
4. Sì, ma non così spesso come a te! _____ telefono quasi tutti i giorni!
5. Quando arrivate in Africa, _____ scrivete qualche volta, a me e vostra madre?[3] Sì, papà, _____ scriviamo appena arriviamo.

---

[2] This construction is being replaced more and more by **gli** both in the third person singular and the third person plural.
[3] As with direct object pronouns, the indirect object pronoun is also often used in spoken language even when it is not necessary because the direct object is present in the same sentence—as in this case.

6. Promettiamo che _____ scriviamo e che _____ mandiamo anche un messaggio di posta elettronica, va bene? _____

Esercizio 7: Forma delle frasi secondo l'esempio. Form some sentences according to the example.

Esempio: la pioggia / piacere / a Nina
Piace la pioggia a Nina? Sì, le piace

1. gli spaghetti / piacere / a voi[4]

_____

2. la camomilla / piacere / al barista

_____

3. il vino / piacere / ai nonni

_____

4. le tisane / piacere / a te

_____

5. la mozzarella / piacere / ai bambini

_____

6. le bevande caffeinate / piacere / alla vicina di casa

_____

7. il tè / piacere / a mia zia

_____

8. le bibite / piacere / ai giovani

_____

CHIACCHIERANDO — CHATTING
DIRE SE QUALCOSA TI PIACE O NON TI PIACE — SAYING WHETHER YOU LIKE OR DISLIKE SOMETHING

Since **PIACERE** is so different from the English *to like*, it is very important to practice it a lot. Here are some opportunities for practice:

Esercizio 8: Ti piacciono o non ti piacciono le seguenti cose? E al tuo migliore amico? E alla tua migliore amica? Do you like or do you not like the following things? And your (male) best friend? And your (female) best friend?

_____

[4] **Attenzione:** although in English **spaghetti** is singular ("The spaghetti is good"), in Italian it is plural, **gli spaghetti sono buoni.** The same is true of all pasta shapes: **le penne, i rigatoni, le farfalle, le fettuccine, i tortellini, i ravioli,** e così via.

Esempio: la pizza
a me la pizza piace, mi piace molto; al mio miglior amico la pizza piace, gli piace molto; alla mia migliore amica la pizza piace, le piace molto

1. il tè

_____

2. il caffè

_____

3. il caffè decaffeinato

_____

4. la birra

_____

5. il vino

_____

6. le tisane

_____

7. gli spaghetti

_____

8. la pasta

_____

9. i biscotti

_____

10. le lasagne

_____

Esercizio 9: Pratica orale – Quali cose piacciono e quali non piacciono alle seguenti persone / animali? Oral practice – Which things do the following people / animals like and dislike?

persone e animali: i bambini; gli studenti dell'università; Gandhi; gli italiani; i gatti; i cani; gli americani; le mamme; gli artisti; le persone pigre *(lazy)*

esempi di cose: il lavoro; i bambini disobbedienti; gli spinaci; la violenza; i gatti; i cani; il comunismo; la bellezza; lo studio; la televisione

SULL'INTERNET — ON THE WEB
La moda italiana=Italian fashion—Visita questo sito e decidi cosa ti piace e cosa non ti piace:

www.moda.it

CAPITOLO 23 (VENTITRÉ)

IL CLIMA DELL'ITALIA
THE CLIMATE OF ITALY

PROVERBIO — PROVERB

"Cielo a pecorelle, pioggia a catinelle."
Sheep in the sky, heavy rain coming.[1]

PRESENTAZIONE — INTRODUCTION

It is still the same lesson on weather. Now the conversation turns to the weather in New York and its differences from the weather in Italy. Marina and Mario also discuss their favorite seasons and the seasonal and geographical weather patterns in Italy.

VOCABOLARIO NUOVO — NEW VOCABULARY

■ **nomi** — nouns

l'**Albero** *tree*
il **cambiamento** *change*
la **differenza** *difference*
l'**Isola** *island*
la **nebbia** *fog*
la **presenza** *presence*
il **territorio** *territory, area*

l'**aria** *air*
il **clima** *climate*
l'**influenza** *influence*
il **mezzo, i mezzi** *means*
la **nUvola** *cloud*
il **resto** *rest*

■ **aggettivi** — adjectives

fresco / fresca *fresh*
esagerato / esagerata *exaggerated*
eterno / eterna *eternal*   **intero / intera** *entire*
luminoso / luminosa *light*   **mite** *mild*
moderato / moderata *moderate*
neutrale *neutral*   **nuvoloso** *cloudy*

piacEvole *pleasant*   **rifiutato / rifiutata** *rejected*
sereno *clear*   **variAbile** *variable*

■ **verbi** — verbs

decIdere *to decide*   **nevicare** *to snow*
scherzare *to joke*   **splEndere** *to shine*

■ **avverbi e altro** — adverbs and more

a causa di *because of*   **altrove** *elsewhere*
a poco a poco *little by little*
fuori *outside*   **infatti** *in fact, indeed*
inoltre *furthermore*   **qui / qua** *here*
tutto d'un tratto *suddenly*

ESERCIZI DI VOCABOLARIO — VOCABULARY EXERCISES

Esercizio 1: Inserisci l'aggettivo giusto nella forma giusta. Insert the right adjective in the right form.

1. Voglio comprare una dozzina di uova ma solo se sono _____ e non vecchie.

2. Oggi il cielo è _____ e non ho voglia di andare al mare.

3. Nella California del Sud il clima è _____ _____, non è troppo caldo né troppo freddo.

4. In un clima perfetto la primavera è _____ _____, è sempre primavera.

5. È bene mangiare poco, è male mangiare troppo, o in un modo_____.

---

[1] This is a **proverbio** used to predict rain: the sheep in the sky clearly refer to large clouds. It can be used as a **scioglilingua**, since the sentence provides plenty of practice with the groups of letters **ci** and **gi** and with the tricky double l.

6. La Svizzera è un paese _____ e
non entra in guerra facilmente.

*Esercizio 2: Inserisci nello spazio corretto la
forma appropriata delle parole tra parentesi.*
Insert in the right space the appropriate form of
the words in parentheses.

1. Sulle Alpi _____ spesso ma

il sole _____ quando non

_____ .

(nevicare / nevicare / splendere)

2. Agli italiani piace ridere e _____ ,

gli italiani sono molto _____

e in Italia vediamo molti _____ .

(sorriso / scherzare / allegro)

3. È meglio prendere il sole _____

e non troppe ore al giorno, _____

pericolo dei raggi UV; qui in Sicilia il

_____ è molto forte.

(sole / a poco a poco / a causa del)

4. In autunno mi piace guardare le

_____ bianche nel

_____ azzurro

e i colori degli _____ .

LETTURA — READING

1. I due sono ancora seduti in ufficio. Conversano
mentre bevono il tè. Fuori ancora piove. Il
signor Campi non ha più freddo. Come sempre,
si sente felice in presenza della signora Ricci e
vede rosa quando è con lei. Ma non sa cosa
dire, è stanco di essere rifiutato e anche
di scherzare, allora decide di parlare di un
argomento neutrale.

2. Lui dice alla signora Ricci: "Cosa pensa Lei del
clima di New York? Come Lei sa, qui abbiamo
un clima che va da un estremo all'altro.
D'estate fa caldo. Qualche volta fa molto caldo.
D'inverno fa freddo. Qualche volta fa molto
freddo. E ogni tanto nevica."

*La neve nella piazza di Valmontone, un paese vicino
Roma.*

3. "Ma la primavera è bella, non è vero, signor
Campi?"

4. "Certo. In primavera comincia a fare bel tempo
e di solito il cielo è azzurro, ma spesso piove
come questo pomeriggio. Qualche volta fa
freddo per settimane intere; poi tutto d'un
tratto fa caldo. Quale stagione preferisce Lei,
signora Ricci?"

5. "Preferisco l'autunno. Mi piace l'aria fresca; mi
piace il cielo luminoso. In campagna, mi piacciono gli alberi rossi, gialli, marroni, arancioni.
E Lei, signor Campi, che stagione preferisce?"

6. "L'autunno lo trovo triste, mi mette di umor
nero. Preferisco la primavera, quando a poco a
poco tutto diventa verde. Ma parliamo un po'
del clima dell'Italia. In Italia c'è una grande
differenza tra le stagioni?"

7. "Le quattro stagioni sono molto differenti, ma
non abbiamo quegli improvvisi cambiamenti
che avete voi qui."

8. "Questo deve essere più piacevole."

9. "Sì, infatti. Inoltre tutt'e quattro le stagioni in Italia sono generalmente abbastanza moderate."

10. "Non fa freddo nell'Italia del Nord?"

11. "L'inverno può essere molto freddo nel nord a causa dell'influenza delle Alpi. Così pure nel territorio influenzato dalla catena degli Appennini, fa più freddo che vicino al mare. Ma dalla Costa Azzurra francese fino al Golfo della Spezia l'inverno è mite. Lo stesso vale per il Golfo di Napoli, con le famose isole di Capri e Ischia. Poi c'è Taormina in Sicilia, dove non è esagerato dire che la primavera è eterna."

12. "È il clima della Riviera italiana così bello come quello della famosa Riviera francese?"

13. "Sì, infatti. Ecco perché le persone che abitano nell'Italia del Nord, se hanno i mezzi, vanno a passare qualche settimana in Riviera. Ma è già tardi. Lasciamo il resto della discussione sulla Riviera fino alla settimana prossima."

14. "Va bene. E poi parliamo anche del clima di Roma, che naturalmente mi interessa di più."

NOTE — NOTES

You just had the opportunity to review some colors in Italian: **verde, rosa, nero, arancione, marrone, azzurro, giallo**... You also learned a couple of idiomatic expressions that use colors: **vedere rosa**, to see pink, literally, means *to see life in a positive light*; **essere di umor nero**, to be in a black mood, means *to be in a bad mood*. Some other colorful expression are: **diventare rosso come un peperone**, to become as red as a pepper, means to *blush violently*, or *to be badly sunburned*; **passare una notte in bianco**, to spend a white night, means *to be sleepless*; **essere al verde**, to be in the green, means *to be penniless*; **un numero verde**, a green number, is *a toll-free number*.

COMPRENSIONE DEL TESTO — READING COMPREHENSION

Esercizio 3: Vero o falso? *True or false?*

1. Vero / Falso Mario e Marina conversano mentre bevono il caffè.

2. Vero / Falso A Mario piace essere in compagnia di Marina.

3. Vero / Falso Mario discute un argomento neutrale per non essere rifiutato.

4. Vero / Falso Fuori adesso c'è il sole.

5. Vero / Falso A Marina piace l'autunno più delle altre stagioni.

6. Vero / Falso Anche a Mario piace l'autunno più delle altre stagioni

7. Vero / Falso In Italia le quattro stagioni sono molto simili tra loro.

8. Vero / Falso Nell'Italia del Nord fa più freddo che nell'Italia del Sud.

Esercizio 4: Inserisci le parole mancanti.
Insert the missing words.

1. Mentre fuori _____, Mario e Marina bevono il tè.

2. I due parlano del _____ di New York.

3. La stagione preferita di Mario è la _____.

4. La stagione preferita di Marina è l' _____ .

5. Le quattro stagioni italiane sono abbastanza

_____ .

6. Nel Nord d'Italia fa freddo perchè c'è l'influenza delle _____ .

7. Fa anche freddo dove c'è l'influenza degli

_____ .

8. A Taormina il tempo è bello e la primavera è

_____ .

APPUNTI DI GRAMMATICA — GRAMMAR NOTES

1. THE PRESENT PROGRESSIVE TENSE

The present progressive in Italian is used to emphasize ongoing action; otherwise, the present tense is normally used. The present progressive tense is formed by the present tense of **stare** and the gerund of the verb you wish to use.

To form the gerund, remove the infinitive ending (**-are, -ere, -ire**), then add **–ando** to **–are** verbs and **–endo** to **–ere** and **–ire** verbs (these endings are the equivalent of the English ending *–ing*)

parl-ando	vend-endo, fin-endo
speaking	*selling, finishing*
sto parlando	(vendendo, finendo)
I am speaking	*(selling, finishing)*
stai parlando	(vendendo, finendo)
you are speaking	*(selling, finishing)*
sta parlando	(vendendo, finendo)
he/she/it is,	
you are speaking	*(selling, finishing)*
stiamo parlando	(vendendo, finendo)
we are speaking	*(selling, finishing)*
state parlando	(vendendo, finendo)
you are speaking	*(selling, finishing)*
stanno parlando	(vendendo, finendo)
they are speaking	*(selling, finishing)*

Some common irregular gerunds are:
bere>bevendo   dire>dicendo   fare>facendo

2. OTHER USES OF THE GERUND

In general the gerund in Italian is used much as in English, and can be translated as the simple –*ing* form or that same form preceded by *while, on, in*.

Lasciando Roma, conto di andare a Capri.
On leaving Rome, I intend to go to Capri.
Non avendo molto tempo, viaggio in aereo.
Not having much time, I travel by plane.
Ascolta la radio facendo i compiti.
She listens to the radio while doing her homework.
L'appetito viene mangiando. (proverbio)
The appetite comes by eating.

3. POSITION OF OBJECT PRONOUNS   WITH THE GERUND

Object pronouns follow the gerund and are attached to it—as is the case with infinitives, as we have seen.

Aspettandoci scrive delle lettere.
While waiting for us, he is writing some letters.
Scrivendomi, mi sente più vicina.[2]
By writing to me, he feels me closer.

---

[2] Note that when an object pronoun is added at the end of a gerund, the pronunciation stress remains on the original second-to-last syllable of the gerund: **aspettando, aspettandoci, scrivendo, scrivendomi, bevendo, bevendola**, and so on.

ESERCIZI — EXERCISES

*Esercizio 5: **Trasforma tutti i verbi dal presente al presente progressivo.*** *Transform all the verbs from the present tense into the present progressive tense.*

1. Paolo mangia davanti alla televisione, dove un comico scherza.

   _____

2. Io preparo la cena e non guardo la televisione.

   _____

3. Fuori piove perché l'autunno arriva e l'aria cambia. _____

4. In montagna nevica ma la stagione finisce.

   _____

5. Mentre tu mi guardi io metto la cena a tavola.

   _____

6. Lei comincia a mangiare quando lui finisce di mangiare. _____

7. Noi parliamo ma voi non ci ascoltate.

   _____

8. L'insegnante spiega e lo studente impara.

   _____

*Esercizio 6: **Metti al gerundio il verbo tra parentesi.*** *Form the gerund of the verb in parentheses.*

1. _____ (sbagliare) impariamo tante cose.

2. _____ (studiare) con la signora Ricci, Mario impara l'italiano.

3. _____ (leggere) diventiamo sapienti.

4. _____ (fare) i compiti impariamo la lezione.

5. _____ (dire) la verità abbiamo la fiducia degli altri.

6. _____ (alzarsi) presto possiamo fare molte cose.

7. _____ (rilassarsi) un po' siamo meno nervosi.

8. _____ (bere) troppo ci sentiamo male.

Esercizio 7: Trasforma le frasi dal singolare al plurale. Transform the sentences from the singular to the plural.

1. Io sto studiando la lezione ma tu mi stai distraendo con la tua canzone.

   _____

2. L'uomo[3] sta leggendo il libro ma la ragazza sta parlando troppo forte con la sua amica.

   _____

3. Tu stai andando via ma io mi sto sedendo con mia sorella.

   _____

4. La cameriera sta uscendo ma tu stai entrando con il cane.

   _____

5. Tu ti stai alzando ma io mi sto coricando.

   _____

6. Io sto dicendo sul serio ma lei sta scherzando.

   _____

CHIACCHIERANDO — CHATTING
PER PARLARE DEL TEMPO — SPEAKING OF THE WEATHER

Italians do not measure temperature in Fahrenheit but rather in Celsius degrees (centigrades). Here is how you convert temperatures from one to the other:

Fahrenheit=Celsius x 1.8 + 32
Celsius=Fahrenheit – 32 x .5

Temperature utili:
freezing: 32 F=O C
room temperature: 68 F=20 C
body temperature: 98.6 F=37 C
boiling: 212 F=100 C

**Quanti gradi fa? Fa 20 gradi /
Fa 5 gradi sotto zero.**
What is the temperature? It is 20 degrees / It is 5 degrees below zero.

---

[3] Remember that **uomo** has an irregular plural: **uomini**.

espressioni utili
c'è... *there is*
...afa *mugginess*   **...il ghiaccio** *ice*
...la grandine *hail*   **...la nebbia** *fog*
...la neve *snow*   **...la pioggia** *rain*
...il sole *sun*   **...un temporale** *a storm*
...il vento *wind*

fa... *it is*
...caldo *hot*
...un caldo bestiale *sweltering hot*
...freddo *cold*
...un freddo cane *freezing cold*
...fresco *cool*

il cielo è... *the sky is...*
...nuvoloso *cloudy*   **...sereno** *clear*

nevicare *to snow*
piOvere *to rain*
tirare vento *to be windy*

Esercizio 8: Che tempo fa? — What's the weather?
Esempio: È agosto a New York: fa _____ e umido.

1. È primavera in California e il sole _____.

2. È una bellissima giornata, non ci sono nuvole, il cielo è _____.

3. È febbraio nel Vermont, fuori sta _____ e io vado a sciare (*to ski*).

4. È marzo, sono bagnato perché fuori sta

   _____.

Esercizio 12: Pratica orale. Oral practice.
1. Che tempo fa in questo momento? Sta piovendo? Sta nevicando?
2. Che tempo fa in estate? In autunno? In inverno? In primavera?
3. Che tempo fa adesso in Argentina? In Italia? Al Polo Sud?

SULL'INTERNET — ON THE WEB
In questo sito puoi scoprire che tempo sta facendo e che tempo farà in Italia:

www.meteo.it

A. RIPASSO DEL VOCABOLARIO — VOCABULARY REVIEW

1. *crucipuzzle: IL CORPO E LE ABITUDINI — wordsearch puzzle: BODY AND HABITS*

```
L d d z M w T I H W i X v e s t i r s i
s b g e n i t a l i b r a c c i o t l a
p o o r e c c h i o s p a l l a p e l i
g e r c s a n o a i l g i v a c N w Y O
d h t r c z W t U d U c a m m i n a r e
o d i t i a R b a g n a t o I h E x l t
c T W W o s L H B J K p q F w j A C a Q
c P B I C S o d o r m i g l i o n e v f
i m z A z f c B s c h i e n a e o r a r
a c o s c i a h y e C G R j R r i e r e
g g c o l e s t e r o l o T o e h b s d
o i n n a p a c c a t t a d l d c a i d
m g n m o f a c c i a f e i l e c l o o
i e a l e p i e d e T n r B o s o t i d
t V s m e n d i l Q t t g o c e n e h l
o o o l b D t t s e s s o B n p i z c a
N P l u R a S o a l z a r s i t g z c c
B i y o r e i n i t t a m Z S G e a o E
d i t o v i s o L o n e s a i h g n u u
t J Y w q l a r g o l u n g o q K U V N
```

altezza	alto	alzarsi
attaccapanni	bagnato	bere
bocca	braccio	caldo
freddo	camminare	capelli
caviglia	colesterolo	collo
coscia	dente	dito
piede	dormiglione	faccia

viso	doccia	fronte
gamba	genitali	ginocchio
gomito	largo	lavarsi
lungo	mattiniero	mento
naso	occhio	orecchio
peli	petto	polso
sano	seno	schiena
sedere	sesso	sorriso
spalla	unghia	vestirsi

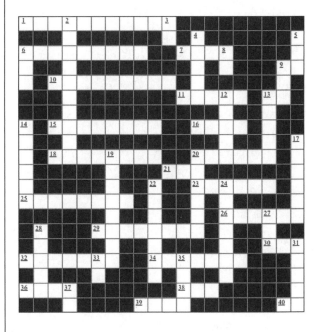

2. *cruciverba — crossword puzzle*
(all adjectives given in the masculine singular)

orizzontali – across

1. person who likes to sleep (*fem.*)
6. pants
7. hair (on body)
9. you
10. knee
11. leg
13. from
15. to get dressed
16. north

18. ankle	20. forehead	21. mugginess
23. thigh	25. ear	26. shower
29. bacon	30. not	32. to get up
34. to wash up	36. voice	38. south
39. hand	40. I	

verticali - down

2. a morning person (*fem.*) 3. to the (*masc.sing.*)
4. head   5. more   6. for8. the
9. between   12. butter   13. tooth
14. elbow   17. belly   19. genitals
20. face   22. hair (on head)
24. to sit   27. with   28. wrist
31. grandfather 33. yes   35. face
37. "e" in front of another vowel

B. ESERCIZI SUPPLEMENTARY — EXTRA EXERCISES

Esercizio 1. Abbinamenti — Matches

colonna A

1. il Po e l'Adige
2. Ravenna
3. le Alpi
4. il Monte Bianco
5. il Trasimeno
6. il Mediterraneo
7. l'Italia
8. la Sardegna e la Sicilia

colonna B

a. è una città
b. sono isole
c. è una penisola
d. sono fiumi
e. è un mare
f. è un lago
g. sono una catena di montagne
h. è una montagna

Leggi la lista delle regioni italiane: sai trovarle sulla cartina?
gli Abruzzi (l'Abruzzo), la Basilicata (la Lucania), la Calabria, la Campania, l'Emilia Romagna, il Friuli-Venezia Giulia, il Lazio, la Liguria, la Lombardia, le Marche, il Molise, il Piemonte, la Puglia, la

Sardegna, la Sicilia, la Toscana, il Trentino-Alto Adige, l'Umbria, la Valle d'Aosta, il Veneto

Esercizio 2. Rispondi alle domande consultando la cartina. Answer the questions by consulting the map.

1. Come si chiamano le due grandi isole italiane?

_____

2. Qual è la regione più a sud?

_____

3. Qual è la regione più a nord?

_____

4. Quale regione centrale non tocca il mare?

_____

5. Quale regione tocca il Mar Ligure?

_____

6. Quali regioni toccano il Mar Adriatico?

_____

7. Qual è la regione più piccola?

_____

8. Come si chiama una città in Basilicata?

_____

Esercizio 3. Forma delle frasi secondo l'esempio.
Form sentences according to the example.[1]

Esempio: Dolomiti / Veneto e Trentino
           Le Dolomiti si trovano nel Veneto e
           nel Trentino

1. lago Trasimeno / Umbria

   _____

2. fiume Tevere / Lazio

   _____

3. fiume Arno / Toscana

   _____

4. Colli Euganei / Veneto

   _____

5. Monti Sibillini / Lazio

   _____

6. Riviera / Liguria

   _____

7. Golfo di Napoli / Campania

   _____

8. Monti della Sila / Calabria

   _____

Esercizio 4. Crea degli scambi secondo l'esempio.
Create some exchanges according to the example.

Esempio: Catania / sud / Messina
           Andiamo a Catania? Dov'è?
           È a sud di Messina.

1. Ravenna / nord / Pesaro

   _____

2. Salerno / sud / Napoli

   _____

3. Latina / sud / Roma

   _____

4. Ancona / est / Perugia

   _____

5. Benevento / ovest / Foggia

   _____

6. Potenza / nord / Matera

   _____

7. Padova / ovest / Venezia

   _____

8. Cremona / est / Mantova

   _____

Esercizio 5. Sia...che...: Crea degli scambi secondo l'esempio (attenzione al singolare/plurale).
Both... and...: Create some exchanges according to the example (carareful with the singular/plural).

Esempi: il mare / i laghi
           Ti piace il mare o ti piacciono i laghi?
           Mi piacciono sia il mare che i laghi.
           leggere poesie / scrivere lettere
           Ti piace leggere poesie o ti piace
           scrivere lettere? Mi piace sia leggere
           poesie che scrivere lettere.

1. la campagna / le città[2]

   _____

2. pescare nel fiume / pescare nel lago

   _____

3. il mare / le montagne

   _____

4. l'Italia / gli Stati Uniti

   _____

5. viaggiare in macchina / viaggiare in treno

   _____

6. il cinema / la televisione

   _____

7. i film d'amore / i film d'azione[3]

   _____

8. la storia / la geografia

   _____

[2] In this case, as you can tell from the article, **città** is plural: nouns that end in an accented vowel do not change in the plural.

[3] Similarly, **film** in this case is plural, as you can tell from the article: words that end in a consonant do not change in the plural.

[1] Feminine names of regions take **in** and masculine names of regions take **nel**.

Esercizio 6. Scelta multipla — *Multiple choice*

1. Sta nevicando
   a. facciamo un pupazzo (=uomo) di neve.
   b. prendiamo l'ombrello.
   c. andiamo al mare.
2. Sta piovendo a catinelle
   a. facciamo un pupazzo (=uomo) di neve.
   b. prendiamo l'impermeabile.
   c. andiamo al mare.
3. C'è afa
   a. è caldo e umido.
   b. fa freddissimo.
   c. facciamo un pupazzo di neve.
4. Sta splendendo il sole
   a. restiamo a casa.
   b. sta arrivando la grandine.
   c. andiamo al mare.
5. Sta arrivando la grandine
   a. usciamo a giocare.
   b. restiamo a casa.
   c. andiamo al mare.
6. È nuvoloso e c'è vento
   a. sta arrivando un temporale.
   b. sta arrivando il sole.
   c. andiamo al mare.

Esercizio 7. Completa le frasi secondo l'esempio.
Complete the sentences according to the example.
Esempio: Quante persone conosci a Roma?

> **Ne conosco** *quattro*
> **Ne conosco** *alcune*
> **Non ne conosco** *nessuna*

1. Quanti amici hai in Italia?
   _____ cinque
   _____ molti
   _____ nessuno
2. Quanto vino bevi?
   _____ una bottiglia al giorno
   _____ un bicchiere al giorno
   _____ affatto (at all)
3. Quanto pane compri di solito?
   _____ un chilo
   _____ tanto
   _____ affatto

4. Quanti viaggi fai ogni anno
   _____ tre
   _____ molti
   _____ nessuno
5. Quante lezioni di italiano segui ogni settimana?
   _____ due
   _____ varie
   _____ nessuna
6. Quanti concerti ascolti ogni mese?
   _____ quattro
   _____ pochi
   _____ nessuno

Esercizio 8. Inserisci il pronome giusto (diretto o indiretto). *Insert the right pronoun (direct or indirect).*

Esempi: È bello quello specchio, adesso lo compro.
È gentile tua madre, adesso le telefono.

1. È simpatica tua figlia, adesso _____ leggo una storia.
2. Quello è un uomo povero, adesso _____ presto un po' di soldi.
3. Mi avete scritto una lettere bellissima, adesso _____ rispondo subito.
4. Amo mio marito tantissimo, _____ amo infinitamente.
5. Parlo molto spesso a mia madre, _____ parlo quasi tutti i giorni.
6. Gino, io non dico mai le bugie, _____ dico sempre la verità.

Esercizio 9. Rispondi alle domande secondo la fotografia alla pagina precedente. Answer the questions according to the photograph on the preceding page.

Esempio: Quante foto vedi? **Ne vedo una**

1. Quanti bambini vedi?

   _____

2. Quante teste vedi?

   _____

3. Quanti computer vedi?

   _____

4. Quante gambe vedi?

   _____

5. Quante mamme vedi?

   _____

6. Quanti laghi vedi?

   _____

7. Quante chiese vedi?

   _____

8. Quanti alberi vedi?

   _____

Esercizio 10. Leggi ad alta voce la seguente canzone popolare italiana. Read aloud the following Italian folk song.

Canzone: "O bella ciao"

1. Una mattina mi sono alzato,
   O bella ciao, bella ciao,
   Bella ciao, ciao, ciao,
   Una mattina mi sono alzato,
   E ho trovato l'invasor.

2. O partigiano portami via,
   O bella ciao, bella ciao,
   Bella ciao, ciao, ciao,
   O partigiano portami via,
   Che mi sento di morir.

3. E se io muoio da partigiano,
   O bella ciao, bella ciao,
   Bella ciao, ciao, ciao,
   E so io muoio da partigiano,
   Tu mi devi seppellir.

4. E seppellire lassù in montagna
   O bella ciao, bella ciao,
   Bella ciao, ciao, ciao,
   E seppellire lassù in montagna

Sotto l'ombra di un bel fior.

5. Tutte le genti che passeranno
   O bella ciao, bella ciao,
   Bella ciao, ciao, ciao,
   Tutte le genti che passeranno
   Mi diranno «che bel fior».

6. E questo è il fiore del partigiano
   O bella ciao, bella ciao,
   Bella ciao, ciao, ciao,
   E questo è il fiore del partigiano
   Morto per la libertà
   Morto per la libertà
   Morto per la libertà

Traduzione - Translation

1. One morning I got up
   beautiful one, bye, beautiful one, bye
   beautiful one, bye, bye, bye
   One morning I got up
   And I found the invader.

2. O soldier take me away
   beautiful one, bye, beautiful one, bye
   beautiful one, bye, bye, bye
   O soldier take me away
   'cause I feel I am about to die

3. And if I die as a soldier
   beautiful one, bye, beautiful one, bye
   beautiful one, bye, bye, bye
   And if I die as a soldier
   You must bury me.

4. And bury me up on the mountain
   beautiful one, bye, beautiful one, bye
   beautiful one, bye, bye, bye
   And bury me up on the mountain
   under the shade of a beautiful flower

5. All the people who will pass by
   beautiful one, bye, beautiful one, bye
   beautiful one, bye, bye, bye
   all the people who will pass by
   will tell me "what a beautiful flower"

6. And this is the flower of the soldier
   beautiful one, bye, beautiful one, bye
   beautiful one, bye, bye, bye
   And this is the flower of the soldier
   Who died for freedom
   Who died for freedom
   Who died for freedom

CAPITOLO 25 (VENTICINQUE)

ARIA DI PRIMAVERA
SPRINGTIME AIR

SCIOGLILINGUA — TONGUE TWISTER

"Porta aperta per chi porta, chi non porta parta pure; per chi porta porta aperta, parta pure chi non porta."

The door is open for whoever brings something, whoever is not bringing anything may leave; for whoever brings something, the door is open, whoever is not bringing anything may leave.[1]

PRESENTAZIONE — INTRODUCTION

Although Mario would prefer to talk about his prize for the geography test, the two continue their discussion of Italian weather. Particularly, they discuss the beautiful climate of the Riviera and the weather of Rome—about which Marina waxes eloquent because Rome is her beloved home town.

VOCABOLARIO NUOVO — NEW VOCABULARY

■ **nomi** — nouns

il consiglio *advice*
la foglia *leaf*
il luogo *place*
la poesIa *poem, poetry*
il profumo *scent, perfume*
la spiaggia *beach*
la vista *view*

l'esame *exam*
la frontiera *border*
il mare *sea*
il prato *lawn*
lo smog *smog*
il venticello *breeze*

---

[1] The **r** before a **t** is particularly difficult to roll, so you have two main things to think about here: rolling your **r**'s (or pronounce them like **v**'s, if you would rather sound like an Italian unable to roll his/her **r**'s rather than like an American), and not letting air escape when you pronounce your **t**'s; remember also that **ch** is pronounced as a **k**.

■ **aggettivi** — adjectives

abbondante *abundant*
coperto / coperta *covered*
delizioso / deliziosa *delightful*
denso / densa *dense*
entusiasta *enthusiastic*
meraviglioso / meravigliosa *marvelous*
nativo / nativa *native*
visIbile *visible*

asciutto / asciutta *dry*

dolce *sweet*

vicino / vicina *close*

■ **verbi** — verbs

assomigliare, somigliare *to resemble*
brillare *to shine*
dovere *to have to, must, may, to owe*
esistere *to exist*
sentire dire *to hear say*

distare *to be far from*

interessare *to interest*
spiegare *to explain*

■ **avverbi e altro** — adverbs and more

del nord *Northern*
qualsIasi *any*
quindi *therefore*

del sud *Southern*
qualunque *any*

ESERCIZI DI VOCABOLARIO — VOCABULARY EXERCISES

Esercizio 1: Sottolinea la parola giusta.
Underline the right word.

1. Ascolta il mio (esame / consiglio), vai in Italia per un anno.

2. Il mio (luogo / prato) preferito in Italia è la Riviera.

3. In città d'estate c'è molto (mare / smog).

4. Oggi il tempo è sereno, andiamo (al mare / al luogo).

5. In autunno vediamo (le foglie / le poesie) che cadono dagli alberi.

6. Dalla cima della Basilica di San Marco c'è una bellissima (frontiera / vista) di Venezia.

7. Non so vivere senza (il premio / il profumo) del mare.

Esercizio 2: Abbinamenti — Matches

colonna A

1. "Devi assolutamente studiare di più"...
2. Gli Appennini, il Lago Trasimeno, la città di Catania...
3. Un bellissimo panorama...
4. Il fumo e la nebbia insieme...
5. Tra l'Italia e la Francia...
6. In autunno le foglie...
7. Eugenio Montale e Robert Browning...
8. Il Mediterraneo, il Tirreno, l'Adriatico...

colonna B

a. ...sono gli autori di meravigliose poesie.
b. ...è un buon consiglio.
c. ...sono tre mari che toccano l'Italia.
d. ...sono dei luoghi in Italia.
e. ...è una vista meravigliosa.
f. ...c'è una frontiera.
g. ...cadono dagli alberi.
h. ...formano lo smog.

LETTURA — READING

1. "Mi dica: questo pomeriggio desidera parlare ancora del clima dell'Italia, non è vero, signor Campi?"

2. "Veramente desidero parlare del mio premio per l'esame di geografia, e del film *L'ultimo bacio*, ma Lei di questo non vuole parlare. Allora parliamo del clima della Riviera italiana e quello di Roma, che mi interessa di più. Sento dire che in Riviera non esiste l'inverno. È vero?"

3. "L'inverno è molto mite lì. Quasi tutti i giorni il sole brilla e il tempo è bello."

4. "Mi spieghi, fa molto caldo in estate?"

5. "In estate fa caldo, ma c'è sempre un bel venticello di mare. E fa fresco durante la notte. Infatti il clima assomiglia un po' a quello della California del sud."

6. "Che bello! Ma non fa mai freddo in Riviera?"

7. "Non fa mai molto freddo, eccetto nelle montagne vicine."

8. "Mi dica, quanto dista la Riviera dalle montagne?"

9. "Da San Remo, vicino alla frontiera francese, c'è una distanza di circa sessanta o ottanta chilometri. Dalla spiaggia sono visibili le alte montagne delle Alpi Marittime coperte di neve."

10. "Questa deve essere una vista meravigliosa!"

11. "Sì, è veramente affascinante. Se Lei ha tempo ci deve andare. Deve andare anche alle Cinque Terre. Quei luoghi sono davvero incantevoli."

12. "Grazie del consiglio. Spero di andarci se ho tempo. E ora mi parli un po' del clima di Roma, dove devo passare tre o quattro settimane durante i mesi di giugno e luglio."

13. "La primavera e l'autunno sono le stagioni più piacevoli a Roma. La pioggia non è abbondante, il clima è asciutto con tante giornate di sole. In primavera il tempo è quasi sempre bello. Il cielo è azzurro con dense nuvole bianche; l'aria è dolce, i prati sono verdi, gli alberi con le foglie ed i fiori hanno un profumo delizioso che si sente nell'aria. Tutta la città sorride."

14. "Ma Lei sta facendo una poesia, signora Ricci!"

15. "Sa, io sono romana e quindi sono entusiasta della mia città nativa, in qualunque stagione dell'anno. Però deve stare attento: in estate fa molto caldo e c'è anche molto smog."

16. "Che peccato! Proprio quando vado io!"

NOTE — NOTES

Because, in general, they like to express their feelings, likes, and dislikes, Italians use many exclamations. In this reading, you have seen **Che bello!** *How nice!* or *How beautiful!* and **Che peccato!** *What a shame!* or *Too bad!* You will also

hear **Che brutto!** *How bad!* or *How ugly!*
Che chiasso! *How noisy!* **Che casino!** or
Che macello! *What a mess!* (these latter two are
colloquial and not especially polite—though very
common: **il casino** is *the brothel* and **il macello** is
the slaughterhouse)

COMPRENSIONE DEL TESTO —
READING COMPREHENSION

Esercizio 3: Scelta multipla — *Multiple Choice*

1. Il signor Campi desidera parlare
   a. del clima dell'Italia in generale.
   b. del clima della Riviera e di Roma.
   c. del suo premio per l'esame di geografia.

2. In Riviera l'inverno
   a. è molto mite.
   b. il sole non brilla.
   c. è freddo.

3. In Riviera l'estate
   a. è calda ma ventilata.
   b. è calda umida
   c. non è calda.

4. La Riviera è vicina
   a. alle montagne.
   b. alla Sicilia.
   c. a Roma.

5. Le stagioni più piacevoli a Roma sono
   a. l'inverno e l'estate.
   b. la primavera e l'estate.
   c. la primavera e l'autunno.

6. A Roma in estate
   a. fa caldo e c'è un bel venticello.
   b. fa caldo e c'è smog.
   c. fa caldo e piove.

Esercizio 4: Ricostruisci le frasi.
Reconstruct the sentences.

1. film / il / vuole / Campi / del / L'ultimo bacio / parlare / signor

   _____

2. la / premio / non / Ricci / parlare / geografia / di / del / vuole / signora

   _____

3. California / il / a / della / della / sud / assomiglia / clima / quello / Riviera / del

   _____

4. neve /sono / Alpi / della / dalla / di/ le / Riviera / spiaggia / visibili / Marittime / coperte

   _____

5. bello / in / il / è / Riviera / clima / sempre

   _____

6. migliori / le / Roma / sono / e / la / l' / a / primavera / autunno / stagioni / sono

   _____

APPUNTI DI GRAMMATICA —
GRAMMAR NOTES

1. PRESENT TENSE OF **DOVERE**: TO HAVE TO, MUST, TO OWE

The verb **dovere** is an important verb with various
shades of meaning. Besides *to owe*, it expresses
the idea *must, have to*, in the sense of duty or
obligation; also *must* in the sense of *to be supposed
to, to probably be.*

Note that in the first person singular and the
third person plural **dovere** has two forms; both
are correct and can be used interchangeably.

io devo / debbo *I must*
tu devi *you must*
lui/lei/Lei deve *he /she/it must, you must* (formal)
noi dobbiamo *we must*
voi dovete *you must*
loro devono / debbono *they must*

2. THE IMPERATIVE WITH THE FORMAL LEI, *YOU*

As you have learned, you use the formal address
with people with whom you are not on first-name
terms. Since Mario and Marina use the **Lei** form
with each other, we will start by learning the
formal imperative and we will turn to the informal
in a later chapter.

The imperative is used for commands and for
advice. It is used more often in Italian than in

English, and is often softened with **per favore** or **per piacere**. The endings for the formal imperative with **Lei** are:

for regular **–are** verbs: **-i**
for regular **–ere** and **–ire** verbs: **-a**

parlare:	(lei) parli!	*speak!*
vendere:	(lei) venda!	*sell!*
partire:	(lei) parta!	*leave!*
capire:	(lei) capisca!	*understand!*

Note that **-ire** verbs like capire take **-isc** before the ending of the formal imperative with Lei.

3. SOME IRREGULAR FORMAL IMPERATIVES

andare (*to go*)	**vada!**
bere (*to drink*)	**beva!**
dare (*to give*)	**dia!**
dire (*to say*)	**dica!**
essere (*to be*)	**sia!**
fare (*to do*)	**faccia!**
venire (*to come*)	**venga!**

ESERCIZI — EXERCISES

Esercizio 5: Inserisci la forma corretta del presente dei verbi DOVERE o VOLERE, secondo il contesto. Insert the correct form of the present of the verbs DOVERE or VOLERE, according to the context.

1. Il signor Campi _____ parlare del clima anche se _____ parlare del suo premio di geografia. La signora Ricci non _____ parlare del premio di geografia.

2. "Marina," dice Livia, "quando Mario _____ parlare del premio di geografia, tu _____ ascoltarlo!"

3. "No, Livia, noi insegnanti non _____ uscire con i nostri studenti, non è etico, anche se qualche volta _____ uscire con loro."

4. "Però, Marina, qualche volta gli studenti _____ uscire con i loro insegnanti anche se non _____."

5. "Allora, Marina, tu non _____ più insegnare l'italiano a Mario, e voi non _____ più studiare l'italiano insieme, così voi due potete uscire insieme se _____."

Esercizio 6: Trasforma le frasi secondo l'esempio. Transform the sentences according to the example.
Esempio: entrare in casa
Signora Ricci, entri in casa!

1. dire la verità _____
2. non andare via _____
3. fare colazione con me _____
4. venire a cena da me _____
5. parlare italiano con me _____
6. capire la mia situazione _____
7. finire di leggere la mia poesia _____
8. dare il premio al suo studente _____
9. vedere il film con me _____
10. fare un viaggio con me _____

Esercizio 7: Trasforma le frasi secondo l'esempio. Transform the sentences according to the example.

Esempio: mangiare gli spaghetti **non li mangi!**

1. bere la birra _____
2. dire le bugie _____
3. fare un viaggio _____
4. lasciare la famiglia _____
5. studiare la lezione _____
6. dare un consiglio _____
7. fare la doccia _____
8. vendere i libri _____

CHIACCHIERANDO — CHATTING
FARE RICHIESTE — MAKING REQUESTS

Knowing the formal imperative opens up many possibilities in travel situations like shopping, going to a bar or restaurant, checking into a hotel or purchasing a ticket of any kind. **"Mi dia..."** *"Give me..."* (but much more polite in Italian than in English) allows you to preface many requests with a formal and competent tone.

Esercizio 8: Fai le seguenti richieste usando "DIA" + il partitivo. *Make the following requests using "DIA" + the partitive.*

Esempio: *dal tabaccaio / i francobolli* <u>Signor tabaccaio, mi dia dei francobolli, per piacere</u>

1. dal macellaio / la carne _____

2. dal gelataio / i gelati _____

3. dal fornaio / il pane _____

4. dal fruttivendolo / le mele e le pere

   _____

5. dal pescivendolo / i gamberi (shrimp)

   _____

6. dal pasticciere / i pasticcini

   _____

7. dal salumiere / il prosciutto

   _____

8. dal lattaio / lo yogurt

   _____

Esercizio 9: Pratica orale – Usando l'imperativo formale, parla nelle seguenti situazioni.
Oral practice – Using the formal imperative, speak in the following situations.

1. give directions to your boss to come over to your house from your workplace (**vada a destra; prenda la quinta strada; prenda l'autobus number 45; ecc.**).

2. instruct your new personal chef on how to make your favorite meal (**prenda un chilo di pomodori; cucini la pasta al dente; ecc.**).

3. instruct your house-sitter on how to take care of your house (**pulisca il bagno tutte le settimane; dia l'acqua alle piante**).

SULL'INTERNET — ON THE WEB

Compra con la fantasia (*with your imagination*) qualcosa on line su questo sito, dove puoi trovare molti link per negozi italiani molto belli:

www.negozionline.com

CAPITOLO 26 (VENTISEI)

QUELLA BUONA CUCINA ITALIANA
THAT GOOD ITALIAN COOKING

SCIOGLILINGUA — TONGUE TWISTER

"Sul tagliere taglia l'aglio, non tagliare la tovaglia: la tovaglia non è aglio e tagliarla è un grave sbaglio."
Cut the garlic on the cutting board, do not cut the tablecloth: the tablecloth is not garlic, and cutting it is a big mistake.[1]

PRESENTAZIONE — INTRODUCTION

Marina tells Mario about Italian cooking, which is her passion, and its three secrets: quality of ingredients, preservation of the ingredients' natural flavor, and love of cooking. They talk of regional variations and Italian wines, and Mario asks Marina to go out to dinner with him before his departure. She accepts.

VOCABOLARIO NUOVO — NEW VOCABULARY

■ **nomi** — nouns

l'abit**U**dine *habit*
il bas**I**lico *basil*
la cucina *cuisine, kitchen*
il frigo, il frigor**I**fero *refrigerator*
l'insalata *salad*
il libro *book*
l'olio d'oliva *olive oil*
la passione *passion*
il piacere *pleasure*

l'arte *art*
il cibo *food*

l'invito *invitation*
la lista *list*
la partenza *departure*
la pastasciutta *pasta*
il pollo *chicken*

la qualità *quality*
la regione *region*
il sapore *flavor*
la sorpresa *surprise*
lo spezzatino *meat stew*
il turista *tourist*
il vino *wine*

la quantità *quantity*
il risotto *rice pilaf*
il segreto *secret*
la specialità *specialty*
il sugo *sauce*
la varietà *variety*
lo zafferano *saffron*

■ **aggettivi** — adjectives

astemio / astemia *adjective referring to a person who totally refrains from alcoholic drinks*
maturo / matura *ripe*
misto / mista *mixed*
mon**O**tono / mon**O**tona *monotonous*
naturale *natural*

■ **verbi** — verbs

arr**E**ndersi *to give up*
avere l'acquolina in bocca *to have one's mouth water*
conservare *to keep, to preserve*
cucinare *to cook*

assaggiare *to taste*

variare *to vary*

■ **avverbi e altro** — adverbs and more

a seconda di *depending on*
altro che! *of course!*
di stagione *in season*

accidenti! *wow! shucks!*
come no! *of course!*
facilmente *easily*

ESERCIZI DI VOCABOLARIO —
VOCABULARY EXERCISES

Esercizio 1: Completa le frasi.
Complete the sentences.

1. Una persona che non beve bevande alcoliche è

   _____.

---

[1] A classic twongue twister that really works your ability to pronounce **gli**; remember that many Italians are unable to pronounce this difficult sound, saying **y** instead. If you find your pronunciation of **gli** sounding more like an **l** than like a **y**, say **y** instead and work from there.

2. Se facciamo una cosa senza difficoltà la facciamo

_____ .

3. Quando la frutta è di stagione è

_____ .

4. Quando una cucina è sempre uguale e non

cambia mai è _____ .

5. Se mangiamo qualcosa per la prima volta la

_____ .

6. A volte quando abbiamo fame e pensiamo a un

cibo buono _____ .

Esercizio 2: Abbinamenti — Matches

colonna A

1. Per conservare il pollo...
2. È senza dubbio gentile offrire...
3. I turisti astemi non possono...
4. La frutta mista di stagione è di solito...
5. Un segreto della cucina italiana...
6. Se vogliamo ottenere qualcosa di difficile...
7. Mangiare più pastasciutta e meno burro...
8. La qualità...

colonna B

a. ... è più importante della quantità.
b. ... è necessario metterlo in frigorifero.
c. ... bere il buon vino italiano.
d. .... non dobbiamo mai arrenderci.
e. ... è una buona abitudine.
f. .... naturale e matura.
g. ... è senza dubbio la passione per la cucina.
h. .... qualcosa da bere o da mangiare agli amici.

LETTURA — READING

1. "Lei sa senza dubbio, signor Campi, che la buona cucina italiana è uno dei più grandi piaceri dei turisti."
2. "Lo so bene."
3. "Conosce qualche cosa della cucina italiana?"
4. "Come no! Quando ho un cliente importante, l'invito sempre a pranzo in uno dei buoni ristoranti italiani di New York. Questo succede spesso ed è sempre un gran piacere. Mi piace assaggiare cose nuove!"
5. "Infatti in Italia la cucina non è mai monotona e offre sempre qualche nuova sorpresa a chi viaggia: molti conoscono il prosciutto cotto, ma pochi in America conoscono il prosciutto crudo, per esempio."
6. "Che bello! Quando sono in Italia mi preparo una lista dei piatti che mi piacciono di più, e poi mi compro un buon libro sulla cucina italiana."
7. "Che buon'idea!"
8. "Mi dica, signora Ricci, Lei sa cucinare?"
9. "La cucina è la mia passione, signor Campi. E secondo me ci sono tre segreti nella buona cucina italiana."
10. "Quali sono i tre segreti?"
11. "I tre segreti sono: Primo, tutto ciò che si compra dev'essere di ottima qualità: l'olio d'oliva, le uova, la carne, il pesce, il formaggio, e così via; la frutta e la verdure devono essere mature e di stagione. Poi si deve cucinare in modo da conservare il sapore naturale dei cibi. E la cosa più importante è che si deve amare l'arte della cucina."
12. "La pastasciutta ha davvero una grande importanza in Italia, come si pensa qui in America?"
13. "Altro che! Ce ne sono infinite varietà, ma tre delle più conosciute e amate sono gli spaghetti, i rigatoni e le penne. Però anche il risotto, il pollo, il vitello e il pesce sono molto importanti."
14. "È vero che la cucina italiana varia a seconda delle regioni italiane?"
15. "Sì, certo. Ogni regione ha le sue specialità. Ce ne sono abbastanza da riempire molti scaffali di libri di cucina."
16. "Lei sa che le verdure mi piacciono molto, perciò mi dica: C'è l'abitudine di servire varie verdure con la carne e il pesce?"
17. "Sì, in generale si serve una gran varietà di verdure cotte e crude. L'insalata mista, per esempio, è molto amata dagli italiani. Alla fine del pranzo si serve la frutta che in Italia è abbondante e varia."

18. "Lei non mi parla ancora del vino."

19. "Accidenti! È vero... ma è perché io non bevo, sono astemia. Ma è una cosa che si sa. Molti italiani bevono del vino durante i pasti, anche se in quantità moderata."

20. "Lei mi fa venire l'acquolina in bocca. Signora Ricci, visto che il premio per l'esame di geografia non arriva, vuole pranzare con me in un ristorante italiano prima della mia partenza?"

21. "Va bene, signor Campi, vedo che Lei non si arrende facilmente. Accetto l'invito."

NOTE — NOTES

Come no! and **Altro che!** are common expressions meaning, *"but of course!," "how could I not?"* **Accidenti!** expresses surprise, regret, or the sudden realization of something.

The word **pastasciutta** specifies pasta to be eaten with a sauce and not in a broth—hence the adjective **asciutta**, *dry.*

COMPRENSIONE DEL TESTO — READING COMPREHENSION

Esercizio 3: Vero o falso? True or false?

1. Vero / Falso La cucina italiana è monotona.
2. Vero / Falso La cucina è la passione di Marina.
3. Vero / Falso La cucina italiana varia secondo le regioni.
4. Vero / Falso Gli italiani non mangiano molta verdura.
5. Vero / Falso L'insalata mista è popolare tra gli italiani.
6. Vero / Falso La signora Ricci beve il vino ma non la birra.
7. Vero / Falso Per cucinare bene si deve amare la cucina.
8. Vero / Falso Un segreto della cucina italiana è la qualità degli ingredienti.

Esercizio 4: Inserisci le parole mancanti. Insert the missing words.

1. Per i turisti, la cucina italiana è un gran _____ .

2. Mario invita i _____ importanti ai ristoranti italiani.
3. La cucina italiana non è mai _____ .
4. Per Marina, la cucina è una _____ .
5. Quando si cucina, si deve conservare il _____ dei cibi.
6. Ogni regione italiana ha le sue _____ .
7. In Italia la _____ è abbondante e varia.
8. La signora Ricci non beve, è _____ .
9. Parlando di cucina, a Mario viene l'_____ in bocca.
10. Mario non si _____ facilmente e così Marina accetta il suo invito.

APPUNTI DI GRAMMATICA — GRAMMAR NOTES

1. PRESENT TENSE OF **BERE**, TO DRINK
Here is yet another common irregular verb, essential at table:

io bevo *I drink*
tu bevi *you drink*
lui / lei / Lei beve *he/she/it drinks, you drink* (formal)
noi beviamo *we drink*
voi bevete *you drink*
loro bevono *they drink*

bere come una spugna *to drink like a sponge (to be a lush)*

2. THE ADJECTIVES **BUONO**, GOOD, AND **GRANDE**, BIG, GREAT
The adjective **buono**, *good,* when it is singular and precedes a noun, has forms very similar to those of the indefinite article: **buon, buona, buon', buono** are used in the same way as **un, una, un', uno**.

uno zio	il *buono* zio (masculine noun beginning with z or s+cons.)
un libro	il *buon* libro (masculine noun beginning with all other consonants or vowels)
una penna	la *buona* penna (feminine noun beginning with any consonant)

un'amica   la *buon'*amica (feminine noun beginning with a vowel)

The adjective **grande**, *big*, becomes **gran** before any noun beginning with a consonant. **Grande** generally becomes **grand'** before nouns beginning with a vowel.

un museo	un *gran* museo
una donna	una *gran* donna
un attore	un *grand'*attore
*un'*attrice	una *grand'*attrice

If **buono** or **grande** do not precede the noun, their endings are regular.

Questo libro è buono e questa bambina è buona.
This book is good and this child is good.
Questo ragazzo è grande e anche sua sorella è grande.
This boy is big and also his sister is big.
La buona moglie fa il buon marito. (proverbio)
The good wife makes the good husband.

3.   THE IMPERSONAL **SI**

The little word **si** is used to express the impersonal *one, people, we, they, you*. When used with intransitive verbs (verbs which do not take a direct object) its verb is in the third person singular.

Si deve studiare diligentemente.
One (you, people, we) must study diligently.
Si lavora duro qui.
We work hard here.
Non si può restare dopo le sei.
One (you, we, people) may not stay here after six o'clock.
A tavola non si invecchia. (proverbio)
At table one does not grow old.
Il primo amore non si scorda mai. (proverbio)
One never forgets one's first love.

If the **si** verb is followed by a noun, that noun is the passive[2] subject of the sentence. Therefore, if

---

[2] A note on active and passive verbs: When verbs are active, the subject performs the action on a direct object; when verbs are passive, the subject receives the action. **Gino vende le biciclette**=*Gino sells bicycles* (active); **le biciclette sono vendute da Gino**=*bicycles are sold by Gino* (passive); **il pizzaiolo fa la pizza**=*the pizza man makes the pizza* (active); **la pizza è fatta dal pizzaiolo**=*pizza is made by the pizza man* (passive).

that noun is plural, the verb is in the third person plural, while if that noun is singular, the verb is in the third person singular

Qui si parla italiano. *Here Italian is spoken.*
Qui si fa la pizza. *Here pizza is made.*
Qui si vendono le biciclette. *Here bikes are sold.*
L'amore e la tosse non si possono nascondere. (proverbio)
One cannot hide love and cough.

4.   RECIPROCAL USE OF REFLEXIVE VERBS
Reflexive verbs are also used to express a reciprocal action, meaning *each other*, or *one another*

Marco e Maria si incontrano in centro.
Marco and Maria meet (each other) downtown.
Io e Gianna ci vediamo tutti i giorni.
Gianna and I see each other every day.
Voi due vi sposate a maggio.
The two of you are getting married in May.
Voi due vi sposate a maggio.
The two of you are getting married in May.

ESERCIZI — EXERCISES

Esercizio 5: Inserisci la forma corretta del verbo BERE. Insert the correct form of the verb BERE.

1. Le persone che non _____ mai sono astemie.

2. Un uomo che deve assolutamente _____ molto ogni giorno è un alcolizzato.

3. Una donna che _____ molto ogni giorno è un'alcolizzata.

4. _____ un bicchiere di vino con i pasti, e questo è assolutamente normale.

5. Anche noi _____ un bicchiere di vino o di birra con i pasti, ma solo al ristorante o in trattoria.

6. Io non _____ mai, sono astemia perchè se _____ mi viene il mal di testa.

7. Voi _____ la grappa italiana qualche volta? No, noi non la _____ mai perchè è troppo forte.

8. È vero che è forte, ma mi aiuta a digerire così io

la _____ la sera dopo cena.

Esercizio 6: Crea delle frasi secondo l'esempio.
Create some sentences according to the example.
Esempio: vino / uva **il vino si fa con l'uva**

1. pane / farina _____

2. sugo / pomodori _____

3. tiramisù / mascarpone (*a sweet cream cheese*)

_____

4. pesto / basilico _____

5. spezzatino / carne _____

6. risotto / zafferano _____

7. gelato / latte _____

8. cappuccino / caffè _____

Esercizio 7: Coniuga i verbi tra parentesi.
Conjugate the verbs in parentheses.

1. Mario e Marina _____ (incontrarsi)

   due volte alla settimana, io e la mia insegnante

   _____ (vedersi) tutti i giorni.

2. Gli innamorati _____ (guardarsi)

   negli occhi, _____ (dirsi) parole

   dolci, _____ (scriversi) lettere d'amore.

3. I fidanzati _____ (baciarsi, *to kiss*

   each other) e _____ (abbracciarsi,

   to embrace each other) e alla fine

   _____ (sposarsi, *to marry each other*).

4. Io e la mia fidanzata _____

   (guardarsi) negli occhi, _____

   (dirsi) parole dolci, _____

   (scriversi) lettere d'amore.

5. Tu e il tuo fidanzato _____

   (baciarsi) e _____ (abbracciarsi)

   e alla fine _____ (sposarsi).

CHIACCHIERANDO — CHATTING
RICETTE E ISTRUZIONI — RECIPES AND INSTRUCTIONS!

In terms of language alone, there are at least two basic formats for recipes in Italian. Directions are often given as simple infinitives ("**Lavare e asciugare il basilico; pestare il basilico con i pinoli e l'aglio; aggiungere l'olio d'oliva e molto parmigiano**," *Wash and dry the basil; crush the basil with the pine nuts and garlic; add the olive oil and a lot of parmesan*), or in the second person plural imperative—identical to the present indicative ("**Lavate e asciugate il basilico; pestate il basilico con i pinoli e l'aglio; aggiungete l'olio d'oliva e molto parmigiano**," *Wash and dry the basil; crush the basil with the pine nuts and garlic; add the olive oil and a lot of parmesan*). Or **si** can be used: "**Si lava e si asciuga il basilico; si pesta il basilico insieme con i pinoli e l'aglio; si aggiunge l'olio d'oliva e molto parmigiano**," *One washes and dries the basil; one crushes the basil with the pine nuts and the garlic; one adds olive oil and a lot of parmesan.*[3]

espressioni utili
cotto / cotta *cooked*
crudo / cruda *raw*
il fornello *burner*
il forno *oven*
il pezzo *piece*
il prosciutto *ham*
    il prosciutto cotto *similar to American ham*
    il prosciutto crudo *uncooked, cured ham*
aggiUngere *to add*
arrostire *to roast*
bollire *to boil*
condire *to season* (same origin as the English word *condiment*)
cucinare, cuOcere *to cook*
frIggere *to fry*
lavare *to wash*
ricoprire *to cover*
soffrIggere *to sauté*
svuotare *to empty*
tagliare *to cut*

---

[3] You must have recognized the basic recipe for **pesto alla genovese**, i.e. from Genova, the biggest town in the region of Liguria, the northernmost west coast.

Esercizio 8: Trasforma la seguente ricetta dalla forma all'infinito alla forma con il SI. Transform the following recipe from the form in the infinitive with the form with SI.

Pomodori col riso

Lavare bene sei pomodori grandi. Tagliare la cima di ogni pomodoro e svuotare i pomodori. Tagliare la polpa a pezzi molto piccoli. Tagliare qualche foglia di basilico a pezzi piccolissimi. Tagliare due spicchi d'aglio a pezzi molto piccoli. Aggiungere dodici cucchiai di riso, il basilico, l'aglio, e sale e pepe. Mettere i pomodori in una pentola. Versare il riso nei pomodori. Ricoprire i pomodori. Condire i pomodori con sale e olio d'oliva. Cucinare i pomodori in forno caldo per circa un'ora e mezzo.

_____

_____

_____

_____

_____

_____

_____

Esercizio 9: Abbina le due colonne e forma delle frasi con il SI. *Match the two columns and form some sentences with the SI.*
Esempio: dal fruttivendolo (basilico) <u>Dal fruttivendolo si compra il basilico.</u>

colonna A

1. in farmacia _____

2. in pasticceria _____

3. dal fornaio _____

4. dal pescivendolo _____

5. dal macellaio _____

6. dal lattaio _____

7. dal tabaccaio _____

8. dal fioraio _____

9. dal salumiere _____

10. al bar _____

colonna B

a. i fiori e le piante

b. le sigarette e i francobolli

c. il latte e lo yogurt

d. i pasticcini e le torte

e. le vitamine e gli antibiotici

f. i gamberi e il pesce

g. il pane

h. la carne

i. il prosciutto

l. il cappuccino

Esercizio 10: Pratica orale – Usando il SI, spiega come si cucinano i piatti che prepari più spesso. *Oral practice – Using the SI, explain how to cook the dishes that you prepare most often.*

Ecco un nonno italiano che prepara un pollo fresco per la cena.

SULL'INTERNET — ON THE WEB

For a wonderfully interactive culinary adventure, go to one of the most fun sites for food lovers. You first **"apri il frigo,"** *open the fridge*, and then you select from categorized lists what you have in your refrigerator and pantry (some of the categories are **"frutta,"** *fruit*, **"latticini,"** *dairy*, **"carne,"** *meat*, **"pesce,"** *fish*), and the computer will suggest recipes that only use the ingredients you have. **Buonissimo e divertente!**

www.infrigo.com

CAPITOLO 27 (VENTISETTE)

L'ITALIA: IL BEL PAESE
ITALY: THE BEAUTIFUL COUNTRY[1]

SCIOGLILINGUA — TONGUE TWISTER

"Chi seme di sEnapa secca sEmina sempre seme
di senapa secca raccoglie."
*Those who sow dry mustard seed always reap dry
mustard seed.*[2]

PRESENTAZIONE — INTRODUCTION

Why are so many people attracted to Italy?, Mario
asks. Marina reminds him of Italy's natural beauties,
historical monuments, and artistic treasures.
Mario impresses his teacher with his knowledge,
acquired through research on the Internet. The
two decide to hold their next lesson in an Italian
restaurant, where they will discuss Italy's greatest
attraction: its people.

VOCABOLARIO NUOVO — NEW VOCABULARY

■ **nomi** — nouns

l'**appuntamento** *appointment, date*

l'**artista** *artist*   l'**attrazione** *attraction*

la **bellezza** *beauty*   la **carezza** *caress*

l'**Epoca** *time period*   il **fAscino** *charm*

la **grandezza** *greatness, size*

la **guida** *guide*   la **letteratura** *literature*

il **monumento** *monument*

la **mUsica** *music*   la **pittura** *painting*

il **poeta** / la **poetessa** *poet*

lo **scrittore** / la **scrittrice** *writer*

la **scultura** *sculpture*   la **sede** *location*

il **tema** *theme*   il **tesoro** *treasure*

l'**uomo d'affari** / la **donna d'affari** *businessman,
businesswoman*

il **vulcano** *volcano*

■ **aggettivi** — adjectives

attivo / **attiva** *active*

eccezionale *exceptional*

insOlito / **insOlita** *unusual*

preparato / **preparata** *prepared*

turIstico / **turIstica** *touristic*

■ **verbi** — verbs

abbandonare *to abandon*

cEdere *to yield*

circondare *to surround*

descrIvere *to describe*

dispiacere *to be sorry, to displease*

innamorarsi di *to fall in love with*

interessarsi *to be interested in*

nominare *to name*

■ **avverbi e altro** — adverbs and more

a quanto pare *from what it seems*

cAspita! *wow!*

dappertutto *everywhere*

di persona *in person*

più... più... *the more... the more...*

sicuramente *surely*

---

[1] "Il bel paese," *"the beautiful country,"* is one of the ways
Dante Alighieri (1265-1321) describes Italy in his *Divine
Comedy.* It has become a popular way of referring to Italy,
and even one of Italy's most popular cheeses has been named
after it, the sweet and creamy "Bel Paese" made by Galbani.

[2] The letter **s** can be difficult to pronounce for some; its
pronunciation in Italian, however, is similar to English. Thus, at
the beginning of a word—where it appears in this **scioglilingua**—
the **s** is strong, as in the English *hiss.* Remember to emphasize
the double **c**, and that **chi** is pronounced *kee*.

ESERCIZI DI VOCABOLARIO —
VOCABULARY EXERCISES

Esercizio 1: Completa le frasi.
Complete the sentences.

1. L'Etna e il Vesuvio sono vulcani

   _____.

2. Il mare _____ la Sicilia

   e tutte le isole.

3. Le guide turistiche _____

   le attrazioni turistiche.

4. È facile _____ dell'Italia,

   è così bella.

5. Gli uomini d'affari _____

   di affari, naturalmente.

6. Le persone davvero _____

   sono rare.

Esercizio 2 : Abbinamenti — Matches

colonna A

1. la bellezza
2. la Monna Lisa
3. Bill Gates e Silvio Berlusconi
4. Italo Calvino e Stephen King
5. Michelangelo
6. la Pietà e il Mosè
7. l'Etna
8. giovedì alle 5 in punto

colonna B

a. l'appuntamento
b. gli uomini d'affari
c. il vulcano
d. le sculture
e. il fascino
f. gli scrittori
g. la pittura
h. l'artista

LETTURA — READING

1. "Signora Ricci, più libri leggo sull'Italia, più mi sento impaziente di andarci—anche se mi dispace abbandonare le lezioni d'italiano con Lei..."

2. "A quanto pare, signor Campi, Lei sente il famoso fascino dell'Italia, sentito prima di Lei da poeti, scrittori e artisti."

3. "Mi dica, signora Ricci, come spiega Lei questa attrazione che la gente da tutte le parti del mondo sente per l'Italia?"

4. "Be', questa è una storia molto lunga. Prima di tutto mi permetta di nominare le bellezze naturali del mio paese, le grandi montagne, i bei laghi, i mari che lo circondano, le numerose isole e i suoi vulcani ancora attivi. Sono bellezze che fanno innamorare..."

5. "Caspita! Questo è un buon inizio!"

6. "Poi c'è il clima così mite, come sappiamo, quel bel cielo azzurro e la carezza del sole italiano."

7. "Ci sono molti altri paesi che hanno bellezze naturali e un clima piacevole, però, non è vero?"

8. "Come no, ma l'Italia ha molto di più da offrire. Là si trova la sede dell'antica civiltà di Roma. Dappertutto si vedono i monumenti dell'antica grandezza romana. Tutte le guide turistiche li descrivono, ma per capirli meglio ed amarli bisogna vederli di persona."

9. "Il suo entusiasmo mi fa amarli ancora prima di vederli."

10. "Be', è facile innamorarsi di questi monumenti antichi e dei tesori dell'arte del Rinascimento e dell'epoca moderna."

11. "Non so molto del Rinascimento, signora Ricci, ma devo imparare di più: questo è il periodo di Leonardo da Vinci, Michelangelo e Raffaello, non è vero?"

12. "Accidenti! È insolito per un uomo d'affari americano, signor Campi, interessarsi di tante cose, di arte, di pittura, di scultura, di storia, di letteratura, di musica..."

13. "È per fare bella figura con Lei, signora Ricci, e grazie ai molti siti sull'Italia che trovo sull'internet, vengo preparato. Comunque

Lei è un'insegnante eccezionale. Ho ancora molto da imparare, e da chi posso imparare, se non da Lei?"

14. "Grazie, signor Campi, e sa qual è il tema del nostro prossimo appuntamento?"

15. "Gli italiani! Ma Le va di fare la nostra prossima lezione nel mio ristorante italiano preferito? È proprio vicino alla sua scuola! Così possiamo parlare più comodamente degli italiani—che sono sicuramente la più grande attrazione di tutte."

16. "Va bene, signor Campi, cedo—vengo giovedì all'una "Da Lupo"?"

17. "Benissimo, ci vediamo giovedì all'una "Da Lupo"!"

NOTE — NOTES

A popular colloquial way of asking someone if they want to or feel like doing something is **Ti va di...?** (informale), or, as Mario puts it, **Le va di...?** (formale). Per esempio: **Ti va di venire al cinema con me?** *Do you feel like going to the movies with me?* **Grazie, ma proprio non mi va** *Thanks, but I really don't feel like it.*

COMPRENSIONE DEL TESTO —
READING COMPREHENSION

Esercizio 3: Vero o falso? *True or false?*

1. Vero / Falso Mario è impaziente di andare in Italia.
2. Vero / Falso Mario è impaziente di lasciare Marina.
3. Vero / Falso "Il fascino dell'Italia" è il titolo di un film.
4. Vero / Falso Il Rinascimento è il periodo di Dante.
5. Vero / Falso Mario legge i siti internet per fare impressione su Marina.
6. Vero / Falso Marina dice che Mario è un normale uomo d'affari.
7. Vero / Falso Il tema del prossimo incontro sono gli italiani.
8. Vero / Falso Il prossimo incontro è a casa di Mario.

Esercizio 4: Ricostruisci le frasi. *Reconstruct the sentences.*

1. fascino / mondo / Italia / la / di / il / il / gente / tutto / sente / dell' _____

2. antichi / moderni / in / e / ci / Italia / sono / monumenti _____

3. Campi / di / cose / s' / tante / il / cose / signor / interessa _____

4. Italia / innamora / naturali / la / s' / delle / dell' / gente / bellezze _____

5. bella / una / fare / Campi / il / vuole / signor / figura _____

6. Da Lupo / lezione / la / all' / al / è / ristorante / prossima / una _____

APPUNTI DI GRAMMATICA —
GRAMMAR NOTES

1. PRESENT TENSE OF VENIRE, TO COME

This irregular verb is particularly useful to know because several other verbs are derived from it—such as **divenire**, *to become*, **convenire**, *to be convenient*, **avvenire**, *to happen.*

io vengo *I come*
tu vieni *you come*
lui/lei/Lei viene *he/she/it comes/you come* (formal)
noi veniamo *we come*
voi venite *you come*
loro vEngono *they come*

avvenire *to happen* avvengo, avvieni, avviene, avveniamo, avvenite, avvEngono

divenire *to become* divengo, divieni, diviene, diveniamo, divenite, divEngono

convenire *to be convenient* convengo, convieni. conviene, conveniamo, convenite, convEngono

2. THE ADJECTIVE **BELLO**, FINE, BEAUTIFUL, HANDSOME

The adjective **bello**, when it precedes a noun, takes forms similar to those of the definite article; the forms of **bello** are also therefore similar to the forms of **quello**, which you have learned earlier.

il libro	un *bel* libro	*quel* libro
la penna	una *bella* penna	*quella* penna
*l'*amica	una *bell'*amica	*quell'*amica
*l'*amico	un *bell'*amico	*quell'*amico
lo specchio	un *bello* specchio	*quello* specchio
i libri	i *bei* libri	*quei* libri
le penne	le *belle* penne	*quelle* penne
le amiche	le *belle* amiche	*quelle* amiche
gli amici	i *begli* amici	*quegli* amici
gli specchi	i *begli* specchi	*quegli* specchi

When placed after a noun or verb, the forms of **bello** are regular.

un uomo *bello*	una donna *bella*
alcune case *belle*	alcuni musei *belli*

3. SOME FORMS OF THE RELATIVE PRONOUN

a. **Che**, meaning *who, whom, that, which*, is used as the subject or direct object of a verb; it may refer to persons or things, singular or plural, and it is never omitted (as it often is in English):

Lei è una ragazza che impara rapidamente.
She is a girl who learns quickly.
I bambini hanno delle insegnanti che amano.
The children have teachers (whom) they love.
Ho una camera che dà sulla strada.
I have a room which faces the street.
Trovo interessanti i libri che leggi.
I find the books (that) you are reading interesting.

b. **Cui**, meaning *whom, which*, may also refer to persons or things, singular or plural, but is used after prepositions: **di cui, a cui, con cui, in cui**, ecc.

Dov'è la lettera di cui parli?
Where is the letter of which you are speaking?
Conosco gli uomini a cui Lei scrive.
I know the men to whom you are writing.
Ecco la casa in cui abita il dottore.
Here is the house where the doctor lives.

c. **Ciò che** and **quello che** are used interchangeably for *what*, in the sense of *that which*.

Non so ciò che vuole. / Non so quello che vuole.
I don't know what he wants.
Non capisco ciò che dicono. / Non capisco quello che dicono.
I don't understand what (that which) they are saying.

d. **Chi** means *he who, she who, those who, whoever*; it is commonly used in proverbs, as well as in everyday language (and in the tonguetwister for this chapter), and always takes the third-person singular verb.[3]

Chi dorme non piglia pesci. (proverbio)
He who sleeps does not catch fish.
Chi non ha buona testa ha buone gambe. (proverbio)
Those who do not have a strong head have strong legs.
Non mi piace chi parla troppo.
I don't like those who speak too much.

ESERCIZI — EXERCISES

Esercizio 5: Inserisci la forma corretta del verbo VENIRE. Insert the correct form of the verb VENIRE.

Alcuni turisti _____ in Italia per vedere le bellezze naturali, altri _____ per vedere i monumenti antichi, ma tu e i tuoi genitori _____ per vedere le tombe etrusche. La mia amica Mary _____ ogni anno per lavorare alla Biblioteca Vaticana, e il mio amico James _____ per lavorare come archeologo. Noi italiani _____ in America per imparare l'inglese, e _____ a New York per vedere una grandissima città. Perchè tu non _____ un giorno con me in Sicilia? Non ci sono tombe etrusche, ma puoi _____ per andare al mare, e se _____ anche i tuoi genitori li possiamo portare in montagna.

---

[3] You have already encountered another use for **chi**, i.e. as interrogative pronoun: **Chi c'è al telefono?** *Who is on the phone?* **Con chi esci?** *With whom are you going out?*

Esercizio 6: Inserisci la forma corretta di BELLO. Insert the correct form of BELLO and nouns from the singular to the plural.

La Spagna è un _____ paese, ma anche la Francia è _____ e gli Stati Uniti pure sono molto _____. Ma per me l'Italia è la più _____ terra del mondo, Roma la più _____ città, Capri e Ischia le più _____ isole, il Vesuvio il più _____ vulcano, i Musei Vaticani i più _____ musei, il Po e l'Adige i più _____ fiumi, le Alpi le più _____ montagne. Lo so, non sono imparziale, ma secondo me è così!

Esercizio 7a: Forma una sola frase con le due frasi. Form a single sentence with the two sentences.

Esempio: Questa è l'insegnante + Conosco l'insegnante.
 <u>**Questa è l'insegnante che conosco.**</u>

1. Vedo il tesoro + Il tesoro si trova al Vaticano.

   _____

2. Guardo il film + Il film è alla televisione.

   _____

3. Mi piace la guida turistica + Mario ha la guida turistica. _____

4. Voglio ascoltare la musica + La musica è di Giuseppe Verdi. _____

Esercizio 7b: Forma una sola frase con le due frasi. Form a single sentence with the two sentences.

Esempio: Quello è il professore + parlo con il professore.
 <u>**Quello è il professore con cui parlo.**</u>

1. Quello è il computer + Lavoro con il computer.

   _____

2. Questa è la ragazza + Esco con la ragazza.

   _____

3. Ecco il poeta + Studio con il poeta.

   _____

4. Maria è la scrittrice + Vado a scuola con la scrittrice. _____

Esercizio 7c: Forma una sola frase con le due frasi. Form a single sentence with the two sentences.

Esempio: Leggo i libro + Il giornale scrive di quel libro.
 <u>**Leggo il libro di cui scrive il giornale.**</u>

1. Vedo le bellezze naturali + Tutti parlano delle bellezze naturali. _____

2. L'Italia è un paese + Tutti s'innamorano dell'Italia.

   _____

3. Non conosco lo scrittore + Tu mi parli dello scrittore. _____

4. Ecco i monumenti + Mi prendo cura dei monumenti. _____

Esercizio 8: Inserisci CHE o CUI. Insert CHE or CUI.

L'Italia è un paese _____ piace molto agli stranieri, un paese in _____ si vive bene, una terra di _____ tutti parlano con amore. L'Italia è la terra in _____ sono vissuti molti artisti e poeti _____ hanno dato un grande contributo alla cultura occidentale. È una terra di _____ molti sono innamorati per le sue bellezze naturali. È una terra a _____ molti pensano con nostalgia, una terra _____ ispira il desiderio di ritornare. Per quello molti amano la Fontana di Trevi, la fontana in _____ gettano una moneta _____ gli permetterà di ritornare.

CHIACCHIERANDO — CHATTING
DESCRIVERE I PASSATEMPI — DESCRIBING PASTIMES

espressioni utili

lo sport *sport*	**il cinema** *cinema*
il teatro *theater*	**l'arte** *art*
il ballo *dance*	**la fotografia** *photography*
la musica *music*	

andare... *to go*
 ....**a caccia** *hunting*
 ...**al cinema** *to the movies*
 ...**a cena fuori** *out to dinner*
 ...**a teatro** *to the theater*

...a un concerto *to a concert*
...a un museo *to a museum*
...in palestra *to the gym*
...a pesca *fishing*

correre *to run*	cucinare *to cook*
dipingere *to paint*	disegnare *to draw*

fare / praticare uno sport *to practice a sport*
giocare... *to play*
...a carte *cards*
...a dama *checkers*
...con il computer *with the computer*
...a pallone *soccer*
...a scacchi *chess*
...a tennis *tennis*
guardare la televisione *to watch TV*
leggere... *to read*
...il giornale *the newspaper*
...un libro *a book*
...le poesie *poems*
...una rivista *a magazine*
...un romanzo *a novel*
prendere lezioni... *to take lessons*
...di ballo *dancing*
...di fotografia *photography*
...di musica *music*
...di yoga *yoga*
suonare... *to play*
...uno strumento *an instrument*
...la chitarra *the guitar*
...il pianoforte *the piano*
...il violino *the violin*
uscire con gli amici *to go out with friends*
viaggiare *to travel*

Molti italiani amano passare il tempo chiacchierando con gli amici.

Esercizio 9: Definisci le seguenti parole secondo gli esempi. *Define the following words according to the examples.*

Esempio:
La cucina è un passatempo che odio (*or: amo, preferisco, pratico spesso, non pratico mai*).
Il tennis è uno sport di cui sono appassionato (*or: sono innamorato, non so fare a meno= I can't do without*).
Il calcio è una cosa che mi diverte (*or: mi annoia, mi piace, non mi piace*)

1. lo sport _____.
2. viaggiare _____.
3. leggere _____.
4. giocare con il computer _____.
5. uscire con gli amici _____.
6. cucinare _____.
7. il cinema _____.
8. la musica _____.

Esercizio 10: Pratica orale – Completa le frasi secondo le tue opinioni. *Oral practice – Complete the sentences according to your opinions.*

1. L'Italia è un paese in cui

_____.

2. Preferisco vivere in un paese che

_____.

3. Mi piace visitare un paese che

_____.

4. Certo non mi piace visitare una città che

_____.

5. Spero di visitare un paese che

_____.

6. Quello che mi piace in una città è

_____.

SULL'INTERNET — ON THE WEB

Take a virtual tour of three beautiful Italian cities— Rome, Naples, Pisa—on this website with lots of 3-D photographs.

www.compart- multimedia.com/virtuale/it/home.htm

CAPITOLO 28 (VENTOTTO)

GLI ITALIANI E LE ITALIANE
ITALIAN MEN AND ITALIAN WOMEN

SCIOGLILINGUA — TONGUE TWISTER

"Ho un campo di lupini da diradare; chi me li diraderà?"
I have a field of lupins to thin; who will thin them for me?.[1]

PRESENTAZIONE — INTRODUCTION

Mario's first question is whether Italians are different depending on which part of Italy they come from. Marina claims that there is a common Italian character, though with many exceptions and regional variations. Marina talks of the stereotypes of Northern and Southern Italians, of the differences between North and South as well as between city and country, and she describes the Italians' enthusiasm for life and discussion. They end their lesson with the Italian dessert **tiramisù**.

VOCABOLARIO NUOVO — NEW VOCABULARY

■ **nomi** — nouns

l'ambiente *environment*
la caratterIstica *characteristic*
l'eccezione *exception*
l'emozione *emotion*
il fIsico *physique*
l'industria *industry*
il luogo comune *common place, cliché*
il medioevo *Middle Ages*
i normanni *Normans*
l'odio *hatred*

l'amore *love*
il dolore *pain*
l'effetto *effect*
la fAbbrica *factory*
la gioia *joy*

la permanenza *permanence*
il pOpolo *people*   la questione *issue*
la restrizione *restriction*   lo stereOtipo *stereotype*
il temperamento *temperament*
il tiramisù *a dessert made with espresso-soaked ladyfingers and mascarpone cheese*
il vigore *vigor*

■ **aggettivi** — adjectives

biondo / bionda *blond-haired*
breve *brief*
considerEvole *considerable*
disponIbile *available*
maggiore *major, greater*
moro / mora *dark-haired*   passionale *passionate*
polItico / polItica *political*   rilassante *relaxing*
rilassato / rilassata *relaxed*   teso / tesa *tense*

■ **verbi** — verbs

cadere *to fall*   cercare *to look for*
discUtere *to discuss*   ordinare *to order*
osservare *to observe*   ripEtere *to repeat*

■ **avverbi e altro** — adverbs and more

chissà *who knows*
chissà perché *I wonder why*
durante *during*   finalmente *finally*
in comune *in common*   in media *on average*
in pieno *fully*
mah *I don't know, who knows?*
malgrado *despite*
prevalentemente *mostly*
prima di tutto *first of all*
secondo me, secondo te, ecc. *in my opinion, in your opinion, etc.*

---

[1] Like some earlier **sciogilingua**, the difficulty of this one is the pronunciation of the **r** between two vowels.

ESERCIZI DI VOCABOLARIO —
VOCABULARY EXERCISES

Esercizio 1: Definizioni — *Definitions*

1. _____: con i capelli neri

2. _____: con i capelli gialli

3. _____: pieno di passione

4. _____: l'opposto di rilassato

5. _____: chiedere qualcosa al ristorante

6. _____: fare qualcosa un'altra volta

Esercizio 2: Inserisci nello spazio corretto la forma appropriata delle parole tra parentesi.
Insert in the correct space the appropriate form of the words in parentheses.

1. Al ristorante di solito _____

   per dolce il _____, mi piace

   tanto e lo _____ dovunque vado.

   (cercare / ordinare / tiramisù)

2. Non amo gli _____ sul

   _____ italiano basati sui film

   della mafia: _____ questi

   film, gli italiani non sono così.

   (malgrado / stereotipo / popolo)

3. _____, gli italiani sono

   _____ allegri, e hanno

   _____ la voglia di vivere e un

   _____ esuberante.

   (temperamento / in comune / secondo me /

   prevalentemente)

4. Naturalmente ci sono molte _____ ,

   ma _____ gli italiani

   sono _____ .

   (eccezione / disponibile / in media)

5. Un'altra _____ che gli italiani

   hanno in quantità _____

   è la _____ di vivere e

   l'_____ per l'arte.

   (amore / gioia / caratteristica / considerevole)

LETTURA — READING

1. "Signora Ricci, adesso che siamo finalmente in questo bel ristorante, un ambiente più rilassante, Le farò alcune domande sul popolo italiano. È pronta?"

2. "Certo, signor Campi. Cominci pure."

3. "Prima di tutto mi dica: Gli italiani sono più o meno uguali, o sono molto diversi nelle varie parti del paese?"

4. "Mah... Le dico subito che secondo me un italiano è sempre un italiano, e un'italiana è sempre un'italiana. Malgrado le molte eccezioni, ci sono alcune caratteristiche che gli abitanti del mio paese hanno in comune. Però se è vero che il clima, la geografia, la storia hanno un certo effetto sul fisico e sul temperamento di un popolo, allora deve essere anche vero che ci sono delle differenze fisiche e di temperamento fra gli abitanti delle diverse regioni del paese."

5. "Si dice che ci sono differenze considerevoli tra gli abitanti del nord e quelli del sud."

6. "Mah... Questo forse è un luogo comune: che nel nord gli italiani sono biondi e calmi e nel sud mori e passionali. È vero che in media nel nord la gente ha capelli e occhi più chiari ed è più alta della gente del sud. Però è anche vero per esempio che in Sicilia, a causa della permanenza dei normanni durante il medioevo, ci sono molte persone con i capelli biondi o rossi. Si dice anche che la gente del sud ha un temperamento più passionale della gente del nord, ma anche questo secondo me è uno stereotipo."

7. "Mi dica: la vita quotidiana è più lenta nel sud a causa del clima?"

8. "Forse ci sono più differenze tra grandi città e piccoli paesi che tra nord e sud. Comunque in generale si dice che nel sud la gente è più rilassata, meno tesa della gente del nord. Nel nord si dice che c'è più stress."

9. "Signora Ricci, si dice anche che le maggiori industrie sono prevalentemente nel nord."

10. "Sì, ha ragione. Là si trovano molte fabbriche italiane."

11. "Va bene, signora Ricci, adesso basta con le differenze del popolo italiano. Ora mi dica

perché un italiano è sempre un italiano e un'italiana è sempre un'italiana."

12. "Cerco di essere breve e mi scusi se cado nei luoghi comuni. La cosa che più si osserva negli italiani e nelle italiane è quell'entusiasmo che hanno della vita. Amano la vita e la vogliono vivere in pieno. Esprimono senza restrizione le loro emozioni di gioia, di dolore, d'odio e d'amore. Amano discutere, specialmente le questioni politiche; e amano esprimere i loro sentimenti con vigore e con passione. In questo mi sembrano differenti dagli americani"

13. "Signora Ricci, Le ripeto che secondo me gli italiani sono senza dubbio la più grande attrazione dell'Italia. E devo dire che le italiane sono un'attrazione ancora più grande..."

14. "Ordiniamo un dolce?"

15. "Volentieri! Dicono che qui fanno un vero tiramisù all'italiana. Sarà vero?"

NOTE — NOTES

The expression **mah!** is frequent in Italian though it does not has a precise translation; it expresses uncertainty on the speaker's part, and it is roughly the equivalent of *I don't know, I'm not sure, who knows?*

The word **luogo comune** has the same meaning as the word **stereotipo**; both mean *stereotype* or *cliché.*

COMPRENSIONE DEL TESTO — READING COMPREHENSION

Esercizio 3: Scelta multipla — Multiple Choice

1. Il ristorante è
   a. un ambiente meno rilassante della scuola.
   b. un ambiente più rilassante della scuola.
   c. un ambiente rilassante quanto la scuola.

2. Secondo gli stereotipi, gli italiani del nord sono
   a. più biondi degli italiani del sud.
   b. meno biondi degli italiani del sud.
   c. tanto biondi quanto gli italiani del sud.

3. Secondo lo stereotipo, gli italiani del sud sono
   a. meno passionali degli italiani del nord.
   b. più passionali degli italiani del nord.
   c. tanto passionali quanto gli italiani del nord.

4. Si dice la vita nel sud è
   a. più calma della vita nel nord.
   b. meno calma della vita nel nord.
   c. tanto calma quanto la vita nel nord.

5. Nel nord d'Italia ci sono
   a. più fabbriche che nel sud.
   b. meno fabbriche che nel sud.
   c. fabbriche come nel sud.

6. Secondo Marina gli italiani e le italiane
   a. amano la vita e le discussioni quanto gli americani.
   b. amano la vita e le discussioni più degli americani.
   c. amano la vita e le discussioni meno degli americani.

Esercizio 4: Inserisci le parole mancanti.
Insert the missing words.

1. Il ristorante è un _____ rilassante.

2. Secondo Marina, malgrado le _____, gli italiani sono sempre italiani.

3. Molte differenze tra nord e sud sono solo luoghi _____.

4. In Sicilia ci sono molte persone bionde e rosse a causa della _____ dei Normanni.

5. Si dice che la vita _____ nel sud è lenta a causa del clima.

6. Le maggiori _____ italiane si trovano nel Nord.

7. Secondo Marina una cosa ovvia degli italiani è il loro _____ per la vita.

APPUNTI DI GRAMMATICA — GRAMMAR NOTES

1. THE FUTURE TENSE
The future is the equivalent of the English *shall / will* + infinitive. In Italian, it is formed by dropping the final **-e** of the infinitive and adding the future endings: **-ò, -ai, -à, -emo, -ete, -anno.**

Verbs that end in –are, though, change the final –a to an –e before adding the endings: **parlar-** becomes **parler-**, **cantar-** becomes **canter-**, etc.

parler-ò *I will speak*
parler-ai *you will speak*
parler-à *he/she/it/you will speak*
parler-emo *we will sepak*
parler-ete *you will speak*
parler-anno *they will speak*

vender –ò *I will sell*
vender –ai *you will sell*
vender –à *he/she/it/you will sell*
vender –emo *we will sell*
vender –ete *you will sell*
vender –anno *they will sell*

finir-ò *I will finish*
finir –ai *you will finish*
finir –à *he/she/it/you will finish*
finir –emo *we will finish*
finir –ete *you will finish*
finir –anno *they will finish*

An important use of the future which is practiced in Italian but not in English is called the hypothetical future. Italians often use the future in order to express a guess or a hypothesis or to indicate probability:

Dove sarà Giacomo? Sarà a casa sua.
Where might Giacomo be? He must be home.
Che ore sono? Mah, saranno le sei.
What time is it? I don't know, it must be six o'clock.

2. SOME VERBS WITH AN IRREGULAR FUTURE

In these verbs, the irregularity is always in the infinitive stems and not in the endings:

andare *to go*	**andrò, andrai, andrà, andremo, andrete, andranno**
avere *to have*	**avrò, avrai, avrà, avremo, avrete, avranno**
bere *to drink*	**berrò, berrai, berrà, berremo, berrete, berranno**
dare *to give*	**darò, darai, darà, daremo, darete, daranno**
essere *to be*	**sarò, sarai, sarà, saremo, sarete, saranno**
fare *to do*	**farò, farai, farà, faremo, farete, faranno**
potere *to be able to*	**potrò, potrai, potrà, potremo, potrete, potranno**
vedere *to see*	**vedrò, vedrai, vedrà, vedremo, vedrete, vedranno**
vivere *to live*	**vivrò, vivrai, vivrà, vivremo, vivrete, vivranno**

NOTE: EXPRESSIONS OF FUTURE TIME THAT MUST BE MEMORIZED:

domani *tomorrow*
domattina *tomorrow morning*
domani sera *tomorrow evening*
dopodomani *the day after tomorrow*
la settimana prossima *next week*
tra una settimana, fra una settimana (un mese, un anno, due giorni, ecc.) *in a week (a month, a year, two days, etc.)*
l'anno prossimo *next year*
tra un anno *in a year*
l'estate prossim *a next summer*
questa sera / stasera *tonight, this evening*
più tardi *later*
prossimo / prossima *next*

ESERCIZI — EXERCISES

Esercizio 5: Trasforma le frasi dal presente al futuro. Transform the sentences from the present to the future.

Esempio: Oggi noi balliamo il tango.
             Anche domani <u>noi balleremo il tango.</u>

1. Oggi io bevo una birra fresca.
    Anche domani

    _____.

2. Quest'estate noi andiamo al mare a Capri.
    Anche l'estate prossima

    _____.

3. Oggi tu vai a scuola di pianoforte.
    Anche dopodomani

    _____.

4. Quest'anno Mario desidera imparare l'italiano.

   Anche l'anno prossimo

   _____.

5. Questa settimana facciamo colazione presto.

   Anche la settimana prossima

   _____.

6. Questo mese c'è il cinema all'aperto.

   Anche il mese prossimo

   _____

Esercizio 6: Trasforma le frasi con i soggetti tra parentesi. *Transform the sentences with the subjects in parentheses.*

1. Mia madre farà la spesa tutti i giorni.

   (noi / io / voi mamme / tu / i nostri parenti)

   _____

   _____

   _____

2. I miei fratelli saranno in Sicilia tutto l'anno.

   (io / la mia collega / noi turisti / tu / voi camerieri) _____

   _____

   _____

   _____

3. Io vedrò film di Fellini tutti i fine-settimana.

   (tu / quegli studenti / voi / noi / l'insegnante di musica) _____

   _____

   _____

4. A ora di pranzo sicuramente noi avremo fame.

   (quegli artisti / tu / la mia collega / voi / io)

   _____

   _____

   _____

5. Voi cercherete un ambiente rilassante.

   (il professor Goggi / i giornalisti / tu / noi / io)[2]

   _____

   _____

   _____

   _____

Esercizio 7: Trasforma le frasi dal singolare al plurale e viceversa. *Transform the sentences from the singular to the plural and viceversa.*[3]

1. Noi visiteremo la maggiore fabbrica italiana.

   _____

2. Balleremo e canteremo tutto il giorno.

   _____

3. Non studieremo e non lavoreremo, giocheremo con gli amici più simpatici.

   _____

4. Tu per la vacanza studierai e non ti divertirai, farai il compito e leggerai il libro.

   _____

5. Lei invece andrà in Italia e lavorerà per l'amica di sua zia.

   _____

6. Io sarò felice qui in America, mangerò, berrò e farò le cose che desidererò fare.

   _____

CHIACCHIERANDO — CHATTING
LA MUSICA, IL BALLO E L'OPERA —
MUSIC, DANCING, AND OPERA

espressioni utili

il / la cantante *singer* **la cassetta** *tape*
il CD, il compact *CD* **il compositore** *composer*
il concerto *concert* **il conservatorio** *conservatory*
la discoteca *club* **il lettore CD** *CD player*

---

[2] Note that verbs ending in **–care** and **–gare** add an **h** before the verb endings in order to retain the original guttural sound of the **c** and **g**.

[3] Note that some words, such as adverbs, infinitives, and simple prepositions, are invariable.

la musica... *music*
    classica *classical*
    leggera *pop*
    rock *rock*
il/la musicista *musician*
l'opera (lIrica) *opera*
lo strumento musicale *musical instrument*

la batteria *drums*	**il clarinetto** *clarinet*
il flauto *flute*	**il pianoforte** *piano*
la tromba *trumpet*	**il violino** *violin*

ballare *to dance*
canticchiare *to sing to oneself*
suonare uno strumento *to play an instrument*

Esercizio 8: Con il futuro, esprimi tre cause ipotetiche per ognuno dei seguenti fatti.
With the future, express three hypothetical causes for each of the following facts.

*Esempio: **Chissà perché Mario non è venuto al concerto?***
    a. Sarà malato
    b. Sarà in ritardo
    c. Avrà sonno

1. Chissà perché Mario frequenta il conservatorio?
    a. _____
    b. _____
    c. _____

2. Chissà perché Marina non va all'opera con Mario?
    a. _____
    b. _____
    c. _____

3. Chissà perché i giovani amano tanto la musica rock?
    a. _____
    b. _____
    c. _____

4. Chissà perché voi studiate il pianoforte?
    a. _____
    b. _____
    c. _____

5. Chissà perché tu ascolti la musica classica tutte le mattine?
    a. _____
    b. _____
    c. _____

Esercizio 9: Pratica orale – Rispondi alle domande. *Oral practice – Answer the questions.*

1. Suoni uno strumento musicale? Quale?
2. Di solito canticchi? In quali situazioni?
3. Quale musica ascolterai questa settimana?
4. A quali concerti sei andato?
5. Sei mai andato all'opera? Quando? Cos'hai visto?
6. Vai a ballare? Con chi? Dove? Balli bene o male?

Un musicista suona la chitarra davanti a un poster di scarpe in una città italiana.

SULL'INTERNET — ON THE WEB
Ecco alcuni siti della musica italiana:

lascala.milano.it (il Teatro alla Scala di Milano)
www.opera.roma.it (il Teatro dell'Opera di Roma)
www.musicaitaliana.com (per la musica italiana moderna)

PROGETTI DI VIAGGIO
TRAVELING PLANS

SCIOGLILINGUA — TONGUE TWISTER

"È passato lo stracciatoppe e non m'ha stracciatoppato. Quando ripasserà mi stracciatopperà."
The ragdealer has come by and did not get my rags. When he will come by again, he will get my rags.[1]

PRESENTAZIONE — INTRODUCTION

Mario talks of his travel plans: he will spend 3-4 weeks in Rome, where he wants to see everything; Marina thinks this would take at least ten years. She reminds him to visit the environs of Rome, and he describes his plans to see other cities such as Milan, Florence, Siena, and Venice. Marina wishes him a good trip.

VOCABOLARIO NUOVO — NEW VOCABULARY

■ **nomi** — nouns
l'**agenzia di viaggi** *travel agency*
l'**artigiano** *craftsman*
il **bagaglio / i bagagli** *baggage*
la **basIlica** *basilica*   la **collezione** *collection*
i **dintorni** *surroundings*   la **gita** *day trip*
il **giro** *trip* (could be il **giro del quartiere,** *around the neighborhood,* or it could be il **giro del mondo,** *around the world!*)
il **lago** *lake*   il **musEo** *museum*
l'**oggetto** *object*   l'**Opera** *work, opera*
il **papa** *pope*   il **progetto** *project*

lo **scavo** *excavation*
il **soggiorno** *stay* (also *living room*)
la **vacanza** *vacation, holiday*
il **vaporetto** *steamboat typical of Venice*
il **vetro** *glass*

■ **aggettivi** — adjectives
eterno / eterna *eternal*
immaginario / immaginaria *imaginary*
impossIbile *impossible*
possIbile *posisble*
straordinario / straordinaria *extraordinary*

■ **verbi** — verbs
andare in vacanza *to go on vacation*
assicurare *to assure, to insure*
dimenticare *to forget*   **mancare** *to miss*
organizzare *to organize*   **prolungare** *to prolong*

■ **avverbi e altro** — adverbs and more
a disposizione *available*   **almeno** *at least*
lì / là *there*   **perbacco!** *gosh!*

ESERCIZI DI VOCABOLARIO —
VOCABULARY EXERCISES

Esercizio 1: Abbinamenti — Matches

colonna A

1. Dove compriamo il biglietto per l'aereo?
2. Dove andiamo a guardare le opere d'arte?
3. Quale tipo di barca serve da autobus a Venezia?
4. Che cosa fai quando non lavori?
5. Chi è il capo della Chiesa Cattolica?
6. Che cosa prendi quando scendi dall'aereo?

---

[1] The **str** combination can be particularly difficult for the English speaker; remember to pronounce each letter separately, rather than combining them into one sound—as tempting as that is! Also keep emphasizing double consonants: **ss**, not **s**, **cci**, not **ci**, **pp**, not **p**.

7. Che cosa sono il ... Trasimeno, il ... Maggiore, il ... di Garda?

8. Quale aggettivo è usato per la città di Roma?

colonna B

a. il papa

b. vado in vacanza

c. eterna

d. all'agenzia di viaggi

e. al museo

f. laghi

g. i bagagli

h. il vaporetto

Esercizio 2: Completa le frasi con la forma appropriata dei seguenti verbi. *Complete the sentences with the appropriate form of the following verbs.*

andare in vacanza - assicurare - dimenticare - mandare - organizzare - prolungare

1. Non ti preoccupare, ti _____ che organizzo tutto io.

2. Perbacco! Mio marito _____ sempre di spegnere la televisione.

3. Che bello! L'anno prossimo_____ in Sardegna!

4. Che peccato! Non possiamo _____ la nostra permanenza a Capri.

5. Mi raccomando, oggi voi _____ quella lettera alla nonna, d'accordo!

6. Che fortuna! I miei genitori _____ una gita a Pompei per il mio compleanno!

LETTURA — READING

1. "La settimana prossima partirà per l'Italia, signor Campi! Quanto tempo resterà in quel paese?"

2. "Ho solo due mesi a mia disposizione. Però Le assicuro che cercherò di usarli nel miglior modo possibile."

3. "Sa già quali città d'Italia visiterà?"

4. "Non penso ad altro, e leggo molto nella mia collezione di guide turistiche e libri sull'Italia.

Come Lei sa già, i miei affari mi porteranno a Roma, dove abita il mio rivenditore, il signor Marcelli."

5. "E quanto tempo resterà a Roma?"

6. "Tre o quattro settimane. Cercherò di prolungare il mio soggiorno nella città eterna il più a lungo possibile."

7. "E quali luoghi interessanti spera di visitare là?"

8. "Visiterò il Foro Romano e quello che rimane degli antichi edifici romani, come l'Arco di Costantino e il Colosseo. Visiterò le basiliche, il Pantheon e le Terme di Caracalla, dove spero di sentire una o più opere. So che questo teatro è aperto durante i mesi d'estate."

9. "Vuole vedere tutto ciò che rimane della Roma antica, non è vero?"

10. "Altro che! Ma voglio anche conoscere la Roma dei Papi e la Roma moderna."

11. "Allora Lei visiterà San Pietro e i Musei Vaticani, con la bella Cappella Sistina."

12. "Come no! Passerò anche molto tempo negli altri musei di Roma."

13. "É un progetto straordinario! Ma per vedere tutto quello che c'è di interessante nella città eterna Lei avrà bisogno di almeno dieci anni!"

14. "Cercherò di fare l'impossibile."

15. "Mi raccomando, vada anche a vedere i dintorni di Roma, così incantevoli..."

16. "Figuriamoci! Farò delle gite a Ostia per osservare gli scavi di Ostia antica, ai Castelli Romani come Castel Gandolfo e il Lago di Nemi, e..."

17. "Perbacco! Lasciamo i dintorni o non usciremo mai di lì. Quali altre città italiane visiterà?"

18. "Be', usando Roma come punto di partenza visiterò senza dubbio Firenze, Milano, Genova, Venezia, Napoli, e anche alcune delle città più piccole, come Siena, Perugia e Assisi."

19. "Quando sarà a Milano Lei dovrà fare un giro in automobile dei bellissimi laghi del nord, il Lago di Como, il Lago di Garda e il Lago Maggiore."

20. "Sì, certamente, e da Genova faccio se possibile una gita in Riviera. Ricorda la nostra conversazione sulla Riviera?"

21. "Come no, la ricordo bene."

22. "E quando sarò a Venezia prenderò il vaporetto per visitare la piccola isola di Murano e per vedere i famosi artigiani italiani fare i bellissimi oggetti di vetro che noi americani amiamo tanto. Alla fine ritornerò a Roma da dove prenderò l'aereo per tornare a casa. Che ne pensa?"

23. "Che ne penso? Le auguro un buon viaggio, signor Campi..."

NOTE — NOTES

The expression **figuriAmoci!** is similar in meaning to **come no!** and **altro che!** All three mean *of course.*

Mi raccomando is another popular expression that accompanies advice and orders; it can be roughly translated as *"remember," "take care,"* or *"I am counting on you to do this."*

COMPRENSIONE DEL TESTO — READING COMPREHENSION

Esercizio 3: Scelta multipla — Multiple Choice

1. Il signor Campi partirà per l'Italia
   a. domenica prossima.
   b. la settimana prossima.
   c. il mese prossimo.

2. Per vedere tutto quello che c'è a Roma sono necessari
   a. due anni. b. dieci mesi.
   c. dieci anni.

3. Mario resterà a Roma
   a. due settimane. b. due mesi.
   c. due anni.

4. Il signor Marcelli
   a. abita a Roma ed è un amico di Mario.
   b. abita a Milano ed è un rivenditore di Mario.
   c. abita a Roma ed è un rivenditore di Mario.

5. La città eterna è
   a. New York. b. Roma.
   c. Milano.

6. Alle Terme di Caracalla, Mario
   a. spera di sentire un concerto.
   b. spera di sentire un'opera.
   c. spera di vedere il mare.

Esercizio 4: Inserisci le parole mancanti.
Insert the missing words.

1. Da Venezia a Murano si va con il
   _____.

2. Murano è famosa per gli oggetti di
   _____.

3. Vicino a Genova c'è la
   _____.

4. Roma è la città _____.

5. Ostia, Nemi e Castel Gandolfo sono nei
   _____ di Roma.

6. Per vedere tutta Roma Mario deve fare
   l'_____.

7. Vicino a Milano ci sono i
   _____ del nord.

8. Mario vuole prolungare il suo
   _____ nella città di Roma.

APPUNTI DI GRAMMATICA — GRAMMAR NOTES

1. MORE IRREGULAR FUTURES

dovere *to have to:* **dovrò, dovrai, dovrà, dovremo, dovrete, dovranno**
I will have to, you will have to, he/she/it/you will have to, etc.

rimanere *to remain:* **rimarrò, rimarrai, rimarrà, rimarremo, rimarrete, rimarranno**
I will remain, you will remains, he/she/it/you will remain, etc.

sapere *to know:* **saprò, saprai, saprà, sapremo, saprete, sapranno**
I will know, you will know, he/she/it/you will know, etc.

venire *to come:* **verrò, verrai, verrà, verremo, verrete, verranno**
I will come, you will come, he/she/it/you will come, etc.

2. PRESENT AND FUTURE OF VERBS ENDING IN –CARE AND –GARE

Verbs ending in –**care** and –**gare** insert an **h** after the **c** or **g** whenever the verb ending begins with *e* or **i**; this is to preserve their original hard sound (otherwise, the combinations **ci** and **ce** are read in Italian as *chee* and *chay*, and the combinations **gi** and **ge** are read in Italian as *jee* and *jay*).

cercare *to look for, to try*
presente: cerco, cerchi, cerca, cerchiamo, cercate, c**E**rcano
futuro: cercherò, cercherai, cercherà, cercheremo, cercherete, cercheranno

pagare *to pay*
presente: pago, paghi, paga, paghiamo, pagate, p**A**gano
futuro: pagherò, pagherai, pagherà, pagheremo, pagherete, pagheranno

Other verbs like **cercare** and **pagare** are:

asciugare *to dry*	**dedicare** *to dedicate*
dimenticare *to forget*	**giocare** *to play*
imbucare *to mail*	
mancare (di) *to lack, to miss*	**piegare** *to fold*
pregare *to pray*	**spiegare** *to explain*

ESERCIZI — EXERCISES

Esercizio 5: Rispondi alle domande. Answer the questions.
Esempio: Quando partirete? (domani)
   Partiremo domani

1. A che ora uscirete? (a mezzogiorno)
   _____

2. Dove andrete? (al ristorante)
   _____

3. Cosa mangerete? (una pizza)
   _____

4. Con chi sarete? (con i nostri migliori amici)
   _____

5. Dove preferirete mangiare? ("Da Lupo")
   _____

6. Con che cosa pagherete? (con gli euro)
   _____

Esercizio 6: Trasforma le frasi dal TU al VOI.
Transform the sentences from the TU form to the VOI form.

Esempio: In primavera sarai a Roma.
   In primavera sarete a Roma

1. A Roma visiterai molti musei e monumenti.
   _____

2. In Italia vorrai camminare molto.
   _____

3. In centro cercherai e troverai i Musei Vaticani.
   _____

4. Al Vaticano vedrai il Papa.
   _____

5. In Italia dovrai parlare italiano.
   _____

6. A Frascati berrai il vino di Frascati.
   _____

7. Con gli italiani dimenticherai l'America.
   _____

8. Lì spiegherai l'inglese a dei nuovi amici.
   _____

Esercizio 7: Metti al futuro tutti i verbi in corsivo. Put in the future all the italicized verbs.

Mario *fa* (_____) un viaggio molto interessante. *Viene* (_____) in Italia in primavera, e forse *vengono* (_____) anche altri miei amici dalla Francia per un lungo soggiorno. Mario *arriva* (_____) da solo, ma forse Marina gli *fa* (_____) una sorpresa. Mario *vuole* (_____) vedere tutti i monumenti, e *va* (_____) anche in Sicilia se *può* (_____). I miei amici francesi invece non *vogliono* (_____) andare in Sicilia, loro *visitano* (_____) il nord e il centro Italia, *vanno* (_____) a Firenze e Milano. Loro *viaggiano* (_____) in gruppo, Mario *viaggia* (_____) da solo. Loro *fanno* (_____) festa tutte le sere, Mario *deve* (_____) anche lavorare e *ha* (_____) molto da fare. Io *sto* (_____) un po' con Mario e un po' con gli amici francesi; con Mario *parlo* (_____) e *lavoro* (_____), con i francesi *bevo* (_____) e *ballo* (_____).

CHIACCHIERANDO — CHATTING
PER PARLARE DELLE FESTE — SPEAKING OF HOLIDAYS

Some holidays in Italy are the same as in the United States (Christmas, New Year's Day, Easter) and some are the same but celebrated at different times (Labor Day, Independence Day, Father's Day). Some American holidays do not exist in Italy (Thanksgiving), and many Italian holidays are not celebrated in the U.S. (Ferragosto, Epifania, Ognissanti).

espressioni utili
la Pasqua *Easter* (also *Passover*)
la Pasquetta *Easter Monday*
Martedì Grasso *Mardi Gras*
il Natale *Christmas*
Capodanno *January 1st*
l'Epifania *Epiphany* (January 6th)
il Ferragosto *August 15th*
la Festa della Donna *Women's day* (March 8th—men usually give women sprigs of flowering mimosa on this day)
la Festa del Lavoro *Labor day* (May 1st)
la Festa della Mamma *Mother's day* (usually on the same day in May as the American one)
la Festa del Papà *Father's day* (in Italy this is always on March 19, the feast day of Saint Joseph, San Giuseppe)
Ognissanti *All Saints' Day* (November 1st)
i fuochi d'artificio *fireworks*
il Ringraziamento *Thanksgiving*
il quattro di luglio *the Fourth of July*
San Valentino *Valentine's Day* (in Italy, this is for lovers only)
celebrare / festeggiare *to celebrate*
la festa *feast, holiday, party*

Esercizio 8: Rispondi alle domande.
Answer the questions.

1. In Italia la festa del lavoro è il primo maggio, e in America? _____

2. Qual è la festa più importante in America d'estate? _____

3. Il Carnevale è celebrato negli Stati Uniti? Dove? _____

Ecco una fotografia della festa del Corpus Domini in un paese italiano. In Italia si festeggia la festa del Corpus Domini in maggio-giugno. È una festa religiosa cattolica. In molti paesi italiani si fanno dei tappeti (carpets) con i fiori nelle vie del paese. Più tardi, una processione cammina sopra i fiori.

4. Quali feste che sono celebrate negli Stati Uniti non sono celebrate in Italia?

_____

5. Quali feste si celebrano con i fuochi d'artificio?

_____

Esercizio 9: Pratica orale – Rispondi secondo le tue opinioni. *Oral practice – Answer according to your opinions.*

1. Quale festa preferisci? Perché?
2. Quale festa ti piace di meno? Perché?
3. Come passi le vacanze d'estate di solito? Con chi?
4. Come passi le vacanze d'inverno di solito? Con chi?
5. Ti piace viaggiare? Perché?

SULL'INTERNET — ON THE WEB
Questo è un sito per le donne e per tutti con molti collegamenti (links) utili—clicca su "Tradizioni e Feste" per imparare qualcosa di più sulle feste italiane:

www.italiadonna.it

A. RIPASSO DEL VOCABOLARIO — VOCABULARY REVIEW

1. crucipuzzle: I PASSATEMPI — wordsearch puzzle: PASTIMES

```
p o l i t i c a W y d z F a A a e K y A
Z T j T r p o I K L Y N G Z Z P E G D e
s c u l t u r a M o i l g a g a b d Y r
c a s s e t t a b a l l a r e d a m a e
r o m a n z o c a n t i c c h i a r e r
b a l l o a r u t t i p i u o c s c d r
m u s e o y o g a O i u s e t v p a l o
L u R o n i l o i v c c u t r i o n e c
f l a u t o M d C T i c m r e a r t g h
G g i o r n a l e r Z l P a c g t a g e
R s c r i v e r e w z a O i n g J n e n
p S y e r a n i c u c r d r o i p t r i
a m a r t i g i a n o i i e c o a e e d
s a t s i c i s u m s n s t h c l p a u
s E M p G J q n Z a c e e t i a l o b t
i a z n a c a v C c a t g a t r o e m i
o p e r a n o u s i c t n b a t n t o b
n t u r i s t a k s c o a L r e e a r a
e t e n n i s f V u h F r a r t i s t a
p Q h o r b i l l m i T e n a B B h X o
```

abitudine	vacanza	arte
artigiano	artista	viaggio
bagaglio	ballare	ballo
batteria	cantante	canticchiare
carte	cassetta	chitarra
clarinetto	musica	concerto

correre	dama	cucinare
disegnare	sport	flauto
giornale	museo	musica
musicista	pallone	passione
pittura	poeta	politica
libro	leggere	scrivere
romanzo	scacchi	scultura
suonare	uscire	turista
tromba	tennis	violino
yoga		

2. cruciverba — crossword puzzle

orizzontali – across

1. to taste
9. to interest

3. to like
12. to be sorry

verticali - down

1. to resemble
5. to celebrate
8. to give up

2. to celebrate
6. to forget
10. to observe

4. to roast
7. to abandon
11. to accept

B. ESERCIZI SUPPLEMENTARY — EXTRA EXERCISES

Esercizio 1. Abbinamenti — Matches

colonna A

1. agenzia di viaggi
2. assaggiare
3. astemio/astemia
4. Capodanno
5. conservatorio
6. dama
7. Epifania
8. friggere

colonna B

a. il sei gennaio
b. il primo gennaio
c. una scuola di musica
d. cucinare nell'olio
e. ufficio dove vendono biglietti di aereo
f. un gioco con le pedine (*pawns*)
g. persona che non beve alcolici
h. mangiare per la prima volta un po' di una cosa

Esercizio 2. Inserisci la forma corretta di uno dei seguenti verbi: DOVERE, VENIRE, BERE.
Insert the correct form of one of the following verbs: DOVERE, VENIRE, BERE.

I bambini _____ obbedire ai genitori; per esempio, se la famiglia _____ uscire e la mamma dice ai suoi figli che è ora di prepararsi, loro _____ farlo subito; se i nonni _____ a salutarli, o se un altro parente _____ a salutarli, i bambini _____ essere gentili e offrire qualcosa da _____. È meglio se i bambini non _____ la Coca-Cola; è meglio se _____ il latte. Immagina di essere un bambino: Tu che cosa _____ quando _____ a casa da scuola? Che cosa _____ fare quando i nonni _____ a salutarti? Offri loro qualcosa da _____?

Esercizio 3. Immagina di essere scontento della tua insegnante di italiano: cosa le chiedi?
Imagine you are unhappy with your Italian teacher: what do you ask her?

Per esempio: spiegare meglio la lezione
          <u>**Spieghi meglio la lezione!**</u>

1. accettare i compiti in ritardo

   _____

2. andare in vacanza più spesso

   _____

3. ballare il tango con un bell'uomo argentino

   _____

4. cantare una canzone d'amore alla persona che ama _____

5. conservare i compiti degli studenti con amore

   _____

6. essere più disponibile dopo la lezione

   _____

7. essere più entusiasta dell'argomento

   _____

8. fare una gita al mare in Sicilia

   _____

Esercizio 4. Forma delle frasi secondo gli esempi.
Form sentences according to the examples.

Esempi: mangiare con la bocca aperta
          <u>**A tavola non si mangia con la bocca aperta!**</u>
          mangiare le cose del vicino
          <u>**A tavola non si mangiano le cose del vicino!**</u>

1. parlare con la bocca piena

   _____

2. mettere le dita nel naso[1]

   _____

3. mettere i piedi sul tavolo

   _____

[1] Here is an irregular plural: **il dito**=*finger* (masculine singular), **le dita**=*fingers* (feminine plural).

4. fare lo yoga

_____

5. assaggiare solamente

_____

6. divorare tutto subito

_____

7. toccare il cibo con le mani

_____

8. bere tutto subito

_____

9. offrire le sigarette al vicino

_____

10. parlare al telefono

_____

Esercizio 5. Riempi gli spazi con il futuro dei verbi indicati. Fill in the blanks with the future of the indicated verbs.

Io non _____ (venire) a vedere l'Aida di Verdi perché già so che cosa _____ (succedere): Aida e Amneris _____ (innamorarsi) tutt'e due di Radames, ma Radames _____ (innamorarsi) solo di Aida. Amneris _____ (essere) gelosa e _____ (invitare) Radames ad amarla, ma Radames non l'_____ (amare), non la _____ (potere) mai amare, perché _____ (restare) fedele ad Aida. Aida _____ (volere) aiutare suo padre e il suo paese e _____ (tradire) Radames, ma alla fine _____ (venire) da Radames e _____ (morire) con lui. Sono sicura che vi _____ (piacere) questa storia di amore e passione quando la _____ (vedere).

Esercizio 6. Trasforma le frasi dal singolare al plurale. Transform the sentences from the singular to the plural.

Esempio: Io mi metto un bel vestito.
        Noi ci mettiamo dei bei vestiti.

1. Io mi annoio in questa lezione.

_____

2. Tu ti lavi la mano.

_____

3. Mi metto una bella giacca.

_____

4. Ti diverti in quel paese?

_____

5. Mi mangio una buona pizza!

_____

6. Ti bevi una bella birra!

_____

Esercizio 7. Trasforma le frasi usando il SI impersonale. Transform the sentences using the impersonal SI.

Esempio: In quella trattoria uno mangia bene e paga poco (or: In quella trattoria mangiamo bene e paghiamo poco)
        In quella trattoria si mangia bene e si paga poco

1. In quel ristorante uno può assaggiare la specialità della casa._____

2. Con quel forno uno cucina un pollo in mezz'ora.

_____

3. In quel locale uno balla fino a mezzanotte.

_____

4. Il 4 luglio festeggiamo l'Indipendenza degli Stati Uniti. _____

5. Il 6 gennaio celebriamo l'Epifania.

_____

6. In Italia cuciniamo con gli ingredienti freschi.

_____

Esercizio 8. Trasforma le frasi dal presente al futuro. *Transform the sentences from the present to the future.*

1. Se andiamo al mare a Ferragosto troviamo molta gente. _____

2. Se cuciniamo questo pollo al forno è delizioso. _____

3. Se bevi un bicchiere di birra diventi più rilassata. _____

4. Se puoi venire in Italia vivi con me e mia sorella. _____

5. Se vedi il David di Michelangelo ti innamori dell'arte italiana. _____

6. Se sei buona ti do una scatola di cioccolatini. _____

Esercizio 9. Il tiramisù: Rispondi alle domande con il futuro di probabilità. *Tiramisù: Answer the questions with the future of probability.*
Esempio: Chi fa questo dolce? (cuoco)
   Lo farà un cuoco.

1. Chi mangia questo piatto? (voi) _____

2. Chi lascia la crema al liquore? (i bambini) _____

3. Chi divora i savoiardi? (mia moglie) _____

4. Chi dimentica i suoi problemi? (io) _____

5. Chi esprime gioia? (tutti) _____

Esercizio 10. Inventa la ricetta per il tiramisù usando le seguenti parole ed espressioni e il SI IMPERSONALE. *Invent a recipe for tiramisù using the following words and expressions and the impersonal SI.*

1. prima di tutto / mescolare / mascarpone / uova / zucchero / liquore
   _____
   _____
   _____

2. poi / inzuppare (*dunk*) / i savoiardi / caffè
   _____
   _____
   _____

3. dopo / versare / crema / savoiardi
   _____
   _____
   _____

4. alla fine / spolverare (*dust*) / cioccolato / crema
   _____
   _____
   _____

5. servire / freddo / dopo / fare riposare / 2 ore / frigorifero
   _____
   _____
   _____

CAPITOLO 31 (TRENTUNO)

COME SI SCRIVE UNA LETTERA
HOW TO WRITE A LETTER

SCIOGLILINGUA — TONGUE TWISTER

"Apelle figlio d'Apollo fece una palla di pelle di pollo; tutti i pesci vEnnero a galla per vedere la palla di pelle di pollo, fatta da Apelle, figlio d'Apollo"
Apelle, son of Apollo, made a ball out of chicken skin; all the fish came to the surface in order to see the ball of chicken skin, made by Apelle, son of Apollo.[1]

PRESENTAZIONE — INTRODUCTION

Mario has written a letter to his vendor in Rome describing his travel plans, his desire to finally meet him, and his study of Italian. Marina is impressed with the accuracy of his writing, though Mario admits he has received help from a book on how to write business letters in Italian. Marina is eager to read the vendor's response.

VOCABOLARIO NUOVO — NEW VOCABULARY

■ **nomi** — nouns

l'aiuto *help*
la busta *envelope*
il compatriota / la compatriota *someone from your same country*
la conoscenza *acquaintance, knowledge*
la copia *copy*
la corrispondenza *correspondence*
il destinatario *addressee*

l'attesa *wait*
la cassetta postale *mailbox*
la conclusione *conclusion*

l'errore *mistake*
il francobollo *stamp*
la gentilezza *kindness*
il posto *place*
il ringraziamento *giving thanks, thanksgiving*
il servizio *service*
il successo *success*

l'espressione *expression*
l'indirizzo *address*
il mittente *sender*
la ragione *reason*

la speranza *hope*
il tItolo *title*

■ **aggettivi** — adjectives

commerciale *commerical*
cordiale *cordial*
intitolato / intitolata *titled*
meraviglioso / meravigliosa *marvelous*
occupato / occupata *busy, occupied*
sincero / sincera *sincere*

■ **verbi** — verbs

apprezzare *to appreciate*
approfittare di *to take advantage of*
contribuire *to contribute*
fissare *to fix*
restare *to stay, to remain*

informare *to inform*
sorprEndere *to surprise*

■ **avverbi e altro** — adverbs and more

come al sOlito *as usual*
con piacere *with pleasure*
già *already*
nello stesso tempo,
allo stesso tempo
at the same time

Ecco delle cassette postali italiane: sono rosse.

---

[1] This **scioglilingua** gives you the chance to practice the double **l**, which in Italian is more emphasized than a single **l** but not pronounced as in William (which is after all closer to the Italian **gli**). Think of the Italian **l** as more similar to the **l** in English at the beginning of a word: laugh, leave, lonely, or better, yet, llama.

ESERCIZI DI VOCABOLARIO — VOCABULARY EXERCISES

Esercizio 1: Inserisci la forma appropriata del futuro dei seguenti verbi. Insert the appropriate form of the future of the following verbs

apprezzare - approfittare - fissare - informare - restare - sorprendere

1. Vedrai che la gioia di vivere degli italiani ti _____.

2. Che peccato! Loro _____ a Roma solo due giorni!

3. Che brutto! Loro non _____ di tutto quello che Roma può offrire.

4. Però loro _____ sicuramente San Pietro e il Colosseo.

5. Se ci riesco, _____ un'udienza con il papa.

6. Se avrò l'udienza, _____ anche i miei genitori, che sono molto religiosi.

Esercizio 2: Definizioni — Definitions

1. _____: è necessario scrivere quello del destinatario

2. _____: la persona che riceve la lettera

3. _____: la persona che manda la lettera

4. _____: bisogna attaccarlo sulla lettera

5. _____: due persone che vengono dallo stesso paese

6. _____: descrive qualcuno che dice sempre la verità

7. _____: a volte è l'opposto di personale

8. _____: amichevole

9. _____: l'atto di dire grazie

10. _____: si scrive alla fine di una lettera

LETTURA — READING

1. Il signor Campi e la signora Ricci sono seduti nell'ufficio della signora Ricci. Il rappresentante ha in mano una copia della sua lettera al suo rivenditore di Roma e la risposta del suo rivenditore.

2. "Signora Ricci, io Le leggerò la mia lettera al mio rivenditore, il signor Marcelli."

3. "Questo mi farà piacere, signor Campi."

4. Il signor Campi legge la lettera seguente:

   New York, 4 maggio, 2002
   Signor Giancarlo Marcelli
   Via Torino 76
   Roma

Egregio Signor Marcelli,

5. Sono contento di informarla che farò un viaggio in Italia. Partirò da New York il 31 maggio alle 17 e arriverò all'aeroporto di Fiumicino alle 8 di mattina del giorno dopo, il primo giugno. Resterò in Italia due mesi. Sarà un viaggio di piacere e nello stesso tempo un viaggio di affari. Passerò tre o quattro settimane a Roma.

6. Da Roma farò delle gite per vedere i posti più interessanti. Spero anche di andare in Sicilia in aeroplano. Durante il mio soggiorno a Roma approfitterò di questa occasione per fare la Sua conoscenza personale.

7. Apprezzo molto il Suo lavoro a Roma, che contribuisce così tanto al nostro successo. So che Lei è molto occupato e che viaggia tanto. Per questa ragione Le scrivo in anticipo nella speranza di poter fissare un appuntamento. Per favore mi dica se potrò avere il piacere di vederla a Roma.

8. Da sei mesi studio l'italiano. Ciò La sorprenderà forse. Spero di poter parlare con Lei nella

sua bellissima lingua perché ormai già da qualche tempo converso due volte alla settimana con la mia insegnante, la signora Ricci, una sua compatriota.

In attesa di una sua pronta risposta, La prego di accettare i miei più cordiali saluti.

Mario Campi

9. "Meraviglioso, signor Campi, non c'è neanche un errore nella lettera."

10. "Signora Ricci, io Le devo confessare una cosa. C'è un libro italiano intitolato *La corrispondenza commerciale*. Questo libro è un grande aiuto con i titoli, la conclusione e varie espressioni di gentilezza, e mi ha insegnato come scrivere l'indirizzo del mittente e del destinatario sulla busta. Il libro aiuta ad imparare qualcosa sulle poste italiane e i francobolli italiani. Naturalmente è a Lei soprattutto che devo i miei più sinceri ringraziamenti, come al solito."

11. "Lei è molto gentile. E ora per favore vuole leggermi la risposta che ha appena ricevuto dal signor Marcelli?"

12. "Con piacere."

NOTE — NOTES

In Italy you can buy stamps either at *the post office* (**l'ufficio postale, la posta**) or at a *tobacco shop*, **dal tabaccaio**—a shop easily recognizable by the big, white on black T outside (this is also the place where you buy tobacco products and bus/subway tickets). For international mail, you should ask for **via aerea**, *air mail*, and if you need a speedy arrival, ask for **posta prioritaria**, *express mail* (though the Italian postal system is not particularly known for its speed).

COMPRENSIONE DEL TESTO — READING COMPREHENSION

Esercizio 3: Vero o falso? *True or false?*

1. Vero / Falso Mario e Marina sono a scuola.
2. Vero / Falso Mario ha in mano la risposta del suo rivenditore.
3. Vero / Falso Marina è contenta che Mario le legge la lettera.
4. Vero / Falso Mario resterà in Italia tre o quattro settimane.
5. Vero / Falso Mario viaggia per piacere e per affari.
6. Vero / Falso Mario scrive al rivenditore per fissare un appuntamento.
7. Vero / Falso Mario ha fatto un solo errore.
8. Vero / Falso Mario leggerà la risposta nel prossimo capitolo.

Esercizio 4: Ricostruisci le frasi.
Reconstruct the sentences

1. Ricci / è / del / una / rivenditore / la / compatriota / signora

   _____

2. commerciale" / il / "La / molto / libro / corrispondenza / intitolato / è / utile

   _____

3. errore / italiano / nella / nessun / lettera / non / c'è / di

   _____

4. rivenditore / il / vuole / suo / a / Mario / fare / Roma / conoscere

   _____

5. il / un / di / appuntamento / suo / spera / Mario / con / rivenditore / fissare

   _____

6. rivenditore / il / desidera / italiano / suo / parlare / con / Mario

   _____

APPUNTI DI GRAMMATICA — GRAMMAR NOTES

1. THE PRESENT PERFECT TENSE— WHAT HAPPENED, WHAT HAS HAPPENED

The present perfect tense, known in Italian as the **passato prossimo**, is formed by using the present tense of an auxiliary verb (**avere** or **essere**) + *past participle*. We will now learn verbs that take **avere** and will turn to verbs that take **essere** in a future chapter.

PARLARE *to speak*
io ho parlato *I spoke, I have spoken*
tu hai parlato *you spoke, you have spoken*
lui /lei / Lei ha parlato *he/she/it spoke, he/she/it has spoken, you spoke, have spoken* (formal)
noi abbiamo parlato *we spoke, we have spoken*
voi avete parlato *you spoke, you have spoken*
loro hanno parlato *they spoke, they have spoken*

VENDERE *to sell*
io ho venduto *I sold, I have sold*
tu hai venduto *you sold, you have sold*
lui /lei / Lei ha venduto *he/she/it sold, he/she/it has sold, you sold, you have sold* (formal)
noi abbiamo venduto *we sold, we have sold*
voi avete venduto *you sold, you have sold*
loro hanno venduto *they sold, they have sold*

CAPIRE *to understand*
io ho capito *I understood, I have understood*
tu hai capito *you understood, you have understood*
lui /lei ha capito *he/she/it understood, he/she/it has understood, you understood, you have understood* (formal)
noi abbiamo capito *we understood, we have understood*
voi avete capito *you understood, you have understood*
loro hanno capito *they understood, they have understood*

2. FORMATION OF THE PAST PARTICIPLE

The past participle is usually formed by dropping the infinitive endings and adding the past participle endings:

-**are**	verbs drop	–**are**	and add	–**ato**
-**ere**	verbs drop	–**ere**	and add	–**uto**
-**ire**	verbs drop	–**ire**	and add	–**ito**

comprare *to buy* **comprato** *bought*; **parlare** *to speak* **parlato** *spoken*; **studiare** *to study* **studiato** *studied*; **portare** *to bring* **portato** *brought*; **trovare** *to find* **trovato** *found*; **aiutare** *to help* **aiutato** *helped*; **apprezzare** *to appreciate* **apprezzato** *appreciated*; **dare** *to give* **dato** *given*

vendere *to sell* **venduto** *sold*; **ricevere** *to receive* **ricevuto** *received*; **avere** *to have* **avuto** *had*; **ottenere** *to obtain* **ottenuto** *obtained*; **sapere** *to know* **saputo** *known*; **conoscere** *to know* **conosciuto** *known*[2]

capire *to understand* **capito** *understood*; **finire** *to finish* **finito** *finished*; **servire** *to serve* **servito** *served*; **preferire** *to prefer* **preferito** *preferred*; **contribuire** *to contribute* **contribuito** *contributed*; **sentire** *to hear, to feel* **sentito** *heard, felt*

3. SOME IRREGULAR PAST PARTICIPLES

aprire *to open*	**aperto** *opened*
chiudere *to close*	**chiuso** *closed*
decidere *to decide*	**deciso** *decided*
dire *to say*	**detto** *said*
leggere *to read*	**letto** *read*
prendere *to take*	**preso** *taken*
rispondere *to answer*	**risposto** *answered*
scrivere *to write*	**scritto** *written*

4. DA, SINCE, FOR, DA QUANDO, SINCE WHEN, HOW LONG

When an action has begun in the past and is continuing in the present, *the present tense + **da** (since, for)* is used in Italian—while in English the present perfect is used

Da quando studi l'italiano?
How long have you been studying Italian?
Studio l'italiano da sei mesi
I have been studying Italian for six months

Remember that **da** also means *from* as well as *at the house of, at the store/office of...*

---

[2] The verb **conoscere** adds an **i** in front of **-uto** in order to keep the soft sound **sc**.

ESERCIZI — EXERCISES

Esercizio 5: Trasforma le frasi secondo il soggetto tra parentesi. *Transform the sentences according to the subject in parentheses.*

1. Il dottor Dini ha fatto un viaggio in Italia. (noi turisti / io / voi / tu / quelle tue colleghe)
   _____
   _____
   _____
   _____
   _____

2. Finalmente i miei studenti hanno deciso di studiare. (io / Giorgia / noi bambini / tu / voi dottoresse)
   _____
   _____
   _____
   _____
   _____

3. Io ho visto tutti film di Antonioni. (tu / quei cantanti / voi / noi / Francesca)
   _____
   _____
   _____
   _____
   _____

4. Ieri sera abbiamo chiuso la porta a chiave.[3] (i fornai / tu / mia sorella / voi ragazze / io)
   _____
   _____
   _____
   _____
   _____

5. Voi avete risposto alla lettera del presidente. (il mio compatriota / i cantanti / tu / noi / io)
   _____
   _____
   _____
   _____
   _____

Esercizio 6: Trasforma le frasi dal presente al passato prossimo. *Transform the sentences from the present to the present perfect.*

1. Oggi chiudete a chiave tutte le porte.
   Anche ieri _____

2. Oggi parli italiano con il tuo fruttivendolo.
   Anche ieri _____

3. Oggi rispondo alle lettere dei rivenditori.
   Anche ieri _____

4. Oggi scrivo per mezz'ora nel mio diario.
   Anche ieri _____

5. Oggi diciamo la verità ai nostri amici.
   Anche ieri _____

6. Oggi prendi il caffè con tua sorella.
   Anche ieri _____

7. Oggi decido di fare un viaggio.
   Anche ieri _____

8. Oggi leggo il giornale per intero.
   Anche ieri _____

Esercizio 7: Crea delle domande e risposte secondo l'esempio. *Create some questions and answers according to the example.*

Exempio: studiare l'italiano / sei mesi
   Da quanto tempo studi l'italiano?
   Studio l'italiano da sei mesi.

1. cucinare senza grassi / due anni
   _____

2. conoscere due lingue / tutta la vita
   _____

3. frequentare l'università / un anno
   _____

4. lavorare in banca / tre mesi
   _____

5. conoscere la signora Ricci / sei mesi
   _____

6. venire in centro ogni domenica / quattro settimane _____

---

[3] **Chiudere a chiave** means *to lock* (**chiave**=key).

CHIACCHIERANDO — CHATTING
SCRIVERE LETTERE — WRITING LETTERS

Ecco alcuni consigli su come scrivere una lettera in italiano

espressioni utili
PER INDICARE IL DESTINATARIO SULLA BUSTA:
per Francesco Turci (informale)
Gentile Signora Guccini (formale)
Sig. Mario Campi (formale)
Prof. Massimo Celentano (formale)
Dott. Adriano Ranieri (formale)
Dott.ssa Silvia D'Amico (formale)
Famiglia Imperia (informale)

PER COMINCIARE LA LETTERA:
Cara Martina / Caro Guido (informale)
Dear Martina / Dear Guido
Carissima Liliana / Carissimo Giovanni
(informale) *Dearest Liliana / Dearest Giovanni*
Egregio Signore (formale) *Dear Sir*
Gentile Signore / Gentile Signora (formale)
Dear Sir / Dear Madam[4]

PER FINIRE LA LETTERA:
Cari saluti (informale)
Saluti affettuosi (informale)
Un abbraccio (informale)
Con i migliori saluti (neutrale)
Distinti saluti (formale)

Esercizio 8: Usando i verbi seguenti, scrivi una lettera al passato prossimo e racconta quello che ha fatto il signor Campi in questo libro. Using the following verbs, write a letter in the present perfect and tell what Mr. Campi has done in this book.

conoscere, studiare, parlare, lavorare, scrivere, leggere, capire, imparare, amare, preferire, camminare, guardare, organizzare, capire, sapere, aiutare, apprezzare

_____
_____
_____

_____
_____
_____
_____
_____
_____

Esercizio 9: Usando i verbi seguenti, scrivi una lettera al passato prossimo e racconta quello che hai fatto tu questa settimana. Using the following verbs, write a letter in the present perfect and tell what you did this week.

lavare...; comprare...; pagare...; lavorare; studiare...; guardare la televisione; preparare...la cena, la colazione, il pranzo; prendere... il caffè, il cappuccino, il tè; pulire...la casa, il bagno, la cucina, la camera, il frigorifero; ascoltare...la musica, la radio; telefonare a...; vedere...un film, un'opera, uno spettacolo; fare uno sport (l'aerobica-aerobics-il footing-jogging-ginnastica-exercise-il nuoto-swimming-la pallacanestro-basketball...)

_____
_____
_____
_____
_____
_____
_____
_____

SULL'INTERNET — ON THE WEB

On the site of the Italian postal system you can find out the different ways of sending mail and get proper advice on how to write the address on the envelope so that your letter will get there—sometime...

www.poste.it/postali/lettere

---

[4] Note that while in English the use of "Dear" is perfectly acceptable in formal correspondence even with strangers, in Italian it connotes familiarity and should only be used with people with whom one is on a first name basis.

CAPITOLO 32 (TRENTADUE)

IL PIACERE DI RICEVERE UNA LETTERA
THE PLEASURE OF RECEIVING A LETTER

SCIOGLILINGUA — TONGUE TWISTER

"In una conca nuOtano a rilento tre trote, cinque triglie e tinche cento."
In a pond three trouts, three mullets and one hundred tenches swim slowly.[1]

PRESENTAZIONE — INTRODUCTION

In his reply to Mario's letter, his vendor, Mr. Marcelli, informs him that he will be at Mario's service during his trip to Rome. Mr. Marcelli's assistant, Isabella Amendola, will pick him up at the airport and the two of them will be happy to show him around Rome and to practice Italian with him; the vendor also congratulates Mario on his quick learning of the Italian language. Marina finds this a nice letter, and teacher and student make plans for their next lesson, their last.

VOCABOLARIO NUOVO — NEW VOCABULARY

■ **nomi** — nouns

l'attesa *wait*
la familiarità *familiarity*
il punto di vista *point of view*
l'aiuto *help*
lo sbaglio *mistake*

■ **aggettivi** — adjectives
Abile *able*
dannoso / dannosa *harmful*
entrambi / entrambe *both*

magro / magra *thin*
profittEvole *profitable*
riccio / riccia *curly*
rispettoso / rispettosa *respectful*
serio / seria *serious*
sportivo / sportiva *sporty*

■ **verbi** — verbs
congratularsi *to congratulate oneself*
crepare *to die*
fare la conoscenza *to meet* (for the first time)
inviare *to send*   **mandare** *to send*
rEndere *to make* (something) *into, to give back*
riconOscere *to recognize*   **riuscire** *to succeed*
tenere *to keep, to hold*

■ **avverbi e altro** — adverbs and more
fortunatamente *fortunately*
interamente *entirely*
poiché *since*
soltanto, solamente, solo *only*

ESERCIZI DI VOCABOLARIO — VOCABULARY EXERCISES

Esercizio 1: Inserisci negli spazi la forma corretta di uno dei seguenti aggettivi.
Insert in the blanks the correct form of one of the following adjectives.

rispettoso / dannoso / sportivo / magro / serio / riccio / entrambi

1. Lo smog è molto _____ alla salute.
2. Una persona che gioca a tennis tutti i giorni è

_____.

---

[1]Many tricky sounds are present in this tongue twister: **tr** (keep it two separate sounds), **ci** (*chee*), **que** (don't let French and Spanish influence here: pronounce each letter), **gli** (one sound), **che** (*kay*), **ce** (*chay*).

3. Qualcuno che sorride poco e ride ancora di meno è _____.

4. Tu, nonna, sei molto _____, pesi solo 45 chilogrammi.

5. Mia zia e mio zio sono molto simpatici, mi piacciono _____.

6. I bambini italiani in genere sono _____ verso i nonni.

7. I capelli delle persone possono essere lisci o _____.

Esercizio 2: Abbinamenti — *Matches*

colonna A

1. sinonimo di errore
2. significa l'atto di aspettare
3. opinione
4. fare le congratulazioni
5. sinonimo di mandare
6. utile
7. solamente
8. per fortuna

colonna B

a. soltanto
b. fortunatamente
c. profittevole
d. sbaglio
e. punto di vista
f. inviare
g. attesa
h. congratularsi

LETTURA — READING

1. Il signor Campi ha scritto una lettera al suo rivenditore a Roma e l'ha letta alla sua insegnante, la signora Ricci. Quest'ultima non ha trovato, nella lettera, neanche uno sbaglio. Il rappresentante ha ricevuto una risposta dal suo rivenditore. Ora lui la tiene in mano e la sta leggendo.

2. Egregio signor Campi,
   Ho ricevuto con gran piacere la sua lettera del 4 maggio in cui Lei m'informa che farà presto un viaggio in Italia.

3. Fortunatamente sarò a Roma durante i mesi di giugno e di luglio. Perciò sarò tutto a sua disposizione.

4. Manderò la mia giovane assistente, la signora Isabella Amendola, ad incontrarla all'aeroporto di Fiumicino alle 8 del primo giugno; la riconoscerà facilmente: è alta e magra con i capelli biondi e ricci, e veste sempre in maniera sportiva. Lavora con me da due anni ed è brava e simpatica.

5. Isabella ed io faremo tutto il possibile per rendere la sua permanenza a Roma piacevole e anche profittevole dal punto di vista commerciale.

6. Saremo entrambi ben felici di parlare italiano con Lei, e sono sicuro che Lei potrà parlare la nostra lingua perfettamente. Infatti Lei scrive l'italiano molto bene. É difficile credere che studia l'italiano da pochi mesi soltanto.

7. Perciò voglio congratularmi con Lei e con la sua insegnante. Poiché la signora Ricci è italiana capisco benissimo la sua familiarità con gli idiomi italiani. Allora, "In bocca al lupo per il viaggio!"

8. In attesa di fare la sua conoscenza Le invio i miei più rispettosi saluti.

Gianfranco Marcelli

9. "È davvero una lettera carina," dice la signora Ricci. "Fino ad ora Lei ha conosciuto il signor Marcelli come il suo rivenditore, serio ed abile. Mi sembra anche molto simpatico e disponibile, e sono certa che Le sarà di grande aiuto."

10. "Anch'io sono sicuro che fra gli italiani sarò felice, e la cosa migliore è che potrò conversare con loro nella loro lingua. Ma perché devo andare in bocca al lupo?"

11. "Oh, è solo un'espressione che significa 'Buona fortuna,' a cui Lei deve rispondere 'Crepi!' Bene, signor Campi, giovedì prossimo è il nostro ultimo appuntamento prima della sua partenza. Ci incontreremo nel mio ufficio, non è vero?"

12. "Sì, certo. E mi darà Lei degli ultimi consigli su come riuscire con gli italiani—e le italiane?"

13. "Con piacere, signor Campi."

NOTE — NOTES

A popular alternative to **Buona fortuna!**, *Good luck* (which is often reputed to actually bring bad rather than good luck), is **In bocca al lupo!** *Break a leg!* (literally: In the mouth of the wolf!). The correct response is **Crepi!** or *"May (the wolf) die!"*

It is good that Mario is visiting Rome in June and July and not in August, as the vast majority of Italians take their vacation in August and not much business is conducted in Italy during that month. Many shops, restaurants, bars, and so on are closed during the month of August, as people flock to the beach—though some prefer the mountains or travel abroad.

COMPRENSIONE DEL TESTO — READING COMPREHENSION

Esercizio 3: Abbinamenti — Matches

1. Il signor Campi tiene in mano
   a. la lettera che ha scritto al suo rivenditore.
   b. la lettera che gli ha scritto il suo rivenditore.
   c. una lettera d'amore per Marina.
2. Isabella Amendola è
   a. la sorella di Marina.
   b. la rivenditrice di Livia.
   c. l'assistente del rivenditore di Mario.
3. Isabella è facile da riconoscere perchè
   a. è alta, bionda e sportiva.
   b. è alta, mora e sportiva.
   c. è bionda, giovane e elegante.
4. Mario è sicuro che
   a. tra gli italiani troverà l'amore.
   b. con Isabella troverà l'amore.
   c. tra gli italiani sarà felice.
5. La cosa migliore del viaggio è che
   a. Marina sarà con lui.
   b. Isabella sarà con lui.
   c. potrà parlare italiano con gli italiani.
6. Il rivenditore, Gianfranco
   a. sarà a Milano a giugno e luglio.
   b. sarà a Roma a giugno e luglio.
   c. è innamorato di Isabella.

Esercizio 4: Inserisci le parole mancanti.
Insert the missing words.

1. La prossima lezione di Mario e Marina sarà l' _____ prima della partenza.
2. Isabella incontrerà Mario all'_____ di Fiumicino.
3. Gianfranco e Isabella renderanno la _____ di Mario profittevole e piacevole.
4. Isabella è brava e _____.
5. Mario scrive l'italiano _____, secondo Gianfranco.
6. Marina dice che Gianfranco sembra simpatico e _____.
7. Il prossimo _____ di Mario e Marina è in ufficio.
8. Mario vuole dei _____ su come riuscire con gli italiani e le italiane.

APPUNTI DI GRAMMATICA — GRAMMAR NOTES

1. PRESENT TENSE OF THE VERB **TENERE**, TO HOLD, TO KEEP

In the present tense, **tenere** looks a lot like **venire** except in the **voi** form; in the formal imperative and in the future, which are irregular, **tenere** is exactly the same as **venire** except for the first letter.

io tengo *I hold*
tu tieni *you hold*
lui/lei/Lei tiene *he/she/it holds, you hold* (formal)
noi teniamo *we hold*
voi tenete *we hold*
loro tEngono *you hold*

formal imperative: **tenga!** *hold!*
future: **terrò, terrai, terrà, terremo, terrete, terranno**

The verbs **contenere**, *to contain*, **ottenere**, *to obtain*, and **ritenere**, *to believe, to retain*, derive from **tenere** and have forms like **tenere**.

contengo, contieni, contiene, conteniamo,
  contenete, contEngono
ottengo, ottieni, ottiene, otteniamo, ottenete,
  ottEngono
ritengo, ritieni, ritiene, riteniamo, ritenete,
  ritEngono

2. AGREEMENT OF THE PAST PARTICIPLE WITH DIRECT OBJECT PRONOUNS

When *a direct object pronoun* precedes the verb, the past participle must agree with that direct object pronoun in number and gender.

Hai letto il libro? Sì, l'ho (=lo ho) letto.
  Have you read the book? Yes, I read it. (masc. sing.)
Hai letto la lettera? Sì, l'ho (=la ho) letta.
  Have you read the letter? Yes, I read it. (fem. sing.)
Hai letto i libri? Sì, li ho letti.
  Have you read the books? Yes, I have read them. (*masc.plur.*)
Hai letto le lettere? Sì, le ho lette.
  Have you read the letters? Yes, I have read them. (*fem. plur.*)

ESERCIZI — EXERCISES

Esercizio 5: Trasforma le frasi secondo l'esempio.
Transform the sentences according to the example.

Esempio: Noi veniamo in Italia a giugno.
  Anche loro <u>vengono in Italia a giugno.</u>

1. Quella scatola contiene molte fotografie.
   Anche queste scatole _____.

2. Il cane tiene un topo in bocca.
   Anche i gatti _____.

3. I Musei Vaticani contengono molte opere d'arte.
   Anche la Galleria d'Arte Moderna

   _____.

4. Io ritengo la guerra inutile e dannosa.
   Anche tu _____.

5. Noi riteniamo l'Italia un paese stupendo.
   Anche Lei _____.

6. Tu ritieni Marina gelosa di Isabella.
   Anch'io_____.

7. Con un po' di pazienza, otteniamo quello che vogliamo.
   Con un po' di pazienza, anche voi

   _____.

8. L'America tiene in mano il destino di molti paesi.
   Anche le Nazioni Unite _____.

Esercizio 6: Rispondi alle domande con i pronomi oggetto diretto (attenzione agli accordi!)
Answer the questions with direct object pronouns (careful with the agreements!)

Esempio: Hai lavato la macchina? Sì, <u>l'ho lavata</u>

1. Hai studiato *la lezione*? Sì,

   _____

2. Hai visto *i film* di Fellini? Sì,

   _____

3. Hai guardato *la televisione* ieri? Sì,

   _____

4. Hai letto *le commedie* di Dacia Maraini? Sì,

   _____

5. Hai preso *un cappuccino* stamattina? Sì,

   _____

6. Hai preso *i pasticcini*? Sì,

   _____

7. Hai ascoltato la radio ieri sera? Sì,

   _____

8. Hai invitato *Natalia Ginzburg* a pranzo? Sì,

   _____

Esercizio 7: Rispondi alle domande al negativo con i pronomi oggetto diretto. Answer the questions in the negative with the direct object pronouns.
Esempio: Avete guardato la televisione?
  No, non l'abbiamo guardata.

1. Avete invitato *le vostre colleghe*?

   _____

2. Avete letto *quelle riviste*?

   _____

3. Avete comprato *i compact[2] di Francesco Guccini*?

_____

4. Avete informato *gli insegnanti*?

_____

5. Avete scritto *quella poesia*?

_____

6. Avete mangiato *la mozzarella di bufala*?

_____

7. Avete incontrato *mio padre*?

_____

8. Avete tenuto *la vostra parola*?

_____

Esercizio 8: Rispondi secondo la tua esperienza, usando i pronomi oggetto diretto. Answer according to your experience, using the direct object pronouns.

1. Hai fatto un viaggio quest'anno?

_____

2. Hai pulito il bagno questa settimana?

_____

3. Hai preparato gli spaghetti per stasera?

_____

4. Hai studiato la lezione di italiano oggi?

_____

5. Hai fatto la spesa questa settimana?

_____

6. Hai guardato la televisione oggi?

_____

7. Hai ascoltato le canzoni oggi?

_____

8. Hai mangiato la verdura oggi?

_____

9. Hai preso un caffè stamattina?

_____

10. Hai scritto le lettere di Natale quest'anno?

_____

[2] The word **compact**, compact disk, is invariable in the plural because it ends with a consonant (like the words **bar** and **film**).

CHIACCHIERANDO — CHATTING
PER PARLARE DI LETTURE — SPEAKING ABOUT READING

espressioni utili
l'autore / l'autrice *author*
la biblioteca *library*
il capolavoro *masterpiece*
l'enciclopedIa *encyclopedia*
il libro *book*
...di poesie *potry book*
...di storia *history book*
il giornale / il quotidiano *daily newspaper*
la lettera *letter*
la librerIa *bookshop*
la narrativa *fiction*
la poesIa *poem, poetry*
il poeta / la poetessa *poet*
la prosa *prose*
la pubblicità *ad, commercial*
il racconto, la novella *short story*
la recensione *review*
la rivista *magazine*
il romanzo *novel*
    di fantascienza *science fiction*
    giallo *murder mystery*
    rosa *love story*
    stOrico *historical*
il saggio *essay*
lo scrittore / la scrittrice *writer*
la storia *story*
il titolo *title*
la trama *plot*
il volume *volume*

prEndere in prestito *to borrow*
pubblicare *to publish*
raccontare *to tell*
scrIvere *to write*
trattare *to be about*

Esercizio 9: Scrivi delle domande e delle risposte secondo l'esempio. Write some questions and answers according to the example.

Esempio: Il Decamerone
    Hai letto Il Decamerone? No, non l'ho letto, ma lo voglio leggere

1. *La Divina Commedia*

_____

2. *I promessi sposi*[3]

_____

3. il giornale di stamattina

_____

4. l'autobiografia di Silvio Berlusconi

_____

5. i libri di Italo Calvino

_____

6. un romanzo italiano

_____

7. le poesie di Montale

_____

8. una rivista italiana

_____

Esercizio 10: Pratica orale – Rispondi alle domande. *Oral practice – Answer the questions.*

1. Hai mai scritto una poesia?
2. Hai mai scritto un romanzo?
3. Hai mai scritto una recensione?
4. Che cosa ti piace leggere e perché?
5. Che cosa non ti piace leggere e perché?
6. Hai mai pubblicato qualcosa?
7. Qual è il tuo autore preferito? E il tuo genere preferito?
8. Preferisci comprare libri o prenderli in prestito dalla biblioteca?

Ecco una statua di Dante Alighieri, l'autore della Divina Commedia (1265-1321)

SULL'INTERNET — ON THE WEB

Liberliber è un bellissimo sito sulla letteratura italiana di tutti i tempi:

www.liberliber.it

---

[3] Written by Alessandro Manzoni (1785-1873), *I Promessi Sposi* (*The Betrothed*, published between 1827 and 1840) is the classic Italian novel, one that all Italian students must read in high school.

CAPITOLO 33 (TRENTATRÉ)

GLI ULTIMI CONSIGLI PRIMA DI PARTIRE
LAST WORDS OF ADVICE BEFORE LEAVING

SCIOGLILINGUA — TONGUE TWISTER

"Due dadi Dado ha avuto in dono ma Ida e Ada
gelose sono."
*Dado has received two dice as a gift but Ida and Ada
are jealous.* [1]

PRESENTAZIONE — INTRODUCTION

Mario looks forward to his trip and to leaving New
York, where it is hot and everyone is irritable. He
makes one last, fruitless attempt to invite Marina
to go to Italy with him. The two turn to discussing
some cultural differences between Italians and
Americans, for example in their business exchanges.
Marina encourages Mario to "do as the Romans
do": take it easy, take a nap after lunch, and take
every opportunity to practice Italian. Mario says he
will stay in touch and attempts to embrace her as
they shake hands when they say goodbye.

VOCABOLARIO NUOVO — NEW VOCABULARY

■ **nomi** — nouns

l'aria condizionata *air conditioning*
la cortesIa *courtesy*
la formalità *formality*   **l'esperienza** *experience*
il mal di testa *headache*   **l'interesse** *interest*
l'ospitalità *hospitality*   **la notizia** *news*
il rumore *noise*   **il rispetto** *respect*
il sonnellino, il pisolino *nap*
il soffio *breath*   **il tentativo** *attempt*
il valore *value*

---

[1] Like the preceding one, this **scioglilingua** also contains no
particularly challenging sounds, though saying it fast and well
is quite a feat. Do not double up the single **d**.

■ **aggettivi** — adjectives

agitato / agitata *agitated*   **aperto / aperta** *open*
degno / degna *worthy*   **desiderAbile** *desirable*
innamorato / innamorata *in love*
irritAbile *irritable*   **nuovo / nuova** *new*
ospitale *hospitable*
profondo / profonda *deep, profound*
rotto / rotta *broken*

■ **verbi** — verbs

abbracciare *to embrace*   **abituarsi** *to get used to*
cogliere *to gather*   **cOrrere** *to run*
morire *to die*   **nascere** *to be born*
raccomandare *to recommend*
ricordare *to remember*   **rilassarsi** *to relax*
rinunciare *to give up*   **sfuggire** *to flee*
stringersi la mano *to shake hands*

■ **avverbi e altro** — adverbs and more

del resto *after all*
in generale *in general*
in quanto a... *as far as...*
non vedere l'ora *can't wait*
prima di tutto *first of all*

ESERCIZI DI VOCABOLARIO —
VOCABULARY EXERCISES

*Esercizio 1: Inserisci la forma corretta del
passato prossimo dei seguenti verbi.*
*Insert the correct form of the present perfect
of the following verbs.*

  *ricordare - abbracciare - rinunciare -
raccomandare*

1. Voi _____ i nonni quando li avete visti?

2. Domani è Natale, _____ di comprare un regalo per tua moglie?

3. Hai letto i libri che la tua insegnante ti _____?

4. Noi _____ al vino e siamo diventati astemi.

Esercizio 2: Riempi gli spazi — Fill in the blanks

1. Una persona rispettosa capisce il valore del _____.

2. Una persona ospitale capisce il valore dell' _____.

3. Una persona che non è superficiale è _____.

4. Una cosa o persona che molti desiderano è _____.

5. Quando desideriamo molto fare qualcosa non _____ l'ora di farla.

LETTURA — READING

1. Fa caldo nell'ufficio della signora Ricci. L'aria condizionata è rotta e non c'è un soffio d'aria. Dalle finestre aperte si sentono i rumori della strada.

2. "Non vedo l'ora di lasciare la città," dice il signor Campi alla signora Ricci.

3. "Qui fa caldo e la gente è irritabile. E il caldo mi fa venire il mal di testa. Non ce la faccio più! In Italia potrò rilassarmi un po' e fare delle esperienze nuove."

4. "Allora, signora Ricci, ho una proposta: invece di venire con me al cinema, a vedere *L'ultimo bacio*—che non c'è più—perché non viene in Italia con me?"

5. "Lei sa bene che non è possibile né desiderabile."

6. "Peccato! Allora devo proprio rinunciare a Lei? Vuole però essere così gentile da darmi alcuni ultimi consigli?"

7. "Come no, signor Campi. Le abitudini di ogni paese sono molto differenti. In generale le cose in Italia sono fatte con più formalità di qui. La cortesia e l'ospitalità hanno un valore più profondo. Significa che ogni persona è degna di rispetto. In Italia gli affari, per esempio, sono fatti con più formalità che negli Stati Uniti. Gli uomini d'affari in Italia amano conversare un po' prima di parlare d'affari. Loro desiderano prima di tutto conoscersi."

8. "Io sarò molto felice in Italia con loro."

9. "Mah, Lei dovrà abituarsi a un modo di vivere meno agitato. In generale la vita in Italia è più calma di qui."

10. "Lo spero. Sono stanco di fare le cose sempre in fretta. Del resto Lei mi sta insegnando non solo l'italiano ma anche ad aspettare..."

11. "E ricordi che a Roma in estate fa spesso molto caldo. Perciò le consiglio di seguire l'uso romano di fare un sonnellino tra le tredici e le quindici."

12. "Non lo dimenticherò. E riposando penserò alle nostre lezioni e a Lei..."

13. "Ora che Lei sa parlare italiano così bene, prenda l'occasione di parlarlo con tutti: con i camerieri, con gli impiegati, con le commesse dei negozi, con il barista, ecc. Questo è il miglior modo di conoscere l'Italia."

14. "Grazie a Lei, signora Ricci, potrò parlare con gli italiani nella loro lingua, e certamente coglierò ogni occasione di farlo."

15. "A proposito, ha letto i libri sull'Italia che Le ho raccomandato?"

16. "Sì, li ho letti con grande interesse. Ho letto anche le due guide turistiche che Lei mi ha prestato. Sono sicuro che queste due guide mi saranno di grande aiuto."

17. "Senza dubbio. In quanto a me, io passerò l'estate a New York, lavorando e aiutando mia sorella con la famiglia."

18. "Penserò a Lei spesso e di tanto in tanto Le scriverò."

19. "Sarò molto felice di ricevere Sue notizie. Allora, adesso dobbiamo salutarci."

20. "In bocca al lupo, signora Ricci, e grazie."
21. "Buon viaggio, signor Campi."
    E i due si stringono la mano, mentre Marina sfugge al delicato tentativo di Mario di abbracciarla.

NOTE — NOTES

While in English you say "to look forward to" in Italian you say **non vedere l'ora di**: **Il signor Campi non vede l'ora di andare in Italia, tu non vedi l'ora di parlare l'italiano perfettamente.**

Another common idiom Mr.Campi uses correctly in this reading is **farcela,** *to make it,* where the verb **fare** is conjugated in the usual way and the words **ce la** precede the verb and are invariable: **io non ce la faccio più,** *I can't take this anymore;* **noi non ce la facciamo più a studiare e lavorare,** *we can't take it anymore, studying and working.*

COMPRENSIONE DEL TESTO —
READING COMPREHENSION

Esercizio 3: Abbinamenti — Matches

colonna A
1. Fa caldo
2. Con questo caldo a New York
3. Mario invita Marina a
4. Mario chiede a Marina
5. Gli affari in Italia
6. Grazie alla signora Ricci
7. Mario dovrà abituarsi
8. Mario deve seguire le abitudini romane

colonna B
a. a un modo di vivere più calmo, meno agitato.
b. nell'ufficio della signora Ricci.
c. sono fatti con più formalità che in America.
d. e fare un sonnellino dopo pranzo.
e. venire in Italia con lui.
f. la gente è irritabile.
g. di dargli gli ultimi consigli.
h. Mario potrà parlare in italiano con gli italiani.

Esercizio 4: Inserisci le parole mancanti.
Insert the missing words.

1. Fra le tredici e le quindici, i romani fanno un
   _____.

2. Mario aspetta ancora il _____ dell'esame di geografia.

3. Gli _____ in Italia sono fatti con più formalità.

4. Mario sarà contento di una vita calma perchè non gli piace fare le cose in _____.

5. Mario coglierà l'_____ di parlare italiano con tutti.

6. A New York la gente è _____ perchè fa molto caldo.

7. Nell'ufficio della signora Ricci non c'è un _____ d'aria.

8. Per Marina non è possibile né _____ andare in Italia con Mario.

APPUNTI DI GRAMMATICA —
GRAMMAR NOTES

1. DISJUNCTIVE OR TONIC PRONOUNS
You have already met direct and indirect object pronouns. The disjunctive or tonic pronouns are another set of pronouns which, with the exception of **me** and **te**, look the same as the subject pronouns you met towards the beginning of this book. Disjunctive pronouns are the only pronouns you can use after a preposition. They can sometimes substitute direct or indirect object pronouns if you want to give the pronoun a special emphasis:

me *me*	**noi** *us*
te *you*	**voi** *you*
lui / lei *him/her, you* (formal)	**loro** *them*

Esci con noi stasera? No, vado da lei.
  Will you go out with us tonight? No, I am going to her (house).
Non lo amo più, amo solo te!
  I don't love him anymore, I love only you!

2. MORE IRREGULAR PAST PARTICIPLES

aprire	*to open*	**aperto**	*opened*
chiudere	*to close*	**chiuso**	*closed*
correre	*to run*	**corso**	*run*
mettere	*to put*	**messo**	*put*
morire	*to die*	**morto**	*died*
nascere	*to be born*	**nato**	*born*
permettere	*to permit*	**permesso**	*permitted*
promettere	*to promise*	**promesso**	*promised*
rendere	*to give back*	**reso**	*given back*
rimanere	*to remain*	**rimasto**	*remained*
rompere	*to break*	**rotto**	*broken*
scendere	*to climb down*	**sceso**	*climbed down*
spendere	*to spend*	**speso**	*spent*
vedere	*to see*	**visto / veduto**	*seen*

3. PAST PARTICIPLES USED AS ADJECTIVES

Past participles are often used as adjectives; like all adjectives, they agree in number and gender with the nouns they modify.

il libro aperto	*the open book*
i libri aperti	*the open books*
il libro chiuso	*the closed book*
i libri chiusi	*the closed books*
la finestra aperta	*the open window*
le finestre aperte	*the open windows*
la finestra chiusa	*the closed window*
le finestre chiuse	*the closed windows*

ESERCIZI — EXERCISES

Esercizio 5: Rispondi con i pronomi tonici.
Answer with the tonic pronouns.

Esempio: Marina vive con Livia?
        Sì, Marina vive con lei.

1. Hai viaggiato con *Marina*?

   _____

2. Siete usciti con *i signori Ricci-Jones*?

   _____

3. Fai questo per *tuo figlio*?

   _____

4. I tuoi figli vanno dalla *zia Caterina*?

   _____

5. Voi avete pranzato da *Piergiorgio e Marilena*?

   _____

6. Vuoi uscire con *me*?

   _____

Esercizio 6: Crea delle frasi secondo l'esempio.
Create some sentences according to the example.

Esempio: comprare le vitamine / il farmacista
        Ho comprato le vitamine da lui.

1. comprare la carne / il macellaio

   _____

2. fare la permanente / la parrucchiera (*hairdresser*)

   _____

3. andare a studiare / Marco e Claudio

   _____

4. fare la spesa / il fruttivendolo

   _____

5. curare un dente / il dentista

   _____

6. lavorare / i professori

   _____

7. fare una visita / la dottoressa

   _____

8. confessare i miei peccati (*sins*) / il sacerdote
   (*priest*) _____

Esercizio 7: Crea delle frasi secondo l'esempio.
Create some sentences according to the example.

Esempio: aprire / la porta **La porta è aperta.**

1. chiudere / le finestre _____

2. rompere / la tazza _____

3. aprire / i portoni _____

4. chiudere / la casa _____

5. preparare / il caffè _____

6. bollire / le verdure _____

7. pulire / le stanze _____

8. lavare / la frutta _____

CHIACCHIERANDO — CHATTING
PARAGONARE LE PERSONE — COMPARING PEOPLE

espressioni utili

allegro / allegra *cheerful*
amichevole *friendly*
buono / buona *good*
colto / colta *cultured*
comico / comica *comical*
debole *weak*
fedele *faithful*
felice *happy*
forte *strong*
innamorato / innamorata *in love*
intelligente *intelligent*
interessato / interessata alla politica
interested in politics
interessato / interessata alla cucina
interested in cooking
interessato / interessata alla moda
interested in fashion
ironico / ironica *ironic*
ospitale *hospitable*
rilassato / rilassata *relaxed*
romantico / romantica *romantic*
sensibile *sensitive*
simpatico / simpatica *nice, fun*
sincero / sincera *sincere*
socievole *sociable*
teso / tesa *tense*

Esercizio 8: Rispondi alle domande secondo l'esempio. Answer the questions according to the example.

Esempio: **Gli americani sono più o meno ricchi degli italiani?**
<u>**Secondo me, sono più ricchi di loro**</u>

1. Gli americani sono più o meno ospitali degli italiani? _____

2. Gli americani sono più o meno romantici degli italiani? _____

3. Marina è più o meno innamorata di Mario?
_____

4. Marina è più o meno forte di Mario?
_____

5. Un uomo è più o meno sensibile di una donna? _____

6. Le donne sono più o meno fedeli degli uomini?
_____

Esercizio 9: Pratica orale – Adesso crea tu delle domande e risposte. Oral practice – Now you create some questions and answers.

SULL'INTERNET — ON THE WEB
Despite its English name, the following is an all-Italian site aimed at promoting the presence of women in the world of business:

www.emmenet.it/wbn

CAPITOLO 34 (TRENTAQUATTRO)

IN PARTENZA PER L'ITALIA
DEPARTING FOR ITALY

SCIOGLILINGUA — TONGUE TWISTER

"Un empio imperatOr di un ampio impero scoppiAr fece una guerra per un pero; credeva conquistare il mondo intero l'imperator, ma perse l'ampio impero."

An impious emperor of an ample empire started a war for a pear tree; he thought he would conquer the entire world, that emperor, but he lost his ample empire.[1]

PRESENTAZIONE — INTRODUCTION

In preparation for his trip, Mario has studied Italian seriously for several months, obtained his plane ticket and passport, and exchanged some dollars into euros. It is his departure day, and he is at the airport. Security is very tight. As he waits at the check-in line, he entertains the three young children in the family in front of him. This family reminds him of Marina and her family, and helps him realize that he is in love with her. He gets on the plane, fastens his seat belts, and reads a book Marina gave him as a goodbye gift.

VOCABOLARIO NUOVO — NEW VOCABULARY

■ **nomi** — nouns

l'**amicizia** *friendship*
l'**assistente** *assistant*
l'**assistente di volo** *flight attendant*
il **bAncomat** *ATM machine, ATM card*

la **carta d'imbarco** *boarding pass*
il **check-in**, l'**accettazione** *check-in counter*
la **cintura di sicurezza** *seatbelt*
il **controllo** *check*
la **fila** *line*
il **messaggio** *message*
il **passaporto** *passport*
la **posta elettrOnica** *email*
il **senso** *sense*
la **sicurezza** *security, safety*
il **volo** *flight*

il **gioco** *game*
il **lusso** *luxury*
la **misura** *measure*
il **pensiero** *thought*
il **sedile** *seat*

il **vuoto** *emptiness*

■ **aggettivi** — adjectives

assorto / **assorta** *absorbed*
　　　　　　　　　(in thought, in reading, etc.)
interessato / **interessata** *interested*
preciso / **precisa** *precise*
trAgico / **trAgica** *tragic*

■ **verbi** — verbs

accomodarsi *to make oneself comfortable*
allacciare *to fasten*
imbarcarsi *to board*
mostrare *to show*
prelevare *to withdraw*
volare *to fly*

approfondire *to deepen*
intrattenere *to entertain*
ottenere *to obtain*
promEttere *to promise*

■ **avverbi e altro** — adverbs and more

almeno *at least*
calorosamente *warmly*
finalmente *finally*
ugualmente *equally, all the same*
particolarmente *particularly*
seriamente *seriously*

---

[1] Make sure you emphasize the difference between the double **p** of **scoppiar** and the single **p** throughout; similarly, you should also stress differently the double **r** in **guerra** and the single **r** throughout.

ESERCIZI DI VOCABOLARIO —
VOCABULARY EXERCISES

Esercizio 1: Completa le frasi con la forma corretta di uno dei seguenti aggettivi.
Complete the sentences with the correct form of one of the following adjectives.

assorto – interessato – preciso – tragico

1. Mi dispiace, ma non sono _____ ai film di guerra.

2. Guarda i bambini, sono tutti _____ in quel gioco.

3. I fatti dell'undici settembre sono davvero

   _____.

4. Cenerentola (*Cinderella*) è partita dal ballo a mezzanotte _____.

Esercizio 2: Abbinamenti — Matches

colonna A
1. l'assistente di volo
2. le cinture di sicurezza
3. la posta elettronica
4. i controlli di sicurezza
5. il bancomat
6. l'accettazione
7. la fila
8. l'amicizia

colonna B
a. ci permette di prelevare i nostri soldi anche quando siamo in un altro paese.

b. è una parte essenziale e allegra della vita.

c. aiuta i passeggeri a imbarcarsi e a volare.

d. è dove prendiamo la carta d'imbarco e mostriamo il passaporto.

e. è quando dobbiamo aspettare per un servizio: gli italiani non sono bravi a farla.

f. è più veloce della posta normale ma è necessario un computer.

g. sono necessari specialmente dopo l'11 settembre.

h. devono essere allacciate per funzionare correttamente.

LETTURA — READING

1. Sono sei mesi che il signor Campi studia l'italiano. Lui ha passato molto tempo conversando con la sua insegnante, la signora Ricci. Ha imparato anche le regole essenziali della grammatica e ha letto molti libri sull'Italia. Lui ha lavorato seriamente e molto. Ora lui parla bene l'italiano e conta di cogliere ogni occasione di usarlo in Italia.

2. Il signor Campi ha comprato il biglietto per l'aeroplano, ha ottenuto il passaporto, e ha cambiato trecento dollari in euro. Il resto lo potrà prelevare in Italia da un bancomat. Lui ha tutto quello di cui ha bisogno per il volo. Gli piace viaggiare e gli piace volare.

3. Naturalmente il signor Campi ha scritto un messaggio di posta elettronica al suo rivenditore a Roma per ricordargli l'ora del suo arrivo. Il signor Marcelli, il rivenditore, ha promesso di mandare la sua assistente ad incontrarlo all'aeroporto.

4. Finalmente il 31 maggio, il giorno della partenza, arriva. L'aeroplano del signor Campi parte dall'aeroporto di Newark alle 17.00 precise. Lui dev'essere all'aeroporto almeno due ore prima per fare il check-in: dovrà mostrare biglietto e passaporto all'impiegata, prendere la carta d'imbarco, inviare le sue valige e superare i vari controlli di sicurezza prima di imbarcarsi.

5. Dopo i tragici fatti dell'11 (undici) settembre 2001 (duemilauno), gli aeroporti americani e mondiali sono particolarmente attenti alle misure di sicurezza.

6. Il signor Campi viaggia da solo. Questo gli sembra un vero lusso quando vede la famiglia in fila davanti a lui all'accettazione: una giovane mamma e un altrettanto giovane papà viaggiano con tre bambini piccoli. Il signor Campi intrattiene i piccoli con alcuni giochi mentre la mamma e il papà mostrano biglietti e passaporti. I due genitori lo ringraziano calorosamente.

7. La simpatica famiglia gli ricorda però la famiglia Ricci-Jones. E questo gli ricorda Marina, la signora Ricci, di cui ha capito di

essere innamorato, Marina che rimane a New York. Lui ha deciso di partire ugualmente per l'Italia, però, perché la signora Ricci non sembrava interessata ad approfondire la loro amicizia. Peccato, pensa il signor Campi con un senso di vuoto.

8. Mentre è assorto in questi pensieri, il signor Campi sale sull'aereo, trova il suo posto, si accomoda sul sedile, si allaccia la cintura di sicurezza e legge un libro che gli ha regalato la signora Ricci, *Un italiano in America*, di Beppe Severgnini.

9. Alle 17.00 in punto l'aeroplano parte.

NOTE — NOTES

In Italian the word **bancomat** refers to both *the ATM machine* and *the ATM card*. You can withdraw money from your U.S. account through an Italian **bancomat** for the nominal fee charged by your bank. This is usually a much better way to get **gli euro** when you are in Italy than going through a change bureau or even a bank.

COMPRENSIONE DEL TESTO — READING COMPREHENSION

Esercizio 3: Abbinamenti — Matches

colonna A

1. Il signor Campi studia l'italiano…
2. Lui vuole cogliere…
3. Il signor Campi ha con sé…
4. All'aeroporto di Roma Mario incontrerà…
5. Prima di partire…
6. All'accettazione il signor Campi intrattiene…
7. La famiglia…
8. Mario capisce…

colonna B

a. … tre bambini piccoli.
b. … passaporto, biglietto e circa trecento euro.
c. … gli ricorda la famiglia di Marina.
d. … dovrà superare i controlli di sicurezza.
e. … l'assistente del signor Marcelli.
f. … di essere innamorato di Marina.
g. … ogni occasione di parlare italiano.
h. … da sei mesi.

Esercizio 4: Inserisci le parole mancanti.
Insert the missing words.

1. All'_____ l'impiegata controlla biglietto e passaporto.
2. Il signor Campi può prendere altri soldi in Italia con il _____.
3. Il signor Campi vuole _____ ogni occasione di parlare italiano.
4. Dopo l'11 settembre i controlli di _____ sono aumentati.
5. I genitori _____ Mario per aver intrattenuto i bambini.
6. La famiglia gli _____ Marina.
7. Mario è _____ di Marina.
8. Sull'aereo, Mario legge un libro che gli _____ Marina.

APPUNTI DI GRAMMATICA — GRAMMAR NOTES

1. **PRESENT TENSE OF SALIRE**, TO GO UP, TO CLIMB, TO GET INTO, AND **RIMANERE**, TO REMAIN, TO STAY

salire *to go up, to climb (stairs, etc.), to get into (a car, a plane, etc.)*
io salgo *I climb up*
tu sali *you climb up*
lui/lei/Lei sale *he/she/it climbs up, you climb up (formal)*
noi saliamo *we climb up*
voi salite *you climb up*
loro sAlgono *they climb up*

formal imperative: **salga!**
future (regular): **salirò, salirai, salirà, saliremo, salirete, saliranno**

rimanere *to remain, to stay*
io rimango *I remain*
tu rimani *you remain*
lui/lei/Lei rimane *he/she/it remains, you remain (formal)*
noi rimaniamo *we remain*
voi rimanete *you remain*
loro rimAngono *they remain*

formal imperative: **rimanga!**

future (irregular): **rimarrò, rimarrai, rimarrà, rimarremo, rimarrete, rimarranno**

2. SUMMARY OF IRREGULAR PAST PARTICIPLES

These are verbs you have already encountered whose past participle is irregular.

aprire	*to open*	**aperto**
chiudere	*to close*	**chiuso**
coprire	*to cover*	**coperto**
decidere	*to decide*	**deciso**
dire	*to say*	**detto**
fare	*to do, do make*	**fatto**
leggere	*to read*	**letto**
mettere	*to put*	**messo**
offrire	*to offer*	**offerto**
permettere	*to permit*	**permesso**
prendere	*to take*	**preso**
promettere	*to promise*	**promesso**
rendere	*to give back*	**reso**
rispondere	*to answer*	**risposto**
rompere	*to break*	**rotto**
scrivere	*to write*	**scritto**
spendere	*to spend*	**speso**
vedere	*to see*	**visto (veduto)**

3. SUMMARY OF VERBS WITH AN IRREGULAR FUTURE

These are verbs you have already encountered whose forms in the future are irregular.

andare	**andrò**	*I will go*
avere	**avrò**	*I will have*
bere	**berrò**	*I will drink*
dare	**darò**	*I will give*
dovere	**dovrò**	*I will have to*
essere	**sarò**	*I will be*
fare	**farò**	*I will do*
potere	**potrò**	*I will be able to*
rimanere	**rimarrò**	*I will remain*
sapere	**saprò**	*I will know*
vedere	**vedrò**	*I will see*
venire	**verrò**	*I will come*
volere	**vorrò**	*I will want*

ESERCIZI — EXERCISES

Esercizio 5: Inserisci le forme corrette del presente di SALIRE o RIMANERE, secondo il contesto. Insert the correct forms of the present of SALIRE or RIMANERE, according to the context.

1. Alle 16 Mario _____ sull'aereo.

2. I cinque membri della simpatica famiglia _____ in aereo con lui.

3. Marina invece _____ a New York.

4. Anche i signori Ricci-Jones _____ a New York.

5. Tu, invece, _____ a casa oppure _____ in aereo con Mario?

6. E voi, cosa fate, _____ nel vostro paese oppure _____ sull'aereo per andare in Italia?

7. Noi _____ a casa, non _____ su un aereo dall'11 settembre.

Esercizio 6: Rispondi alle domande secondo l'esempio. Answer the questions according to the example.

Esempio: Hai studiato l'italiano?
   <u>**Ma no, lo studierò dopodomani!**</u>

1. Hai allacciato le cinture? _____

2. Hai superato il controllo di sicurezza?

   _____

3. Hai mostrato il passaporto? _____

4. Hai bevuto il caffè? _____

5. Hai regalato i libri? _____

6. Hai fatto le spese? _____

7. Hai promesso i regali? _____

8. Hai visto i bambini? _____

9. Hai saputo la verità? _____

10. Hai chiuso le valige? _____

Esercizio 7: Rispondi alle domande secondo l'esempio. Answer the questions according to the example.

Esempio: studierete la lezione?

> Certo che no, l'abbiamo già studiata prima

1. Allaccerete le cinture? _____

2. Chiuderete la valigia? _____

3. Prenderete la carta d'imbarco? _____

4. Aprirete la rivista? _____

5. Scriverete il messaggio di posta elettronica?

_____

6. Preleverete gli euro? _____

7. Regalerete le tazzine di Deruta?

_____

8. Occuperete il vostro sedile?

_____

9. Farete il gioco con i bambini?

_____

10. Porterete il bancomat?

_____

CHIACCHIERANDO — CHATTING
PER PARLARE DI UN VIAGGIO — SPEAKING OF A TRIP

Esercizio 8: Rispondi alle domande secondo l'esempio. Answer the questions according to the example.

Esempio: Hai preso il bancomat?

> Sì, l'ho preso.

1. Hai preparato le valige? _____

2. Hai portato il passaporto? _____

3. Hai controllato i soldi? _____

4. Hai portato le carte di credito e il bancomat?

_____

5. Hai salutato amici e parenti?

_____

6. Hai visitato i siti internet importanti?

_____

Esercizio 9: Pratica orale - Descrivi quello che hai fatto e quello che non hai fatto durante il tuo viaggio preferito, usando i verbi e le espressioni seguenti. Oral Practice - Describe what you did and what you did not do during your favorite trip, using the expressions and verbs below.

fare un viaggio; visitare un paese straniero / una città americana; portare molte/poche valige; viaggiare in aereo / in treno / in macchina / in bicicletta; viaggiare da soli / con qualcuno / con la famiglia; visitare amici / parenti

SULL'INTERNET — ON THE WEB

Beppe Severgnini's *Un italiano in America*, Marina's gift to Mario before his departure, is the humorous and enlightening account of an Italian journalist who spent a year in Washington DC with his wife and child. You can also read it in English, it has been translated as *Ciao America*. Visit Severgnini's home page to learn more about this popular Italian writer and journalist.

www.beppesevergnini.com

CAPITOLO 35 (TRENTACINQUE)

FINALMENTE L'ARRIVO A ROMA
FINALLY THE ARRIVAL IN ROME

PROVERBIO — PROVERB

"Chi va piano va sano e va lontano."
Those who go slowly go in safety and go far.[1]

PRESENTAZIONE — INTRODUCTION

In his first letter from Italy to Marina, Mario describes his arrival at the Rome airport, his first meeting with his vendor's secretary, Isabella, and their car trip to the center of Rome at breakneck speed. All vehicles drive extremely fast, which makes Mario doubt Marina's claim that Italians take life easy. At the hotel he talks to the check-in clerk and finds his nice room—but he misses Marina very much, as he admits to her.

VOCABOLARIO NUOVO — NEW VOCABULARY

■ **nomi** — nouns

l'**Angolo** *corner*   l'**ascensore** *elevator*
la **dogana** *customs*   il **prezzo** *price*
la **velocità** *speed*

■ **aggettivi** — adjectives

compreso / compresa *included*
orgoglioso / orgogliosa *proud*
prenotato / prenotata *reserved*
salvo / salva *safe*   **sano / sana** *healthy*

tranquillo / tranquilla *calm*
vertiginoso / vertiginosa *extremely high*

■ **verbi** — verbs

accompagnare *to accompany*
avvicinarsi *to approach*   **controllare** *to check*
dichiarare *to declare*[2]   **fermarsi** *to stop*
girare *to turn*
guardarsi intorno *to look around*
ritirare *to claim*
sbagliarsi *to make a mistake*
scEndere *to climb down*   **uscire** *to go out*

■ **avverbi e altro** — adverbs and more

appena *barely*
a tutta velocità, a gran velocità *at full speed, very fast*
c'è tempo *there is time*   **con calma** *take it easy*
davanti *in front of*   **sano e salvo** *safe and sound*

ESERCIZI DI VOCABOLARIO — VOCABULARY EXERCISES

Esercizio 1: Inserisci le espressioni giuste negli spazi. Insert the right expressions in the spaces.

   con calma – sani e salvi – a tutta velocità – c'è tempo – davanti

1. Le persone che guidano molto velocemente vanno _____ .

2. L'opposto di dietro è _____ .

3. Quando facciamo un viaggio pericoloso ma arriviamo lo stesso arriviamo

   _____ .

---

[1] Now that we are in Italy, we will leave tonguetwisters behind (though I recommend going back to them regularly for pronunciation practice) and learn some popular Italian **proverbi** instead. This first one is similar to the English saying "slowly but surely."
[2] At the customs, **"nulla da dichiarare"** means *"nothing to declare."*

4. Sono le 2 e l'aereo parte alle 5, quindi

_____.

5. Io non guido velocemente, guido

_____.

Esercizio 2: Inserisci la parola giusta nella forma giusta. Insert the right word in the right form.

1. Per _____ dall'Empire state

Building _____ bisogna

prendere l'_____.

(ascensore / scendere / a gran velocità)

2. Francesca, tu sei _____ quando

_____ in aereo oppure sei

così nervosa che riesci _____ a salire?

(tranquillo / salire / appena)

3. Appena _____ i nostri bagagli

dobbiamo passare la _____

dove li _____ .

(controllare / ritirare / dogana)

4. Prima di comprare quella valigia devi

_____ il _____, perché

qui i _____ sono _____.

(prezzo / prezzo / controllare / vertiginoso)

LETTURA — READING

La prima lettera a Marina da Roma

Roma, 4 giugno 2002

Cara amica,

1. Quando l'aeroplano è arrivato a Fiumicino mi hanno controllato il passaporto, ho ritirato il bagaglio e ho passato la dogana.

2. Appena sono uscito dalla dogana, che ho passato velocemente perché non ho mai nulla da dichiarare, una giovane donna si è avvicinata e mi ha chiesto, "Scusi, Lei è il signor Campi?"

3. Io le ho risposto "Sì, sono io. E Lei è la signora Amendola, non è vero? Sono felicissimo di conoscerla." Poi ci siamo stretti la mano.

4. "Il piacere è tutto mio," ha risposto la signora Amendola. "Il signor Marcelli mi ha parlato molto di Lei."

Il Colosseo, uno dei simboli più importanti di Roma.

5. Lei si ricorda, signora Ricci, che la signora Amendola è l'assistente del signor Marcelli, il mio rivenditore di Roma.

6. Poi siamo usciti insieme e lei mi ha accompagnato con la sua macchina all'albergo Savoia.

7. La signora Amendola ha preso la strada del centro a tutta velocità. Ho pensato tra me, "La signora Ricci si sbaglia a proposito della vita tranquilla dell'Italia."

8. Guardandomi intorno, ho visto che tutti—le automobili, i camion, gli autobus, i motorini, i tassì—correvano a una velocità vertiginosa.

9. Finalmente ho detto alla signora Amendola: "Non corra così velocemente, per favore! Non ho affatto fretta! Con calma! C'è tempo!"

10. "Neppure io ho fretta!," mi ha risposto girando un angolo a gran velocità.

11. Finalmente siamo arrivati sani e salvi all'albergo, la macchina si è fermata e siamo scesi. La signora Amendola è scesa con me.

12. Sono andato all'accettazione e ho detto all'impiegata: "Buongiorno, signora. Ha una camera prenotata per il signor Campi?"

13. "Benvenuto a Roma, signor Campi. Certamente abbiamo prenotato per Lei una bella camera al quinto piano sul davanti. È il numero 55 (cinquantacinque)."

14. "Benissimo, grazie. Per favore, qual è il prezzo?"

15. "90 (novanta) euro al giorno, tutto compreso."

16. "Benissimo."

17. "Adesso L'accompagnamo su. Ma signor Campi, Lei parla l'italiano molto bene. Da quanto tempo è in Italia?"

18. "Sono arrivato proprio ora," le ho risposto, molto orgoglioso di me stesso.

19. "È qui per un viaggio di piacere?"

20. "Questo è un viaggio di piacere e anche d'affari."

21. Ho conversato ancora un po' con la signora Amendola e poi ci siamo salutati. Uscendo la signora Amendola mi ha promesso di telefonarmi per fissare un appuntamento con il signor Marcelli.

22. Sono salito in camera mia al numero 55 con l'ascensore. È una stanza comodissima. Non mi manca niente. Le ripeto ancora una volta, signora Ricci, che io sarò molto felice in Italia. Ma Lei mi manca molto.

Cordiali saluti,
Mario Campi

NOTE — NOTES

The speed limits in Italy are the following—where **km/h** stands for kilometers per hour (remember: 1 mile=1.6 kilometer): **strade urbane** (*urban streets*): **50 km/h**; **circonvallazioni** and **tangenziali** (*larger roads on the outskirts of town*): **70 km/h**; **strade provinciali** and **strade statali** (*roads connecting one town to another*): **90 km/h**; **superstrade** (*large highways without toll*): **110 km/h**; **autostrade** (*toll freeways*): **130 km/h**.

In practice, however, you will notice that Italians do drive faster than Americans, in general, and also that they are less respectful of traffic rules. Furthermore, in Italy you can receive a speeding ticket or other moving violations by mail, rather than being stopped by a police as in the U.S. Italy, by the way, is the second most dangerous place to drive in Europe (12.8 deaths for every billion kilometers), second only to Portugal (the safest place is Great Britain, with only 2 deaths for every billion kilometers).

A note about buildings and floors: **piano** means *floor* when you are talking about the various floors of a building (otherwise *the floor*=**il pavimento**). In Italy people count floors from the second up: what in America is known as *the first floor* in Italy is **il piano terra**, or *ground floor*, and what is here known as *the second floor* in Italy is considered **il primo piano**; what is here *the third floor* is in Italy

il secondo piano, *the fourth floor* is **il terzo piano**, and so on. So Mr. Campi's room on the Italian fifth floor would be considered by an American to be on the sixth floor.

COMPRENSIONE DEL TESTO — READING COMPREHENSION

Esercizio 3: Vero o falso? *True or false?*

1. Vero / Falso Il signor Campi ha passato la dogana prima di ritirare le sue valige.

2. Vero / Falso Dopo della dogana Mario ha incontrato la signora Amendola.

3. Vero / Falso La signora Amendola è la ragazza del signor Marcelli.

4. Vero / Falso La signora Amendola e il signor Campi hanno preso un tassì.

5. Vero / Falso In Italia la gente guida molto lentamente.

6. Vero / Falso La signora Amendola ha molta fretta.

7. Vero / Falso All'albergo, c'è una bella camera prenotata per il signor Campi.

8. Vero / Falso L'impiegata vede che il signor Campi conosce bene l'italiano.

Esercizio 5: Inserisci le parole mancanti.
Insert the missing words.

1. Appena si arriva all'aeroporto si controllano i
   _____ .

2. Poi, alla _____ si controllano le valige.

3. Isabella e Mario si sono stretti la _____.

4. Isabella è l'_____ del signor Marcelli.

5. Isabella guida a tutta _____.

6. Tutti quelli che guidano sembrano avere molta
   _____.

7. Per fortuna i due sono arrivati _____
   e _____ in albergo.

8. L'_____ è molto gentile con il signor Campi.

9. Il signor Campi sale in camera con
   l'_____.

10. La sua camera è al quinto _____.

APPUNTI DI GRAMMATICA — GRAMMAR NOTES

1. PRESENT TENSE OF USCIRE TO GO OUT, TO LEAVE

This verb is used to mean simply *"to go out"*: **A che ora esci? Esco alle sette** (*At what time are you going out? I am going out at seven*). It is also used in the sense of "leaving an enclosed space," and in this case it takes the preposition **da**: **Sono uscita dalla biblioteca—dal museo, dal cinema, dal ristorante, da casa di Marina—e sono tornata a casa** (*I left the library—the museum, the restaurant, Marina's house—and I returned home*).

io esco *I go out*
tu esci *you go out*
lui/lei/Lei esce *he/she/it goes out, you go out* (formal)
noi usciamo *we go out*
voi uscite *you go out*
loro escono *they go out*

2. VERBS WITH THE AUXILIARY ESSERE INSTEAD OF AVERE

All verbs that take a direct object (they are called *transitive verbs*) use the auxiliary **avere** to form the **passato prossimo**. You have already encountered many of these.

Most, though by no means all, verbs that do not take a direct object (they are called *intransitive verbs*) take the auxiliary **essere** to form the **passato prossimo**.

Also, all reflexive verbs take **essere** in the **passato prossimo**.

The past participle of verbs that take **essere** agrees with the subject in gender and number.

io sono andato / io sono andata *I went*
tu sei andato / tu sei andata *you went*
lui è andato / lei è andata *he / she went*
Lei è andato / Lei è andata *you went* (formal)
noi siamo andati / noi siamo andate *we went*
voi siete andati / voi siete andate *you went*
loro sono andati / loro sono andate *they went*

3. THE MOST FREQUENTLY USED ESSERE VERBS

The following are some of the most common verbs that take **essere** to form the **passato prossimo**. All of these verbs are intransitive and indicate motion, change of condition, or rest. Note that the verb **essere** uses **essere** as an auxiliary: **io sono stato / io sono stata, tu sei stato / tu sei stata, ecc.**

andare	*to go*	sono andato/andata
arrivare	*to arrive*	sono arrivato/arrivata
cadere	*to fall*	sono caduto/caduta
correre	*to run*	sono corso/corsa
divenire	*to become*	sono divenuto/divenuta
diventare	*to become*	sono diventato/diventata
entrare	*to enter*	sono entrato/ entrata
giungere	*to arrive*	sono giunto/giunta
morire	*to die*	sono morto/morta
essere	*to be*	sono stato/stata
nascere	*to be born*	sono nato/nata
partire	*to leave*	sono partito/partita
restare	*to remain*	sono restato/restata
ritornare	*to return*	sono ritornato/ritornata
salire	*to climb, to go up*	sono salito/salita
scendere	*to go down*	sono sceso/scesa
stare	*to stay*	sono stato/stata
uscire	*to go out*	sono uscito/uscita
venire	*to come*	sono venuto/venuta

ESERCIZI — EXERCISES

Esercizio 5: Coniuga i verbi tra parentesi al passato prossimo. Conjugate the verbs in parentheses in the present perfect.

Il signor Campi _____ (partire) per l'Italia a maggio, e _____ (lasciare) la sua città, New York. _____ (salire) sull'aereo un pomeriggio ed _____ (arrivare) a Roma la mattina dopo, sano e salvo. All'aeroporto _____ (passare) la dogana e _____ (incontrare) la signora Amendola. La signora Amendola _____ (venire) all'aeroporto in macchina. I due _____ (salire) sulla macchina di Isabella e _____ (andare) nel centro di Roma. L'impiegata _____ (essere) molto gentile con lui.

Esercizio 6: Rispondi alle domande secondo l'esempio. Answer the questions according to the example.

Esempio: Mario, andrai in Italia?
No, ci sono già andato

1. Maria, andrai all'aeroporto?
   _____

2. Gina e Sara, andrete a Milano?
   _____

3. Ragazzi, andrete in Italia?
   _____

4. Miriam, vieni in montagna?
   _____

5. Gianni, vieni al mare?
   _____

6. Ragazze, venite al lago?
   _____

7. Ragazzi, venite a casa mia?
   _____

8. Gavino, sali sull'aereo?
   _____

9. Cinzia, sali in treno?
   _____

10. Bambini, salite in bicicletta?
    _____

Esercizio 7: Crea delle frasi al passato prossimo secondo l'esempio. Create some sentences in the present perfect according to the example.

Esempio: Ida / correre / a casa **Ida è corsa a casa**

1. Arianna / uscire / molto presto
   _____

2. Angela e Valeria / diventare / famose
   _____

3. Fabrizio / partire / per Lucca
   _____

4. Tiziana / andare / a Vienna
   _____

5. Gianni e Marco / rimanere / a casa
   _____

6. Lolita e Filippo / salire / sul camion
   _____

7. Pasquale / arrivare / a casa
   _____

8. La mia nonna / morire / quest'anno
   _____

9. Bianca / nascere / sei anni fa
   _____

10. I miei nonni / scendere / in ascensore
    _____

CHIACCHIERANDO — CHATTING
QUANDO VIAGGIAMO IN AEREO — WHEN WE TRAVEL BY PLANE

Now that you know how to form the **passato prossimo** with **essere** as well as with **avere** you can say a lot more things about the past.

Esercizio 8: Pratica orale - Descrivi il tuo ultimo viaggio in aereo. Oral practice – Describe your last plane trip.

parole utili: l'accettazione, il volo, la carta d'imbarco, il controllo del bagaglio, il controllo del passaporto, la dogana, passare la dogana, dichiarare, il bagaglio, partire, allacciare le cinture di sicurezza, salire, scendere

Esercizio 9: Rispondi alle domande. Answer the questions.

1. Ti piace viaggiare in aereo? Hai volato molto? Dove sei andato? _____

2. Qual è il volo più lungo che hai fatto? E quello più corto? _____

3. Hai paura di volare? Conosci qualcuno che ha paura di volare? _____

4. C'è un aeroporto nella tua città? Quante miglia ci sono tra casa tua e l'aeroporto più vicino?
   _____

5. Ci sono voli per l'Italia dall'aeroporto più vicino a casa tua? _____

6. Qual è l'ultimo volo che hai preso? Dove sei andato? Quando? _____

SULL'INTERNET — ON THE WEB

Explore the official site of the **aeroporti di Roma**—there are two of them, Fiumicino (official name: Leonardo da Vinci), the one used by Mario Campi and by far the larger of the two, and Ciampino, a smaller airport. An English version of the site is also available.

www.adr.it

A. RIPASSO DEL VOCABOLARIO — VOCABULARY REVIEW

1. crucipuzzle: I VIAGGI — wordsearch puzzle: TRAVELS

```
h v a c c o m p a g n a r e p o s t a B
j N v a v O F f e r m a r s i U v X Z c
a x p X p o e q r K x m Z y c o o r Z i
K S u d I b i a a A o W b a o K l y U n
J Z u p L H s n m c t h g t r o a f a t
C u c L c G r a r o u j c i r c r r v u
l x I X M i a g o n l S O l i r e i v r
t J K d B K c o f t a h j a s a c l i a
c a m i o n r d n r s W e m p b o a c o
a c c e t t a z i o n e r r o m m s i i
s a n o Z f b v I l q L a o n i p s n n
s Y q v g d m N k l s I r f d d a a a d
p s Q L d L i b W o e L i z e a t r r i
e a s c e n s o r e d K t V n t r s s r
r m j S I H d V V i i k i L z r i i i i
a A s E l o H V f V l a r d a a o N Y z
n W E e q T K r b S e X C x K c t Z C z
z N h y p a s s a p o r t o p s a l v o
a K g s g z a l i f a s s i s t e n t e
B z z p r e n o t a t o s M M v n m w X
```

accompagnare	ascensore	assistente
avvicinarsi	camion	
carta d'imbarco	(as one word, here: cartadimbarco)	
accettazione	cintura	controllo
compatriota	corrispondenza	dogana
fermarsi	fila	formalità
imbarcarsi	informare	indirizzo

passaporto	posta	prenotato
rilassarsi	ritirare	saluto
salvo	sano	sedile
volare	speranza	

2. cruciverba — crossword puzzle (adjectives usually given in the masculine singular)

orizzontali – across

1. correspondence	6. of
7. book	8. copy
9. intelligent	11. electronic (*fem.*)
12. envelope	14. to send
16. stamp	19. commercial
22. she	23. to us
24. to receive	26. bookshop
27. message	31. tense
32. if	33. letter
34. flight	

verticali - down

1. conclusion	2. yes	3. addressee
4. no	5. to the (*masc.sing.*)	
6. I give	10. from	12. library
13. between	15. to you (*pl.*)	17. for
18. he	20. sender	21. to write
22. to read	25. to send	27. thin
28. serious	29. mail	
30. alone		

B. ESERCIZI SUPPLEMENTARY — EXTRA EXERCISES

Esercizio 1. Abbinamenti — Matches

colonna A

1. il bancomat
2. il camion
3. il capolavoro
4. il / la compatriota
5. il destinatario
6. il francobollo
7. il poeta / la poetessa
8. il / la mittente
9. il sonnellino
10. il sedile

colonna B

a. la persona che scrive la lettera
b. la persona che riceve la lettera
c. piccolo riposo
d. la sedia in macchina o in aereo
e. persona che viene dallo stesso paese
f. è necessario attaccarlo sulla busta della lettera
g. persona che scrive poesie
h. l'opera più importante di un artista
i. sportello automatico di una banca
l. grande macchina per grandi trasporti

Esercizio 2. Trasforma queste frasi dal presente al passato prossimo. *Transform these sentences from the present to the present perfect.*

1. Caro amico ti scrivo per dirti la storia del mio viaggio. _____

2. Quando vado in Italia vedo molte cose belle. _____

3. Vedo per esempio le sculture di Michelangelo. _____

4. Tu qualche volta le vedi? _____

5. Ogni volta che viaggio in Italia vedo anche l'arte moderna. _____

6. A Roma ammiro per esempio la Galleria d'Arte Moderna. _____

7. Tu cosa ne pensi? _____

8. Torno in Italia nel 1999, tu quando ci torni? _____

Esercizio 3. Inserisci la forma corretta del verbo appropriato al presente: SALIRE, RIMANERE O USCIRE. *Insert the correct form of the appropriate verb in the present: SALIRE, RIMANERE or USCIRE.*

Mamma e papà, voi quando _____ con i vostri amici? Quando voi _____ io _____ a casa con la mia migliore amica, noi _____ al secondo piano e _____ lì molto tempo a parlare e ad ascoltare la musica rock. Poi probabilmente io e lei _____ insieme ad altri amici e andiamo al bar, dove i nostri amici _____ tutta la sera e noi _____ solo un'ora. Poi io e lei _____ dal bar e _____ in motorino per tornare a casa.

Esercizio 4. Rispondi alla domande secondo l'esempio. *Answer the questions according to the example.*

Esempio: Hai visitato la nostra città?
No, non l'ho visitata.

1. Hai ascoltato le canzoni di Andrea Bocelli? _____

2. Mario ha abbracciato Marina? _____

3. Le assistenti di volo hanno aiutato i passeggeri?

_____

4. Voi avete apprezzato l'amicizia dei colleghi?

_____

5. Hai conosciuto l'autrice del capolavoro?

_____

6. Gli studenti hanno scritto l'indirizzo sulla busta?

_____

Esercizio 5. Qual è il participio passato dei seguenti verbi? What is the past participle of the following verbs?

1. scrivere _____

2. leggere _____

3. amare _____

4. cantare _____

5. ballare _____

6. rispondere _____

7. chiudere _____

8. vendere _____

9. capire _____

10. ricevere _____

11. avere _____

12. essere _____

13. prendere _____

14. vedere _____

15. mettere _____

16. rompere _____

17. spendere _____

18. aprire _____

Esercizio 6. Inserisci i seguenti verbi negli spazi appropriati. Insert the following verbs in the appropriate spaces.

tenete – sale – uscite – rimaniamo – è salito – esci – tengono – rimanere

1. L'ascensore _____ e scende in continuazione.

2. Stamattina l'ascensore non _____ perché si è rotto.

3. Preferisco _____ in Italia che andare in America.

4. Noi _____ fedeli ai film di Federico Fellini.

5. Mamma, _____ a comprarmi quel libro di poesie, per favore?

6. Vi prego, ragazze, _____ solo questa volta con noi!

7. Bambini, _____ il volume della tele troppo alto!

8. Le assistenti di volo _____ le bevande per i passeggeri .

Esercizio 7. Ripasso delle stagioni e dei mesi. Review of the seasons and the months.

1. In quale stagione andiamo al mare a fare il bagno? _____

2. In quale stagione mettono i fiori gli alberi e l'aria diventa più calda?

_____

3. In quale stagione mettiamo sciarpe e maglioni (*sweaters*) e qualche volta andiamo a sciare?

_____

4. In quale stagione cadono le foglie dagli alberi e l'aria diventa più fresca?

_____

5. Qual è il mese con il nome più breve?

_____

6. Qual è il mese quando si raccoglie l'uva?

_____

Esercizio 8. Rispondi alle domande secondo la foto; usa le parole indicate tra parentesi. Answer the questions according to the photograph; use the words indicated in parentheses.

Discuti questa foto nell'esercizio 8.

1. Chi c'è nella fotografia? (nonna / nipote)

   _____

2. Dove sono le persone? (piccola via / paese)

   _____

3. Che cosa fa la nonna? (tenere in braccio *to hold in one's arms*)

   _____

4. Che cosa fa il bambino? (riposarsi)

   _____

5. Che cos'hanno fatto stamattina i due? (fare la spesa, preparare il pranzo, pulire la casa)

   _____

6. Che cosa farà stasera la nonna? (cenare, raccontare una storia, andare a letto presto)

   _____

Esercizio 9. Inserisci negli spazi il pronome adatto tra quelli seguenti. Insert in the spaces the appropriate pronoun among the following ones.

   loro – lei – lei – lo – si – si – si – li – li – le – le

In Italia le nonne spesso allevano (*raise*) i loro nipoti: _____ prendono la mattina quando la mamma va a lavorare e _____ tengono fino a quando la mamma ritorna dal lavoro; fanno tutto per _____. Questi bambini amano le loro nonne, _____ considerano delle seconde mamme e _____ amano davvero. Quando una mamma lascia il suo bambino con la nonna, _____ sente più sicura che con una babysitter, perché _____ lascia in buone mani. Così per _____ è più facile andare al lavoro. La nonna _____ sente felice di avere un lavoro così importante, e il bambino _____ sente amato con _____.

Esercizio 10. Leggi la storia e paragona Francesco e Francesca: inserisci PIÙ, MENO, LEI, LUI, LORO. Read the story and compare Francesco and Francesca: insert PIÙ, MENO, LEI, LUI.

Ho due amici che si chiamano Francesco e Francesca. Loro sono cugini. Francesco ha trentanove anni e Francesca ha trentasette anni. Francesca ha i capelli biondi e gli occhi verdi, e Francesco ha i capelli neri e gli occhi marroni. Francesca si mette sempre i jeans, Francesco si mette sempre un abito blu. Francesca ama giocare a tennis, andare in bicicletta, correre. Francesco ama ascoltare la musica e leggere i libri. Ma sono tutti e due molto simpatici e sempre allegri!

1. Lui è _____ giovane di _____.

2. Lei è _____ bionda di_____.

3. Lui è _____ moro di _____.

4. Lui ha vestiti _____ eleganti di _____.

5. Lui è _____ sportivo di _____.

6. Lui ha gli occhi _____ scuri di _____.

CAPITOLO 37 (TRENTASETTE)

UNA FAMIGLIA ITALIANA
AN ITALIAN FAMILY

PROVERBIO — PROVERB

"Nella casa non c'è pace se canta la gallina e il gallo tace."

In the house there is no peace if the hen sings and the rooster is silent.[1]

PRESENTAZIONE — INTRODUCTION

In this second letter to Marina, Mario describes his lunch at the house of his vendor—who is married and has two teen-age boys. Other relatives were also there: Mr. Marcelli's brother-in-law and sister-in-law with their three children, and his brother with his fiancée. Lunch was long and delicious. They talked of the two fiancés' upcoming wedding and after lunch they all listened to Mrs. Marcelli play the guitar and sing Italian songs.

VOCABOLARIO NUOVO — NEW VOCABULARY

■ **nomi** — nouns

l'**antipasto** *appetizer*
il **brodo** *broth*
la **canzone** *song*
la **chitarra** *guitar*
il **contorno** *side dish*

l'**avvocato** *lawyer*
la **cameriera** *maid, waitress*
la **cerimonia** *ceremony*
il **cOmpito** *homework, task*
la **coppia** *couple*

il **desiderio** *desire*
il **fidanzato** / la **fidanzata** *fiancé / fiancée*
il **giovanotto** *youth*   l'**interrogazione** *oral exam*
il **licEo** *high school*
il **matrimonio** *wedding, marriage*
la **minestra** *soup*   il **mEdico** *doctor*
il **palazzo** *building*   il **parente** *relative*
il **passo** *step*   il **pezzo** *piece*
il **ricevimento** *reception* il **ricordo** *memory*
lo **stile** *style*
il **suOcero** / la **suOcera** *father-in-law / mother-in-law*

■ **aggettivi** — adjectives

affascinato / **affascinata** *fascinated*
ammobiliato / **ammobiliata** *furnished*
clAssico / **clAssica** *classical*
filippino / **filippina** *Filipino*
grazioso / **graziosa** *beautiful, cute*
indimenticAbile *unforgettable*
minore *lesser, younger*
rApido / **rApida** *quick*
scorso / **scorsa** *last* (in the sense of latest)
squisito / **squisita** *delicious*

■ **verbi** — verbs

cantare *to sing*   **chiamare** *to call*
sposarsi *to get married*
suonare *to play* (an instrument)

■ **avverbi e altro** — adverbs and more

avanti! *come in!*
buon appetito! *happy eating!* (said at table before eating)
permesso? *excuse me, may I?*
tra due mesi *in two months*

---

[1] In this chapter we are introduced to a model traditional family—and this **proverbio** illustrates what the model traditional family should be like. Clearly the saying is a little sexist, alluding to the fear that a strong woman may overpower her husband. A proverb like this one would often be used today with a tongue-in-cheek attitude, much like another saying, popular at weddings—**"Auguri e figli maschi!"** *"Good wishes, and may you have male children!"*—is still commonly said, but no longer reflects a true desire to avoid daughters.

ESERCIZI DI VOCABOLARIO —
VOCABULARY EXERCISES

Esercizio 1: Sottolinea la parola giusta.
Underline the correct word.

1. Il marito di mia sorella è mio (zio / cognato).
2. La moglie di mio fratello è mia (cognata / suocera).
3. La madre di mio marito è mia (nonna / suocera).
4. La sorella di mio marito è mia (suocera / cognata).
5. Il figlio di mio fratello è mio (nipote / zio).
6. Mi piace questo (contorno / pezzo) di Brahms, è molto triste.
7. Come (contorno / passo) prendiamo le patatine fritte.
8. Ho conservato un buon (ricordo / pezzo) dell'Italia.

Esercizio 2: Inserisci la forma corretta dei seguenti aggettivi. *Insert the correct form of the following adjectives.*

affascinato - ammobiliato - rapido - squisito - grazioso - classico

1. Grazie del pranzo, zia, è stato davvero

   _____.

2. Mia sorella è rimasta _____ dalle bellezze dell'Isola d'Elba.

3. Siamo stati fortunati a trovare questo appartamento già _____.

4. Le tue bambine sono molto _____, posso fargli una foto?

5. Non mi piace lo stile moderno, preferisco quello _____.

6. Il treno Eurostar da Firenze a Roma è proprio _____, ci ha messo meno di due ore!

LETTURA — READING

Seconda lettera da Roma: Mario Campi a Marina Ricci

Cara amica:

1. Sabato scorso il signor Marcelli mi ha chiamato al telefono per invitarmi a pranzo a casa sua per il giorno dopo. Naturalmente ho accettato subito, felice di avere l'opportunità di conoscere finalmente il mio rivenditore e di visitare una famiglia italiana.

2. Ho preso un tassì e a mezzogiorno ci siamo fermati in via Piave, davanti a un palazzo molto elegante.

3. Sono salito in ascensore al quarto piano ed ho suonato. Subito ho sentito dei passi rapidi. Una giovane cameriera filippina mi ha aperto la porta e mi ha invitato a entrare. Ho chiesto: "Permesso?"

4. Ho sentito dire "Avanti, avanti!," e il signor Marcelli è venuto a salutarmi. "Salve signor Campi," ha detto, "sono contento di conoscerla."

5. Poi siamo entrati in un salotto ammobiliato in stile moderno e di buon gusto. Io gli ho detto: "Questo appartamento è graziosissimo." Il signor Marcelli mi ha presentato a sua moglie, ai suoi suoceri e ai suoi figli, due ragazzi seri e intelligenti. "Si accomodi," mi ha detto la signora Marcelli.

6. I giovanotti studiano al liceo classico. Il maggiore vuole fare il medico e il minore vuole fare l'avvocato. Più tardi sono arrivati altri parenti del signor Marcelli: sua cognata e suo cognato con i tre nipoti e suo fratello con la fidanzata. La coppia si sposerà tra due mesi.

7. Ci siamo seduti a tavola e la signora Marcelli ci ha servito uno squisito pranzo italiano, cominciando dall'antipasto, poi minestra in brodo, carne con due contorni di verdure, insalata, formaggio, frutta, vini vari e caffè.

8. A tavola abbiamo detto "Buon appetito!" e poi abbiamo parlato della vita italiana, dell'arte e soprattutto della musica. Abbiamo anche parlato del matrimonio del fratello del signor Marcelli: la cerimonia avrà luogo nella chiesa di Santa Pudenziana e il ricevimento in un ristorante a TrastEvere.[2]

---

[2] A bustling section of Rome, full of small restaurants and night spots.

9. Dopo pranzo i ragazzi sono andati nelle loro camere a fare i compiti perché domani hanno un'interrogazione.

10. Poi la signora Marcelli ha suonato la chitarra e ha cantato delle canzoni italiane.

11. Avendo passato un pomeriggio così piacevole sono andato via affascinato dai miei nuovi amici, portando con me un indimenticabile ricordo di una brava famiglia italiana.
E il desiderio di avere una famiglia anch'io.
Poi sono ritornato a casa, cioè all'albergo.

Cordialissimi saluti dal Suo amico,

Mario Campi

NOTE — NOTES

The generic name for high school in Italian is **scuola superiore**, but there are several kinds of high schools that students can choose after the eighth grade. **Il liceo** is the high school traditionally reserved for college-bound students. The traditional **licei** are **the liceo classico** (with an emphasis on classical Greek and Latin), the **liceo scientifico** (with an emphasis on math and science), **liceo artistico** (emphasis on studio art), and **liceo linguistico** (emphasis on foreign languages), though more **licei sperimentali** (experimental high schools) are being created. There are also other high schools, some of which are strictly vocational and do not prepare students for college, while others combine college preparation with skills such as accounting, drafting, design, and so forth.

There is increasing immigration into Italy from developing countries. Many women come from the Philippines and take jobs as maids among well-to-do families, to the point that a filipino maid is perceived by some as a status symbol.

COMPRENSIONE DEL TESTO — READING COMPREHENSION

Esercizio 3: Ricostruisci le frasi.
Reconstruct the sentences.

1. suo / Mario / conosciuto / del / la / rivenditore / famiglia / ha _____

2. tassì / a / è / in / casa / Mario / Marcelli / famiglia / arrivato /della _____

3 aperto / giovane / la / una / ha / filippina / porta / cameriera / gli _____

4. i / il / l' / del / vogliono / Marcelli / medico / avvocato / fare / figli / signor / e

_____

5. la / ha / tipico / signora / pranzo / servito / Marcelli / un / italiano _____

6. i / i / fare / sono / ragazzi / dopo / sono / in / a / pranzo / andati / camera / compiti

_____

Esercizio 4: Rispondi brevemente alle domande con articolo e nome. Answer the questions briefly with article and noun.

Esempio: Quale strumento ha suonato la signora Marcelli? <u>la chitarra</u>

1. Chi ha aperto la porta al signor Campi?

_____

2. Cosa vuole fare il figlio maggiore?

_____

3. Cosa vuole fare il figlio minore?

_____

4. Che cos'ha usato il signor Campi per salire al quarto piano? _____

5. Quale pasto hanno mangiato Mario e i Marcelli?[3] _____

6. Qual è la prima cosa che hanno mangiato?

_____

7. Dopo pranzo che cos'hanno fatto i ragazzi?

_____

---

[3] Just as **la famiglia Marcelli** means *"the Marcelli family,"* **i Marcelli** means *"the Marcellis"*—though in Italian the last name remains invariable.

APPUNTI DI GRAMMATICA —
GRAMMAR NOTES

1. PRESENT PERFECT OF REFLEXIVE VERBS

Reflexive verbs always use **essere** as an auxiliary; therefore the past participle in the present perfect agrees with the subject in gender and number.

io mi sono lavato/lavata *I washed myself*
tu ti sei lavato/lavata *you washed yourself*
lui/lei/Lei si è lavato/lavata *he/she/it washed*
   himself, herself, itself, you washed yourself (formal)
noi ci siamo lavati/lavate *we washed ourselves*
voi vi siete lavati/lavate *you washed yourselves*
loro si sono lavati/lavate *they washed themselves*

Marina si è alzata alle sei. *Marina got up at six.*
Mario e Roberto si sono addormentati presto.
   Mario and Roberto fell asleep early.
Bianca e Lucia si sono annoiate al cinema.
   Bianca and Lucia got bored at the movies.
Mario si è chiesto se Marina lo amava.
   Mario asked himself whether Marina loved him.

2. REVIEW OF REFLEXIVE VERBS

Here is a list of reflexive verbs you have met, with one example of their present perfect; notice that the variation in the ending of the past participle is due to the gender and number of the subject of the verb.

accomodarsi	**lui si è accomodato** *he made himself comfortable*
accOrgersi	**noi ragazze ci siamo accorte** *we realized*
addormentarsi	**voi ragazzi vi siete addormentati** *you fell asleep*
alzarsi	**io (Mario) mi sono alzato** *I got up*
annoiarsi	**ci siamo annoiati** *we got bored*
arrabbiarsi	**tu ti sei arrabbiata** *you got angry*
avvicinarsi	**lui si è avvicinato** *he approached*
chiEdersi	**lui si è chiesto** *he asked himself*
coricarsi	**lei si è coricata** *she went to bed*
divertirsi	**Lei si è divertito** *you enjoyed yourself* (formal)
fermarsi	**noi ci siamo fermati** *we stopped*
mettersi	**mi sono messa** *I put on, I wore*
preoccuparsi	**io mi sono preoccupata** *I worried*
riposarsi	**tu ti sei riposata** *you rested*
ritirarsi	**voi vi siete ritirati** *you retired*[4]
sedersi	**ti sei seduto** *you sat down*
sentirsi	**loro si sono sentiti** *they felt*
stancarsi	**lei si è stancata** *she got tired*
vestirsi	**noi ci siamo vestite** *we got dressed*

ESERCIZI — EXERCISES

Esercizio 5: Coniuga i verbi secondo il soggetto tra parentesi. Conjugate the verbs according to the subject in parentheses.

1. Ieri il signor Gentilone non si è arrabbiato (noi donne / io / voi uomini / tu, Alessandra / i nostri suoceri)

   _____
   _____
   _____
   _____
   _____

2. Stasera i tuoi nipoti si sono addormentati presto (io, Giannino / mia cognata / noi ragazzi / tu, Enzo / voi bambine)

   _____
   _____
   _____
   _____
   _____

3. Stamattina mi sono alzata alle sette (tu, Raffaella / i miei colleghi / voi cameriere / noi ragazzi / il fornaio)

   _____
   _____
   _____
   _____
   _____

---

[4] **Ritirarsi** means *to retire to one's room; to retire from work at a certain age* is **andare in pensione.**

4. Noi ci siamo trasferite in Italia a maggio (i due fidanzati / tu, Maurizia / la vicina di casa / voi ragazze / io, Elsa)

_____

_____

_____

_____

_____

_____

5. Voi vi siete preoccupati troppo del viaggio (il mio vicino di casa / Sveva e Fabiana / tu, Primo / noi bambini / voi bambine)

_____

_____

_____

_____

_____

_____

Esercizio 6: Trasforma i verbi riflessivi dal presente al passato prossimo. Transform the reflexive verbs from the present to the present perfect.

Esempio: Normalmente io (Gina) mi alzo, mi lavo i denti e poi mi faccio la doccia.
Anche stamattina mi sono alzata, mi sono lavata i denti e poi mi sono fatta la doccia.

1. Normalmente tu, Lucrezia, ti alzi, ti lavi i denti e poi ti fai la doccia.
Anche stamattina

_____

2. Normalmente noi giovanotti ci alziamo, ci facciamo la doccia e poi ci laviamo i denti.
Anche stamattina

_____

3. Normalmente voi cameriere vi alzate, vi vestite e vi lavate i denti.
Anche stamattina

_____

4. Normalmente mio cognato si alza, si lava la faccia e si prepara la colazione.
Anche stamattina

_____

5. Normalmente mia cognata si alza, si lava le mani e il viso e si veste.
Anche stamattina

_____

6. Normalmente i miei parenti si fanno la doccia e si mettono le scarpe.
Anche stamattina

_____

Esercizio 7: Correggi le frasi secondo l'esempio, cambiando l'ordine e il verbo dal presente al passato prossimo. Correct the sentences according to the example, changing the order and the verb from the present to the present perfect.

Esempio: Prima si fa la doccia e poi si alza.
No, non ha senso,[5] prima si è alzato e poi si è fatto la doccia.

1. La tua fidanzata prima si addormenta e poi va a letto.
No, non ha senso,

_____

2. Io (Marina) prima mi lavo i denti e poi mangio.
No, non ha senso,

_____

3. Noi studenti prima ci vestiamo e poi ci alziamo.
No, non ha senso,

_____

4. Voi giovanotti prima vi vestite e poi vi lavate.
No, non ha senso,

_____

5. La cameriera prima si riposa e poi si stanca.
No, non ha senso,

_____

6. Mio marito si mette le scarpe e poi si mette i calzini.
No, non ha senso,

_____

CHIACCHIERANDO — CHATTING
UN RIPASSO DELLE PRESENTAZIONI —
A REVIEW OF INTRODUCTIONS

When you learned to say **"Mi chiamo Mario,"** **"Mi chiamo Marina," "Si chiama Livia,"** ecc., you learned a reflexive verb. Italian say "I call myself," rather than "My name is," which would literally be

---

[5] **Non ha senso** means *"It doesn't make sense."*

"Il mio nome è..."[6] So let's review how you introduce yourself and others in Italian and some useful expressions:

espressioni utili

Molto lieto / Molto lieta. *Pleased to meet you.* (fomal)

Piacere *Pleased to meet you.* (formal and informal)

Piacere di conoscerti. *Pleased to meet you.* (informal)

Piacere di conoscerla. *Pleased to meet you.* (formal)

Sono lieto di fare la Sua conoscenza. *Pleased to meet you.* (formal)

Il piacere è tutto mio. *My pleasure.* (formal)

When you need to introduce yourself:

Buongiorno, sono Carlo Rossi. *Hello, my name is Carlo Rossi.*

Piacere, mi chiamo Gianni Scotti. *Pleased to meet you, my name is Gianni Scotti.*

When you introduce a colleague to your boss:

Signor Giannetta, Le presento il mio collega Roberto Caporossi. *Mr. Giannetta, let me introduce to you my colleague Roberto Caporossi.*

Buonasera signor Caporossi, sono lieto di fare la Sua conoscenza. *Good evening, Mr. Caporossi, I am pleased to meet you.*

Il piacere è tutto mio, signor Giannetta. *My pleasure, Mr. Giannetta.*

Among friends and family:

Ciao, Carlo, ti presento la mia amica Mara. *Hi Carlo, let me introduce to you my friend Mara.*

Piacere, Mara. *Nice to meet you, Mara.*

Ciao, Carlo. *Hello Carlo.*

Piacere and **ciao** are equally common among young people or people who are bound to become very close and thus immediately use the "**tu**" form—colleagues, members of an association, etc. Usually the introduction is accompanied by a hand shake.

At this point, especially if you are in Italy, you might be asked where you are from: **Di dov'è Lei?** or, more familiarly, **Di dove sei?** to which you answer, "**Sono di...**"

Esercizio 8: Pratica orale - Presentazioni.
Oral practice - Introductions.

Introduce the following people to your best friend Gianfranco:

1. tua madre Sonia

2. tua sorella Gabriella

3. tuo fratello Marco

4. la tua amica Sandra

Now introduce the following people to your boss:

1. il tuo collega Maurizio Lanfranchi

2. la tua collega Donatella Roversi

3. tua madre Gigliola Siniscalchi

4. il tuo agente Giorgio Schipa

Esercizio 9: Come ti chiami e di dove sei?
What is your name and where are you from?

Esempio: Massimo Capone / Avellino
Salve, mi chiamo Massimo Capone e sono di Avellino

1. Flora Carducci / Modena

   _____

2. Chiara Bernardi / Pisa

   _____

3. Sofia Scicolone / Pozzuoli

   _____

4. Mauro Bianchina / Reggio Calabria

   _____

5. Francesco Ubaldoni / Perugia

   _____

6. Gemma Giannini / Lucca

   _____

SULL'INTERNET — ON THE WEB

Many people in Italy live in apartments rather than single-family houses. The site **affitto.it** (from the word **affittare**, *to rent*) has many apartments available for rent, that you can browse on the internet.

www.affitto.it

---

[6] Saying **Il mio nome è Mario**, by the way, is acceptable (in the Italian translation of the Odyssey, Ulysses tricks the man-eating giant Polyphemus by saying "**Il mio nome è nessuno,**" "*My name is nobody*"), but it is not as common as **Mi chiamo**.

UNA BELLA GITA A OSTIA
A NICE DAY TRIP TO OSTIA

PROVERBIO — PROVERB

"Non tutti i mali vEngono per nuOcere."
Not all bad things come to do us harm.[1]

VOCABOLARIO NUOVO — NEW VOCABULARY

■ nomi — nouns

il concerto *concert*   il cricco *jack* (to lift a car)
il destino *destiny*   la frenata *brake*
la gomma *tire*   l'email *email*
il portabagagli *trunk of a car*
il ragazzo *boyfriend, boy* la ragazza *girlfriend, girl*
il rumore *noise*   la ruota *wheel*
la ruota di scorta *spare tire*
il segnale *road sign*   il volante *steering wheel*
lo zAino *backpack*

■ aggettivi — adjectives

disperato / disperata *desperate*
grosso / grossa *big*
rumoroso / rumorosa *noisy*

■ verbi — verbs

attEndere, aspettare *to wait*   bruciare *to burn*
bucare *to puncture, to make a hole*
chiacchierare *to chat*
dare una mano *to give a hand*
guidare *to drive*
mEttersi al lavoro *to get to work*

---

[1] In the spirit of that Italian optimism and zest for life, here is a good **proverbio** that corresponds roughly to "a blessing in disguise." Very often something apparently negative can lead to a good thing.

rIdere *to laugh*   unirsi *to join*
volere una mano *to want a hand*

■ avverbi e altro — adverbs and more

a terra, gomma a terra *to the ground, flat tire*
di tanto in tanto *every once in a while*
meno male *thanks goodness*
sfortunatamente *unfortunately*
spericolatamente *dangerously*

ESERCIZI DI VOCABOLARIO — VOCABULARY EXERCISES

Esercizio 1: Definizioni — Definitions

1. _____: l'opposto di silenzioso
2. _____: l'opposto di piccolo
3. _____: l'opposto di 'pieno di speranza'
4. _____: è simile a conversare
5. _____: avere bisogno di aiuto
6. _____: l'opposto di 'per fortuna'
7. _____: le macchine ne hanno quattro
8. _____: l'opposto di 'cautiously'

Esercizio 2: Inserisci nello spazio corretto la forma appropriata delle parole tra parentesi.
Insert in the right space the appropriate form of the words in parentheses.

1. _____ abbiamo bucato una gomma, eravamo _____ e

non potevamo _____
della situazione.

(ridere / sfortunatamente / disperato)

2. Era impossibile _____
e allora abbiamo deciso di _____
l'aiuto di _____.

(qualcuno / guidare / attendere)

3. Così non siamo potuti _____
al _____ di Andrea
Bocelli con le nostre _____.

(ragazza / concerto / andare)

4. Abbiamo trovato il _____,
abbiamo cambiato la _____,
siamo tornati al _____.

(volante / gomma / cricco)

5. Nel _____ abbiamo
visto uno _____
pieno di cose da _____ e
abbiamo fatto _____.

(merenda / portabagagli / mangiare / zaino)

LETTURA — READING

Un'email da Mario Campi al suo amico Roberto Vico

Caro amico,

1. Ieri mi ha telefonato Isabella Amendola, l'assistente del signor Marcelli, e mi ha chiesto "Vuoi fare una gita con me e due miei amici a Ostia, in macchina?" Io ho accettato con piacere.

2. Questa mattina i miei nuovi amici sono venuti a prendermi presto al mio hotel.

3. I tre portavano uno zaino dove c'era un buon pranzo preparato per noi dalla mamma di Isabella.

4. Isabella guidava la macchina con cui mi è venuta a prendere all'aeroporto. Siamo saliti parlando e ridendo e siamo partiti.

5. Eravamo fuori da Roma; Isabella era al volante guidando spericolatamente, come fa sempre lei, quando tutto d'un tratto abbiamo sentito un rumore che abbiamo subito riconosciuto.

6. "Che cos'è? Che è successo?" Abbiamo chiesto tutti.

7. Isabella ha fermato subito la macchina e siamo scesi. "Mannaggia! Abbiamo bucato una gomma," lei ci ha risposto.

8. Daniele, il ragazzo dell'amica di Isabella, voleva cambiare la gomma, e io volevo aiutarlo. Abbiamo cominciato a cercare il cricco. Ma sfortunatamente non c'era il cricco nel portabagagli. Che fare?

9. Di tanto in tanto un'automobile passava a gran velocità. Malgrado i nostri segnali disperati nessuno si fermava. Porca l'oca!

10. Faceva molto caldo e il sole bruciava sulle nostre teste. Ci siamo seduti sotto un albero vicino alla strada per attendere il nostro destino.

11. Poco dopo un gran camion si è avvicinato rapidamente e poi si è fermato tutto d'un tratto davanti a noi con una frenata rumorosa. Il camionista è sceso.

12. Avete una gomma a terra? Volete una mano? Quell'uomo grande e grosso aveva una voce dolce e un'aria molto simpatica.

13. "Credo di sì, ma non abbiamo il cricco," gli abbiamo detto. "Fortunatamente, però, abbiamo una ruota di scorta."

14. Il camionista ci ha portato il cricco e ci siamo messi tutti al lavoro. In cinque minuti tutto era pronto. Meno male!

15. Mentre lavoravamo abbiamo chiacchierato un po' con il camionista e l'abbiamo invitato a unirsi a noi. Così abbiamo fatto un nuovo amico.

17. Un'altra volta ti scriverò e ti dirò le mie impressioni di Ostia—e di Isabella Amendola. Ora non ho tempo perché questa sera andrò a un concerto con lei e ora devo cambiarmi.

Cordialissimi saluti dal tuo amico

Mario Campi

NOTE — NOTES

An expression of frustration and anger is **mannaggia!** (*curse!*) roughly the equivalent of *"Darn it!"* Similar expressions that are on the border of the acceptable are **mannaggia la miseria!** (*cursed be poverty!*), **porca l'oca!** (*the goose is a pig,* a euphemistic word such as "*shoot!*"), **porca miseria!** (*poverty is a pig!*), **cavolo!** (*cabbage!* another euphemism for something unprintable in this book!).

Il ragazzo, la ragazza mean *boy / young man, girl / young woman.* Particularly, **ragazza** is not regarded as patronizing the way "girl" would be in English by most women over 18, and can apply to anyone under 30; **ragazzo,** unlike the English "boy," refers to the same age range. When **ragazzo** and **ragazza** are used with a possessive adjective or the preposition **di,** which indicates possession, they mean *"boyfriend"* or *"girlfriend"*: **la mia ragazza mi ha lasciato,** *my girlfriend left me;* **il ragazzo di Silvana fa il militare,** *Silvana's boyfriend is doing his military service.*

COMPRENSIONE DEL TESTO — READING COMPREHENSION

Esercizio 3: Scelta multipla — Multiple Choice

1. Isabella usa con Mario
   a. il tu informale.   b. il lei formale.
   c. il voi formale.
2. Isabella invita Mario
   a. ad Ostia con la sua mamma.
   b. a Ostia con due suoi amici.
   c. a casa sua con i suoi amici.
3. La persona che guida è
   a. Mario.   b. Isabella.
   c. la mamma di Isabella.
4. Il rumore che sentono è causato da
   a. le automobili che passano velocemente.
   b. il camion che si ferma.
   c. la gomma che si buca.
5. Chi li aiuta finalmente è
   a. la mamma di Isabella. b. il signor Marcelli.
   c. un camionista.
6. La voce del camionista è
   a. dolce.   b. simpatica.
   c. forte.
7. Il problema è risolto in
   a. dieci minuti.   b. cinque minuti.
   c. senza il cricco.

8. Alla fine il camionista
   a. riparte per Ostia.
   b. va a Ostia con i quattro amici.
   c. torna a Roma.

Esercizio 4: Inserisci le parole necessarie negli spazi. Insert the necessary words in the spaces.

1. Isabella, Mario e amici fanno una

   _____ a Ostia.
2. Nello _____ c'è un

   buon pranzo fatto dalla mamma di Isabella.
3. Isabella era al _____ guidando speri

   _____colatamente come al solito.
4. Mentre Isabella guidava tutti hanno sentito un

   _____.
5. Volevano cambiare la _____

   ma non c'era il _____.
6. Finalmente si ferma un _____

   e un uomo li aiuta.
7. Per fortuna il gruppo ha una _____

   di _____ anche se non ha il _____.
8. Nel prossimo messaggio Mario racconterà a

   Roberto le sue _____ di Ostia e di Isabella.
9. Mario deve _____ per andare a un

   _____ con Isabella stasera.

APPUNTI DI GRAMMATICA — GRAMMAR NOTES

1. THE IMPERFECT TENSE:
WHAT HAPPENED, WHAT WAS HAPPENING, WHAT USED TO HAPPEN.
The imperfect, or **imperfetto,** is used to refer to:
a. habitual actions in the past;
b. descriptions in the past;
c. a background action interrupted by another.

The imperfect is formed by dropping the final **–re** of the infinitive and adding the imperfect endings.

PARLARE

parla –vo *I spoke, I was speaking, I used to speak*

parla –vi *you spoke, you were speaking, you used to speak*

parla –va *he/she/it/you spoke, he/she/it/you was speaking, he/she/it/you used to speak*

parla –vamo *we spoke, we were speaking, we used to speak*

parla –vate *you spoke, you were speaking, you used to speak*

parlA –vano *they spoke, they were speaking, they used to speak*

VENDERE

vende –vo *I sold, I was selling, I used to sell*

vende –vi *you sold, you were selling, you used to sell*

vende –va *he/she/it/you sold, he/she/it/you was selling, he/she/it/you used to sell*

vende –vamo *we sold, we were selling, we used to sell*

vende –vate *you sold, you were selling, you used to sell*

vendE –vano *they sold, they were selling, they used to sell*

FINIRE

fini –vo *I finished, I was finishing, I used to finish*

fini –vi *you finished, you were finishing, you used to finish*

fini –va *he/she/it/you finished, he/she/it/you was finishing, he/she/it/you used to finish*

fini –vamo *we finished, we were finishing, we used to finish*

fini –vate *you finished, you were finishing, you used to finish*

finI –vano *they finished, they were finishing, they used to finish*

2. IRREGULAR IMPERFECT

Nearly all Italian verbs are regular in the imperfect. You should, however, learn the following exceptions:

bere *I drank, I used to drink, I was drinking*
bevevo, bevevi, beveva, bevevamo, bevevate, bevEvano

dire *I said, I used to say, I was saying*
dicevo, dicevi, diceva, dicevamo, dicevate, dicEvano

essere *I was, I used to be, I was being*
ero, eri, era, eravamo, eravate, Erano

fare *I did/made, I used to do/make, I was doing/making*
facevo, facevi, faceva, facevamo, facevate, facEvano

ESERCIZI — EXERCISES

Esercizio 5: Completa il paragrafo con l'imperfetto di AVERE o ESSERE. Complete the paragraph with the imperfect of AVERE or ESSERE.

Quando _____ bambina, Isabella _____ bionda con i capelli ricci, _____ gli occhi azzurri, e _____ sempre felice e allegra. _____ due fratelli che _____ più grandi di lei. I suoi genitori _____ permissivi con lei perchè lei _____ una bambina giudiziosa e non _____ per niente impulsiva. I suoi genitori _____ fiducia (*trust*) in lei.

Esercizio 6: Trasforma le frasi dal presente all'imperfetto secondo l'esempio. Transform the sentences from the present to the imperfect according to the example.

Esempio: In questi giorni mangio poco.
        <u>Anche dieci anni fa mangiavo poco.</u>

1. In questi giorni esco per andare a ballare.

    _____

2. In questi giorni bevo solo succo d'arancia.

    _____

3. In questi giorni tu dici solo la verità.

    _____

4. In questi giorni tu vai al lavoro a piedi.

    _____

5. In questi giorni noi usiamo la macchina pochissimo. _____

6. In questi giorni Isabella guida spericolatamente.

    _____

7. In questi giorni sono proprio felice.

    _____

8. In questi giorni i miei figli studiano la letteratura.

    _____

9. In questi giorni tutti gli alberghi sono pieni.

_____

10. In questi giorni diamo una mano ai nostri suoceri. _____

Esercizio 7: Rispondi liberamente. *Answer freely.*

1. Cosa facevi quando eri bambino?

_____

2. Cosa non facevi quando eri bambino?

_____

3. Cosa facevi quando avevi diciotto anni?

_____

4. Cosa non facevi quando avevi diciotto anni?

_____

5. Qual era il tuo libro preferito quando eri bambino? _____

6. Qual era il tuo film preferito quando eri bambino? _____

7. Qual era il tuo sport preferito quando eri bambino? _____

Molti italiani dicono che quando c'era la lira (prima dell' euro) tutte le cose costavano meno. C'era una volta= Once upon a time

CHIACCHIERANDO — CHATTING
PARLARE IN MACCHINA — SPEAKING IN THE CAR

espressioni utili

gira a destra / a sinistra *turn right / left*
vai dritto *go straight* **rallenta** *slow down*
accelera *speed up* **frena** *step on the brake*
fErmati *stop* **attraversare** *to cross*
curva pericolosa *dangerous curve*

Esercizio 8: Che cosa dici alla persona che guida nelle seguenti situazioni. *What do you say to the person who is driving in the following situations?*

1. Siete due ladri (*thieves*) e la polizia vi segue:

_____

2. Un animale attraversa la strada 200 metri davanti a voi: _____

3. Improvvisamente un bambino comincia ad attraversare la strada:

_____

4. Hai appena visto dal finestrino un amico che non vedevi da cinque anni:

_____

5. A destra c'è King Kong e a sinistra c'è Godzilla:

_____

SULL'INTERNET — ON THE WEB

Italian road signs (**cartelli stradali**) are usually different from their American equivalent, and it is very important to learn to recognize at least the most important ones. On this site, you can select from a pulldown menu (**"menù a tendina"**) the categories of road signs you will look at—they are all accompanied by an explanation, in Italian of course!

www.papiri.it/segnali.htm

Categorie importanti
segnali di perIcolo *danger signs*
segnali di divieto *prohibition signs*
segnali di precedenza *yield signs*
segnali di sosta e parcheggio *stop and parking signs*
segnali di Obbligo *obligation signs*
segnali temporanei *temporary signs*
segnali di indicazione servizi utili *signs that indicate useful services*

Cartelli stradali nel centro di una città italiana.

CAPITOLO 39 (TRENTANOVE)

UNA PASSEGGIATA PER ROMA
A STROLL AROUND ROME

PROVERBIO — PROVERB

"Chiodo scaccia chiodo."
One nail pushes away another.[1]

PRESENTAZIONE — INTRODUCTION

From a café in the center of Rome, Mario writes an email to his friend Roberto, describing an exhausting walk around Rome with Isabella: she picked him up at the hotel and together they saw people walking and street vendors selling their wares; they also admired squares, buildings, and monuments. They had an ice cream and sat around at a café. Mario also threw a coin into the Trevi fountain so that he may return to Rome. He describes Isabella to Roberto: she is beautiful, nice, and smart, but he is in love with Marina and will not betray her.

VOCABOLARIO NUOVO — NEW VOCABULARY

■ **nomi** — nouns
l'attore / l'attrice *actore / actress*

la cartina *map*	la chiesa *church*
il club *club*	il disco, il dischetto *disk*
l'elefante *elephant*	la fontana *fountain*
il giocAttolo *toy*	il momento *moment*
la moneta *coin*	il / la passante *passerby*
la passeggiata *stroll*	il ponte *bridge*
il portAtile *laptop*	la salita *climb, uphill*

---

[1] This **proverbio** is often said in reference to matters of love: a new lover will make you forget a preceding one. A similar proverb is **"Morto un papa se ne fa un altro,"** or *When one pope dies, another one is made.*

la scalinata *staircase*   lo scalino *stair*
la vetrina *window* (of a shop)
il venditore ambulante *street vendor*

■ **aggettivi** — adjectives
faticoso / faticosa *tiring*   perfetto / perfetta *perfect*
piratato / piratata *pirated, illegally produced*
stancante *tiring*

■ **verbi** — verbs

ammirare *to admire*	colpire *to strike*
continuare *to continue*	gettare *to throw*
godere *to enjoy*	passeggiare *to stroll*
riposarsi *to rest*	
riprEndere fiato *to catch one's breath*	
rubare *to steal*	seguire *to follow*
temere *to fear*	tradire *to betray*

■ **avverbi e altro** — adverbs and more

a lungo *for a long time*	a volte *at times*
così *so*	dappertutto *everywhere*
di tanto in tanto *every once in a while*	
in cima *at the top of*	laggiù *down there*
lassù *up there*	sopra *over*
stamattina *this morning*	su! *come on*
su andiamo *come on, let's get going*	

ESERCIZI DI VOCABOLARIO — VOCABULARY EXERCISES

Esercizio 1: Inserisci la forma corretta del presente dei seguenti verbi. Insert the correct form of the present of the following verbs.

ammirare - colpire - continuare - seguire - temere - tradire

1. Se Mario _____ Marina con Isabella io mi arrabbio.

2. Se Mario _____ a uscire con Isabella Marina si arrabbia.

3. Se Mario _____ che Maria non lo amerà mai, continuerà a uscire con Isabella.

4. Se Mario _____ troppo la bellezza di Isabella, Marina diventa gelosa.

5. E se Marina diventa troppo gelosa e _____ Mario con la sua scarpa?

6. Mario _____ Marina fino a casa per vedere con chi esce.

Esercizio 2: Sottolinea la parola corretta.
Underline the correct word.

1. Leonardo è (l'attore / il pittore) che preferisco.

2. Il centesimo è la (moneta / salita) dell'euro.

3. Per la strada (i venditori ambulanti / i passanti) vendono giocattoli.

4. A Piazza di Spagna ci sono molti (scalini / elefanti).

5. (Il portatile / il disco) è un tipo di computer.

6. Per la strada è bello guardare (le cartine / le vetrine).

7. Alla Fontana di Trevi la gente (getta / colpisce) le monete per tornare a Roma.

Questo è un tipico carretto(cart) siciliano tirato da un cavallo.

8. Dopo una lunga camminata in salita vogliamo (passeggiare / riposarci).

LETTURA — READING

Un altro messaggio di Mario Campi a Roberto Vico

Caro amico,

1. Ti scrivo sul mio portatile, seduto al Caffè Doney che tu mi avevi tanto raccomandato prima della mia partenza. Sono stanchissimo. Mi fanno male i piedi e mi fanno male le gambe. Ho fatto una passeggiata bella da morire!

2. Isabella Amendola mi aveva invitato a fare una passeggiata con lei, e stamattina lei è venuta a prendermi in albergo. Poi siamo usciti, andando a piedi a Ponte S. Angelo.

3. Siamo rimasti un po' sul ponte a guardare la gente che passeggiava e i venditori ambulanti che vendevano i loro oggetti d'artigianato africano: elefanti, cinture e anche dischi piratati e giocattoli.

4. Poi, seguendo il Tevere, abbiamo continuato a camminare fino a Piazza Navona. Che magnifica piazza! Certamente dev'essere tra le più belle del mondo. Le fontane, le chiese, i palazzi, tutto è in perfetta armonia. Un favola!

5. Ci siamo fermati al Caffè Tre Scalini per prendere un gelato ma soprattutto per riposarci. Quello che mi ha colpito dappertutto in Italia è l'importanza del bar nella vita quotidiana.

6. Là si fa colazione, s'incontrano gli amici e si scrivono anche lettere ed email, come sto facendo io in questo momento. Stare al caffè è come essere a teatro: i passanti sono gli attori e le attrici, a volte tragici, a volte comici, però sempre interessanti.

7. Poi abbiamo continuato la nostra passeggiata fino a Piazza di Spagna, fermandoci di tanto in tanto ad ammirare i negozi d'antiquariato e le vetrine dove si vedono pitture e sculture interessanti.

8. Passeggiare con Isabella è stancante ma anche molto rilassante: non dovevo guardare la cartina, perché lei conosce tutte le vie, le piazze,

le chiese e i monumenti di Roma. Ma se mi fermavo troppo a lungo Isabella mi diceva "Su, andiamo!"

9. Siamo saliti su per gli scalini della bellissima scalinata fino in cima a Trinità dei Monti. Lassù ci siamo fermati un momento per riprendere fiato dopo la faticosa salita e per godere la vista di Roma.

10. Seguendo Via Sistina e Via di Porta Pinciana siamo arrivati a Porta Pinciana, che porta ai giardini di Villa Borghese. Poi ritornando siamo andati alla Fontana di Trevi nella quale ho gettato una moneta, perchè si dice che chi fa così tornerà certamente a Roma.

11. Poi Isabella è tornata a casa sua ed io mi sono fermato un po' qui al Caffè Doney, stanchissimo ma affascinato dalla bella passeggiata.

12. Ma tu sarai sicuramente curioso di Isabella: come dice il suo nome, è una ragazza bellissima, alta, magra, con lunghi capelli ricci e biondi. È anche molto simpatica e intelligente. Ma non temere, io resto innamorato di Marina e non la tradisco. Isabella sta diventando una buona amica.

13. Affettuosi saluti dal tuo amico, innamorato sopra ogni cosa, in questi giorni almeno, di Roma.

NOTE — NOTES

Although the expression *to die for* exists in English, the Italian expression **da morire** is more common and has a wider range of meanings in Italian. **Bello da morire**=bellissimo, **lungo da morire**= lunghissimo, **grande da morire**=grandissimo, **e così via.**

Indirect object pronoun + **fare male** + body part with definite article is a common way of expressing body aches: **mi fa male la testa**, *my head hurts,* **gli fa male lo stomaco**, *his stomach hurts,* **le fanno male i piedi**, *her feet hurt,* **e così via.**

An exclamation of ecstasy before beauty or goodness is **Una fAvola!** literally meaning "a fairy tale!" **Quella chiesa è magnifica, è una favola! La tua**

Questo è un negozio di giocattoli; qui si vendono tanti giocattoli di Pinocchio.

bambina è eccezionale, è una favola! And speaking of **favola**, don't neglect to read that most popular of Italian **favole**, the story of **Pinocchio**, written by the Florentine Collodi (pseudonym of Carlo Lorenzini, 1826-1890) and first published in 1880-1883 (can you say all these date in Italian?).

COMPRENSIONE DEL TESTO — READING COMPREHENSION

Esercizio 4: Vero o falso? True or false?

1. Vero / Falso Mario sta scrivendo una lettera con carta e penna.

2. Vero / Falso Mario è innamorato di Roma.

3. Vero / Falso Mario è innamorato di Isabella.

4. Vero / Falso Isabella è bellissima e mora.

5. Vero / Falso A Mario non piacciono i caffè.

6. Vero / Falso Sedere in un caffè è come essere a teatro.

7. Vero / Falso Mario e Isabella hanno fatto una breve passeggiata.

8. Vero / Falso I venditori ambulanti vendono giocattoli.

Esercizio 5: Inserisci la parola mancante.
Insert the missing word.

1. Mario scrive a Roberto sul suo _____.

2. Mario è _____ al Caffè Doney.

3. I venditori ambulanti vendono oggetti
   d'_____ africano, dischi
   _____ e anche _____.

4. Mario non ha intenzione di _____
   Marina anche se Isabella è molto attraente.

5. Al caffè, i _____ sono come gli attori.

6. Mario e Isabella hanno ammirato i
   _____ d'antiquariato.

7. Mario ha gettato una _____
   nella Fontana di Trevi.

APPUNTI DI GRAMMATICA —
GRAMMAR NOTES

1. THE PAST PERFECT: WHAT HAD HAPPENED

"Before going to Italy she had gone to France,"
"Before studying the past we had already studied
the future," "By the time I was twelve I had
already learned three languages": this is the past
perfect in English, formed by *had + the past participle*. In Italian, the past perfect is formed by the
imperfect of the auxiliary **avere** (**avevo, avevi,
aveva, avevamo, avevate, avevano**) or **essere** (**ero,
eri, era, eravamo, eravate, erano**) + *the past participle*. Verbs take the same auxiliary in the past
perfect as they take in the present perfect, that is,
verbs that take **avere** in the present perfect also
take **avere** in the past perfect, verbs that take
essere in the present perfect also take **essere** in the
past perfect.

Verbs with the auxiliary avere:

avevo parlato   (**venduto, finito**)
I had spoken (sold, finished)
avevi parlato   (**venduto, finito**)
you had spoken (sold, finished)
aveva parlato   (**venduto, finito**)
he/she/it, you had spoken (sold, finished)

avevamo parlato (**venduto, finito**)
we had spoken (sold, finished)
avevate parlato (**venduto, finito**)
you had spoken (sold, finished)
avevano parlato (**venduto, finito**)
they had spoken (sold, finished)

Verbs with the auxiliary essere:

ero andato/a   (**partito/a, venuto/a**)
I had gone (departed, come)
eri andato/a   (**partito/a, venuto/a**)
you had gone (departed, come)
era andato/a   (**partito/a, venuto/a**)
he/she/it, you had gone (departed, come)
eravamo andati/e (**partiti/e, venuti/e**)
we had gone (departed, come)
eravate andati/e (**partiti/e, venuti/e**)
you had gone (departed, come)
erano andati/e   (**partiti/e, venuti/e**)
they had gone (departed, come)

**Quando Geppetto è andato a prendere
Pinocchio, lui era già scappato.**[2]
*When Geppetto went to pick up Pinocchio, he had
already escaped.*
**Pinocchio ha riconosciuto il Gatto e la Volpe,
ma loro avevano già rubato i suoi soldi.**
*Pinocchio recognized the Cat and the Fox, but they had
already stoled his money.*

ESERCIZI — EXERCISES

*Esercizio 5: Scrivi il trapassato del verbo tra
parentesi.* *Write the past perfect of the verb in
parentheses.*

1. A giugno, Mario già
   _____ (arrivare) in Italia.

2. Prima di conoscere il signor Marcelli, Mario già
   _____ (conoscere) Isabella
   all'aeroporto.

3. Prima di fare una passeggiata per Roma con
   Isabella, Mario _____ (andare)
   a Ostia con lei.

---

[2] Like many other verbs (**andare, partire, uscire**), **scappare**
takes **essere** in Italian but *to have* in English.

4. Mario _____ (innamorarsi) già di Marina quando ha conosciuto Isabella.

5. Prima di arrivare in Italia Mario già _____ (studiare) l'Italiano.

6. Prima di studiare l'italiano Mario già _____ (imparare) l'inglese.

Esercizio 6: Trasforma le frasi al passato prossimo e il trapassato secondo l'esempio. Transform the sentences into the present perfect and the past perfect according to the example.

Esempio: Mario telefona a Isabella. Isabella è uscita.
   Quando Mario ha telefonato a Isabella, Isabella era già uscita.

1. Livia chiama i bambini. I bambini sono andati via. _____

2. I signori Ricci-Jones cercano Marina. Marina è partita. _____

3. Mario arriva all'aeroporto. Isabella lo ha aspettato a lungo. _____

4. Marina entra nel cinema. Il film è finito. _____

5. Mario si reca nella hall dell'albergo. Isabella e gli amici sono arrivati. _____

Esercizio 7: Trasforma le frasi all'imperfetto, passato prossimo e trapassato secondo l'esempio. Transform the sentences in the imperfect, present perfect, and past perfect according to the example.

Esempio: Ho fame, mangio gli spaghetti che ha preparato Rosalba
   Avevo fame, ho mangiato gli spaghetti che aveva preparato Rosalba

1. Abbiamo tempo, guardiamo il film che abbiamo affittato ieri. _____

2. C'è il sole, faccio la passeggiata che mi hai consigliato tu. _____

3. Sei in biblioteca, studi la lezione che ti ha dato il professore. _____

4. Stanno male, si riposano come ha detto il medico. _____

5. Io sono con gli amici, beviamo la birra che hanno portato dalla Germania.

_____

6. Siete al bar, chiacchierate con le ragazze che sono arrivate l'altroieri.

_____

CHIACCHIERANDO — CHATTING
GIRANDO PER LA CITTÀ: MEZZI E RINFRESCHI — WANDERING AROUND TOWN: MEANS OF TRANSPORTATION AND REFRESHMENTS

Note that the question **"Cosa prendi?"** (also, **"Che prendi?"** oppure **"Che cosa prendi?"**) means different things according to the context. At a bar or restaurant, **"Cosa prendi?"** will usually mean *"What will you have (to drink or eat)?"* But in the context of transportation, **"Cosa prendi?"** **"Che cosa prendi?"** **"Che prendi?"**, usually followed by some options (**"un tassì o l'autobus?"** **"la macchina o il treno?"**), refers to the means of transportation of one's choice. You could also ask, **"Come ci vai?"** *"How do you get there?"*

espressioni utili—molte le conosci già
la bicicletta / in bicicletta *bike, by bike*
la moto, la motocicletta / in moto, in motocicletta *motorcycle, by motorcyle*
il motorino / in motorino *moped/motorscooter, by moped/motorscooter*
la macchina / in macchina *car, by car*
il tassì , il taxi / in tassì, in taxi *taxi, by taxi*
il treno / in treno *train, by train*
l'Autobus / in Autobus *bus, by bus*
la metro, la metropolitana / in metro, in metropolitana *subway, by subway*
l'aereo / in aereo *plane, by plane*
lo scuOlabus *schoolbus*

la fermata *bus stop, subway stop*
la multa *traffic ticket*

la patente *driver's license*
il trAffico *traffic*

non prendo niente, vado a piedi *I am not taking anything, I am walking*
essere a due passi *to be very close to* (to be two steps away)
fare due passi / fare quattro passi *take a short walk*
guidare *to drive*
parcheggiare *to park*

Esercizio 8: Pratica orale – Rispondi alle domande secondo l'esempio. *Oral practice – Answer the questions according to the example.*

Esempio: Per andare nel Messico, cosa prendi? Perché?
Per andare nel Messico *prendo l'aereo* **perché è più rapido.**

1. Per andare al lavoro, cosa prendi? Perché?
2. Per andare al mare, cosa prendi? Perché?
3. Per andare in Italia, cosa prendi? Perché?
4. Per andare da Roma a Firenze, cosa prendi? Perché?

Esercizio 9: Pratica orale – Rispondi alle domande secondo l'esempio. *Oral practice – Answer the questions according to the example.*

Esempio: Nel Messico, come non ci vai? Perché?
Nel Messico *non ci vado in tassì* **perché costa troppo.**

1. Al lavoro, come non ci vai? Perché?
2. Al mare, come non ci vai? Perché?
3. In campagna, come non ci vai? Perché?
4. In Italia, come non ci vai? Perché?
5. Da Roma a Firenze, come non ci vai? Perché?

Esercizio 10: Pratica orale - Rispondi alle domande. *Oral practice – Answer the questions.*

1. Se vuoi fare una passeggiata, cosa fai?
2. Prendi mai l'autobus? (**mai**=*ever*)
3. Hai la macchina? Di che tipo?
4. Hai mai preso una multa? Perché? Quanto hai dovuto pagare?
5. Prendi mai il tassì? In quali occasioni? Costa molto?

SULL'INTERNET — ON THE WEB

Un sito magnifico su Roma: please challenge yourself, click on the Italian flag, **"il tricolore,"** and visit the site in Italian. On this main page there is a link to a page where you can find out all about **Piazza Navona** and **il Caffè Tre Scalini.** Explore also the map of Rome, and try to follow the itinerary that Isabella and Mario followed for their **passeggiata.**

www.romaclick.com

CAPITOLO 40 (QUARANTA)

NEI DINTORNI DI ROMA
IN THE ENVIRONS OF ROME

PROVERBI — PROVERBS

"Il riso fa buon sangue." "Buon vino fa buon sangue."
Laughter makes good blood. Good wine makes good blood.[1]

PRESENTAZIONE — INTRODUCTION

In this letter to Marina, Mario decides to start addressing her with the informal **tu**. He writes from a café and describes a trip through the small towns South-East of Rome known as the Roman Castles, famous for their wine production. Mario went by car with some friends, and together they had lunch in a small restaurant, admired the beautiful countryside with its vineyards and olive groves, and shopped for mementos in Castel Gandolfo. He also asks Marina to write him back.

VOCABOLARIO NUOVO — NEW VOCABULARY

■ **nomi** — nouns

il campo *field*
il cipresso *cypress*
il contadino / la contadina *farmer*
il cuoco / la cuoca *cook*
il finestrino *car window*
il gruppo *group*
la memoria *memory*
l'oggettino *small object*

la cartolina *postcard*
la fermata *stop*
il grano *wheat*
il lupo *wolf*
il negozietto *small shop*
l'olivo *olive tree*

l'oliva *olive*
la pietra *stone*
il ricordino *memento*
gli spaghetti alla carbonara *spaghetti with eggs and bacon*
la trattorIa *small restaurant*
la vigna *vineyard*
la zona *area*

l'osservatorio *observatory*
la residenza *residence*
il riposo *rest*

■ **aggettivi** — adjectives

astronOmico / astronOmica *astronomical*
dorato / dorata *golden*
estivo / estiva *summer*
obbligato / obbligata *obliged*
secco / secca *dry*
vecchio / vecchia *old*

■ **verbi** — verbs

considerare *to consider*
dare del Lei *to address someone with the Lei form*
dare del tu *to address someone with the tu form*
esIgere *to demand*
fare un brIndisi / brindare *to offer a toast, to toast*
produrre *to produce*
raccontare *to tell*
risalire *to climb back up*

■ **avverbi e altro** — adverbs and more

al dente *still a tiny bit hard in the middle, said of pasta and rice*
alla carbonara *with eggs, cheese and bacon*
alla griglia *grilled*
allo spiedo *spit-roasted*

---

[1] Sangue, *blood*, here refers to life itself: *laughter*, il riso, and *good wine*, il buon vino, improve your life, Italians are fond of saying, because il riso and il buon vino make everything better.

ESERCIZI DI VOCABOLARIO — VOCABULARY EXERCISES

Esercizio 1: Abbinamenti — *Matches*

colonna A	colonna B
1. la fermata	a. il vino
2. il contadino	b. l'olio
3. il finestrino	c. il cameriere
4. il riposo	d. il campo di grano
5. la vigna	e. l'autobus
6. l'oggettino	f. la macchina
7. la trattoria	g. la camera da letto
8. l'oliva	h. il negozietto

Esercizio 2: Inserisci la forma corretta di uno dei seguenti aggettivi. *Insert the correct form of one of the following adjectives.*

astronomico / dorato / estivo / obbligato / secco / vecchio

1. A Castel Gandolfo c'è un importante osservatorio
   _____, si chiama la
   SpEcola Vaticana.

2. Luglio e agosto sono due mesi
   _____ e fa molto caldo.

3. I campi di grano sono gialli e sembrano
   _____.

4. In Italia ci sono molte belle chiese
   _____ e anche
   alcune moderne.

5. Quando gli alberi sono _____
   non hanno fiori e foglie.

6. Non devi sentirti _____ ad
   accompagnarmi a casa, posso andarci da sola.

LETTURA — READING

Lettera di Mario Campi a Marina Ricci

Cara amica,

1. Ora che conosco un po' meglio le abitudini degli italiani, mi sento obbligato a darti del tu. Da molto tempo ti considero una vera amica, perciò non posso più darti del Lei. Se vuoi, d'ora in poi, diamoci del tu. Comincerò io da questa lettera, sperando di trovarti d'accordo.

2. Indovina da dove ti scrivo? Sono seduto al caffè, come faccio spesso. Il lavoro del turista esige molto riposo. E dove posso riposarmi meglio che in un caffè?

3. Ricordi le nostre conversazioni sui dintorni di Roma? Bene, oggi voglio descriverti la mia gita da Roma a Castel Gandolfo, ora che ho la memoria fresca.

4. Sono andato con degli amici in macchina e mentre attraversavamo la campagna io guardavo dal finestrino. Alcuni contadini lavoravano nei campi e nelle vigne.

5. Tutto intorno c'erano magnifici vecchi olivi e, qua e là, gruppi di cipressi. I miei amici hanno voluto portarmi a fare il giro dei Castelli Romani, la zona dove si produce il vino detto dei Castelli.

6. La prima fermata importante è stata Frascati. Siamo scesi (eravamo in quattro) e siamo andati in una trattoria dove abbiamo mangiato un piatto di spaghetti alla carbonara (al dente, naturalmente), verdure alla griglia, e pollo allo spiedo, e abbiamo bevuto il vino bianco secco del luogo. Avevamo una fame da lupi! Abbiamo anche fatto un brindisi alla salute dell'ottimo cuoco!

7. Dopo questa fermata molto allegra siamo risaliti in macchina per continuare il giro. Abbiamo passato il grosso paese di Marino con le sue case di pietra, e mentre salivamo la collina per la via che porta a Castel Gandolfo, un magnifico panorama si apriva ai nostri occhi: il cielo azzurro, i molti toni di verde delle vigne, degli olivi, dei cipressi, il colore dorato dei piccoli campi di grano.

8. Finalmente siamo arrivati al magnifico Castel Gandolfo, dove il Papa ha la sua residenza estiva. Guardando in alto vedevamo la Cupola della Specola Vaticana, un importante osservatorio astronomico.

9. Siamo scesi in piazza. Là abbiamo visto molti negozietti con ricordi del luogo: cartoline e oggettini religiosi. Ho comprato naturalmente alcuni ricordini.

10. Dopo un ottimo gelato in piazza abbiamo ripreso il nostro viaggio di ritorno e voglio raccontarti qualcosa dei vari paesetti che abbiamo attraversato.

11. Ma è tardi. Perciò chiudo questa lettera contento d'aver goduto una bella giornata. Rispondimi presto e raccontami quello che fai.

Il tuo amico,

Mario Campi

NOTE — NOTES

As you have learned before, the suffixes –etto and –ino, when added at the end of a word, make the word indicate something smaller than the original word. In this reading, you have encountered **negozio** *shop*, **negozietto** *small shop*; **ricordo** *memento*, **ricordino**, *small memento*; **libro** *book*, **libretto** *small book* (now meaning, in English as well, the book of an opera—which is indeed a small book).

Many Italian idiomatic expressions are derived from the behavior of animals. As wolves were for a long time the most dangerous predators in Italy—before becoming endangered, that is—**avere una fame da lupi** means *to be ravenously hungry*.

The expression **fare un brIndisi** is synonymous with the verb **brindare**, which opera lovers may remember from Verdi's *La Traviata:* "**Brindiamo, brindiamo nei lieti calici...**" "*Let's toast, let's toast in the happy goblets...*" When Italians toast they curiously say "**cin cin,**" an expression of Chinese origin, or else they say "**Alla salute!**" "*To health!*"

COMPRENSIONE DEL TESTO — READING COMPREHENSION

Esercizio 3: Abbinamenti — Matches

colonna A
1. Mario adesso che conosce gli italiani meglio
2. Mario scrive come al solito
3. Secondo Mario fare il turista
4. Il caffè è un posto ideale
5. Mario ha fatto una gita in macchina
6. Il vino dei Castelli
7. In trattoria si possono mangiare
8. A Castel Gandolfo si vendono

colonna B
a. seduto in un caffè.
b. molti oggetti e ricordini per i turisti.
c. gli spaghetti con uova e pancetta, chiamati "alla carbonara."
d. nei dintorni di Roma, ai Castelli Romani.
e. per sedersi e riposarsi.
f. è un lavoro che ha bisogno di molto riposo.
g. vuole dare del tu a Marina.
h. è bianco e asciutto.

Esercizio 4: Inserisci le parole mancanti.
Insert the missing words.

1. Dopo qualche settimana in Italia, Mario conosce meglio le _____ degli italiani.

2. La Specola Vaticana è un _____ astronomico.

3. I Castelli Romani sono famosi per il loro _____ bianco e _____.

4. I piccoli ristoranti si chiamano anche _____ e servono cibo come gli spaghetti alla carbonara e il pollo allo spiedo.

5. A Castel Gandolfo il Papa ha la sua _____ estiva.

6. Nella _____ di Castel Gandolfo ci sono molti _____ che vendono cartoline e oggetti turistici.

7. Lì Mario ha comprato alcuni _____.

8. Al ritorno Mario e i suoi amici hanno attraversato vari _____.

APPUNTI DI GRAMMATICA — GRAMMAR NOTES

1. THE IMPERATIVE
You have already learned the singular formal imperative, with **Lei**. The **tu, noi,** and **voi** forms of the imperative are exactly like the present tense, except for the **tu** form of verbs in –are. The **tu** imperative of verbs in –are ends in –a, while in the present indicative, as you may recall, it ends in –i.

tu

parla, Pinocchio!	*speak, Pinocchio!*
vedi, Pinocchio!	*see, Pinocchio!*
parti, Pinocchio!	*leave, Pinocchio!*
finisci, Pinocchio!	*finish, Pinocchio!*

noi

parliamo!	*let's speak!*
vediamo!	*let's see!*
partiamo!	*let's leave!*
finiamo!	*let's finish!*

Voi

parlate, bambini!	*speak, children!*
vedete, bambini!	*see, children!*
partite, bambini!	*leave, children!*
finite, bambini!	*finish, children!*

Vivi e lascia vivere. (proverb)
Live and let live.

2. NEGATIVE FORMS OF THE IMPERATIVE

To form the negative imperative, just place **non** in front of the verb. In the negative **tu** form, however, the infinitive is used instead of the regular imperative:

non diciamo le bugie!	*let's not tell lies!*
non dire le bugie, Pinocchio!	*do not tell lies, Pinocchio!*

Tra moglie e marito non mettere il dito. (proverbio)
Between a wife and a husband do not stick your finger.
Non svegliare il cane che dorme. (proverbio)
Do not awaken the dog that's sleeping.

3. POSITION OF OBJECT PRONOUNS WITH THE IMPERATIVE

With the formal imperative, object pronouns always precede the verb, as is the case with other verb tenses. However, with the **tu**, **noi**, and **voi** forms of the imperative, the object pronouns follow the verb and are attached to it. With the negative imperative of the **tu**, **noi**, and **voi** forms, the pronouns may precede the verb or follow it and be attached to it.

lo venda!	*sell it!* (formal)
non lo venda!	*do not sell it!* (formal)
vEndilo!	*sell it* (informal, singular)
non vEnderlo!	*do not sell it!* (informal, singular)
non lo vEndere!	*do not sell it* (informal, singular)
vendEtelo!	*sell it* (informal plural)
non lo vendete!	*do not sell it!* (informal plural)
non vendEtelo!	*do not sell it!* (informal plural)

"Se cerchi il tuo migliore amico, cErcalo in un canile." *If you are looking for your best friend, look for him in a kennel.*[2]
Impara l'arte e mEttila da parte. (proverbio)
Learn the art and put it aside for the future.

ESERCIZI — EXERCISES

Esercizio 5: Completa le frasi secondo l'esempio.
Complete the sentence according to the example.

Esempio: Se vuoi partire, __parti__ !

1. Se vuoi suonare, _____ !
2. Se vuoi dormire, _____ !
3. Se vuoi cantare, _____ !
4. Se vuoi ballare, _____ !
5. Se vuoi passeggiare, _____!
6. Se vuoi uscire, _____ !
7. Se vuoi telefonare, _____!
8. Se vuoi attraversare, _____!

Esercizio 6: Completa le frasi secondo l'esempio.
Complete the sentences according to the example.

Esempio: Se non volete partire, __non partite__ !

1. Se non volete suonare, _____ !
2. Se non volete dormire, _____ !
3. Se non volete cantare, _____ !
4. Se non volete ballare, _____ !
5. Se non volete passeggiare, _____ !
6. Se non volete uscire, _____ !
7. Se non volete telefonare, _____ !
8. Se non volete attraversare, _____ !

---

[2] This is an ad meant to encourage adoption of abandoned dogs.

Esercizio 7: Trasforma dal positivo al negativo, secondo l'esempio. *Transform from the positive to the negative, according to the example.*

Esempio: Mangia ancora!
<u>**Non mangiare più!**</u>

1. Parla ancora! _____

2. Viaggia ancora! _____

3. Passeggia ancora! _____

4. Bevi ancora! _____

5. Prega ancora! _____

6. Telefona ancora! _____

7. Suona ancora! _____

8. Scrivi ancora! _____

Ecco una trattoria che aspetta l'arrivo dei clienti.

CHIACCHIERANDO — CHATTING
QUANDO USCIAMO A MANGIARE — WHEN WE GO OUT TO EAT

There are many types of **locali**, or places to eat, in Italy. **Il ristorante** is usually the most expensive place, though now it is also hip to call an expensive place **trattoria** (usually a more modest, family-run place) or **osteria** (traditionally, a wine bar with a limited choice of food). **In pizzeria** you can have **pizza**, of course, as well as a limited assortment of other food items. Many **trattorie** make **la pizza** as well. **Una tavola calda** is the original Italian fast food, where you buy prepared foods

that keep well enough: **le lasagne, il pollo allo spiedo** (*spit-roasted chicken*), **i supplì** (*fried rice balls*), **e così via.**

espressioni utili
il menù *menu*
in trattoria *in a small restaurant*
al ristorante *at the restaurant*
in paninoteca *in a sandwich shop*
al bar *at the bar*   **al caffè** *at the cafè*
alla tavola calda *at the deli* (well, Italian style)
all'osteria *at the wine-bar/small restaurant*
in pizzeria *at the pizzeria*
il locale *eating and/or drinking establishment*
il cameriere / la cameriera *waiter / waitress*
l'antipasto *appetizer*
il primo, il primo piatto *first course*
il secondo, il secondo piatto *second* (main) *course*
il contorno *side dish*   **il dolce** *dessert*
l'aperitivo *before-dinner drink*
il vino bianco, il vino rosso *white wine, red wine*
lo spumante, il prosecco *sparkling wines*
la birra *beer*   **il caffè** *coffee*
il digestivo *after-dinner drink*
il coperto *cover charge*   **il servizio** *service*
il conto *check*   **il pasto** *meal*
il pranzo *lunch*   **la cena** *dinner*
la mancia *tip*   **prendo...** *I am having...*
vorrei... *I would like...*   **da bere?** *to drink?*
è possibile avere...? *is it possible to have...?*
mi può portare...? *could you bring me...?*
cosa consiglia? *what do you advise?*

Esercizio 8: In trattoria – Completa il seguente dialogo. *At a small restaurant – Complete the following dialogue.*

cameriere: "Buongiorno, signora, _____ desidera?"

cliente: "Sono indecisa. Lei _____ mi _____?"

cameriere: "Il pesto è ottimo: il cuoco è di Genova!"

cliente: "Benissimo, allora _____ gli spaghetti al _____."

cameriere: "Benissimo, e per _____?"

cliente: "Il pollo allo spiedo, grazie."

cameriere: "Desidera un _____?"

cliente: "Ma sì, le patatine fritte per favore."

cameriere: "Benissimo, signora. Da _____?"

cliente: "Una birra, _____."

Esercizio 9: Pratica orale – Rispondi alle domande. Oral practice – Answer the questions.

1. Vai spesso a mangiare fuori? In quali occasioni? Con chi?
2. Che tipo di locale preferisci?
3. Che tipo di cucina preferisci?
4. Qual è il tuo ristorante preferito? Perché?
5. Preferisci un cameriere silenzioso o un cameriere chiacchierone?
6. Lasci sempre la mancia? Quanto?

SULL'INTERNET — ON THE WEB

Se vuoi leggere tanti menù di ristoranti e trattorie di Roma, vai a:

www.menudiroma.com

Una pizzeria di paese: il pizzaiolo aspetta i clienti e la nonna prende il sole.

CAPITOLO 41 (QUARANTUNO)

UN FINE-SETTIMANA A SIENA
A WEEKEND IN SIENA

PROVERBI — PROVERBS

"Chi dorme non piglia pesci." "A cavAl donato non si guarda in bocca."
The one who sleeps does not catch the fish. Don't look a gift horse in the mouth.[1]

PRESENTAZIONE — INTRODUCTION

Mario writes his friend Roberto Vico an email about a trip to the traditional horse race in Siena he went to see with Isabella, **il Palio**. The race is exciting and the spectators enthusiastic, though Isabella is not too fond of this race because she loves horses and it can be quite dangerous for them. The two spent the night in a nice hotel downtown—separate rooms, Mario assures his friend. Mario will show Roberto all his pictures upon his return to New York.

VOCABOLARIO NUOVO — NEW VOCABULARY

■ **nomi** — nouns

l'**Abito** *suit, dress*   l'**annuncio** *announcement*
il **cartello** *sign*   il **cavallo** *horse*
la **contrada** *neighborhood*
la **corsa** *run, race*   il **cortEo** *pageant*
il **costume** *costume, bathing suit*
il **desiderio** *desire*   il **fantino** *jockey*
la **festa** *party*

---

[1] The English equivalent of the first saying is "The early bird catches the worm." The proverb about the gift horse is identical in English and in Italian: both cultures stress the importance of appreciating a gift, even if it is not exactly what one wanted.

la **fotografIa** *photograph, photography*
la **pena** *punishment*
il **ritorno** *return*
la **sella** *saddle*
lo **straniero** / la **straniera** *stranger, foreigner*
il **veterinario** / la **veterinaria** *veterinarian*

■ **aggettivi** — adjectives

affollato / **affollata** *crowded*   **eccitante** *exciting*
medievale *medieval*   **pieno** / **piena** *full*
prezioso / **preziosa** *precious* **puro** / **pura** *pure*
separato / **separata** *separated* **vestito** / **vestita** *dressed*

■ **verbi** — verbs

avere intenzione di *to have the intention of*
cavalcare *to ride a horse*   **partecipare** *to participate*
riuscire *to succeed*   **scoprire** *to discover*
svOlgersi *to take place*   **volere bene a** *to love*

■ **avverbi e altro** — adverbs and more
a prima vista *at first sight* **perché no?** *why not?*
saggiamente *wisely*   **siccome** *since*

ESERCIZI DI VOCABOLARIO —
VOCABULARY EXERCISES

Esercizio 1: Sottolinea la parola giusta.
Underline the correct word.

1. C'è tanta gente in Piazza del Campo, è molto (vestita / affollata) perché c'è il Palio.

2. I (fantini / cavalli) cavalcano senza (gli abiti / la sella).

3. I (veterinari / fantini) sono le persone che curano gli animali.

4. Il Palio è una (contrada / corsa) di (cavalli / elefanti) a Siena.

5. La gente porta (abiti / selle) medievali e tutti partecipano a una grande (festa / corsa).

6. Mi sono innamorato (saggiamente / a prima vista) di Siena.

Esercizio 2: Definizioni — *Definitions*

1. _____: sinonimo di amare
2. _____: sinonimo di volere
3. _____: sinonimo di andare a cavallo
4. _____: in modo saggio
5. _____: che vale molto
6. _____: l'opposto di vuoto
7. _____: l'opposto di nudo
8. _____: Pegaso era un ... che volava
9. _____: persona che viene da un altro paese
10. _____: medico degli animali

LETTURA — READING

Messaggio di posta elettronica di Mario Campi a Roberto Vico

Caro amico,

1. Una sera, mentre facevo una passeggiata per Via Veneto con i suoi numerosi alberghi e caffè, ho osservato un cartello pieno di bei colori.

2. Mi sono fermato a leggerlo. Era l'annuncio del Palio delle Contrade di Siena, di cui avevo già sentito tanto parlare, e che si svolge ogni anno in luglio e in agosto nella storica Piazza del Campo.

3. Siccome Siena è una delle piccole città che avevo intenzione di visitare, ho deciso di invitare Isabella a venirci con me per qualche giorno. Perché no? mi ha detto, ed ha accettato con entusiasmo.

4. Quando siamo arrivati a Siena, il 2 luglio di mattina, abbiamo trovato la città affollatissima. Per le strade c'erano persone in costumi medievali.

5. Andando a piedi per i vari quartieri della città (chiamati "le contrade" in italiano antico), ho potuto parlare a lungo con Isabella—dell'Italia, della sua vita, dei suoi sogni e desideri. Ho scoperto altre belle qualità di questa ragazza.

Le voglio bene, ma non posso innamorarmi di lei.

6. Anche Isabella, tra l'altro, è innamorata di un'altra persona, e dice che quando è con me riesce a dimenticare le sue pene d'amore. Ma al cuore non si comanda, come dicono saggiamente qui in Italia.

7. Torniamo però al Palio. Come tu sai, il Palio è una corsa di cavalli, e i fantini, vestiti in abiti medievali, cavalcano senza sella. Molti italiani e stranieri vanno a vederla.

8. Un gran corteo ha aperto la festa, in cui tutte le più vecchie famiglie della città hanno partecipato in antichi e preziosissimi costumi.

9. Le corse erano molto eccitanti. L'entusiasmo era grandissimo e tutti i turisti facevano fotografie delle corse. Anch'io mi sono sentito preso dall'entusiasmo generale.

10. Ma Isabella era triste, perché lei ama molto i cavalli e vuole fare la veterinaria—e il Palio può essere difficile e pericoloso per i cavalli. "Non te la prendere," le ho detto, "anche i cavalli si divertono!"

11. Abbiamo dormito in un grazioso albergo in centro—in camere separate, non ti preoccupare!

12. Al mio ritorno a New York ti farò vedere tutte le belle fotografie a colori che ho fatto a Siena—forse tu ti innamorerai a prima vista di Isabella!

Sempre con molto affetto, il tuo amico,

Mario Campi

NOTE — NOTES

Non te la prEndere is the negative imperative of the **tu** form of the idiomatic expression **prEndersela**, *to get upset at* something. The verb **prEndersi** is conjugated in the reflexive way, and the invariable **la** is placed between the reflexive pronoun and the verb, becoming its direct object (so that the past participle agrees with it and is always **presa**):

io me la prendo troppo facilmente *I get upset too easily*, **tu non te la prendi mai** *you never get upset*, **mia madre se la prendeva sempre con mio padre**

my mother used to always get upset at my father, **noi ce la siamo presa con gli organizzatore del Palio** *we got upset at the organizers of the Palio*, **sono sicuro che voi non ve la prenderete con noi** *I am sure that you will not get upset at us*, **loro se l'erano presa con noi ma poi ci hanno capito** *they got upset at us but then they understood us*.

COMPRENSIONE DEL TESTO —
READING COMPREHENSION

Esercizio 3: Scelta multipla — Multiple Choice

1. Mario ha visto un cartello colorato
   a. a Siena.
   b. in piazza.
   c. in via Veneto.

2. Siena è una piccola città toscana
   a. dov'è nato Mario.
   b. che Isabella aveva intenzione di visitare.
   c. che Mario aveva intenzione di visitare.

3. Il Palio è una corsa
   a. fra cavalli.
   b. fra animali vari.
   c. fra uomini.

4. La festa è aperta da
   a. una corsa di cavalli.
   b. un corteo.
   c. Isabella.

5. Isabella vuole fare
   a. l'assistente.
   b. la veterinaria.
   c. la spesa.

6. Isabella e Mario hanno dormito
   a. insieme in un albergo del centro.
   b. separati in un albergo del centro.
   c. a casa loro.

Esercizio 4: Ricostruisci le frasi. Reconstruct the sentences.

1. Veneto / alberghi / sono / caffè / i / gli / ci / a / Via / e _____

2. Siena / Palio / Contrade / a / c' / anno / delle / è / ogni / il _____

3. grandissimo / per / l' / corse / era / entusiasmo / le _____

4. contrade / quartieri / chiamano / di / si / Siena / i / le _____

5. Isabella / nel / di / Mario / c' / posto / cuore / non / è / per _____

6. senza / Palio / i / del / cavalcano / sella / fantini _____

Esercizio 5: Riempi gli spazi. Fill in the blanks

La _____ Ricci è italiana. Il signor Jones è il _____ di tre figli. La signora Ricci-Jones è la _____ di tre figli. La signora Ricci-Jones è la _____ della signora Ricci.

Il lunedì, il martedì, il _____, il _____ e il venerdì la signora Ricci lavora _____.

APPUNTI DI GRAMMATICA —
GRAMMAR NOTES

1. SUMMARY OF NEGATIVE EXPRESSIONS

Negative expressions in Italian usually have two parts: **non** *before the verb* + *the negative expression after the verb*. Common negatives are:

non verb **mai** *never* (contrario: **sempre** *always*)[2]

non verb **niente nulla** *nothing* (contrario: **qualcosa** *something*)

non verb **nemmeno / neppure / neanche** *not even* (contrario: **anche** *also*)

non verb **più** *not ... anymore* (contrario: **ancora** *still*)

non verb **che** *only* (contrario: **anche** *also*)

non verb **nessuno** *nobody, not anybody* (contrario: **qualcuno** *someone*)

non verb **né...né** *neither... nor* (contrario: **sia...che...** *both...and...*)

non verb **affatto** *not at all* (contrario: **proprio** *really*)

Questi studenti non sono mai in ritardo.
These students are never late.

---

[2] Although the opposites given in parenthese will help you to better understand the negatives and to build your vocabulary, you should realize that they are just examples and that many other options are possible: the opposite of nobody, **nessuno**, could be *someone*, **qualcuno**, but it could also be *everyone*, **tutti**, for instance.

Non ho niente (nulla) da fare.
I have nothing to do.
Non ho trovato neanche (nemmeno/neppure) uno sbaglio.
I haven't found even one error.
Lei non ha che cinque dollari?
Do you have only five dollars?
Non conoscevo nessuno a quella festa.
I didn't know anybody at that party.
In primavera non fa né freddo né caldo.
In the spring it is neither hot nor cold.
Neanche uno studente ha superato l'esame.
Not even one student has passed the exam.
Non ho fretta. Neppure io.
I am not in a hurry. Neither am I.

When the negative expression precedes the verb, **non** is omitted.

Nessuno mi ha capito.
Nobody understood me.
Né Mario né Marina parlano francese.
Neither Mario nor Marina speak French.
Neanche Pinocchio era davvero cattivo.
Pinocchio was not really bad, either.

ESERCIZI — EXERCISES

Esercizio 6: Rispondi al negativo secondo gli esempi. Answer in the negative according to the examples.

Esempi: Hai visto qualcuno alla festa?
   No, non ho visto nessuno alla festa.
   Hai visto qualcosa alla festa?
   No, non ho visto niente.

1. Avete incontrato qualcuno nella contrada?

   _____

2. Avete parlato con qualcuno allo zoo?

   _____

3. Hai dimenticato qualcosa a Siena?

   _____

4. Hai visto qualcosa di pericoloso al Palio?

   _____

5. Il costume medievale l'ha portato qualcuno?

   _____

6. Tu mi regalerai qualcosa, zia?

   _____

Esercizio 7: Rispondi al negativo secondo gli esempi. Answer in the negative according to the examples.

Esempio: Hai comprato sia ricordini che cartoline? No, non ho comprato né ricordini né cartoline.
   Hai comprato anche del vino? No, non ho comprato neanche del vino.

1. Il cavallo ha avuto sia acqua che riposo prima della corsa? _____

2. Zio, hai incontrato anche un amico?

   _____

3. I fantini hanno parlato anche ai cavalli?

   _____

4. Hai visto sia Mario che Marina a Siena?

   _____

5. Hai cucinato sia carne che pesce per i fantini?

   _____

6. Avete ordinato sia vino che birra in trattoria?

   _____

Esercizio 8: Rispondi al negativo secondo l'esempio. Answer in the negative according to the example.

Esempio: Hai già imparato l'italiano?
   No, non l'ho ancora imparato.

1. I fantini hanno già fatto la corsa?

   _____

2. Hai già visto il Palio delle Contrade?

   _____

3. Avete già mangiato i dolci di Siena?

   _____

4. Tua cognata ha già visitato il centro di Siena?

   _____

5. Il cavallo ha già bevuto l'acqua?

   _____

6. Elena e Sara hanno già guardato il Palio?

   _____

CHIACCHIERANDO — CHATTING
GLI ANIMALI DOMESTICI E ALTRI ANIMALI —
PETS AND OTHER ANIMALS

Come negli Stati Uniti, i cani e i gatti sono gli animali domestici più popolari. Come negli Stati Uniti ci sono anche altri animali domestici. Eccone alcuni:

animali

il cane *dog*	**il criceto** *hamster*
il gatto *cat*	**la lucertola** *lizard*
il pesce *fish*	**il serpente** *snake*
la tartaruga *tortoise, turtle*	**l'uccello** *bird*
il canarino *canary*	**la gazza** *magpie*
il pappagallo *parrot*	**la pEcora** *sheep*

espressioni utili

muto come un pesce *silent as a fish*
lento/lenta come una lumaca *slow as a snail*
(physical speed, not intelligence)
coraggioso/coraggiosa come un leone
brave as a lion
sano/sana come un pesce *healthy as a fish*
furbo/furba come una volpe *sly as a fox*
è un'oca *she is a silly goose* (only used for women)
è un orso *he is a bear* (unfriendly, reclusive)
avere una fame da lupi *to be as hungry as a wolf*

proverbi

chi pecora si fa, il lupo lo mangia (proverbio)
those who make themselves into sheep get eaten by the wolf
l'ospite è come il pesce, dopo tre giorni puzza (proverbio)
a guest is like a fish, after three day he stinks

Esercizio 9: Completa le frasi con le espressioni adatte. Complete the sentences with the appropriate expressions.
Esempio: *Non mangiamo da stamattina, abbiamo una fame da lupi.*

1. È partito due ore fa e non è ancora arrivato,

   _____.

2. Luisa non ha paura di niente,

   _____.

Una signora esce dal negozio del fornaio con il suo piccolo cane.

3. Quella ragazza non capisce proprio niente,

   _____.

4. Tu, Giuseppina, non parli mai,

   _____.

5. Non possiamo nasconderle niente, lei capisce tutto, _____.

6. Io non mi ammalo mai, sto sempre bene,

   _____.

7. Dino ha pochi amici e non esce mai,

   _____.

Esercizio 10: Pratica orale — Oral practice

1. Hai un animale domestico? Che cos'è? Come si chiama?
2. Se non hai un animale domestico, perché no?
3. Ti piacciono gli animali? Quali animali ti piacciono di più? Quali animali ti piacciono di meno?

Esercizio 11: Indovinello — A riddle

Quale animale è rimasto fuori dall'arca di Noè? (l'arca di Noè=*Noah's ark*)

SULL'INTERNET — ON THE WEB
Il sito di un negozio on line di animali domestici molto completo.

www.petnet.it

E naturalmente dovete visitare un sito del Palio di Siena, dove troverete molte informazioni su Siena, sulle contrade, sui cavalli, sui fantini e sul Palio in generale.

www.ilpaliodisiena.com

A. RIPASSO DEL VOCABOLARIO — VOCABULARY REVIEW

1. *crucipuzzle: A CASA* — *wordsearch puzzle: AT HOME*

```
r a g a z z a g b r i n d i s i I q B O
Y D C t r c o c a i s p o s a r s i Z e
p Q B v f z o o E t q b L u u d a Y N r
a W P X n g s S N P t P d y r K Z e r d
r d s a n s p e s c e o f f i f c r s a
e z r a e R f r a t e l l o c i r d a m
n p t m o s o i z a r g Z a o d i a i c
t a r Z U l H q s a s j a n r a c p n a
e e p t w U j s e l A w G e d n e a o n
p S Y g i o v a n o t t o c i z v g m a
c r i c e t o B S t l r l K n a i u i r
a n i p o t e s o r e l l a o t m r r i
i Z s u o c e r a e d t e v M o e a e n
l h I w o c o u c c z a n c i x n t c o
g J c p q c a n e u l i i e c n t r F n
i a r t s e n i m l k s o p p u o a f n
f e n w j d i g e s t i v o p r l t e o
s C X e r k Z t K j Q c k o m o e a s A
c h i a c c h i e r a r e V L k c s t W
P s C I w B b u z i T c o A p Y n K a T
```

padre	madre	figlia
sorella	fratello	zio
nonno	fidanzato	cognata
suocera	nipote	cane
canarino	cena	chiacchierare
cerimonia	coppia	criceto
cuoco	digestivo	brindisi

festa	gatto	giovanotto
grazioso	lucertola	minestra
pesce	parente	permesso
pranzo	cena	ragazza
ricevimento	ricordino	serpente
sposarsi	tartaruga	uccello
vino		

2. *cruciverba* — *crossword puzzle*
(all adjectives given in the masculine singular)

orizzontali – across

1. unforgettable
2. you laugh
7. the (*masc.sing.*)
8. yes
10. automobile
13. I know
14. from
15. to accelerate
17. I give
18. to continue
19. to stop
21. dangerous
22. car window
26. map
29. on the (*masc.sing.*)
30. old word for neighborhood (as in Siena)

33. car	35. tea	37. to drive
38. you know	39. passerby	42. you were
44. train	45. nor	

verticali - down

2. nothing	3. never	4. to cross
5. to slow down	6. of	9. three
11. my (*fem. plur.*)	12. moped	
16. ruota di ......=*spare tire*		18. to us
20. jack	21. for	23. schoolbus
24. steering wheel	25. traffic	
27. to climb back up		28. he knows
29. sign	31. you	32. street
34. with	36. hand	40. on
41. and	43. in	

B. ESERCIZI SUPPLEMENTARY — EXTRA EXERCISES

Esercizio 1. Abbinamenti — *Matches*

colonna A

1. l'antipasto
2. l'aperitivo
3. la cartina
4. il cavallo
5. il contorno
6. il coperto
7. il dolce
8. il medico

colonna B

a. si chiama quando stiamo male
b. si mangia prima di tutto
c. si mangia alla fine del pasto
d. si paga quando si va al ristorante
e. si usava nel passato come mezzo di trasporto
f. si usa quando non si conosce la strada
g. si serve insieme al secondo piatto
h. si beve all'inizio del pasto

Esercizio 2. Trasforma le frasi secondo l'esempio.
Transform the sentences according to the example.
Esempio: Prepara gli spaghetti alla carbonara!
  Preparali!

1. Cucina la pasta al pesto! _____
2. Cuoci il pollo allo spiedo! _____

3. Non bruciare le verdure alla griglia!
_____

4. Attraversa la strada velocemente!
_____

5. Non bucare la gomma! _____
6. Canta le canzoni di Mina! _____
7. Leggi la cartina! _____
8. Guida il camion con attenzione!
_____

9. Non tradire i tuoi amici! _____
10. Suona la chitarra con me! _____

Esercizio 3. Completa il paragrafo con i verbi adatti – passato prossimo o imperfetto?
Complete the paragraph with the appropriate verbs – present perfect or imperfect?

Quando _____ (essere) bambina io
_____ (abitare) in Italia. Il mio paese
_____ (essere) piccolo e noioso, allora
io _____ (decidere) di venire negli
Stati Uniti. Io _____ (innamorarsi)
subito degli Stati Uniti, che _____
(essere) divertenti, eccitanti e mai noiosi. I primi
anni _____ (tornare) spesso in Italia.
In dieci anni _____ (tornare) quindici volte.

Esercizio 4. Trasforma le seguenti frasi al negativo. Transform the following sentences into the negative.

1. Io vado sempre al Palio di Siena.
_____

2. Ci sono andata anche quest'anno.
_____

3. Qualcuno è venuto con me.
_____

4. Sono venuti sia il mio migliore amico che mia
sorella. _____

5. Ho visto qualcosa di interessante.
_____

6. Ci andrò ancora in futuro.
_____

Esercizio 5. Rispondi alle domande con il trapassato prossimo. Answer the questions with the past perfect.

1. Perché non sei andata in Italia?

    Perché _____ (promettere) a mia figlia di andare con lei in Spagna.

2. Ti sei alzata in tempo per l'esame?

    No, perché non _____ (mettere) la sveglia (*alarm clock*).

3. Sei riuscito a trovare un albergo?

    Sì, perché prima _____ (telefonare) all'agenzia di viaggi.

4. Avete trovato il braccialetto?

    Sì, _____ (finire *end up*) sotto il letto.

5. Sei ancora con la tua fidanzata?

    Sì, per un periodo ci _____ (lasciarsi) ma adesso siamo ancora insieme.

6. Avete incontrato i suoceri di mio fratello?

    No, purtroppo quando noi siamo arrivati loro _____ (andare) già via.

l'orsetto=teddy bear
il gioielliere=jeweler
il Signore degli Anelli=The Lord of the Rings

Esercizio 6. Trasforma i verbi dal presente al trapassato prossimo. Transform the verbs from the present to the past perfect.

1. Quando ci presentiamo diciamo "Piacere!"

    _____

2. Tu, Cristiano, quando ti presenti, dici "Molto lieto!"_____

3. E la signora Caporossi quando si presenta dice "Lietissima!"_____

4. Voi che cosa dite quando vi presentate?

    _____

Esercizio 7. Inserisci i seguenti verbi negli spazi appropriati. Insert the following verbs in the appropriate spaces.

> bucare – abbiamo bucato – ha accelerato – attraversi – abbiamo ordinato – ordiniamo – attraversavi – accelera

1. Ieri, in macchina con Mario, Isabella

    _____ troppo.

2. Mi dispiace dirlo, ma Isabella

    _____ sempre quando c'è un uomo in macchina con lei.

3. Noi _____ sempre un aperitivo prima di cena.

4. Ieri però non _____ un aperitivo ma un antipasto.

5. Quando _____ la strada devi stare molto attento.

6. Ieri mentre _____ la strada è passato un camion.

7. In campagna è facile _____ una gomma.

8. Mi dispiace che proprio stamattina _____ una gomma.

Esercizio 8. Forma delle frasi negative secondo l'esempio. Form negative sentences according to the example.

Due bambini italiani, Alberto e Chiara, a una festa di Carnevale

242 ITALIAN MADE SIMPLE

Esempio: Chiara telefona sempre agli zii.
Ma Alberto non telefona mai agli zii.

1. Chiara studia sempre la sera.

   _____

2. Chiara ama sia la musica che l'arte.

   _____

3. Chiara scrive qualcosa nel suo diario.

   _____

4. Chiara fa i compiti con qualcuno.

   _____

5. Chiara vuole ancora la mamma di sera.

   _____

6. Chiara ha proprio voglia di giocare con me.

   _____

Esercizio 9. Dai dei consigli ai bambini nella foto usando l'imperativo e seguendo gli esempi. *Give some advice to the children in the picture using the imperative and following the examples.*
Esempi: Chiara e Alberto / guardare / la mamma
Chiara e Alberto, guardate la mamma!

Chiara / guardare / me
Chiara, guardami!

1. Chiara / ammirare / le maschere

   _____

2. Chiara e Alberto / passeggiare / per la città

   _____

3. Chiara e Alberto / non tirare / i coriandoli

   _____

4. Alberto / dare una mano / a Chiara

   _____

5. Chiara e Alberto / non dimenticare / di pulire

   _____

6. Chiara / invitare / i tuoi amici al Carnevale

   _____

7. Chiara e Alberto / divertirsi / al Carnevale

   _____

8. Alberto / presentare / loro

   _____

Esercizio 10. Traduci in italiano. *Translate into Italian.*

What are the typical Italian things? Luigi Barzini has asked himself this question in his famous book *The Italians*. The Italian things are like mirrors for the Italians. These things are the things which can only happen in Italy. They may be small things, but together they allow us to understand the Italian character. They help us to answer the question: "Why are we who we are?"

_____

_____

_____

_____

_____

_____

_____

_____

_____

_____

CAPITOLO 43 (QUARANTATRÉ)

...E QUALCHE GIORNO A FIRENZE
...AND A FEW DAYS IN FLORENCE

PROVERBIO — PROVERB

"Se son rose fioriranno."
If they are roses, they will bloom.[1]

PRESENTAZIONE — INTRODUCTION

In this email to Roberto, Mario describes the five days he spent in Florence with Isabella–who was born and raised in Florence and who therefore showed him things unknown to tourists. Mario visited museums and strolled through the picturesque streets, saw the house of the medieval poet Dante Alighieri, bought Isabella a leather purse she could not afford and bought a gold bracelet for Marina—though he is not sure she will accept it. Mario and Isabella spoke at length of their dreams and heart pains. After they return to Rome, Mario will leave alone for a trip to Naples and environs.

VOCABOLARIO NUOVO — NEW VOCABULARY

■ **nomi** — nouns

l'**affermazione** *statement*
l'**arcata** *archway*
l'**artigianato** *crafts*
il **braccialetto** *bracelet*
la **civilizzazione** *civilization*
la **collana** *necklace*
il **gioiello** *jewel*
l'**oro** *gold*
l'**universo** *universe*

l'**anello** *ring*
l'**artigiano** *craftsman*
la **borsetta** *handbag*
il **brillante** *small diamond*

l'**esperienza** *experience*
l'**orecchino** *earring*
la **ricchezza** *richness*

■ **aggettivi** — adjectives

cresciuto / cresciuta *raised, grown*
elegante *elegant* **intero / intera** *entire*
nato / nata *born*
pittoresco / pittoresca *picturesque*
sconosciuto / sconosciuta *unknown*
sufficiente *sufficient*

■ **verbi** — verbs

appartenere *to belong*
essere senza parole *to be speechless*
scOrrere *to flow*

■ **avverbi e altro** — adverbs and more

affettuosamente *affectionately*
d'eccezione *exceptional*
di nuovo *again*   **di ritorno** *back*

ESERCIZI DI VOCABOLARIO — VOCABULARY EXERCISES

Esercizio 1: Inserisci la forma corretta dei seguenti aggettivi. Insert the correct form of the following adjectives.

> *cresciuto / elegante / indimenticabile / nato / nato / sconosciuto / pittoresco*

1. Le stradine delle piccole città italiane sono _____, mi piace fotografarle.

2. Io e i miei fratelli siamo _____ insieme ai nostri nonni.

---

[1] The English equivalent here is "Time will tell." Note how the final **o** of **sono** is elided. This saying is most often used in reference to love: if it is true love, the saying implies, it will become obvious in time. Some continue the saying with a rhyming conclusion: **Se son spine, pungeranno,** *"If they are thorns, they will sting."* Or with the spoof: **Se son rose, sfioriranno** (sfiorire=*to wilt*).

3. Gli italo-americani che sono _____ in Italia sono diversi dagli italo-americani che sono _____ in America.

4. Il mio amico Lucio Folletta è un poeta molto bravo ma ancora _____.

5. I negozi di Via del Corso a Roma sono tutti _____ e anche molto cari.

6. Roma è una città _____, la ricorderai per sempre!

Esercizio 2: Abbinamenti — *Matches*

colonna A   colonna B

1. la ricchezza   a. non comune
2. il braccialetto   b. soldi ma non solo soldi
3. la collana   c. gioiello per il polso
4. la borsetta   d. gioiello per le orecchie
5. l'orecchino   e. gioiello per il collo
6. l'artigiano   f. gioiello per il dito
7. l'anello   g. ancora
8. il brillante   h. piccolo diamante
9. d'eccezione   i. persona che crea oggetti utili
10. di nuovo   l. piccola borsa da donna

Ecco un negozio d'arte a Firenze.

Ed ecco le famose borsette di Firenze al mercato.

LETTURA — READING

Messaggio email di Mario Campi a Roberto Vico

Caro amico,

1. Eccomi a Firenze, dove ho passato cinque giorni indimenticabili con Isabella, visitando i magnifici palazzi, le chiese e i musei, camminando su e giù per le strade pittoresche. Non cercherò di descriverti tutti i bei luoghi che ho visitato qui perché per farlo non è sufficiente una lettera, devo scrivere un libro intero. In ogni modo ti scriverò qualcosa delle mie impressioni ed esperienze nel migliore modo possibile.

2. Ho letto che la ricchezza dell'intera civilizzazione si può trovare a Firenze e che questa città non appartiene solo all'Italia ma all'universo intero. Sono qui da solo cinque giorni ma sento che questa affermazione è vera.

3. Poi ho una guida d'eccezione, Isabella, che è nata e cresciuta a Firenze e me l'ha fatta amare ancora di più, mostrandomi posti famosi e anche posti sconosciuti ai turisti.

4. Naturalmente abbiamo passato molto tempo nella Galleria degli Uffizi e a Palazzo Pitti, e ho visto il David di Michelangelo all'Accademia.

5. Abbiamo passato varie ore camminando per le pittoresche vie, fra cui c'è Via Tornabuoni, che è

la strada più importante di Firenze per i suoi eleganti negozi e caffè.

6. In una vecchia strada, molto stretta, ho veduto la casa dove il famoso poeta Dante Alighieri è nato nel 1265 (milleduecentosessantacinque). Ho letto la sua *Divina Commedia* in inglese. Un giorno spero di leggerla in italiano.

7. Come tu puoi immaginare, il Ponte Vecchio con i suoi negozi di artigianato è stato di grande interesse per me: quanti begli oggetti artistici fatti dagli artigiani fiorentini si vedono lì: braccialetti, anelli, orecchini, collane e anche molti oggetti di pelle.

8. Ho comprato a Isabella una borsetta di pelle che lei aveva tanto ammirato ma che non poteva permettersi. Era senza parole e mi ha abbracciato stretto quando gliel'ho data. Per Marina ho preso un regalo più importante: un braccialetto d'oro giallo con dei disegni in oro bianco e dei brillanti. A lei piacciono le cose moderne e sono sicuro che le piacerà—ma non sono altrettanto sicuro che lo accetterà... Glielo darò quando sarò di ritorno a New York.

9. A metà del Ponte Vecchio c'è un'arcata da cui si può ammirare il fiume Arno che scorre calmo e lento. Lì io e Isabella abbiamo parlato a lungo dei nostri sogni, dei nostri amori, delle nostre pene di cuore. Comunque non posso innamorarmi di lei, perchè Marina è ancora troppo presente nel mio cuore.

10. Domani Isabella ed io torneremo a Roma. Poi io partirò da solo e farò una gita a Napoli, perchè desidero visitare specialmente Pompei, Capri e Ischia. Dopo ritornerò di nuovo a Roma dove prenderò l'aeroplano per tornare a casa, cioè a New York.

Molto affettuosamente, il tuo amico

Mario Campi

COMPRENSIONE DEL TESTO — READING COMPREHENSION

Esercizio 3: Vero o falso? — True or false?

1. Vero / Falso Mario ha passato un fine-settimana indimenticabile a Firenze.

2. Vero / Falso Mario è innamorato di Isabella.

3. Vero / Falso Mario ha comprato per Isabella un braccialetto.

4. Vero / Falso Isabella è nata e cresciuta a Firenze.

5. Vero / Falso I due hanno passato molto tempo nei Musei Capitolini.

6. Vero / Falso Via Tornabuoni è la via più importante di Firenze.

7. Vero / Falso Dante Alighieri è nato a Siena.

8. Vero / Falso Mario ha letto la Divina Commedia in inglese.

9. Vero / Falso Sul Ponte Vecchio ci sono molti negozi di artigianato.

10. Vero / Falso Sul Ponte Vecchio Mario e Isabella si sono baciati.

Esercizio 4: Inserisci le parole mancanti.
Insert the missing words.

1. Dal Ponte Vecchio si può vedere il _____ Arno che scorre calmo e _____.

2. Per Isabella Mario ha comprato una _____ e per Marina un _____.

3. Mario non può _____ di Isabella perchè nel suo _____ è presente Marina.

4. Le vie di Firenze sono _____.

5. In Via Tornabuoni ci sono _____ e caffè.

6. Isabella è _____ e _____ a Firenze.

7. Isabella ha mostrato a Mario posti _____ ai turisti.

APPUNTI DI GRAMMATICA — GRAMMAR NOTES

1. SUMMARY OF OBJECT PRONOUNS

a. The direct, indirect, and reflexive object pronouns are the following:[2]

direct

mi *me*	**ci** *us*
ti *you*	**vi** *you*
lo *him, it* / **la** *her, it* / **La** *you*(formal)	**li** / **le** *them*

---

[2] You have also studied the *disjointed or tonic object pronouns*: **me** *me*, **te** *you*, **lui** *him*, **lei** *her*, **Lei** *you* (formal), **noi** *us*, **voi** *you*, **loro** *them*. Because these are used for emphasis and after a preposition, they behave differently and are therefore not grouped with the object pronouns listed above.

indirect

mi *to me*	**ci** *to us*
ti *to you*	**vi** *to you*
gli *to him, it* / **le** *to her, it*	
loro *to them*/ **Le** *to you* (formal)	

reflexive

mi *myself*	**ci** *ourselves*
ti *yourself*	**vi** *yourselves*
si *himself, herself, itself,*	**si** *themselves*
yourself (formal)	

b. The partitive **ne** is used to express *some, any, some of it,* etc. As you have learned, **ne** can also be used with verbs and expressions which take **di**, such as **avere paura di**, **avere voglia di**, **avere bisogno di**, **parlare di**.

Hai comprato del burro? Sì, ne ho comprato.
 Do you buy any butter? Yes, I bought some.
Hai una borsetta di pelle? Sì, ne ho una.
 Do you have a leather handbag? Yes, I have one.
**Mario e Isabella hannno parlato del Palio?
Sì ne hanno parlato.**
 Did Mario and Isabella speak about the Palio? Yes, they spoke about it.

c. As you have learned, the particle **ci** replaces expressions of place preceded by a, in, su, expressions formed by **a** + infinitive, and to replace **a** + noun after verbs which take **a** such as **credere a** and **pensare a**.

Sei andata in Italia? Sì, ci sono andata.
 Have you gone to Italy? Yes, I have gone there.
Siete andati alla festa? Sì, ci siamo andati.
 Did you go to the party? Yes, we went to it.
**Andrete a vedere il Palio? Ci andremo l'anno
prossimo.**
 Will you go to see the Palio? We will go there next year.
Credi all'amore di Mario? Sì, ci credo.
 Do you believe in Mario's love? Yes I believe in it.

d. With the exception of **loro**, which always follows the verb (and which is used less and less in spoken Italian), direct, indirect, and reflexive object pronouns precede all verbs except infinitives, present participles, and the affirmative imperative (**tu**, **noi**, **voi** forms); they may precede or follow the negative imperative (**tu**, **noi**, **voi** forms).

I miei nonni? Li ho visti ieri.
 My grandparents? I saw them yesterday.
**Hai telefonato ai nonni? Sì, ho telefonato loro
stamattina.** (or: **Gli ho telefonato stamattina**).
 Did you call your grandparents? Yes, I called them this morning.
**Vuoi comprare questa borsetta? No, non voglio
comprarla.**
 Do you want to buy this handbag? No, I don't want to buy it.
Sì, compriAmola / No, non la compriamo.
 Yest, let's buy it / No, let's not buy it.

2. DOUBLE OBJECT PRONOUNS

When a verb has two object pronouns, the *indirect object* precedes the *direct object*, and both objects precede or follow the verb, according to the same rules which apply to single object pronouns.

Before **lo, la, li, le, ne** the pronouns **mi, ti, ci, vi, si** become **me, te, ce, ve, se**.

Before **lo, la, li, le, ne** both **gli** and **le** become **glie** and become one word: **glielo, gliela** (*it to him*, or *it to her*, or *it to you*), **glieli, gliele** (*them to him*, or *them to her*, or *them to you*), **gliene** (*some to him*, or *some to her*, or *some to you*),

Loro must as usual follow the verb.
Ne and **ci** can be used as part of the double object pronouns; **ci** becomes **ce** in front of another object pronoun.

Carlo ti darà i biglietti? *Me li* **darà.**
 Will Carlo give you the tickets? He will give *them to me.*
Marina mi scriverà una lettera? *Te la* **scriverà.**
 Will Marina write me a letter? Yes, she will write *it to you.*
Gli zii vi daranno le caramelle? *Ce le* **daranno.**
 Will aunt and uncle give you candies? They will give *them to us.*
I nonni ci prepareranno la cena? *Ve la*
prepareranno.
 Will grandma and grandpa prepare us dinner? They will prepare *it for you.*
Voglio dar*tene*.
 I want to give *some to you.*

Me li mostri.

  Show *them to me*. (formal)

Manderai il pacco a Marina? *Glielo* manderò.

  Will you send the package to Marina? I will send *it to her.*

Manderà Lei i libri a Giulio? *Glieli* manderò.

  To whom will you send the books? I will send *them to him.*

***Glieli* mandi!**

  Send *them to him!* (*to her, to you*)

Voglio mandar*gliene*.

  I want to send *some to him.* (*to her, to you*)

Hai portato tua figlia al ristorante? Sì, ce l'ho portata.

  Did you bring your daughter to the restaurant? Yes, I brought her there.

Avete invitato i bambini alla festa? Sì, ce li abbi amo invitati.

  Did you invite the children to the party? Yes, we invited them to it.

ESERCIZI — EXERCISES

Esercizio 5: Rispondi alle domande con il pronome diretto o indiretto, secondo il contesto. Answer the questions with the direct or indirect object pronoun, according to the context.

Esempio: *Hai scritto a tuo padre?*

  Sì, gli ho scritto

1. Mario vuole bene a Marina?

  Sì, _____

2. Mario vuole bene a Roberto?

  Sì, _____

3. Roberto vuole bene a Marina?

  No, _____

4. Mario ha ammirato la città di Siena?

  Sì, _____

5. Voi avete ammirato gli Stati Uniti?

  Sì, _____

6. Loro hanno guardato la corsa dei cavalli?

  Sì, _____

Esercizio 6: Scelta multipla — Multiple choice

1. Garibaldi ha unificato l'Italia?
   a. sì, l'ha unificata.   b. sì gliel'ha unificata.
   c. sì l'ha unificato.

2. Isabella e Mario hanno visitato Firenze e Siena?
   a. sì gliele hanno visitate.
   b. sì, le hanno visitate.
   c. sì, li hanno visitati.

3. I francesi hanno regalato la Statua della Libertà agli americani?
   a. sì, glieli hanno regalati.
   b. sì gliel'hanno regalato.
   c. sì, gliel'hanno regalata.

4. I vostri genitori vi hanno dato la vita?
   a. sì, ce l'hanno dato.
   b. sì, ce l'hanno data.
   c. sì, gliel'hanno data.

5. Mandiamo i braccialetti a Marina!
   a. mandiamoglieli!   b. mandiamogliele!
   c. mandiamoceli!

6. Comprate la borsetta a Isabella!
   a. compratecela!   b. compratevela!
   c. comprategliela!

7. Non portate vostra sorella al Palio di Siena!
   a. non ce la portate! b. non ce lo portate!
   c. non ce li portate!

8. Inviti me alla festa!
   a. mi ci inviti!   b. me lo inviti!
   c. ci ci inviti!

Esercizio 7: Rispondi alle domande usando i pronomi doppi. Answer the questions using the double object pronouns.

Esempio: *Mario ha scritto alcune lettere a Marina?* Sì, gliele ha scritte

1. Mario ha comprato la borsetta a Isabella?
   Sì, _____

2. Mario ha comprato il braccialetto a Marina?
   Sì, _____

3. Mario ha dato il regalo a Marina?
   No, _____

4. Mario ha mandato dei messaggi a Roberto?
   Sì, _____

5. Mario ti ha inviato la lettera? No,

_____

6. Isabella vi ha regalato una collana?

No, _____

CHIACCHIERANDO — CHATTING
PER PARLARE DELL'ARTE — SPEAKING OF ART

Ecco delle parole ed espressioni importanti.
Ricorda come si indicano i secoli: il ventunesimo
secolo, il ventesimo secolo, il diciannovesimo secolo, ecc. In italiano si dice anche: il Novecento=il
ventesimo secolo; l'Ottocento=il diciannovesimo
secolo; il Settecento=il diciottesimo secolo; il
Seicento=il diciassettesimo secolo, fino al
Duecento=il tredicesimo secolo. Gli anni Venti=*the
20's*; gli anni Trenta=*the 30's*, ecc. fino agli anni
Novanta=*the 90's*.

espressioni utili
l'arte moderna *modern art*
l'arte antica *ancient art*
l'arte medioevale (or, **medievale**) *medieval art*
l'arte rinascimentale *renaissance art*
l'arte barocca *baroque art*
l'artista *artist*
la pittura *painting*
la scultura *sculpture*
l'architettura *architecture*
il quadro *picture*
l'opera d'arte *work of art*
il capolavoro *masterpiece*
la chiesa *church*
il palazzo *building, palace*

Esercizio 8: Abbinamenti e frasi. *Matches and sentences*

Esempio: *Pier Luigi Nervi / a. architetto moderno*
<u>Pier Luigi Nervi è un architetto moderno</u>

colonna A
1. Il Colosseo _____

2. La Monna Lisa _____

3. La Pietà _____

4. Il Palazzo Vecchio _____

5. L'Eur _____

6. San Pietro _____

7. Gian Lorenzo Bernini _____

8. Giacomo Balla _____

9. Pier Luigi Nervi _____

10. Giotto _____

colonna B
a. architetto moderno
b. un esempio di architettura medievale
c. una scultura di Michelangelo
d. un quadro di Leonardo
e. una basilica rinascimentale
f. un quartiere moderno di Roma
g. un pittore medievale
h. uno scultore e architetto barocco
i. un esempio di architettura antica
l. un pittore moderno

Esercizio 9: Pratica orale – Rispondi alle seguenti domande. *Oral practice – Answer the following questions.*
1. Quale periodo artistico preferisci? Perché?
2. Quali sono alcuni dei tuoi artisti preferiti e perché?
3. Quali sono le tue opere d'arte preferite e perché?
4. Quali preferisci tra le tre arti figurative, la pittura, la scultura o l'architettura? Perché?

SULL'INTERNET — ON THE WEB

Ci sono infiniti siti sull'arte in Italia. Eccone alcuni:

www.uffizi.firenze.it
Questo è il sito ufficiale della Galleria degli Uffizi a Firenze.

www.museicapitolini.org
Questo è il sito ufficiale dei Musei Capitolini a Roma.

www.marketplace.it/museo.nazionale
Questo è il sito ufficiale del Museo Archeologico Nazionale di Napoli.

CAPITOLO 44 (QUARANTAQUATTRO)

FINALMENTE INSIEME!
FINALLY TOGETHER!

PROVERBI — PROVERBS

"Ride bene chi ride **Ultimo**." "Tutto è bene quel che finisce bene."
He laughs well who laughs last. All is well that ends well.[1]

PRESENTAZIONE — INTRODUCTION

Mario writes to Roberto a happy email. First he describes the dreams he made during his trip to Naples and environs, his dreams of a future with Marina. Then he describes his unexpected encounter with Marina and her cousin in a clothing store in Rome, where he was shopping with Isabella. Marina had come to Rome for her grandmother's funeral. The four of them go out to lunch, and the next day Mario and Marina go to a movie and kiss each other good night. Mario is now the happiest man on earth, as he writes his friend.

VOCABOLARIO NUOVO — NEW VOCABULARY

■ **nomi** — nouns
il capo di abbigliamento *item of clothing*
il compagno / la compagna *mate*
il funerale *funeral*
la gelosIa *jealousy*
l'incontro *encounter*
il lungomare *walkway or street along the sea*

---

[1] Though its origins, as those of most proverbs, are obscure, **Tutto è bene quel che finisce bene** is an optimistic saying that has gained even more popularity as the title of Shakespeare's play *All's Well That Ends Well*. A spoof on the first proverb: **Ride bene chi ha i denti** (He laughs well who has teeth).

il proprietario / la proprietaria *owner*
il sospetto *suspicion*

■ **aggettivi** — adjectives
disteso / distesa *lying down, relaxed*
ideale *ideal*
scorso / scorsa *last (as in last summer, not last in a list—which is* **Ultimo / Ultima**)

■ **verbi** — verbs
baciare *to kiss*   **girarsi** *to turn*
presentarsi *to introduce oneself*
respIngere *to reject*
riaccompagnare *to accompany someone back*
scambiare *to exchange*

■ **avverbi e altro** — adverbs and more
a braccetto *arm in arm*   **al sole** *in the sun*
anzi *on the contrary*   **da solo / da sola** *alone*
durante *during*

ESERCIZI DI VOCABOLARIO —
VOCABULARY EXERCISES

Esercizio 1: Definizioni — Definitions

1. _____: una donna con cui dividi una casa, una camera, o la vita

2. _____: riportare qualcuno a casa

3. _____: con il braccio nel braccio di qualcuno

4. _____: dire il proprio nome a uno sconosciuto

5. _____: si fa dopo

che qualcuno muore

6. _____: strada che

accompagna il mare

7. _____: sentimento di

possesso verso la persona amata

8. _____: rifiutare

9. _____: senza nessun altro

10. _____: si sta così a letto

o in spiaggia

Esercizio 2: Inserisci nello spazio corretto la forma appropriata delle parole tra parentesi.
Insert in the right space the appropriate form of the words in parentheses.

1. _____ molti italiani, amore vuole

dire _____, cioè, se siamo _____

siamo necessariamente anche _____.

(geloso / innamorato / gelosia / secondo)

2. Mia moglie è molto _____ allora

quando torno a casa tardi lei ha sempre

qualche _____ e annusa (*sniffs*) il

mio _____.

(abbigliamento / sospetto / geloso)

3. Io però _____ questi sospetti,

_____ perché di solito esco

_____ a vado al _____.

(da solo / cinema / respingere / soprattutto)

4. L'anno _____ lei mi ha visto

_____ con un'altra donna sul

_____ ma quando questa donna

_____ mia moglie ha visto che

era mia sorella.

(girarsi / lungomare / scorso / a braccetto)

5. Ma mia moglie è la _____ donna

che io _____ in tutta la mia vita e

non deve avere _____ anche se

_____ qualche parola con altre donne.

(sospetto / scambiare / solo / baciare)

Ecco un elegante negozio di abbigliamento italiano.

LETTURA — READING

Lettera di Mario Campi a Roberto Vico

Caro amico,

1. Non credo al destino. Voglio dire, cioè, che fino alla settimana scorsa non avevo creduto al destino. Adesso ti dirò quello che è successo.

2. Durante il mio viaggio da solo a Napoli, Capri e Ischia ho avuto tanto tempo per pensare. Passeggiavo sul lungomare di Napoli, stavo disteso al sole sulla spiaggia di Capri e Ischia, prendevo un gelato da solo in un bar, e pensavo, immaginavo, sognavo.

3. Cosa sognavo? Quello che farei nel mio futuro ideale. Chiamerei Marina, le direi di venire in Italia da me. Le spedirei un biglietto d'aereo, prenoterei l'albergo più romantico di Roma, camminerei con lei per le strade che lei conosce così bene. La porterei a cena fuori, le offrirei un bel gelato a Piazza Navona. Passeggeremmo insieme sul Lungotevere, lei mi prenderebbe la mano, mi guarderebbe negli occhi, e io le direi tutto l'amore che provo per lei. Ci abbracceremmo, ci baceremmo, e non ci lasceremmo più. Sarei l'uomo più felice del mondo, e Marina sarebbe la donna più amata del mondo.

4. Quello era il mio sogno, caro amico, un sogno che fino a qualche giorno fa mi sembrava impossibile. Ma adesso ascoltami.

5. Ero in centro a Roma, dopo un incontro di lavoro con il signor Marcelli. Ero entrato in un negozio di abbigliamento con Isabella, la mia migliore amica in Italia. Isabella doveva comprare dei capi di abbigliamento per il lavoro.

6. Mi sono girato e ho visto Marina entrare nel negozio a braccetto con un bell'uomo. La gioia di rivederla è stata più grande della gelosia di vederla con un altro. Sono corso a salutarla.

7. Lei guardava Isabella con lo stesso sospetto con cui io guardavo l'uomo che era con lei. Poi ci siamo presentati i nostri compagni. L'uomo che accompagnava Marina era suo cugino Luca, e lei era venuta improvvisamente a Roma per il funerale di sua nonna.

8. Siamo usciti insieme tutti e quattro a pranzo, in una simpatica trattoria, "Da Lella," di cui Marina conosceva la proprietaria. Abbiamo mangiato, bevuto, chiacchierato. Dopo pranzo, ci siamo scambiati numeri di telefono e ci siamo lasciati.

9. Il giorno dopo ho chiamato Marina e l'ho invitata al cinema. Le ho detto che mi doveva ancora il premio dell'esame di geografia. Lei ha accettato ridendo.

10. Al cinema, ci siamo tenuti la mano, e quando l'ho riaccompagnata a casa l'ho baciata prima di lasciarla. Lei non mi ha respinto, anzi. L'ho chiamata "amore," "tesoro," "mia adorata," tante parole che avevo imparato nella speranza di poterle un giorno dire a lei.

11. Per il resto, amico mio, dovrai aspettare il mio ritorno. Sono l'uomo più felice del mondo.

Molto affettuosamente, il tuo amico

Mario Campi

NOTE — NOTES

Terms of endearment in a foreign language may sound funny but can be quite useful, both to woo someone who speaks that language and to impress someone who does not... Mario mentions **amore**, *love*, **tesoro**, *treasure*, **mia adorata**, *my adored one*. But the possibilities are endless: in one of Italy's best-known love songs, Claudio Baglioni calls his beloved **passerotto**, *little sparrow*, and in another he calls her **un piccolo grande amore** *a little great love*—and another singer-songwriter, Francesco De Gregori, calls his beloved **fiorellino**, *little flower*.

COMPRENSIONE DEL TESTO — READING COMPREHENSION

Esercizio 3: Vero o falso? *True or false?*

1. Vero / Falso In passato, Mario non credeva al destino.

2. Vero / Falso Mario è andato a Capri con Marina.

3. Vero / Falso Mario ha chiamato Marina e le ha detto di venire in Italia.

4. Vero / Falso Mario e Marina sono nell'albergo più romantico di Roma.

5. Vero / Falso Mario ha visto Marina a braccetto con un bell'uomo.

6. Vero / Falso Marina era gelosa di Isabella e Mario era geloso del bell'uomo.

7. Vero / Falso Il bell'uomo era lo zio di Marina.

8. Vero / Falso Marina era a Roma per il funerale della nonna.

9. Vero / Falso Mario e Marina sono andati al cinema.

10. Vero / Falso Anche Marina a quanto pare è innamorata di Mario.

Esercizio 4: Inserisci la parola mancante. *Insert the missing word.*

1. Il _____ è qualcosa in cui fino a una settimana fa Mario non aveva creduto.

2. A Capri Mario sognava il suo _____ ideale.

3. Mario sognava di portare Marina a cena _____ e di _____ con lei sul Lungotevere, di prenderle la _____ e di essere guardato negli _____.

4. Questo _____ di Mario sembrava impossibile.

5. Nel negozio di abbigliamento, Marina è entrata a _____ con un uomo.

6. Mario ha provato sia _____ che

   _____.

7. Marina era a Roma per il _____ di

   sua _____.

APPUNTI DI GRAMMATICA —
GRAMMAR NOTES

1. THE PRESENT CONDITIONAL: WHAT WOULD HAPPEN

The present conditional translates the English *would* + infinitive and is also used to make polite requests. It is formed by attaching the present conditional endings to the same stem of the verb used for the future: the infinitive without the final –e. As with the future, the –a in the infinitive of –are verbs becomes –e.

The present conditional endings are: –ei, -esti, -ebbe, -emmo, -este,- ebbero.

COMPRARE *to buy*
io comprer-ei *I would buy*
tu comprer-esti *you would buy*
lui/lei/Lei comprer-ebbe *he/she/it would buy, you would buy* (formal)
noi comprer-emmo *we would buy*
voi comprer-este *you would buy*
loro comprer-Ebbero *they would buy*

VENDERE *to sell*
io vender-ei *I would sell*
tu vender-esti *you would sell*
lui/lei/Lei vender-ebbe *he/she/it would sell, you would sell* (formal)
noi vender-emmo *we would sell*
voi vender-este *you would sell*
loro vender-Ebbero *they would sell*

FINIRE *to finish*
io finir-ei *I would finish*
tu finir-esti *you would finish*
lui/lei/Lei finir-ebbe *he/she/it would finish, you would finish* (formal)
noi finir-emmo *we would finish*
voi finir-este *you would finish*
loro finir-Ebbero *they would finish*

2. THE IRREGULAR PRESENT CONDITIONAL

All verbs that have an irregular stem for the future have the same irregular stem for the conditional:

andare	**andrei**, etc.	*I would go*, etc.
avere	**avrei**, etc.	*I would have*, etc.
dare	**darei**, etc.	*I would give*, etc.
dovere	**dovrei**, etc.	*I would have to*, etc.
essere	**sarei**, etc.	*I would be*, etc.
fare	**farei**, etc.	*I would do*, etc.
potere	**potrei**, etc.	*I would be able*, etc.
rimanere	**rimarrei**, etc.	*I would remain*, etc.

ESERCIZI — EXERCISES

Esercizio 5: Metti i verbi tra parentesi al condizionale presente. Put the verbs in parentheses in the present conditional.

Buonasera, signora Lella, la sua trattoria è sempre così simpatica! Io _____ (prendere) un aperitivo analcolico e mia moglie _____ (bere) un Campari. I bambini _____ (volere) un'aranciata. Per cena, noi adulti _____ (prendere) la zuppa di pesce, e i bambini _____ (mangiare) il pollo allo spiedo. Io e mia moglie _____ (volere) ringraziarLa di essere sempre così gentile con i bambini--_____ (volere) Lei sedersi un po' con noi dopo cena? Noi _____ (potere) prendere un caffè insieme.

Esercizio 6: Trasforma le frasi secondo l'esempio. Transform the sentences according to the example.

Esempio: Faccio la spesa. Con la macchina **farei la spesa meglio**

1. So l'italiano. Con una brava insegnante

   _____.

2. Possiamo nuotare. Con qualche

   lezione_____.

3. Studi. In biblioteca_____.

4. Sognamo l'amore. Insieme a voi

   _____.

5. Vede il panorama. Senza lo smog,

_____.

6. Visitate il mondo. Con più soldi,

_____.

7. Fai una festa. Con molto vino italiano,

_____.

8. Guardiamo un film. Senza le distrazioni,

_____.

Esercizio 7: Rispondi alle domande con il condizionale e il pronome adatto. Answer the questions with the conditional and the appropriate pronoun.

Esempio: Vai in Italia? <u>Ci andrei</u>, *ma non ho soldi.*

1. Baci Marina? _____, ma non voglio essere rifiutato.

2. Prendete il dolce? _____, ma siamo a dieta.

3. Bevi il vino? _____, ma ho un mal di testa.

4. Vieni a casa mia? _____, ma devo fare i compiti.

5. Sei felice della tua casa?[2] _____, ma mi mancano gli amici.

6. Scrivi ai tuoi amici? _____, ma non ho mai tempo.

7. Invitate i vostri genitori a cena?

_____, ma loro abitano lontano.

8. Riaccompagnate la mamma a casa?

_____, ma siamo troppo pigri.

CHIACCHIERANDO — CHATTING
FARE LE COMPERE — GOING SHOPPING

Usiamo molto il condizionale quando andiamo in un negozio a fare le compere e quando andiamo in un ristorante o in un bar. The conditional

expresses politeness and is therefore used very frequently in these situations. You have been introduced to many items of clothing in an earlier chapter; here are some more expressions that will be useful when you go shopping for clothes and shoes.

espressioni utili
vorrei... *I would like*
mi piacerebbe vedere... *I would like to see*
che numero? / che misura? *what shoe size?*
che taglia? / che misura? *what size?*
di che colore? *what color?*
posso provarlo (provarla, provarli, provarle)? *can I try it/them on?*
(non) avrebbe qualcosa... di più piccolo / di più grande / di più colorato? *do you by any chance have something...smaller / bigger / more colorful?*
come va? come vanno? *how is it? how are they?*
quanto viene? / quanto costa? *how much does it cost?*

il pigiama *pijamas*
la camicia da notte *nightgown*
il cappello *hat*
i guanti *gloves*
il foulArd *scarf* (light weight)
le scarpe *shoes*
la sciarpa *scarf* (winter)
gli stivali *boots*

di ottima qualità *of best quality*
di lana *made of wool*
di cotone *made of cotton*
di seta *made of silk*
di lino *made of linen*
di nylon *made of nylon*
di pelle *made of leather*
a quadretti *checkered*
a righe *striped*
in tinta unita *solid*
in vetrina *in the window*

corto / corta *short*
lungo / lunga *long*
grande *big*
pIccolo / pIccola *small*
largo / larga *wide*
stretto / stretta *narrow*

---

[2] Like **pensare di**, **avere voglia di**, **avere paura di**, **parlare di**, etc. **essere felice di** takes **ne**.

Esercizio 8: Costruisci delle frasi secondo l'esempio. Construct some sentences according to the example.[3]

Esempio: scarpe / rosse

Belle quelle scarpe rosse, posso provarle?

1. vestito / a quadretti

   _____

2. pantaloni / di lana

   _____

3. gonna / di cotone

   _____

4. stivali / di pelle

   _____

5. camicia / di lino

   _____

6. giacca / a quadretti

   _____

Esercizio 9: Pratica orale - Rispondi alle domande. Oral practice - Answer the questions..

1. Che cosa faresti con un milione di dollari?
2. Che faresti con un mese di vacanza?
3. Cosa faresti con un biglietto per fare il giro del mondo?
4. Cosa faresti senza l'elettricità?
5. Che faresti senza la macchina?
6. Che faresti senza il senso della vista?
7. Che cosa faresti senza il senso dell'udito?
8. Che faresti senza il senso del gusto?

SULL'INTERNET — ON THE WEB

Un sito dove puoi guardare e, se vuoi, comprare capi di abbigliamento di tutti i tipi.

www.coll.it

Ecco due ragazze con un costume tipico del Lazio (la regione di Roma): sai descrivere quali capi di abbigliamento portano? sai immaginare il colore?

---

[3] Remember that **quello / quella / quelli / quelle**, when placed directly before a noun, follow the pattern of the indefinite article.

CAPITOLO 45 (QUARANTACINQUE)

ANDARSENE O RIMANERE?
TO LEAVE OR TO STAY?

PROVERBIO — PROVERB

"Partire è un po' morire."
Leaving is a bit like dying.[1]

PRESENTAZIONE — INTRODUCTION

Having studied Italian and read up on Italy, Mario was prepared for his trip to Italy. During his trip, he perfected his Italian, visited the places he had studied about, enjoyed the beach and Italian food, and most of all learned to love the Italian people. But something unexpected also happened. Now he does not want to leave Italy and the woman he loves, so he asks his company to let him work in Italy for a year with Mr. Marcelli. This will give Mario and Marina the opportunity to get to know each other better and to decide if they are meant to be together. Mario writes Roberto a brief email inviting him to visit him and Marina in Rome.

VOCABOLARIO NUOVO — NEW VOCABULARY

■ nomi — nouns

l'albicocca *apricot*	la dignità *dignity*
la facilità *ease*	la frAgola *strawberry*
il gianduia *chocolate-hazelnut*	la mela *apple*
la nocciola *hazelnut*	la pera *pear*

la pesca *peach*	il remo *oar*
la sabbia *sand*	la spiaggia *beach*
la susina *plum*	il torroncino *nougat*

■ aggettivi — adjectives

calmo / calma *calm*	geloso / gelosa *jealous*
informato / informata *informed*	

■ verbi — verbs

abbronzarsi *to tan*
andare in barca a vela *to sail*
nuotare *to swim*
prEndere il sole *to sunbathe*
remare *to row*

■ avverbi e altro — adverbs and more

anzi *or better yet*	
decentemente *decently*	
l'uno per l'altra *one for the other*	
per caso *by chance*	perfino *even*

ESERCIZI DI VOCABOLARIO — VOCABULARY EXERCISES

Esercizio 1: Abbinamenti — *Matches*

colonna A	colonna B
1. abbronzarsi	a. nuotare
2. la sabbia	b. remare
3. l'amore	c. al sole
4. andare in barca a vela	d. con il vento
5. andare in barca a remi	e. la gelosia
6. nel mare	f. in spiaggia

---

[1] From the web: Ecco un commentario su questo proverbio: "C'era chi diceva: 'Partire è un po' morire' Non sono d'accordo, secondo me partire significa cambiare, e cambiare significa rinascere. Il viaggio non serve solo per scoprire posti nuovi, ma soprattutto per scoprire noi stessi" (da: www.ulisse2000.net/viaggi/viaggi12.asp). And now try to figure out this spoof on the proverb: "Partire è un po' morire, ma morire è partire un po' troppo."

Esercizio 2: Definizioni — *Definitions*

1. _____: frutto tipico di ottobre che esiste in tanti colori diversi

2. _____: frutto tipico dell'estate di colore arancione e più piccolo di una pesca

3. _____: forma le dune

4. _____: diventare scuro con il sole

5. _____: usare le braccia per fare andare avanti la barca

6. _____: normalmente è necessario farlo per abbronzarsi

LETTURA — READING

1. Mario Campi è partito da New York bene informato sull'Italia: sapeva parlare italiano decentemente e si era perfino informato sulla storia e la geografia del paese. Ma per imparare l'italiano ci vuole un soggiorno in Italia.

2. Adesso parla la lingua con più facilità. Ha visitato molti dei luoghi che aveva studiato. Ed ama tante cose in Italia: Roma, Firenze e Siena; i monumenti storici; i meravigliosi musei d'arte; la pittura, la scultura, l'architettura; i paesaggi nei dintorni di Roma. Ama le spiagge di Capri, fare il bagno nel mare calmo, prendere il sole e abbronzarsi sulla spiaggia, camminare sulla sabbia calda, e poi nuotare, remare, andare in barca a vela.

3. Naturalmente gli piace molto la cucina italiana, e la frutta così saporita: le fragole, le pesche, le albicocche, le susine, le mele, le pere. Ama i gelati italiani: i suoi gusti preferiti sono il gianduia, il torroncino e la nocciola. Ma ama specialmente gli italiani. Ama il loro entusiasmo della vita, il loro profondo senso di dignità, il loro umorismo, la loro gentilezza, la loro passione per la discussione e la loro indipendenza.

4. Tutto questo lo poteva immaginare. Quello che non aveva previsto, però, era l'amore per una donna italiana, Marina, e soprattutto il desiderio di rimanere in Italia—e non soltanto per Marina. Dovrebbe andarsene e tornare a New York, ma non vuole.

5. La vita in Italia è veramente più tranquilla che a New York, malgrado le sue prime impressioni nella macchina di Isabella dall'aeroporto all'albergo: Isabella continua a guidare a velocità vertiginosa, e continua a essere la migliore amica italiana di Mario. È una ragazza in gamba che farà molta strada. Naturalmente Marina è un po' gelosa: in fondo anche lei è un'italiana tipica!

6. Allora Mario ha chiesto alla sua ditta di software di poter rimanere in Italia per un anno, a Roma, e lavorare da lì. La sua ditta gli ha trovato un lavoro per un anno a Roma, con il signor Marcelli. Mario non se ne andrà dall'Italia! Ovviamente è molto felice, e così lui e Marina avranno l'opportunità di conoscersi meglio e di capire se sono veramente fatti l'uno per l'altra.

7. Ecco il breve messaggio di posta elettronica che Mario ha spedito al suo amico Roberto Vico:

Caro Roberto:

non me ne vado, anzi, non me ne andrò più da questo paese—almeno per un anno, poi si vedrà. Vienimi a trovare, anzi vienici a trovare! Magari! Io e Marina ti aspettiamo, e saremo felici di mostrarti tutte le cose belle di Roma che amiamo!

A presto, spero,

Mario Campi

NOTE — NOTES

You have been introduced to a couple of interesting idioms in this reading: **essere in gamba**, literally meaning to be in leg, means *to be capable, to be on the ball*; **fare molta strada**, to make a big road, really means *to go a long way, to go far*—usually referring to the quality of one's future, and particularly career-wise.

Another common word without a precise translation is **Magari!** meaning *"I wish!" "If only that were to happen!"*

COMPRENSIONE DEL TESTO — READING COMPREHENSION

Esercizio 3: Vero o falso? True or false?

1. Vero / Falso   Per imparare bene l'italiano bisogna passare del tempo in Italia.
2. Vero / Falso   Marina è tipicamente italiana.
3. Vero / Falso   Le donne italiane non sono gelose.
4. Vero / Falso   Mario aveva previsto di rimanere in Italia.
5. Vero / Falso   Mario è innamorato di Isabella.
6. Vero / Falso   Mario ama Roma e Firenze.
7. Vero / Falso   Mario ha invitato Roberto a venirlo a trovare.
8. Vero / Falso   Mario rimarrà in Italia qualche anno.

Esercizio 4: Inserisci le parole mancanti.
Insert the missing words.

1. Prima di venire in Italia Mario parlava l'italiano _____ .

2. Mario ha spedito a Roberto un _____ di posta _____.

3. Marina è un po' _____ di Isabella.

4. Isabella è la _____ amica italiana di Mario.

5. Mario non vuole _____ dall'Italia.

6. A Mario piace molto la _____ italiana.

7. Gli italiani hanno una _____ per la discussione.

8. La _____ di Mario gli ha trovato un lavoro per un _____ a Roma.

APPUNTI DI GRAMMATICA — GRAMMAR NOTES

1. ANDARSENE, TO GO AWAY, AND RELATED VERBS

This is a common form of the verb **andare**. The "**se**" part is reflexive and changes according to the subject, while the "**ne**" part is invariable and idiomatic. This is how you conjugate this verb:

present
io me ne vado *I go away*
tu te ne vai *you go away*
lui / lei /Lei se ne va *he/she/it goes away, you go away* (formal)
noi ce ne andiamo *we go away*
voi ve ne andate *you go away*
loro se ne vanno *they go away*

imperfect
io me ne andavo, tu te ne andavi, ecc.

future
io me ne andrò, tu te ne andrai, ecc.

present conditional
io me ne andrei, tu te ne andresti, ecc.

present perfect
io me ne sono andato/andata, tu te ne sei andato/andata, ecc.

past perfect
io me n'ero andato/andata, tu te n'eri andato/andata, ecc.

Other verbs that work like **andarsene** are: **ritornarsene** (*to return*), **restarsene** (*to stay, to remain*), **starsene** (*to stay, to remain*).

2. CI VUOLE, CI VOGLIONO, TO BE NECESSARY, TO TAKE, AND METTERCI, TO TAKE (TIME)

Another idiomatic use of the particle **ci**, the expressions **ci vuole** and **ci vogliono** (from the verb **volere+ci**) are commonly used to express the need for something and/or the time it takes to do something:

Per fare la pizza ci vuole la mozzarella e ci vogliono i pomodori.
To make pizza mozzarella is necessary and tomatoes are necessary.

Per andare in Italia ci vuole molto tempo, ci vogliono otto ore.
To go to Italy much time is needed, eight hours are needed.

MEtterci, *to take* (a certain amount of time), works in a way similar to **ci vuole/ci vogliono**—ci is not translated but gives the verb an idiomatic meaning. Unlike **ci vuole/ci vogliono**, which can only be used in the third person singular (**ci vuole**) and plural (**ci vogliono**), **metterci** can be used with every person.

Io ci metto tre ore per andare da Firenze a Roma.

It takes me three hours to go from Florence to Rome.

Anche tu ci metti tre ore per andare da Firenze a Roma.

It also takes you three hours to go from Florence to Rome.

Ma Isabella ci mette due ore per andare da Firenze a Roma.

But it takes Isabella two hours to go from Florence to Rome.

Noi ci mettiamo una giornata intera in bicicletta.

It takes us a whole day by bike.

E voi, con tre bambini, ci mettete quattro ore per andare da Firenze a Roma.

And, with three children, it takes you guys four hours to go from Florence to Rome.

Quei ragazzi, con il motorino, ci mettono sei ore per andare da Firenze a Roma.

With a scooter, it takes those boys six hours to go from Florence to Rome.

Io ci ho messo due anni per trovare un lavoro decente.

It took me two years to find a decent job.

Tu invece ci hai messo solo due settimane.

But it only took you two weeks.

ESERCIZI — EXERCISES

Esercizio 5: Trasforma le frasi secondo il soggetto tra parentesi. Transform the sentences according to the subject in parentheses.

1. Mario se ne andrà dall'Italia fra un anno.

   (i miei cognati / noi / tu / voi turiste / io)

   _____

   _____

   _____

   _____

   _____

   _____

2. Noi ce ne siamo andati da Milano quattro anni fa. (le zie / voi baristi / io, Fabio / tu, Claudia / mia sorella)

   _____

   _____

   _____

   _____

   _____

   _____

   _____

3. I ragazzi se ne vanno a casa. (mio fratello / noi / voi studenti / io / tu)

   _____

   _____

   _____

   _____

   _____

   _____

4. Anni fa, quei due se ne andavano spesso di casa. (tu / noi adolescenti / io / la mia assistente / voi ragazzi)

   _____

   _____

   _____

   _____

   _____

   _____

5. Con un po' di soldi, me ne andrei in Italia. (noi / la tua segretaria / i rappresentanti / voi / tu)

   _____

   _____

   _____

   _____

   _____

   _____

Esercizio 6: Crea delle frasi secondo l'esempio.
Create some sentences according to the example.

Esempio: per fare la pizza (mozzarella, pomodori)
Per fare la pizza ci vuole la moz
zarella e ci vogliono i pomodori.

1. per bollire la pasta (acqua, sale)

   _____

2. per condire l'insalata (olio, aceto)

   _____

3. per preparare la carbonara (uova, pancetta)[2]

   _____

4. per arrostire le patate (olio, erbe)

   _____

5. per fare il tiramisù (mascarpone, caffè)

   _____

6. per preparare le lasagne vegetariane (besciamella, verdure)

   _____

Esercizio 7: Rispondi alle domande secondo l'esempio.   *Answer the questions according to the example.*

Esempio: Cosa non fa Mario? (l'Italia)
Mario non se ne va dall'Italia

1. Cosa fa il presidente americano? (gli Stati Uniti)

   _____

2. Cosa non fanno i Ricci-Jones? (gli Stati Uniti)

   _____

3. Cosa non facciamo noi spagnoli? (la Spagna)

   _____

4. Cosa non fai tu? (la casa dei genitori)

   _____

5. Cosa non fate voi studenti? (la scuola)

   _____

6. Cosa non fanno i messicani? (il Messico)

   _____

---

[2] Note that **le uova** (*fem.pl.*) is the irregular plural of **l'uovo** (*masc.sing.*). Other irregular plurals formed in a similar way are: **il labbro** (*masc.sing.*), **le labbra** (*fem.pl.*); **il ginocchio** (*masc.sing.*), **le ginocchia** (*fem.pl.*); **il braccio** (*masc.sing.*), **le braccia** (*fem.pl.*); **il ciglio** (*masc.sing.*), **le ciglia** (*fem.pl.*).

CHIACCHIERANDO — CHATTING
IL MONDO DEL LAVORO — THE WORLD OF WORK

Mario Campi è un uomo fortunato, non solo perchè è innamorato di una donna che lo ama, ma anche perché ha un buon lavoro. Il suo lavoro è così flessibile che Mario può rimanere in Italia per un anno invece di ritornarsene in America per lavorare.

espressioni utili

la carriera *career*
il mestiere *job* (often manual)
la professione *profession*
l'occupazione *occupation*
l'ufficio *office*   **la fAbbrica** *factory*
la fattorIa *farm* **la ditta** *company*
l'azienda *firm*   **l'ingegnere** *engineer*
l'artista *artist*   **l'elettricista** *electrician*
il / la giornalista *journalist*
il / la dentista *dentist*   **il / la musicista** *musician*
l'avvocato / l'avvocata *lawyer*
l'architetto *architect*
il cantante / la cantante *singer*
il carabiniere *policeman* (military)
il poliziotto / la poliziotta *police officer*
il falegname *carpenter*   **l'idraulico** *plumber*
l'insegnante *teacher*
il ragioniere / la ragioniera *accountant*
lo studente / la studentessa *student*
l'uomo d'affari / la donna d'affari *businessman / businesswoman*
il veterinario / la veterinaria *veterinarian*
il dottore / la dottoressa (il medico) *doctor*
il professore / la professoressa *professor*
l'operaio / l'operaia *factory worker*
il contadino / la contadina *farmer*
l'artigiano / l'artigiana *craftsman*
la casalinga *housewife*
il pensionato / la pensionata *retiree*
guadagnare *to earn*
andare in pensione *to retire*
realizzarsi *to realize oneself*

Esercizio 8: Rispondi alle domande secondo l'esempio. Answer the questions according to the example.

Esempio: Da chi vai se ti fanno male i denti?
Se mi fanno male i denti vado dal dentista.

1. Da chi vai se vuoi costruire una casa?
_____

2. Da chi vai se vuoi imparare una nuova lingua?
_____

3. Da chi vai se ti senti molto male?
_____

4. Da chi vai se hai bisogno di aiuto con le tasse?
_____

5. Da chi vai se il tuo cane sta male?
_____

6. Da chi vai se hai problemi legali?
_____

7. Da chi vai se il bagno si è rotto?
_____

8. Da chi vai se vuoi essere intervistato per un giornale? _____

9. Da chi vai se la luce non si accende?
_____

10. Da chi vai se vuoi costruire un tavolo su misura?
_____

Esercizio 9: Pratica orale – Rispondi alle domande. Oral practice – Answer the questions.

1. Che lavoro fai? Quali altri lavori hai fatto?
2. Cosa ti piace del tuo lavoro e cosa non ti piace del tuo lavoro?
3. Quanto guadagni? Quanto vorresti guadagnare?
4. Ti senti realizzato nel tuo lavoro?
5. Quando pensi di andare in pensione?
6. Qual è il tuo lavoro ideale e perché?
7. Quali sono gli aspetti positivi e gli aspetti negativi delle seguenti occupazioni: l'insegnante; il medico; l'idraulico; l'artista.

Questi sono alcuni carabinieri a Firenze.

I carabinieri do pretty much the same type of work as **i poliziotti**, but while **la polizia** corresponds to the American police, **i carabinieri** belong to a military corps. **I carabinieri** have long been the butt of infinite jokes, **barzellette**, as their undeserved reputation is one of stupidity. Actually, many **carabinieri** risk their lives daily in ther fight against the mafia and other criminals. Many of these **barzellette**, though, are quite funny, so here are some examples:

"Carabiniere, come si chiama?"
"Vesuvio."
"Ah, come il vulcano!"
"Be', sì. Ma non siamo parenti."

Durante la guerra, il carabiniere dice al maresciallo (*a higher rank* among the **carabinieri**):
"Maresciallo, maresciallo, abbiamo perso la guerra!"
"Be', caro mio, dovete proprio cercarla meglio!"

Il carabiniere: "Sto cominciando a risparmiare il secondo milione..."
Il maresciallo: "Ma se non hai nemmeno il primo?!"
Il carabiniere: "Lo so, ma mi hanno detto che il secondo è più facile!"

SULL'INTERNET — ON THE WEB
Un sito dove si possono leggere tante cose sul lavoro in Italia: quali occupazioni cercano gli italiani, quali occupazioni offrono gli italiani, quali mestieri tradizionali stanno scomparendo, quali occupazioni nuove stanno nascendo.

www.lavorare.com

CAPITOLO 46 (QUARANTASEI)

VIAGGIANDO PER L'ITALIA
TRAVELING THROUGH ITALY

PROVERBI — PROVERBS

"Roma non fu fatta in un giorno." "Tutte le strade pOrtano a Roma"
Rome was not made in one day. All roads lead to Rome.[1]

PRESENTAZIONE — INTRODUCTION

This is a summary of the events recounted throughout the readings of this book, from Mario's decision to take a trip to Italy for work and pleasure, to his decision to stay in Italy and work there for a whole year, in the company of the woman he loves. So although there is no new information in this reading, you will encounter a new and difficult verb form, the past definite; the infinitive from which each past definite is derived is given in parentheses.

LETTURA — READING

L'anno scorso il signor Mario Campi, un rappresentante di software di New York, decise (decidere) di fare un viaggio in Italia. Volle (volere) fare una visita al suo rivenditore di Roma e nello stesso tempo volle (volere) vedere le cose più interessanti della capitale e di varie altre città d'Italia. Ma il signor Campi non parlava italiano. Per imparare quella lingua lui trovò (trovare) a New York un'insegnante italiana, la signora Marina Ricci. Per sei mesi il signor Campi frequentò (frequentare) delle lezioni e i due s'incontrarono (incontrarsi) ogni martedì e ogni giovedì nell'ufficio della signora Ricci. Piano piano il signor Campi si innamorò (innamorarsi) della signora Ricci.

Il 31 maggio il signor Campi partì (partire) per l'Italia in aeroplano. Quando lui arrivò (arrivare) all'aeroporto di Fiumicino, l'assistente del suo rivenditore, Isabella Amendola, era lì ad aspettarlo. Salirono (salire) nella macchina di Isabella, e lei guidò (guidare) a gran velocità all'albergo dove il signor Campi aveva prenotato una camera con bagno.

Alcuni giorni dopo il suo arrivo a Roma, il signor Campi pranzò (pranzare) a casa del suo rivenditore. Fece (fare) la conoscenza di sua moglie, una gentile e bella signora, e dei suoi figli. I Marcelli furono (essere) felici di fare la conoscenza di questo signore americano.

Il signor Campi si dedicò (dedicarsi) non solo agli affari ma anche alla visita di Roma—dei suoi monumenti, dei suoi musei, delle sue vie e piazze. Usando Roma come punto di partenza, fece (fare) un giro in altre città. A Firenze e a Siena fu (essere) accompagnato da Isabella Amendola, di

---

[1] A popular **proverbio** even in English, the first one stresses the value of moving slowly and well—all good things take time to accomplish, echoing that other proverb we encountered earlier: **Chi va piano va sano e va lontano**. The second proverb, **Tutte le strade portano a Roma**, scores the centrality of Rome as what the Latins called *caput mundi*, the head of the world, but is also used more generally in Italian as either an optimistic or a fatalistic statement: there are many ways of doing the same thing, and all the different ways will eventually lead to the same result.

cui era diventato nel frattempo grande amico. A Firenze lui comprò (comprare) un regalo importante per Marina: un braccialetto d'oro.

Quando il signor Campi arrivò (arrivare) in Italia sapeva già parlare italiano abbastanza bene, perciò approfittò (approfittare) di ogni occasione per parlare la lingua italiana con tutti. Così imparò (imparare) a conoscere e ad amare il popolo italiano. Ma gli mancava molto la sua insegnante, Marina Ricci.

Mentre era in Italia scrisse (scrivere) diverse lettere e messaggi di posta elettronica a Marina e al suo amico Roberto Vico. Aveva tante cose da raccontare ai due, ma naturalmente non fu (essere) possibile scrivere delle lettere piene di dettagli. Dovette (dovere) lasciare alle loro future conversazioni molti argomenti interessanti.

Ma il signor Campi rivide (rivedere) Marina prima del previsto. I due si incontrarono (incontrarsi) per caso a Roma e non si lasciarono (lasciarsi) più: al signor Campi sembrò (sembrare) di toccare il cielo con un dito. Il signor Campi richiese (richiedere) un anno di lavoro in Italia per la sua ditta, ed ora vive lì felicemente con il suo grande amore.

NOTE — NOTES

The expression **toccare il cielo con un dito** means *to be in seventh heaven*, or, more literally, to be so happy as to feel like one is touching heaven with one's finger.

APPUNTI DI GRAMMATICA — GRAMMAR NOTES

1. THE PAST DEFINITE: WHAT HAPPENED

The past definite, or **passato remoto** in Italian, is very frequently used in literary works and official writings. Its use in spoken Italian varies according to region: it is often used in conversation in Tuscany and the South, and infrequently used in conversation everywhere else. Thus, it is not at all necessary that you learn how to use it, but it is useful for you to be able to recognize it.

PARLARE *to speak*
io parlai *I spoke*
tu parlasti *you spoke*
lui/lei/Lei parlò *he/she/it spoke, you spoke* (formal)
noi parlammo *we spoke*
voi parlaste *you spoke*
loro parlArono *they spoke*

VENDERE *to sell*
io vendei (vendetti) *I sold*
tu vendesti *you sold*
lui/lei/Lei vendè (vendette) *he/she/it sold, you sold* (formal)
noi vendemmo *we sold*
voi vendeste *you sold*
loro vendErono (vendEttero) *they sold*

FINIRE *to finish*
io finii *I finished*
tu finisti *you finished*
lui/lei/Lei finì *he/she/it finished, you finished* (formal)
noi finimmo *we finished*
voi finiste *you finished*
loro finIrono *they finished*

NOTE: THE PAST DEFINITE. IRREGULAR. RISPONDERE, TO ANSWER

In this verb, which follows the pattern of most irregular verbs, the first person singular and the third person singular and plural are irregular in both stem and ending. The other three forms are regular. The first person of irregular verbs needs to be memorized.

io risposi *I answered*
tu rispondesti *you answered*
lui/lei/Lei rispose *he/she/it answered, you answered* (formal)
noi rispondemmo *we answered*
voi rispondeste *you answered*
loro rispOsero *they answered*

2. SOME VERBS WITH AN IRREGULAR PAST DEFINITE

avere *to have*	ebbi, avesti, ebbe, avemmo, aveste, Ebbero
bere *to drink*	bevvi, bevesti, bevve, bevemmo, beveste, bEvvero

cadere *to fall*	caddi, cadesti, cadde, cademmo, cadeste, cAddero	
chiedere *to ask*	chiesi, chiedesti, chiese, chiedemmo, chiedeste, chiEsero	
chiUdere *to close*	chiusi, chiudesti, chiuse, chiudemmo, chiudeste, chiUsero	
conOscere *to know*	conobbi, conoscesti, conobbe, conoscemmo, conosceste, conObbero	
cOrrere *to run*	corsi, corresti, corse, corremmo, correste, cOrsero	
dare *to give*	diedi, desti, diede, demmo, deste, diEdero	
decIdere *to decide*	decisi, decidesti, decise, decidemmo, decideste, decIsero	
difEndere *to defend*	difesi, difendesti, difese, difendemmo, difendeste, difEsero	
dipIngere *to paint*	dipinsi, dipingesti, dipinse, dipingemmo, dipingeste, dipInsero	
dire *to say*	dissi, dicesti, disse, dicemmo, diceste, dIssero	
discUtere *to discuss*	discussi, discutesti, discusse, discutemmo, discuteste, discUssero	
divIdere *to divide*	divisi, dividesti, divise, dividemmo, divideste, divIsero	
Essere *to be*	fui, fosti, fu, fummo, foste, fUrono	
fare *to do, to make*	feci, facesti, fece, facemmo, faceste, fEcero	
giUngere *to arrive*	giunsi, giungesti, giunse, giungemmo, giungeste, giUnsero	
lEggere *to read*	lessi, leggesti, lesse, leggemmo, leggeste, lEssero	
mEttere *to put*	misi, mettesti, mise, mettemmo, metteste, mIsero	
nAscere *to be born*	nacqui, nascesti, nacque, nascemmo, nasceste, nAcquero	
piAngere *to weep*	piansi, piangesti, pianse, piangemmo, piangeste, piAnsero	

prEndere *to take*	presi, prendesti, prese, prendemmo, prendeste, prEsero
rIdere *to laugh*	risi, ridesti, rise, ridemmo, rideste, rIsero
rimanere *to remain*	rimasi, rimanesti, rimase, rimanemmo, rimaneste, rimAsero
rispOndere *to answer*	risposi, rispondesti, rispose, rispondemmo, rispondeste, rispOsero
sapere *to know*	seppi, sapesti, seppe, sapemmo, sapeste, sEppero
scEgliere *to choose*	scelsi, scegliesti, scelse, scegliemmo, sceglieste, scElsero
scEndere *to go down*	scesi, scendesti, scese, scendemmo, scendeste, scEsero
stare *to stay, to be*	stetti, stesti, stette, stemmo, steste, stEttero
valere *to be worth*	valsi, valesti, valse, valemmo, valeste, vAlsero
tenere *to hold*	tengo, tenesti, tenne, tenemmo, teneste, tEnnero
vedere *to see*	vidi, vedesti, vide, vedemmo, vedeste, vIdero
venire *to come*	venni, venisti, venne, venimmo, veniste, vEnnero
vIncere *to win*	vinsi, vincesti, vinse, vincemmo, vinceste, vinsero
vIvere *to live*	vissi, vivesti, visse, vivemmo, viveste, vIssero
volere *to want*	volli, volesti, volle, volemmo, voleste, vOllero

ESERCIZI — EXERCISES

Esercizio 1: Trasforma le frasi secondo il soggetto tra parentesi. Transform the sentences according to the subject in parentheses.

1. Il signor Nannini non rimase nella contrada. (noi turisti / io / voi americani / tu / i fantini di Siena)

_____

_____

_____

_____

_____

2. A mezzanotte, i miei bambini chiusero subito gli occhi. (io / mia figlia / noi fornai / tu / voi)

_____

_____

_____

_____

3. Sciando sul Monte Bianco, io caddi e mi ruppi una gamba. (tu / i nostri rivenditori / voi / noi casalinghe / mia nipote)

_____

_____

_____

_____

4. Appena noi scendemmo dall'aereo, sentimmo subito l'aria di Roma. (i pensionati americani / tu / quella cantante / voi / io)

_____

_____

_____

_____

5. Voi decideste con troppa fretta di andarvene dall'Italia. (i miei parenti / la sorella di mio padre / tu / noi immigrati / io)

_____

_____

_____

_____

Esercizio 2: Scelta multipla — Multiple choice

1. Gli scrittori Alessandro Manzoni e Luigi Capuana
   a. vissero nell'Ottocento.
   b. vivettero nell'Ottocento.
   c. vissi nell'Ottocento.
2. Il poeta Dante Alighieri
   a. scrissi la Divina Commedia.
   b. scrivette la Divina Commedia.
   c. scrisse la Divina Commedia.
3. Il compositore Giuseppe Verdi
   a. componesti l'Aida.
   b. composi l'Aida.
   c. compose l'Aida.
4. Giuseppe Garibaldi
   a. fu un grande generale.
   b. fosti un grande generale.
   c. fui un grande generale.
5. Artemisia Gentileschi
   a. dipinsi alcuni bei quadri.
   b. dipingesti alcuni bei quadri.
   c. dipinse alcuni bei quadri.
6. Durante gli anni Venti, in Italia i fascisti
   a. vincemmo contro gli antifascisti.
   b. vinsero contro gli antifascisti.
   c. vinceste contro gli antifascisti.

Esercizio 3: Inserisci il passato remoto dei verbi indicati. Insert the past definite of the indicated verbs.

Sibilla Aleramo _____ (nascere) ad Alessandria nel 1875. Questa scrittrice _____ (vivere) una vita affascinante: _____ (scrivere) il primo romanzo femminista italiano, *Una donna*, che _____ (pubblicare) nel 1906; _____ (avere) molte relazioni d'amore tempestose; _____ (essere) molto occupata nella politica e nell'azione sociale. Aleramo _____ (morire) a Roma nel 1960.

CHIACCHIERANDO — CHATTING
TELEFONARE IN ITALIA — USING THE TELEPHONE IN ITALY

Se vuoi telefonare da un telefono pubblico o da una cabina telefonica, devi prima comprare una scheda telefonica da un tabaccaio. Ma se vuoi essere veramente italiano, puoi affittare un cellulare. Gli italiani amano i cellulari, chiamati anche più familiarmente i telefonini. Praticamente tutti hanno un telefonino, anche molti ragazzi e perfino alcuni bambini. In Italia ricevere telefonate sul cellulare non costa niente, è gratis.

espressioni utili
il nUmero di telefono *telephone number*
il prefisso *area code*
il cellulare *cell phone*
il telefonino *cell phone* (literally: "little phone")
il telEfono *telephone*

la suoneria *ringer*
la scheda telefOnica *phone card*
la cabina telefOnica *phone booth*
il telEfono pUbblico *public phone*
la ricArica *recharge*
telefonare a *to telephone* (+indirect object)
chiamare *to call* (+ direct object)
rispOndere *to answer*
passare *to get*—used when asking to get someone
    on the phone

Pronto, chi parla? *Hello, who's talking?*
Sono la signora Belotti. *This is Mrs. Belotti*
Chi è? *Who is calling?*
Mi passa il signor Tamaro, per favore? *Could I
    speak to Mr. Tamaro, please?*
Mi può passare Gianni? *Could I speak to Gianni?*
C'è Claudia? *Is Claudia there?*
Può attendere in linea? / Attenda in linea. *Could
    you hold?*
Non abbassare / Non abbassi. *Do not hang up.*
È caduta la linea. *The line got disconnected.*
**La linea è occupata / È occupato / Suona
    occupato.** *The line is busy, it is busy.*
La linea è libera / È libero. *The line is free.*
Il telefono suona / squilla. *The telephone is ringing.*

Ciao tesoro, ciao amore. *Hello darling, hello love.*

*Esercizio 4: Qual è la domanda per ognuna di
queste risposte?* What is the question for each of
these answers?

1. _____?
    Sono Graziella Lotto.

2. _____?
    Mi dispiace, Carmine non c'è.

3. _____?
    Va bene, attendo.

4. _____?
    Non Le posso passare Dario perché è uscito.

*Esercizio 5: Pratica orale – Immagina un
dialogo al telefono nelle seguenti situazioni.*
Oral practice – Imagine a telephone dialogue in
the following situations.

1. Chiami la tua amica COsima per invitarla al
    cinema e risponde sua madre.

Ecco una signora romana che parla al cellulare.

2. Telefoni a una persona che hai conosciuto al
    mare per invitarla a un appuntamento romanti-
    co ma risponde il suo ragazzo / la sua ragazza.

3. Chiami il tuo datore di lavoro per chiedere un
    aumento (*a raise*) e risponde la sua segretaria.

4. Telefoni a tuo fratello per chiedergli un prestito
    per fare un viaggio in Italia.

SULL'INTERNET — ON THE WEB
Il sito della principale compagnia telefonica in
Italia. Clicca sul link "Dalle locandine alla pubblicità" e vedrai molte foto interessanti sulla storia
del telefono.

www.telecomitalia.it

Su questo altro sito puoi trovare tutti i numeri di
telefono italiani—guarda se c'è qualcuno con il tuo
nome in Italia!

www.paginebianche.virgilio.it

A. RIPASSO DEL VOCABOLARIO — VOCABULARY REVIEW

1. crucipuzzle: AL LAVORO — wordsearch puzzle: AT WORK

```
X t e Y k E y Ma t a g e i p m i c n C
Q a t s i c i r t t e l e d w q g o e o
v I o F t D Z v D n E y i r Z m u m g c
C e r e i n o i g a r t O a Z a a m o i
j y x G K a c i r b b a f u L W d e z d
l a v o r a r e P k Y U T l a P a s i e
o p e r a i o g p J l P t i t u g s o m
f a r e i r r a c q M k K c s g n a u a
a e n o i z a p u c c o l o i f a t d t
i m j E v s I p r o p r i e t a r i o s
n e t n a t n e s e r p p a r l e o p i
s a s s e r o s s e f o r p a e a t e l
e p e n s i o n e r o t t o d g l a n a
g a t s i c i s u m Q B D p v n i c s n
n r J c K v a t s i t n e d Z a z o i r
a s t u d i a r e o r o v a l m z v o o
n H V I l e r a l u l l e c N e a v n i
t L X q r i v e n d i t o r e S r a a g
e d i t t a c s t u d e n t e s s a t G
c a s a l i n g a z i e n d a R i i o I
```

lavoro	artista	musicista
avvocato	rappresentante	insegnante
studentessa	rivenditore	dottore
medico	pensione	commessa
impiegata	azienda	ditta
negozio	casalinga	carriera
cellulare	elettricista	dentista

fabbrica	falegname	giornalista
idraulico	guadagnare	occupazione
operaio	pensionato	professoressa
ragioniere	proprietario	realizzarsi
lavorare	studiare	

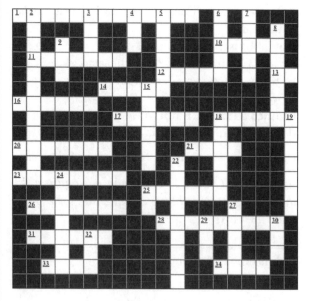

2. cruciverba — crossword puzzle
(all adjectives are in the masculine singular form)

orizzontali – across

1. clothing	10. wide	11. necklace
12. stripes	13. there	14. long
16. size	17. white	18. comfortable
20. tight	21. silk	23. handbag
25. shoes	26. scarf (heavy weight)	
28. a.........=arm in arm		31. gloves
33. linen	34. black	

verticali - down

2. bracelet   3. wool   4. never
5. number   6. leather   7. short
8. scarf (light weight)   9. navy blue
15. yellow   18. cotton   19. watches, clocks
22. checkers   24. boots   25. up, come on
27. green   29. with   30. gold
32. your (*masc.sing.*)

B. ESERCIZI SUPPLEMENTARY —
EXTRA EXERCISES

Esercizio 1. Abbinamenti — Matches

colonna A

1. l'abbigliamento
2. il telefonino
3. la scheda telefonica
4. la sciarpa
5. la camicia da notte
6. la borsetta
7. gli stivali
8. i guanti

colonna B

a. servono a proteggere i piedi e parte della gamba
b. servono a proteggere le mani
c. serve a proteggere il corpo di giorno
d. serve per telefonare quando non si è a casa
e. serve per telefonare da un telefono pubblico
f. serve a proteggere il corpo di notte
g. serve per tenere soldi, penna, trucco (*makeup*) altro
h. serve a proteggere il collo

Esercizio 2. Crea delle frasi secondo l'esempio.
Create some sentences according to the example.

Esempio: Roma 06

> **Qual è il prefisso (*area code*) per Roma? Il prefisso per Roma è 06 (zero sei).**

1. Alessandria   0131

   _____

2. Bari   080

   _____

3. Catania   095

   _____

4. Cuneo   0171

   _____

5. Genova   010

   _____

6. Macerata   0733

   _____

7. Milano   02

   _____

8. Padova   049

   _____

Esercizio 3. Riempi gli spazi con il passato remoto o l'imperfetto. Fill in the blanks with either the past definite or the imperfect.
*(**imperfetto**, imperfect: descriptions in the past, habitual actions in the past; **passato remoto**, past definite: actions in the past)*

Giuseppe Mazzini _____ (nascere) a

Genova nel 1805 e _____ (iniziare)

giovanissimo a pubblicare articoli nei giornali.

_____ (scrivere) molto e

_____ (scrivere) bene.

_____ (essere) presto obbligato a

emigrare in Francia perché _____

(essere) considerato pericoloso per il governo.

Mazzini _____ (portare) nella

politica la sua seria morale e un'idea romantica

della politica come missione. Lui

_____ (sapere) conservare per tutta

la vita questi ideali, e per questo molti giovani

_____ (essere) attratti verso di lui.

Secondo Mazzini, il pensiero e l'azione

_____ (dovere) assolutamente

coincidere. Giuseppe Mazzini _____

(morire) nel 1872, dieci anni prima di Giuseppe

Garibaldi.

Esercizio 4. Trasforma le frasi con i pronomi doppi secondo l'esempio. *Transform the sentences with double object pronouns according to the example.*

Esempio: Mi regali la penna?   <u>Sì, te la regalo</u>

1. Mi regali il computer?

   _____

2. Mi regali le camelie?

   _____

3. Mi regali il braccialetto?

   _____

4. Ci regali la borsetta?

   _____

5. Ci regali l'anello?

   _____

6. Ci regali le camicie da notte?

   _____

7. Gli regali un brillante?

   _____

8. Gli regali il cappello?

   _____

9. Le regali la collana?

   _____

10. Le regali i guanti?

   _____

Esercizio 5. Inserisci la forma corretta del presente di ANDARSENE. *Insert the correct form of the present of ANDARSENE.*

Non mi piace più stare in America, io _____ fra qualche settimana, e tu che fai? Anche tu _____? Io so che molti artisti italiani _____ dall'Italia perché ci sono più soldi in America, ma voi musicisti venite in America e poi _____ dopo poco tempo perché vi manca l'Italia. Noi ingegneri veniamo in America per la tecnologia ma spesso _____ perché ci manca il nostro paese.

Esercizio 6. Completa con il condizionale dei verbi indicati. *Complete with the conditional of the indicated verbs.*

Se tu te ne vai in Italia, ci _____ (venire) anch'io, perché così _____ (vedere) l'arte medievale e rinascimentale, _____ (imparare) a cucinare, _____ (andare) in tutte le città più importanti, e _____ (essere) molto felice. Tu mi _____ (portare) in tutti i locali più divertenti e mi _____ (fare) vedere i capolavori dell'arte italiana. Poi io _____ (tornare) in America e _____ (dare) molte feste. Tutti i miei amici _____ (venire) alle mie feste e _____ (vedere) tutte le fotografie che ho fatto. Così anche loro _____ (imparare) ad apprezzare l'Italia, e poi anche loro _____ (volere) andarci.

Esercizio 7. Crea delle frasi secondo gli esempi *Create some sentences according to the examples.*

Esempi: l'amore
   Per essere felici ci vorrebbe l'amore.

   i film di Fellini
   Per essere felici ci vorrebbero i film di Fellini.

1. l'amicizia

   _____

2. molti viaggi in tutto il mondo

   _____

3. la musica classica

   _____

4. le canzoni di Andrea Bocelli

   _____

5. l'arte di Raffaello

   _____

6. i romanzi di Andrea Camilleri

   _____

7. le poesie d'amore di Petrarca

_____

8. i bambini

_____

Esercizio 8. Inserisci le seguenti parole negli spazi appropriati. _Insert the following words in the appropriate spaces._

anche – ancora – anzi – sempre – già – meno

1. Non voglio accompagnarti a vedere quel film, l'ho _____ visto.

2. Viaggiare in treno costa _____ che viaggiare in aereo.

3. Mario ha comprato la borsetta a Isabella e _____ il braccialetto a Marina.

4. Bisogna lavare _____ a mano i foulard di seta.

5. Ho scritto al giornalista ma lui non mi ha _____ risposto.

6. Non mi dispiace accompagnarti all'aeroporto, _____, mi fa piacere!

Carpineto, un piccolo paese nel centro dell'Italia: quest'uomo usa un mulo per lavorare

Esercizio 9. Crea delle frasi con METTERCI al futuro di probabilità secondo l'esempio. _Create some sentences with METTERCI and the future of probability according to the example._

Esempio: mulo / un giorno

> **Per andare da Carpineto a Roma un mulo ci metterà un giorno**

1. una macchina / un'ora e mezzo

_____

2. un motorino / quattro ore

_____

3. un autobus / due ore

_____

4. un aereo / venti minuti

_____

5. quest'uomo a piedi / due giorni

_____

Esercizio 10. Crea delle frasi al condizionale secondo l'esempio. _Create some sentences in the conditional according to the example._

Esempio: una macchina / guidare

> **con una macchina, quest'uomo guiderebbe**

1. in città / guidare un camion

_____

2. in mare / andare in barca

_____

3. senza il mulo / essere stanchissimo

_____

4. con il mulo malato / curare il mulo

_____

5. dal barbiere / tagliarsi i capelli

_____

6. con due muli / fare più in fretta

_____

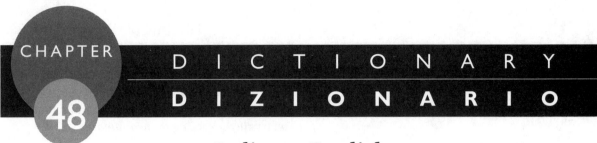

Italian – English

A

a at, in
a piedi on foot
a poco a poco little by little
a propOsito by the way
abbandonare to abandon
abbastanza enough
l'abbigliamento clothing
l'abbinamento match
abbondante abundant
abbracciare to embrace, to hug
l'abbraccio embrace, hug
abbronzarsi to tan
Abile able
l'abitante inhabitant
abitare to live
l'Abito suit, dress
abituarsi to get used to
l'abitUdine (f.) habit
accelerare to speed up
accEndere to turn on
accettare accept
l'accettazione (f.) check-in counter
l'acciuga anchovy
accomodarsi to make oneself
  comfortable
accompagnare to accompany
l'acqua water
adatto / adatta appropriate
adesso now
l'aereo, aeroplano plane, airplane
l'aeroporto airport
l'afa mugginess
l'affare business
affascinante fascinating, charming
affascinato / affascinata fascinated
affatto at all
l'affermazione (f.) statement
affettare to slice
affettati cold cuts
affettuosamente affectionately

affollato / affollata crowded
afoso muggy
l'agenzIa di viaggi travel agency
aggiUngere to add
agitato / agitata agitated
agosto August
aiutare to help
l'aiuto help
al dente still a little hard in the middle
al più presto possIbile as soon as
  possible
l'albergo hotel
l'Albero tree
alcOlico / alcOlica alcoholic
alcuni / alcune some
allacciare to fasten
alleato / alleata ally, allied
allegramente cheerfully
allegro / allegra cheerful
allo spiedo spit-roasted
allora then
almeno at least
l'altezza height
alto / alta tall, high
altrettanto as much
altro / altra other
altrove elsewhere
altruista altruistic, unselfish
alzarsi to get up
amare to love
amato / amata loved, beloved
ambiente environment
americanizzarsi to become
  americanized
americano / americana American
amichEvole friendly
amichevolmente in a friendly way
l'amicizia friendship
l'amico / amica friend
ammirare to admire
ammobiliato / ammobiliata furnished

l'amore love (also a term of
  endearment)
anche also
ancora again, still
andare in barca a vela to sail
l'andata one-way
l'anello ring
l'Angolo corner
animato / animata animated
l'antibiOtico antibiotic
l'anno year
annoiare to bore
l'annuncio announcement
antico / antica ancient
l'antipasto appetizer
anzi on the contrary
l'aperitivo before-dinner drink
aperto / aperta open
appartenere to belong
appena barely
apprezzare to appreciate
approfittare to take advantage of
approfondire to deepen
l'appuntamento appointment, date
aprile April
l'aranciata orange soda
l'architetto architect
l'architettura architecture
l'argomento topic
l'aria air
arrEndersi to give up
arrivare to arrive
arrivederci goodbye
arrostire to roast
l'arte art
l'artigiano / l'artigiana craftsman /
  craftswoman
l'artista artist
l'ascensore elevator
asciutto / asciutta dry
ascoltare to listen

aspettare to wait

assaggiare to taste

assicurare to assure, to insure

assiduamente assiduously

assistente assistant

l'assistente di volo (*masc.or fem. sing.*)
  flight attendant

assomigliare to resemble

assorto / assorta absorbed

astemio / astemia abstemious

astron**O**mico / astron**O**mica
  astronomical

l'attaccapanni coatrack

att**E**ndere to wait

attentamente attentively

l'attesa wait

attivo / attiva active

l'attore / l'attrice actor / actress

attraente attractive

attraversare to cross

attrazione attraction

augurare to wish

l'augurio wish

Austria Austria

l'**A**utobus bus

l'autom**O**bile (*f.*) car

l'autore / l'autrice author

l'autunno fall

avanti before, come in

avere intenzione di to have the
  intention of

avere l'acquolina in bocca to have
  one's mouth water

avere to have

avere una fame da lupi to be as hungry
  as a wolf

avvicinarsi to approach

l'avvocato / l'avvocata lawyer

l'azienda firm

l'azione (*f.*) action

azzurro / azzurra blue

B

baciare to kiss

il bacio kiss

bagaglio baggage

bagnato / bagnata wet

il bagno bathroom

ballare to dance

il ballo dance

la bambina / il bambino little girl /
  little boy

la banca bank

il banco bar

il b**A**ncomat ATM machine, ATM card

il bar bar, coffee shop

il bar**A**ttolo can (of food)

il /la barista bartender, bar worker

barocco / barocca baroque

la barzelletta joke

la bas**I**lica basilica

il bas**I**lico basil

basta it's enough

la batter**I**a drums

la bellezza beauty

bello / bella beautiful

ben detto! well said!

bene fine

il bene good

ben**I**ssimo very well

la benzina gasoline

bere to drink

la bevanda drink

bianco / bianca white

la b**I**bita soft drink

la biblioteca library

il bicchiere glass

la bicicletta, bici bicycle, bike

la bigliett**er**ia ticket counter

il biglietto ticket

biondo / bionda blond-haired

la birra beer

il biscotto cookie

bisogna it is necessary, one must

il bisogno need

la bocca mouth

bollente boiling

bollire to boil

la borsetta handbag

la bottiglia bottle

a braccetto arm in arm

il braccialetto bracelet

il braccio arm

bravo / brava good

breve brief

il bricco pitcher

il brillante small diamond

brillare to shine

brindare to offer a toast, to toast

il br**I**ndisi a toast

la bri**O**che breakfast pastry

il brodo broth

bruciare to burn

bucare to puncture, to make a hole

il b**U**falo buffalo

buffo / buffa funny

la bugia lie

il buio darkness

buon appetito! happy eating!

buonanotte good night

buonasera good evening, goodbye
  (formal)

buongiorno good morning, goodbye

buono / buona good

il burro butter

la busta envelope

C

la cabina telef**O**nica phone booth

cadere to fall

la caduta fall

il caffè coffee

caffeinato / caffeinata caffeinated

calcolare to calculate

il c**A**lcolo calculation

caldo / calda hot

calorosamente warmly

il cambiamento change

cambiare to change

la camelia camelia

la c**A**mera da letto bedroom

la c**A**mera room

il cameriere / la cameriera waiter /
waitress

la camicia da notte nightgown

la camicia shirt

il camion truck

camminare to walk

la campagna country

il campo field

il canale channel

il canarino canary

il cane dog

il / la cantante singer

cantare to sing

canticchiare to sing to oneself

la canzone song

i capelli hair (only the hair on your
  head)

capire to understand

il capo di abbigliamento item of clothing

Capodanno January 1st

il capolavoro masterpiece

il cappello hat

il cAppero caper

il cappuccino espresso with steamed milk

il carabiniere policeman (military)

la caramella candy

la caratterIstica characteristic

alla carbonara with eggs, cheese and bacon

il carciofino pickled artichoke

la carezza caress

carino / carina cute, pretty

la carne meat

caro / cara expensive

la carriera career

la carta d'imbarco boarding pass

la carta geogrAfica map

la carta paper

le carte playing cards

il cartello sign

la cartina map

la cartolina postcard

i cartoni animati cartoons

la casa house

la casalinga housewife

la casetta small house

la cassa cash register

la cassetta postale mailbox

la cassetta tape

il catAlogo catalogue

la categorIa category

la catena chain

la catena di montagne mountain range

la cAusa cause

cavalcare to ride a horse

il cavallo horse

la caviglia ankle

il CD, il compact CD

cedere to yield

celebrare / festeggiare to celebrate

cElebre famous

il cellulare cell phone

la cena dinner

cenare to have dinner

il centEsimo cent

il centro commerciale shopping center

il centro downtown, center

la cerAmica ceramic

cercare to look for

i cereali cereal

la cerimonia ceremony

certamente certainly

certo / certa certain

il cestino basket

che cosa / che / cosa what

che peccato! too bad!

chi who

chiacchierare to chat

chiamare to call

chiamarsi to be named

chiEdere to ask

la chiesa church

il chilo, il chilogrammo kilo

il chilOmetro kilometer

chissà I wonder why

la chitarra the guitar

ciao hello, bye bye

il cibo food

il cielo sky

la cima top

il cInema movie theater, cinema

la cinta, la cintura belt

la cintura di sicurezza seatbelt

la cioccolata, il cioccolato chocolate

il cipresso cypress

circa about

circondare to surround

la città city, town

la cittadina small town

la civilizzazione civilization

la civiltà civilization

il clarinetto clarinet

la classe class

classico / classica classical

cliccare to click

il / la cliente (*masc. or fem. sing.*) customer, client

il clima climate

il club club

cOgliere to gather

il cognato / la cognata brother / sister in law

la colazione breakfast

il colesterolo cholesterol

la collana necklace

il / la collega colleague

la collezione collection

la collina hill

il collo neck

la colonna column

il colore color

colpire to strike

il coltello knife

colto / colta cultured

il comandante commander

comandare to order, to command

come al sOlito as usual

come how

come no! of course!

cOmico / cOmica comical

cominciare to begin

la commedia comedy

commerciale commercial

il commesso / la commessa salesperson

comodamente comfortably

cOmodo / cOmoda comfortable, convenient

il compagno / la compagna mate, companion

il compatriota / la compatriota someone from your same country

le cOmpere shopping

il cOmpito homework, task

il compleanno birthday

il complimento compliment

comporre to compose

il compositore composer

comprare to buy

comprensivo / comprensiva understanding

compreso / compresa included

il computer computer

comune common

comunque anyway

con calma take it easy

con piacere with pleasure

con with

il concerto concert

la conclusione conclusion

confessare to confess

congratularsi to congratulate oneself

le congratulazioni congratulations

la conoscenza acquaintance

conOscere to know, to be acquainted with

conservare to keep, to preserve
il conservatorio conservatory
considerare to consider
considerEvole considerable
il consiglio advice
il contadino / la contadina farmer
contare to count
contento / contenta glad
continentale continental
continuare to continue
il conto bill, check, account
il contorno side dish
la contrada neighborhood (old Italian)
la contraddizione contradiction
contrarre to contract
la contrazione contraction
contribuire to contribute
controllare to control
il controllo check
conveniente reasonably priced
conversare to converse
la conversazione conversation
convertire to convert
coperto / coperta covered
il coperto cover charge
la copia copy
la coppia couple
coraggioso/coraggiosa (come un leone) brave (as a lion)
cordiale cordial
i coriAndoli confetti
il cornetto croissant
cOrrere to run
correttamente correctly
corretto / corretta correct
corrispondente corresponding
la corrispondenza correspondence
la corsa run, race
il corso course
il cortEo pageant
la cortesIa courtesy
corto / corta short
la cosa thing
la coscia thigh
così così so so
così in this way, so
costare to cost
il costume costume, bathing suit
il cotone cotton
cotto / cotta cooked

crEdere to believe
crepare to die
cresciuto / cresciuta raised
il cricco jack
il criceto hamster
la crostata pie
crudo / cruda raw
il cucchiaino teaspoon
il cucchiaio spoon
la cucina kitchen
cucinare to cook
cuOcere to cook
il cuoco / la cuoca cook
il cuore heart
la cura care
curioso / curiosa curious
la curva curve

D

d'accordo in agreement
d'eccezione exceptional
da from, by, at
da solo / da sola alone
la dama checkers
dappertutto everywhere
dare del Lei to address someone with the Lei form
dare del tu to address someone with the tu form
dare to give
dare una mano to give a hand
la data date
davanti in front of
davvero really
dEbole weak
decaffeinato / decaffeinata decaffeinated
decentemente decently
decIdere to decide
dEcimo / dEcima tenth
la decina about ten
dedicare to dedicate
dedicato / dedicata dedicated
degno / degna worthy
del nord Northern
del resto after all
del sud Southern
delizioso / deliziosa delightful
il denaro money
denso / densa dense
il dente tooth

il /la dentista dentist
descrIvere to describe
desiderAbile desirable
desiderare to desire, to want
il desiderio desire
il /la destinatario / destinataria addressee
il destino destiny
destra right
di buon'ora early in the morning
di nuovo again
di of, about
di sOlito usually
di tanto in tanto every once in a while
diabOlico / diabOlica diabolical
dicembre December
differente different
differenza difference
diffIcile difficult
il digestivo after-dinner drink
la dignità dignity
dimenticare to forget
i dintorni surroundings
Dio God
dipIngere to paint
dire to say
il disco disk
la discoteca club
discUtere to discuss
disegnare to draw
il disegno design, drawing
il disOrdine mess
disperato / disperata desperate
dispiacere to be sorry, to displease
disponIbile available
disposizione disposal
la distanza distance
distare to be far from
disteso / distesa lying down, relaxed
la distrazione distraction
il distributore distributor
il dito del piede toe
il dito finger
la ditta company
la dittatura dictatorship
il divano couch
diventare to become
diverso / diversa different
divertente amusing
divIdere to divide

la **doccia** shower
la **dogana** customs
dolce sweet
il **dolce** dessert
il **dOllaro** dollar
il **dolore** pain
la **domanda** question
domandare to ask
domani tomorrow
domEnica Sunday
la **donna** woman
dopo after
doppio / doppia double
dorato / dorata golden
il **dormiglione / la dormigliona** person
who likes to sleep a lot
il **dottore / la dottoressa** doctor
dove where
dovere to have to, must, may, to owe
dozzina dozen
drammAtico / drammAtica dramatic
dritto straight
il **dubbio** doubt
durante during
il **DVD (di vu di)** DVD

E

e (ed in front of another vowel) and
e così via and so on
eccetera, ecc. etcetera, etc.
eccetto except
eccezionale exceptional
l'**eccezione** (f.) exception
eccitante exciting
ecco here is / here are
l'**edificio** building
l'**effetto** effect
egoista selfish
l'**elefante** elephant
elegante elegant
l'**elettricista** electrician
elettrOnico / elettrOnica electronic
l'**emozione** (f.) emotion
l'**enciclopedIa** encyclopedia
entrambi / entrambe both
entrare to enter
l'**entusiasmo** enthusiasm
entusiasta enthusiastic
EpifanIa Epiphany (January 6th)
l'**Epoca** time period

l'**erba** grass, herb
errare to err
l'**errore** mistake
esagerare to exaggerate
esagerato / esagerata exaggerated
l'**esame** exam
esatto exact, exactly
esIgere to demand
esIstere to exist
l'**esperienza** experience
l'**espressione** (f.) expression
espresso espresso, express (mail)
esprImere to express
essenziale essential
Essere to be
est East
l'**estate** (f.) summer
estivo / estiva summer
eterno / eterna eternal
l'**Euro** euro
europEo / europEa European
l'**evento** event

F

la **fAbbrica** factory
la **faccia** face
facile easy
la **facilità** ease
facilmente easily
il **falegname** carpenter
la **fame** hunger
la **famiglia** family
la **familiarità** familiarity
famoso / famosa famous
la **fantascienza** science fiction
il **fantino** jockey
fArcela to make it
fare piacere to please
fare to make, to do
la **farmacIa** pharmacy
il **fascino** charm
faticoso / faticosa tiring
la **fattorIa** farm
febbraio February
la **febbre** fever
fedele faithful
felice happy
fermarsi to stop
la **fermata** bus stop, subway stop
Ferragosto August 15th

la **festa** party
il **fidanzato / la fidanzata** fiancé /
fiancée
fidarsi to trust
il **figlio / la figlia** son / daughter
la **fila** line
filippino/filippina Filipino
il **film** movie
finalmente finally
la **fine** end
il **fine-settimana** weekend
la **finestra** window
il **finestrino** car window
il **fiore** flower
il **fIsico** physique
fissare to fix
il **fiume** river
il **flAuto** flute
la **foglia** leaf
la **fondazione** foundation
la **fontana** fountain
la **forchetta** fork
il **formaggio** cheese
la **formalità** formality
il **fornaio / la fornaia** baker
il **fornello** burner
fornito / fornita stocked
il **forno** oven
forse maybe
forte strong
fortunatamente luckily
fortunato / fortunata lucky
la **fotografIa** photograph
il **foulArd** scarf (light weight)
fra, tra between, in
francese French
la **Francia** France
il **francobollo** stamp
la **frase** sentence, phrase
il **fratello** brother
freddo / fredda cold
frenare to step on the brake
la **frenata** act of braking
il **freno** brake
frequentare to attend (a school)
fresco / fresca cool
frIggere to fry
il **frigorIfero, il frigo** refrigerator
la **fronte** forehead
la **frontiera** border

il fruttivendolo / la fruttivendola greengrocer

il frutto (*pl.* la frutta) fruit

il funerale funeral

funzionare to work

i fuochi d'artificio fireworks

fuori out, outside

furbo/furba sly

il futuro future

G

la gamba leg

il gAmbero shrimp

gassata / gasata bubbly

il gatto cat

la gazza magpie

il gelataio / la gelataia ice cream person

la gelosIa jealousy

geloso / gelosa jealous

il generale general

il gEnere genre

i genitali genitals

il genitore parent

gennaio January

la gente people

gentile kind

la gentilezza kindness

la geografIa geography

la Germania Germany

gettare to throw

il ghiaccio ice

già already

giallo / gialla yellow

il giardino garden

il ginocchio knee

giocare to play

il gioco game

la gioia joy

il giornale newspaper

il / la giornalista journalist

la giornata day

il giorno day

giOvane young

il giovanotto youth

giovedì Thursday

girare to turn

girarsi to turn

il giro trip

la gita day trip

giugno June

giusto / giusta right, just

la goccia drop

godere to enjoy

il gOmito elbow

la gomma tire

il gorgonzola gorgonzola

grande big

la grandezza greatness, size

i grandi magazzini department store

la grAndine hail

il grano wheat

il grattacielo skyscraper

grazie thanks

grazioso / graziosa graceful

grigio / grigia gray

la griglia grill

grosso / grossa big

il gruppo group

guadagnare to earn

il guanto glove

guardare to watch, to look

guardarsi intorno to look around

la guerra war

la guida guide

guidare to drive

il gusto taste

H

Hag decaffeinated espresso

I

l'idEa idea

l'ideale ideal

l'idrAulico plumber

imbarcarsi to board

immaginare to imagine

immaginario / immaginaria imaginary

immediatamente immediately

immediato / immediata immediate

immenso / immensa immense

imparare to learn

impaziente impatient

l'impermeAbile raincoat

l'impiegato / l'impiegata clerk

importante important

importare to import

imposslbile impossible

l'impressione (*f.*) impression

improvvisamente suddenly

improvviso / improvvisa sudden

in antIcipo in advance

in assoluto of all

in in, at

in orario on time

in punto on the dot

in quanto a... as far as...

incantEvole enchanting

incluso / inclusa included

incontrare to meet

l'incontro encounter

indicare to point to

indimenticAbile unforgettable

l'indirizzo address

indiscreto / indiscreta indiscreet

indispensAbile indispensable

indovinare to guess

l'industria industry

infallIbile infallible

infatti in fact, indeed

infelice unhappy

infine finally

infinito / infinita infinite

l'influenza influence

informare to inform

informato / informata informed

l'informazione (*f.*) information

l'ingegnere engineer

l'Inghilterra England

inglese English

l'ingrediente ingredient

l'inizio beginning

innamorarsi to fall in love

innamorato / innamorata in love

inoltre furthermore

l'insalata salad

l'insegnante (*m. and f.*) teacher

insegnare to teach

inserire to insert

insieme together

insOlito / insOlita unusual

intelligente intelligent

interamente entirely

interessante interesting

interessare to interest

interessarsi to be interested in

l'interesse interest

l'internet (*f.*) internet

intero / intera entire

l'interrogazione (*f.*) oral exam

intitolato / intitolata titled

intorno around
intrattenere to entertain
l'inverno winter
inviare to send
invitare to invite
l'invito invitation
irOnico / irOnica ironic
irresistIbile irresistible
irritAbile irritable
l'Isola island
italiano / italiana Italian

L

laggiù down there
il lago lake
la lAmpada lamp
la lana wool
largo / larga wide
lasciare to leave
lassù up there
il latin lover latin lover
il lattaio / la lattaia dairy products
il latte milk
la lattina can
lavare to wash
lavarsi to wash oneself
lavorare to work
il lavoro work
legato / legata tied
la leggenda legend
lEggere to read
leggero / leggera light
lento / lenta slow
la lEttera letter
la letteratura literature
il lettore CD CD player
il lettore DVD DVD player
la lezione lesson
lì / là there
la libbra pound (lb.)
lIbero / lIbera free
la librerIa bookshop
il libro book
il licEo high school
lieto / lieta happy
la lingua language
il lino linen
la lista list
lo stesso all the same
il locale eating and/or drinking establishment

lontano far
loro they, them
la lucErtola lizard
luglio July
la lumaca snail
luminoso / luminosa light
la luna moon
lunedì Monday
lungo / lunga long
il lungomare walk
il luogo comune common place, cliché
il luogo place
il lupo wolf
il lusso luxury

M

ma but
macchiato / macchiata stained
la macchina car
la macchinetta small machine
il macellaio / la macellaia butcher
la madre mother
magari I wish!
maggio May
maggiore greater, older
magnIfico / magnIfica magnificent
magro / magra thin
la mail, l'email (f.) email
la maiOlica a type of ceramic
il mal di testa headache
malata sick
la malattIa sickness
il male badly
la mamma mom, mommy
mancare to miss
la mancia tip
mandare to send
mangiare to eat
il manifesto poster
la mano (f.) hand (pl. le mani)
il mare sea
il marito husband
marrone brown
martedì Tuesday
marzo March
la mAschera mask, person in Carnival costume
la matemAtica mathematics
la matita pencil
il matrimonio wedding, marriage

la mattina morning
mattiniero / mattiniera morning person
il mattino morning
maturo / matura ripe
la media average
il mEdico doctor
medioevale, medievale medieval
il medioevo Middle Ages
meglio better
la memoria memory
meno less, minus
meno male thanks goodness
il mento chin
mentre while
il menù menu
la meraviglia wonder
meraviglioso / meravigliosa marvelous
il mercato market
mercoledì Wednesday
la merenda snack
il mese month
il messaggio message
il Messico Mexico
il mestiere job, craft
la metropolitana by subway
mEttere to put
mEttersi to put on
il mezzo means
mi dispiace I'm sorry
il miglio mile (pl. le miglia)
migliore better
militare military
mille thousand
minerale mineral
la minestra soup
minore lesser, younger
mio / mia my
misto / mista mixed
la misura measure
mite mild
il / la mittente sender
moderato / moderata moderate
moderno / moderna modern
il modo way
moltiplicare to multiply
molto / molta much, many
molto very
il momento moment
mondiale of the world
il mondo world

la moneta coin
monetario / monetaria monetary
monOtono / monOtona monotonous
la montagna mountain
il monumento monument
moro / mora dark-daired
la mortadella mortadella
la morte death
mostrare to show
la motocicletta, la moto motorcycle, motorbike
il motorino moped, motor scooter
la mozzarella mozzarella
la multa traffic ticket
mUltiplo / mUltipla multiple
il musEo museum
la mUsica music
il / la musicista musician
muto mute, silent

N

la narrativa fiction
il naso nose
il Natale Christmas
nativo / nativa native
nato / nata born
naturale natural
naturalmente of course
né... né... neither... nor...
neanche not even, neither
la nebbia fog
necessario / necessaria necessary
il negozietto small shop
il negozio shop
il negozio di abbigliamento clothing shop
il negozio di alimentari sells a bit of everything to eat (though not usually produce)
nel frattempo in the meantime
nemmeno not even, neither
neppure not even, neither
nervoso / nervosa nervous
neutrale neutral
la neve snow
nevicare to snow
il nipote / la nipote nephew / niece, grandson / granddaughter
noioso / noiosa boring
noleggiare / affittare to rent

il nome name
nominare to name
il nonno / la nonna grandfather / grandmother
nono / nona ninth
il nord north
normale normal
normanni Normans
la notizia news
la notte night
novembre November
il nUmero shoe size
nuotare to swim
nuovo / nuova new
la nUvola cloud
nuvoloso cloudy
il nylon nylon

O

o or
obbligato / obbligata obliged
l'oca goose
l'occasione (f.) opportunity, occasion
l'occhio eye
occupato / occupata busy, occupied
l'occupazione occupation
l'odio hatred
offrire to offer
l'oggettino small object
l'oggetto object
oggi today
ogni each
ognuno each one
l'olio d'oliva olive oil
l'oliva olive
l'olivo olive tree
l'ombrello umbrella
onestamente honestly
l'Opera (lIrica) opera
l'Opera d'arte work of art
l'Opera work
l'operaio / l'operaia factory worker
l'ora di punta rush hour
l'ora hour, now
ordinare to order
l'orecchino earring
l'orecchio, l'orecchia ear
l'oretta about one hour
organizzare to organize
orgoglioso / orgogliosa proud

l'orIgine origin
ornato / ornata decorated
l'oro gold
l'orologio watch
orrIbile horrible
l'orso bear
ospitale hospitable
l'ospitalità hospitality
osservare to observe
l'osservatorio observatory
l'ossessione obsession
osterIa wine-bar/small restaurant
ottavo / ottava eighth
ottenere to obtain
Ottima / Ottima excellent
ottobre October
l'ovest West

P

il pacchetto pack
il padre father
il paese country, small town
pagare to pay
il paio pair
il palazzo building
la palestra gym
la palla ball
il pallone soccer, soccer ball
la pancetta bacon
la pancia belly
il pane bread
la paninoteca sandwich shop
i pantaloni pants
il papà dad, daddy
il papa pope
il pappagallo parrot
il parco park
il parente relative
la parete wall
parlare to speak
il parmigiano parmesan cheese
la parola word
il parrucchiere / la parrucchiera hairdresser
la parte part
partecipare to participate
la partenza departure
particolarmente particularly
partire to leave
la Pasqua Easter

la **Pasqua ebraica** Passover
il / la **passante** passerby
il **passaporto** passport
passare to pass, to spend
passeggiare to stroll
la **passeggiata** stroll
passionale passionate
la **passione** passion
il **passo** step
la **pastasciutta** pasta
il **pasticciere** / la **pasticciera** pastry
   maker
il **pasto** meal
la **patente** driver's license
il **pavimento** floor
il / la **paziente** patient
il **peccato** sin (che) **peccato!** too bad!
la **pÈcora** sheep
il **pecorino** romano cheese
la **pelle** leather; skin
il **pelo** body hair (except the hair on
   your head)
la **pena** punishment
la **penIsola** peninsula
la **penna** pen
pensare to think
il **pensiero** thought
il **pensionato** / la **pensionata** retiree
la **pensione** retirement
la **pEntola** pot
il **peperone** pepper
per esempio for example
per favore please
per for
per fortuna! luckily
per piacere please
perbacco! gosh!
perciò therefore
pErdere to lose
perfettamente perfectly
perfetto / **perfetta** perfect
perfino even
pericoloso / **pericolosa** dangerous
la **periferIa** suburbs
il **perIodo** period
la **permanenza** permanence
permesso? excuse me, may I?
permEttere to allow
permEttersi to afford
perseverare to persevere

la **persona** person
personale personal
pesante heavy
pesare to weigh
la **pesca** fishing
il **pesce** fish
il **pescivEndolo** / la **pescivEndola**
   fishmonger
il **peso** weight
il **petto** chest
il **pezzo** piece
piacere to like
piacere! nice to meet you!
piacEvole pleasant
il **piano** floor
il **pianoforte** piano
il **piattino** saucer
piatto / **piatta** flat
il **piatto** plate
la **piazza** square
pIccolo / **pIccola** small
il **piede** foot
pieno / **piena** full
la **pietra** stone
il **pigiama** pijamas
pigro / **pigra** lazy
la **pioggia** rain
piOvere a catinelle to rain cats and
   dogs
piOvere to rain
piratato / **piratata** pirated, illegally
   produced
il **pisolino** nap
pittoresco / **pittoresca** picturesque
la **pittura** painting
più more, plus
più tardi later
più... più... the more... the more...
piuttosto rather
la **pizza** pizza
il **pizzaiolo** / la **pizzaiola** pizza man /
   woman
la **pizzerIa** pizzeria
poco / **poca** little (*adj*)
poco little (*advi*)
la **poesIa** poem, poetry
il **poeta** / la **poetessa** poet
poi then
poiché since
polItico / **polItica** political

il **poliziotto** / la **poliziotta** police officer
il **pollo** chicken
il **polso** wrist
la **poltrona** armchair
il **pomeriggio** afternoon
i **pomodori secchi** sundried tomatoes
i **popcorn** (*pl.*) popcorn
il **pOpolo** people
la **porta** door
il **portabagagli** trunk of a car
il **portaombrelli** umbrella rack
portare to bring, to carry
il **portatile** laptop
il **porto** harbor
il **portone** main door of a building
possIbile possibile
la **posta elettrOnica** email
la **posta** mail
il **poster** poster
il **posto** place
pranzare to have lunch
il **pranzo** lunch
la **prAtica** practice
praticare uno sport to practice a sport
il **prato** lawn
preciso / **precisa** precise
il **prefisso** area code
prego you're welcome, help yourself,
   go ahead
prelevare to withdraw
il **premio** prize
prEndere il sole to sunbathe
prEndere in prestito to borrow
prEndere to take
prenotare to reserve
prenotato / **prenotata** reserved
preoccuparsi to worry
preparare to prepare
preparato / **preparata** prepared
presentare to introduce
presentarsi to introduce oneself
la **presenza** presence
prestare to lend
presto soon
prevalentemente mostly
prezioso / **preziosa** precious
il **prezzo** price
prima at first
la **primavera** spring
primo / **prima** first

il **primo, il primo piatto** first course
privato / privata private
probAbile probable
probabilmente probably
il **problema** (m.) problem
il **prodotto** product
produrre to produce
la **professione** profession
il **professore / la professoressa**
   professor
profittEvole profitable
profondo / profonda deep, profound
il **profumo** scent, perfume
il **progetto** project
il **programma** (m.) program, TV show
il **progresso** progress
prolungare to prolong
promettere to promise
pronto / pronta ready
il **proprietario / la proprietaria** owner
proprio really
la **prosa** prose
il **prosciutto cotto** ham
il **prosciutto crudo** cured ham
il **prosecco** sparkling wine
il **provolone** provolone
prossimo / prossima next
provare to try, to feel
il **provolone** provolone
pubblicare to publish
la **pubblicità** ad, commercial
il **punto di vista** viewpoint
puntuale punctual
puntualmente punctually
pure also
puro / pura pure
purtroppo unfortunately

Q

quadretti checkers (of clothing)
il **quadro** picture
qualche some
qualcosa something
qualcuno someone
qualità quality
qualsIasi any
qualunque any
quando when
la **quantità** quantity
quanto / quanta how much, how many
il **quartiere** neighborhood

quarto / quarta fourth
la **questione** issue
questo / questa this
qui, qua here
quindi therefore
quinto / quinta fifth
quotidiano / quotidiana daily
il **quotidiano** newspaper

R

raccomandare to recommend
raccontare to tell
il **racconto** short story
la **radio** (f.) radio
il **raffreddore** cold (viral infection)
la **ragazza / il ragazzo** girl, girlfriend /
boy, boyfriend
la **ragione** reason
il **ragioniere / la ragioniera** accountant
rallentare to slow down
rapidamente quickly
rApido / rApida quick
il / la **rappresentante** salesman
realizzarsi to realize oneself
la **recensione** review
recente recent
regalare to give as a gift
il **regalo** gift
la **regione** region
remare to row
il **remo** oar
rEndere to make (something) into,
   to give back
replicare to reply
la **residenza** residence
respIngere to reject
restare to stay, to remain
il **resto** change (of money), rest
   (remaining part)
la **restrizione** restriction
riaccompagnare to accompany
   someone back
la **ricArica** recharge
la **ricchezza** richness
riccio / riccia curly
ricEvere to receive
il **ricevimento** reception
riconOscere to recognize
ricoprire to cover, to cover again
ricordare to remember

il **ricordino** memento
il **ricordo** memory
ricostruire to reconstruct
rIdere to laugh
rifiutato / rifiutata rejected
la **riga** thin stripe
rilassante relaxing
rilassarsi to relax
rilassato / rilassata relaxed
rimanere to stay, to remain
rinascimentale of the renaissance
il **ringraziamento** thanksgiving
ringraziare to thank
rinunciare to give up
riparlare to talk again
ripEtere to repeat
riposarsi to rest
il **riposo** rest
riprEndere fiato to catch one's breath
risalire to climb back up
riscaldarsi to warm up
il **risotto** Northern Italian rice dish
risparmiare to save (money, time, etc.)
il **rispetto** respect
rispettoso / rispettosa respectful
rispOndere to answer
la **risposta** answer
il **ristorante** restaurant
il **ritardo** lateness
ritirare to claim
ritornare to return, to come back
il **ritorno** return
riuscire to succeed
rivedere to see again, to review
rivEndere to resell
il **rivenditore** vendor
la **rivista** magazine, journal
romAntico / romAntica romantic
il **romanzo** a novel
rosa pink la **rosa** rose
rosso / rossa red
rubare to steal
il **rumore** noise
rumoroso / rumorosa noisy
la **ruota di scorta** spare tire
la **ruota** wheel

S

sAbato Saturday
la **sabbia** sand

il **sacchetto** bag
il **sacco** sack
il **sacerdote** priest
saggiamente wisely
il **saggio** essay
la **sala da pranzo** dining room
la **sala** large room
il **salame** salami
il **salatino** cracker
la **salita** uphill
il **salotto** living room
il **salumiere / la salumiera** deli man / woman
salutare to greet
il **saluto** greeting
salve hello
salvo / salva safe
sano / sana healthy
santo / santa holy
il **santo / la santa** saint
sapere to know, to know how
il **sapore** flavor
saporito / saporita tasty
sbagliare, sbagliarsi to make a mistake
lo **sbaglio**
sbrigarsi to hurry up
gli **scacchi** chess
lo **scaffale** shelf
la **scalinata** staircase
lo **scalino** stair
scambiare to exchange
lo **scApolo** bachelor
scappare to escape
la **scarpa** shoe
la **scAtola** box
lo **scavo** excavation
la **scelta** choice
scendere to climb down, to get off
la **scheda telefOnica** phone card
lo **schermo** screen
scherzare to joke
la **schiena** back
sciare to ski
la **sciarpa** scarf
la **scienza** science
sconosciuto / sconosciuta unknown, stranger
scoprire to discover
scorso / scorsa last
lo **scrittore / la scrittrice** writer

la **scrivanIa** desk
scrIvere to write
la **scultura** sculpture
la **scuola** school
lo **scuOlabus** schoolbus
scusi excuse me
secco / secca dry
il **sEcolo** century
secondo / seconda second
secondo according to
il **secondo, il secondo piatto** second (main) course
la **sede** location
il **sedere** rear end
sedersi to sit
la **sedia** chair
il **sedile** seat
seduto / seduta sitting
il **segnale** road sign
la **segretaria** secretary
il **segreto** secret
seguente following
seguire to follow
la **sella** saddle
sembrare to seem
sEmplice simple
sempre always
il **seno** breast
sensIbile sensitive
il **senso** sense
sentire dire to hear say
sentire to hear, to feel
sentirsi to feel
senza parole speechless
senza without
separato / separata separated
la **sera** evening
sereno / serena clear
seriamente seriously
serio / seria serious
il **serpente** snake
servire to serve
il **servizio** service
il **sesso** sex
sesto / sesta sixth
la **seta** silk
la **sete** thirst
settembre September
la **settimana** week
sEttimo / sEttima seventh

sfortunatamente unfortunately
sfuggire to flee
sia... che... both... and...
sicuramente surely
la **sicurezza** security, safety
sicuro / sicura sure, safe
la **signora** Mrs., Ms., madam, lady
il **signore / il signor** Mr., sir, gentleman
la **signorina** Miss, Ms., madam, young lady
simpAtico / simpAtica nice, fun
sincero / sincera sincere
la **sinistra** left
il **sistema** (*m.*) system
il **sito** site
situato / situata situated
lo **smog** smog
la **società** society
sociEvole sociable
il **soffio** breath
soffrIggere to sauté
il **software** software
il **soggiorno** stay (also living room)
il **sogno** dream
solamente only
i **soldi** money
il **sole** sun
solo / sola alone
solo only
soltanto only
la **somma** sum
il **sonnellino** nap
il **sonno** sleep
sopra over
soprattutto most of all
la **sorella** sister
sorprEndere to surprise
la **sorpresa** surprise
sorrIdere to smile
il **sorriso** smile
il **sospetto** suspicion
sotto forma di as, in the shape of
sotto under
sottofondo background
sottolio preserved in oil
la **Spagna** Spain
spagnolo / spagnola Spanish
la **spalla** shoulder
lo **specchio** mirror
la **specialità** specialty

specialmente especially
spEgnere to turn off
spEndere to spend
la speranza hope
sperare to hope
spericolatamente dangerously
la spesa expense, shopping
le spese shopping
spesso often
lo spettAcolo show
lo spezzatino meat stew
la spiaggia beach
spiegare to explain
spIngere to push
splEndere to shine
lo sport sport
lo sportello ticket window
sportivo / sportiva sporty
sposarsi to get married
la spremuta d'arancia freshly-squeezed orange juice
la spugna sponge
lo spumante sparkling wine
lo spuntino snack
squillare to ring
squisito / squisita delicious
lo stadio stadium
la stagione season
stamattina this morning
la stampante printer
stancante tiring
stanco / stanca tired
la stanza room
gli Stati Uniti United States
la stazione station
lo stEreo stereo
lo stereOtipo stereotype
stesso / stessa same, self
lo stile style
lo stivale boot
la storia history
stOrico / stOrica historical
la strada street
lo straniero / la straniera stranger, foreigner
straordinario / straordinaria extraordinary
stretto / stretta tight
strIngersi la mano to shake hands
lo strumento an instrument

lo studente / la studentessa student
studiare study
lo studio study
stupendo / stupenda stupendous
lo stuzzicadente toothpick
su on
su! come on
succEdere to happen
il successo success
il succo di frutta fruit juice
il sud South
sufficiente sufficient
il sugo sauce
suo / sua his, her
la suOcera / il suOcero mother-in-law / father-in-law
suonare to ring, to play an instrument
la suonerIa ringer
superare to overcome
il supermercato supermarket
la sveglia alarm clock
svOlgersi to take place
svuotare to empty

T

la taglia size
tagliare to cut
tanto / a much, many
tardi late
la tartaruga tortoise, turtle
il tassì, il taxi taxi
la tavola calda deli (well, Italian style)
la taAvola table
il tavolino small table
il tAvolo table
la tazza cup, mug
il tè, il the tea
il teatro theater
la tecnologia technology
tedesco / tedesca German
la teiera teapot
il telecomando remote control
telefonare to telephone
il telefonino cell phone (literally: "little phone")
il telEfono telephone
il telegiornale news
la televisione television
televisivo / televisiva relating to television
il tema (m.) theme

temere to fear
il temperamento temperament
la temperatura temperature
il tempo time, weather
il temporale storm
temporaneamente temporarily
tenere to keep, to hold
il tennis tennis
il tentativo attempt
la terra ground
la terrazza balcony
terrIbile terrible
il territorio territory, area
terzo / terza third
teso / tesa tense
il tesoro treasure, darling
la testa head
il tetto roof
la tinta unita solid color
tIpico / tIpica typical
il tipo type
il tiramisù tiramisù, a dessert
tirare to pull
tirare vento to be windy
la tisana herbal tea
il titolo title
tornare / ritornare to return, to go back
tostato / tostata toasted
totale total
tra, fra between, in
tradire to betray
il traffico traffic
trAgico / trAgica tragic
la trama plot
il tramezzino light sandwich
tranquillo / tranquilla calm
la trasmissione TV show
trattare to treat, to be about
la trattorIa small restaurant
il treno train
triste sad
la tromba trumpet
troppo / troppa too, too many
troppo too much
trovare to find
il / la turista tourist
turIstico / turIstica touristic
tutti / tutte everybody
tutti e due / tutte e due both

tutto / tutta all, whole
tutto d'un tratto suddenly
tutto everything

U

l'uccello bird
l'ufficio office
uguale same, equal
ugualmente all the same, equally
Ultimo / Ultima last (in a list)
umano human
un po' / un poco a little
un sacco di / un mucchio di a bunch
    of (colloquial)
l'unghia fingernail, toenail
unirsi to join
l'unità unit
l'università university
l'universo universe
l'uomo d'affari businessman
l'uomo man
l'uovo egg
usare to use
uscire to leave, to go out
l'uso use
Utile useful

V

la vacanza vacation
valere to be worth
la valigia suitcase
valore value
il vaporetto Venetian steamboat
variAbile variable
variare to vary
la varietà variety
vario / varia various, changing
il vasetto jar

il vaso vase
il vassoio tray
vecchio / vecchia old
vedere to see
velocemente quickly, fast
la velocità speed
il venditore ambulante street vendor
venerdì Friday
venire to come
il venticello breeze
il vento wind
veramente truly
il verbo verb
verde green
la verità truth
vero / vera true
versare to pour
verso around
vertiginoso / vertiginosa vertiginous
vestirsi to get dressed
vestito / vestita dressed
il veterinario / la veterinaria
    veterinarian
la vetrina shop window
il vetro glass
la via street
viaggiare to travel
il viaggiatore / la viaggiatrice traveler
il viaggio trip
vicino / vicina close
il vicino di casa / la vicina di casa
    neighbor
vicino near
la videocassetta videotape
il videoregistratore VCR
la vigna vineyard
il vigore vigor
il vino wine

viola purple (invariable)
il violino violin
la vIrgola comma
visIbile visible
la visita visit
visitare to visit
la vista sight, view
la vita life
la vitamina vitamin
la vittoria victory
la voce voice
la voglia desire
il volante steering wheel
volare to fly
volentieri happily, willingly
volere bene to love
volere to want
il volo flight
la volpe fox
la volta time
il volume volume
il vulcano volcano
il vuoto emptiness, vacuum
vuoto / vuota empty

Y

lo yoga yoga
lo yogurt yogurt

Z

lo zafferano saffron
lo zaino backpack
la zia / lo zio aunt / uncle
la zona area
la zuccheriera sugar bowl
lo zucchero sugar

English - Italian

A

a bunch of **un sacco di / un mucchio di**
a little **un po' / un poco**
to abandon **abbandonare**
able **Abile**
about **circa**
absorbed **assorto / assorta**
abstemious **astemio / astemia**
abundant **abbondante**
to accept **accettare**
to accompany **accompagnare**
to accompany back **riaccompagnare**
according to **secondo**
account **il conto**
accountant **il ragioniere / la ragioniera**
acquaintance **la conoscenza**
action **l'azione** (f.)
active **attivo / attiva**
actor / actress **l'attore / l'attrice**
ad, commercial **la pubblicità**
to add **aggiUngere**
address **l'indirizzo**
to address someone with the **Lei** form
   dare del Lei
to address someone with the **tu** form
   dare del tu
addressee **il /la destinatario /
   destinataria**
to admire **ammirare**
advice **il consiglio**
affectionately **affettuosamente**
to afford **permEttersi**
after all **del resto**
after **dopo**
after-dinner drink **il digestivo**
afternoon **il pomeriggio**
again **di nuovo, ancora**
agitated **agitato / agitata**
agreement **l'accordo**
air **l'aria**
airport **l'aeroporto**
alarm clock **la sveglia**
alcoholic **alcOlico / alcOlica**
all the same **lo stesso, ugualmente**
all, whole **tutto / tutta**

to allow **permEttere**
ally, allied **alleato / alleata**
alone **solo / sola, da solo / da sola**
already **già**
also **anche, pure**
altruistic, unselfish **altruista**
always **sempre**
American **americano / americana**
amusing **divertente**
anchovy **l'acciuga**
ancient **antico / antica**
and **e (ed** in front of another vowel)
and so on **e così via**
animated **animato / animata**
ankle **la caviglia**
announcement **l'annuncio**
answer **la risposta**
to answer **rispOndere**
antibiotic **l'antibiOtico**
any **qualsIasi, qualunque**
anyway **comunque**
appetizer **l'antipasto**
appointment, date **l'appuntamento**
to appreciate **apprezzare**
to approach **avvicinarsi**
appropriate **adatto / adatta**
April **aprile**
architect **l'architetto**
architecture **l'architettura**
area code **il prefisso**
area **la zona, l'area**
arm **il braccio**
arm in arm **braccetto, a**
armchair **la poltrona**
around **intorno**
around **verso**
to arrive **arrivare**
art **l'arte**
artist **l'artista**
as far as…**in quanto a…**
as much **altrettanto**
as usual **come al sOlito**
to ask **chiedere, domandare**
assiduously **assiduamente**
assistant **assistente**

assure, insure **assicurare**
astronomical **astronOmico /
   astronOmica**
at **a**
at all **affatto**
at first **prima**
at least **almeno**
ATM machine, ATM card **il bAncomat**
attempt **il tentativo**
to attend (a school) **frequentare**
attentively **attentamente**
attraction **attrazione**
attractive **attraente**
August 15th **Ferragosto**
August **agosto**
aunt **la zia**
Austria **Austria**
author **l'autore / l'autrice**
available **disponIbile**
average **la media**

B

bachelor **lo scApolo**
back **la schiena**
background **sottofondo**
backpack **lo zaino**
bacon **la pancetta**
badly **male**
bag **il sacchetto**
baggage **bagaglio**
baker **il fornaio / la fornaia**
balcony **la terrazza**
ball **la palla**
bank **la banca**
bar (furniture) **il banco**
bar, coffee shop **il bar**
barely **appena**
baroque **barocco / barocca**
bartender, bar worker **il / la barista**
basil **il basIlico**
basilica **la basIlica**
basket **il cestino**
bathing suit **il costume (da bagno)**
bathroom **il bagno**
to be as hungry as a wolf **avere una
   fame da lupi**

to be **Essere**
to be far from **distare**
to be interested in **interessarsi**
to be named **chiamarsi**
to be sorry, displease **dispiacere**
to be windy **tirare vento**
to be worth **valere**
beach **la spiaggia**
bear **l'orso**
beautiful **bello / bella**
beauty **la bellezza**
become americanized **americanizzarsi**
to become **diventare**
bedroom **la cAmera da letto**
beer **la birra**
before **avanti**
before-dinner drink **l'aperitivo**
to begin **cominciare**
beginning **l'inizio**
to believe **crEdere**
belly **la pancia**
to belong **appartenere**
belt **la cinta, la cintura**
to betray **tradire**
better (*adj.*) **migliore**
better (*adv.*) **meglio**
between **fra, tra**
bicycle, bike **la bicicletta, bici**
big **grande, grosso / grossa**
bill (check) **il conto**
bird **l'uccello**
birthday **il compleanno**
blond-haired **biondo / bionda**
blue (light shade) **celeste**
blue (medium shade) **azzurro / azzurra**
blue (navy) **blu**
to board **imbarcarsi**
boarding pass **la carta d'imbarco**
to boil **bollire**
boiling **bollente**
bologna **la mortadella**
book **il libro**
bookshop **la librerIa**
boot **lo stivale**
border **la frontiera**
to bore **annoiare**
boring **noioso / noiosa**
born **nato / nata**
to borrow **prEndere in prestito**

both **entrambi / entrambe, tutti e due / tutte e due**
both... and...**sia... che...**
bottle **la bottiglia**
box **la scatola**
boy, boyfriend **il ragazzo**
bracelet **il braccialetto**
brake **il freno**
braking, act of **la frenata**
brave (as a lion) **coraggioso/coraggiosa (come un leone)**
bread **il pane**
breakfast **la colazione**
breakfast pastry **la brioche**
breast **il seno**
breath **il soffio**
breeze **il venticello**
brief **breve**
to bring **portare**
broth **il brodo**
brother **il fratello**
brother in law **il cognato**
brown **marrone**
bubbly **gassata / gasata**
buffalo **il bUfalo / La bUfala**
building **il palazzo, l'edificio**
to burn **bruciare**
burner **il fornello**
bus **l'Autobus**
bus stop, subway stop **la fermata**
business **l'affare**
businessman **l'uomo d'affari**
busy, occupied **occupato / occupata**
but **ma**
butcher **il macellaio / la macellaia**
butter **il burro**
to buy **comprare**
by subway **la metropolitana**
by the way **a proposito**
bye bye **ciao**

C

caffeinated **caffeinato / caffeinata**
to calculate **calcolare**
calculation **il cAlcolo**
to call **chiamare**
calm **tranquillo / tranquilla, calmo / calma**
camelia **la camelia**
can (of food) **il barAttolo**

can (of drink) **la lattina**
canary **il canarino**
candy **la caramella**
caper **il cAppero**
car **la macchina, l'automobile** (*f.*)
car window **il finestrino**
care **la cura**
career **la carriera**
caress **la carezza**
carpenter **il falegname**
to carry **portare**
cartoons **i cartoni animati**
cash register **la cassa**
cat **il gatto**
catalogue **il catAlogo**
to catch one's breath **riprEndere fiato**
category **la categoria**
cause **la causa**
CD **il CD, il compact**
CD player **il lettore CD**
to celebrate **celebrare, festeggiare**
cell phone **il telefonino, il cellulare**
cent **il centEsimo**
center **il centro**
century **il sEcolo**
ceramic **la ceramica**
cereal **i cereali**
ceremony **la cerimonia**
certain **certo / certa**
certainly **certamente**
chain **la catena**
chair **la sedia**
change (of money) **il resto**
to change **cambiare**
change **il cambiamento**
channel **il canale**
characteristic **la caratterIstica**
charm **il fAscino**
to chat **chiacchierare**
check **il controllo**
checkers (of clothing) **quadretti, scacchi**
checkers (game) **la dama**
check-in counter **l'accettazione** (*f.*)
cheerful **allegro / allegra**
cheerfully **allegramente**
cheese **il formaggio**
chess **gli scacchi**
chest **il petto**
chicken **il pollo**
child, little boy **il bambino**

child, little girl **la bambina**

chin **il mento**

chocolate **la cioccolata, il cioccolato**

choice **la scelta**

cholesterol **il colesterolo**

Christmas **il Natale**

church **la chiesa**

city **la città**

civilization **la civilizzazione, la civiltà**

to claim **ritirare**

clarinet **il clarinetto**

class **la classe**

classical **clAssico / clAssica**

clear **sereno / serena**

clerk **l'impiegato / l'impiegata**

cliché **il luogo comune**

to click **cliccare**

climate **il clima**

to climb back up **risalire**

to climb down, get off **scEndere**

close **vicino / vicina**

clothing **l'abbigliamento**

clothing shop **il negozio di abbigliamento**

cloud **la nUvola**

cloudy **nuvoloso**

club **il club, la discoteca**

coatrack **l'attaccapanni**

coffee **il caffè**

coin **la moneta**

cold (viral infection) **il raffreddore**

cold cuts **affettati**

cold **freddo / fredda**

colleague **il / la collega**

collection **la collezione**

color **il colore**

column **la colonna**

come on! **su!**

to come **venire**

comedy **la commedia**

comfortable, convenient **cOmodo / comoda**

comfortably **comodamente**

comical **cOmico / cOmica**

comma **la vIrgola**

to command **comandare**

commander **il comandante**

commercial **commerciale**

common **comune**

common place **il luogo comune**

companion **il compagno / la compagna**

company **la ditta**

compliment **il complimento**

to compose **comporre**

composer **il compositore**

computer **il computer**

concert **il concerto**

conclusion **la conclusione**

to confess **confessare**

confetti **i coriAndoli**

to congratulate oneself **congratularsi**

congratulations **le congratulazioni**

conservatory **conservatorio**

to consider **considerare**

considerable **considerEvole**

continental **continentale**

to continue **continuare**

to contract **contrarre**

contraction **la contrazione**

contradiction **la contraddizione**

to contribute **contribuire**

control **controllare**

conversation **la conversazione**

to converse **conversare**

to convert **convertire**

to cook **cucinare, cuocere**

cook **il cuoco / la cuoca**

cooked **cotto / cotta**

cookie **il biscotto**

cool **fresco / fresca**

copy **la copia**

cordial **cordiale**

corner **l'angolo**

correct **corretto / corretta**

correctly **correttamente**

correspondence **la corrispondenza**

corresponding **corrispondente**

to cost **costare**

costume **il costume**

cotton **il cotone**

couch **il divano**

to count **contare**

country **il paese, la nazione**

country **la campagna**

couple **la coppia**

course **il corso**

courtesy **la cortesia**

cover charge **il coperto**

to cover, to cover again **ricoprire**

covered **coperto / coperta**

cracker **il salatino**

craftsman / craftswoman **l'artigiano / l'artigiana**

croissant **il cornetto**

to cross **attraversare**

crowded **affollato / affollata**

cultured **colto / colta**

cup, mug **la tazza**

cured ham **il prosciutto crudo**

curious **curioso / curiosa**

curly **riccio / riccia**

curve **la curva**

customer, client **il / la cliente**

customs **la dogana**

to cut **tagliare**

cute, pretty **carino / carina**

cypress **il cipresso**

D

dad, daddy **il papà**

daily **quotidiano / quotidiana**

dairy products **i latticini**

dairy seller **il lattaio / la lattaia**

to dance **ballare**

dance **il ballo**

dangerous **pericoloso / pericolosa**

dark-haired **moro / mora**

darknes **il buio**

darling **tesoro**

date **la data**

daughter **la figlia**

day **il giorno, la giornata**

death **la morte**

decaffeinated **decaffeinato / decaffeinata**

decaffeinated espresso **caffè Hag**

December **dicembre**

decently **decentemente**

to decide **decIdere**

decorated **ornato / ornata**

to dedicate **dedicare**

dedicated **dedicato / dedicata**

deep, profound **profondo / profonda**

to deepen **approfondire**

deli (Italian style) **la salumerIa, la tavola calda**

deli man / woman **il salumiere / la salumiera**

delicious **squisito / squisita**

delightful **delizioso / deliziosa**

to demand **esIgere**

dense **denso / densa**
dentist **il /la dentista**
department store **i grandi magazzini**
departure **la partenza**
to describe **descrIvere**
design, drawing **il disegno**
desirable **desiderAbile**
desire **il desiderio, la voglia**
to desire, want **desiderare**
desk **la scrivanIa**
desperate **disperato / disperata**
dessert **il dolce**
destiny **il destino**
diabolical **diabOlico / diabOlica**
diamond (very small) **il brillante**
diamond **il diamante**
dictatorship **la dittatura**
to die **morire, crepare**
difference **differenza**
different **differente, diverso / diversa**
difficult **diffIcile**
dignity **la dignità**
dining room **la sala da pranzo**
dinner **la cena**
to discover **scoprire**
to discuss **discUtere**
disk **il disco**
disposal **disposizione**
distance **la distanza**
distraction **la distrazione**
distributor **il distributore**
to divide **divIdere**
to do **fare**
doctor **il dottore / la dottoressa,**
   il medico
dog **il cane**
dollar **il dOllaro**
door **la porta**
double **doppio / doppia**
doubt **il dubbio**
down there **laggiù**
downtown **il centro**
dozen **la dozzina**
dramatic **drammAtico / drammAtica**
to draw **disegnare**
dream **il sogno**
dress **l'abito, il vestito**
dressed **vestito / vestita**
drink **bere**
drink **la bevanda**

to drive **guidare**
driver's license **la patente**
drop **la goccia**
drums **la batterIa**
dry **asciutto / asciutta, secco / secca**
during **durante**
DVD **il DVD** (di vu di)
DVD player **il lettore DVD**

E

each **ogni**
each one **ognuno**
ear **l'orecchio, l'orecchia**
early in the morning **di buon'ora**
to earn **guadagnare**
earring **l'orecchino**
ease **la facilità**
easily **facilmente**
East **est**
Easter **la Pasqua**
easy **fAcile**
to eat **mangiare**
effect **l'effetto**
egg **l'uovo** (*pl.* **le uova**)
eggs, cheese and bacon, seasoned with
   carbonara, alla
eighth **ottavo / ottava**
elbow **il gOmito**
electrician **l'elettricista**
electronic **elettrOnico / elettrOnica**
elegant **elegante**
elephant **l'elefante**
elevator **l'ascensore**
elsewhere **altrove**
email **la mail, l'email** (*f.*)
email **la posta elettronica**
embrace **l'abbraccio**
to embrace, to hug **abbracciare**
emotion **l'emozione** (*f.*)
emptiness, vacuum **il vuoto**
to empty **svuotare**
empty **vuoto / vuota**
enchanting **incantEvole**
encounter **l'incontro**
encyclopedia **l'enciclopedIa**
end **la fine**
engineer **l'ingegnere**
England **l'Inghilterra**
English **inglese**
to enjoy **godere**

enough **abbastanza**
enough **basta**
to enter **entrare**
to entertain **intrattenere**
enthusiasm **l'entusiasmo**
enthusiastic **entusiasta**
entire **intero / intera**
entirely **interamente**
envelope **la busta**
environment **ambiente**
Epiphany (January 6th) **EpifanIa**
equal **uguale**
equally **ugualmente**
to err **errare**
escape **scappare**
especially **specialmente**
espresso **espresso**
espresso with steamed milk **il**
   cappuccino
essay **il saggio**
essential **essenziale**
establishment (eating, drinking) **il locale**
etcetera, etc. **eccEtera, ecc..**
eternal **eterno / eterna**
euro **l'euro**
European **europEo / europEa**
even **perfino**
evening **la sera**
event **l'evento**
every once in a while **di tanto in tanto**
everybody **tutti / tutte**
everything **tutto**
everywhere **dappertutto**
exact, exactly **esatto**
to exaggerate **esagerare**
exaggerated **esagerato / esagerata**
exam **l'esame**
excavation **lo scavo**
excellent **Ottima / Ottima, eccellente**
except **eccetto**
exception **l'eccezione** (*f.*)
exceptional **eccezionale, d'eccezione**
to exchange **scambiare**
exciting **eccitante**
excuse me **scusi, permesso?**
to exist **esIstere**
expense, shopping **la spesa**
expensive **caro / cara**
experience **l'esperienza**
to explain **spiegare**

to express **esprImere**

expression **l'espressione** (f.)

extraordinary **straordinario / straordinaria**

eye **l'occhio**

F

face **la faccia**

factory **la fAbbrica**

factory worker **l'operaio / l'operaia**

faithful **fedele**

fall (season) **l'autunno**

fall **cadere**

to fall in love **innamorarsi**

fall **la caduta**

familiarity **la familiarità**

family **la famiglia**

famous **cElebre**

famous **famoso / famosa**

far **lontano**

farm **la fattorIa**

farmer **il contadino / la contadina**

fascinated **affascinato / affascinata**

fascinating, charming **affascinante**

fast **velocemente**

to fasten **allacciare**

father **il padre**

father-in-law / mother-in-law **il suOcero / la suOcera**

to fear **temere**

February **febbraio**

to feel **sentire, sentirsi, provare**

fever **la febbre**

fiancé **il fidanzato**

fiancée **la fidanzata**

fiction **la narrativa**

field **il campo**

fifth **quinto / quinta**

Filipino **filippino/filippina**

finally **finalmente, infine**

to find **trovare**

fine **bene**

finger **il dito**

fingernail, toenail **l'unghia**

fireworks **i fuochi d'artificio**

firm **l'azienda**

first course **il primo, il primo piatto**

first **primo / prima**

fish **il pesce**

fishing **la pesca**

fishmonger **il pescivEndolo / la pescivEndola**

to fix **fissare**

flat **piatto / piatta**

flavor **il sapore**

to flee **sfuggire**

flight attendant **l'assistente di volo** (*masc.*or *fem. sing.*)

flight **il volo**

floor **il pavimento**

floor **il piano**

flower **il fiore**

flute **il flauto**

to fly **volare**

fog **la nebbia**

to follow **seguire**

following **seguente**

food **il cibo**

food shop **il negozio di alimentari**

foot **il piede**

for example **per esempio**

for **per**

forehead **la fronte**

to forget **dimenticare**

fork **la forchetta**

formality **la formalità**

foundation **la fondazione**

fountain **la fontana**

fourth **quarto / quarta**

fox **la volpe**

France **la Francia**

free **lIbero / lIbera**

French **francese**

Friday **venerdì**

friend **l'amico / l'amica**

friendly **amichEvole**

friendship **l'amicizia**

from, by, at **da**

fruit **il frutto** (*pl.* **la frutta**)

fruit juice **il succo di frutta**

to fry **frIggere**

full **pieno / piena**

fun (*adj.*) **simpatico / simpatica**

funeral **il funerale**

funny **buffo / buffa**

furnished **ammobiliato / ammobiliata**

furthermore **inoltre**

future **il futuro**

G

game **il gioco**

garden **il giardino**

gasoline **la benzina**

to gather **cOgliere**

general **il generale**

genitals **i genitali**

genre **il gEnere**

geography **la geografia**

German **tedesco / tedesca**

Germany **la Germania**

to get dressed **vestirsi**

to get married **sposarsi**

to get up **alzarsi**

to get used **abituarsi**

gift **il regalo**

girl, girlfriend **la ragazza**

give a hand **dare una mano**

to give as a gift **regalare**

to give **dare**

to give back **rEndere**

to give up **arrEndersi, rinunciare**

glad **contento / contenta**

glass (container) **il bicchiere**

glass **il vetro**

glove **il guanto**

to go out **uscire**

God **Dio**

gold **l'oro**

golden **dorato / dorata**

good **bravo / brava, buono / buona**

good evening, goodbye (formal) **buonasera**

good **il bene**

good morning, goodbye **buongiorno**

good night **buonanotte**

goodbye **arrivederci**

goose **l'oca**

gorgonzola **il gorgonzola**

gosh! **perbacco!**

graceful **grazioso / graziosa**

granddaughter **la nipote**

grandfather **il nonno**

grandmother **la nonna**

grandson **il nipote**

grass, herb **l'erba**

gray **grigio / grigia**

greater, older **maggiore**

greatness, size **la grandezza**

green **verde**

greengrocer il **fruttivEndolo** / la **fruttivEndola**

to greet **salutare**

greeting il **saluto**

grill la **griglia**

ground la **terra**

group il **gruppo**

to guess **indovinare**

guide la **guida**

gym la **palestra**

H

habit l'**abitudine** (*f.*)

hail la **grandine**

hair (on the head) i **capelli**

hair (on the rest of your body) i **peli**

hairdresser il **parrucchiere** / la **parrucchiera**

ham il **prosciutto cotto**

hamster il **criceto**

hand la **mano** (*f.*) (*pl.* **le mani**)

handbag la **borsetta**

to happen **succEdere**

happily, willingly **volentieri**

happy eating! **buon appetito!**

happy **felice, lieto / lieta**

harbor il **porto**

hat il **cappello**

hatred l'**odio**

to have **avere**

to have dinner **cenare**

to have lunch **pranzare**

to have one's mouth water **avere l'acquolina in bocca**

to have the intention of **avere intenzione di**

to have to, must, may, owe **dovere**

head la **testa**

headache il **mal di testa**

healthy **sano / sana**

to hear say **sentire dire**

to hear **sentire**

heart il **cuore**

heavy **pesante**

height l'**altezza**

hello **salve, ciao**

help **aiutare**

help l'**aiuto**

her **suo / sua**

herbal tea la **tisana**

here is / here are **ecco**

here **qui, qua**

high **alto / alta**

high school il **liceo**

hill la **collina**

his **suo / sua**

historical **storico / storica**

history la **storia**

holy **santo / santa**

homework, task il **cOmpito**

honestly **onestamente**

hope la **speranza**

to hope **sperare**

horrible **orrIbile**

horse il **cavallo**

hospitable **ospitale**

hospitality l'**ospitalità**

hot **caldo / calda**

hotel l'**albergo, l'hotel**

hour l'**ora**

house (small) la **casetta**

house la **casa**

housewife la **casalinga**

how **come**

how much, how many **quanto / quanta**

hug l'**abbraccio**

human **umano**

hunger la **fame**

to hurry up **sbrigarsi**

husband il **marito**

I

ice cream person il **gelataio** / la **gelataia**

ice il **ghiaccio**

idea l'**idea**

ideal l'**ideale**

imaginary **immaginario / immaginaria**

to imagine **immaginare**

immediate **immediato / immediata**

immediately **immediatamente**

immense **immenso / immensa**

impatient **impaziente**

import **importare**

important **importante**

impossible **impossIbile**

impression l'**impressione** (*f.*)

in advance **in antIcipo**

in fact **infatti**

in front of **davanti**

in **in, a**

in love **innamorato / innamorata**

in the meantime **nel frattempo**

included **compreso / compresa, incluso / inclusa**

indeed **infatti**

indiscreet **indiscreto / indiscreta**

indispensable **indispensAbile**

industry l'**industria**

infallible **infallIbile**

infinite **infinito / infinita**

influence l'**influenza**

to inform **informare**

information l'**informazione** (*f.*)

informed **informato / informata**

ingredient l'**ingrediente**

inhabitant l'**abitante**

to insert **inserire**

instrument lo **strumento**

intelligent **intelligente**

to interest **interessare**

interest l'**interesse**

interesting **interessante**

internet l'**Internet** (*f.*)

to introduce oneself **presentarsi**

to introduce **presentare**

invitation l'**invito**

to invite **invitare**

ironic **irOnico / irOnica**

irresistible **irresistIbile**

irritable **irritAbile**

island l'**Isola**

issue la **questione**

it is probable **probAbile**

Italian **italiano / italiana**

item of clothing il **capo di abbigliamento**

J

jack il **cricco**

January 1st **Capodanno**

January **gennaio**

jar il **vasetto**

jealous **geloso / gelosa**

jealousy la **gelosIa**

job, craft il **mestiere**

jockey il **fantino**

to join **unirsi**

joke la **barzelletta**

to joke **scherzare**

journal la **rivista**

journalist il / la **giornalista**

joy **la gioia**
July **luglio**
June **giugno**

K

to keep, to hold **tenere**
to keep, preserve **conservare**
kilo **il chilo, il chilogrammo**
kilometer **il chilOmetro**
kind **gentile**
kindness **la gentilezza**
kiss **baciare**
kiss **il bacio**
kitchen **la cucina**
knee **il ginocchio**
knife **il coltello**
to know, be acquainted with **conOscere**
to know, know how **sapere**

L

lake **il lago**
lamp **la lAmpada**
language **la lingua**
laptop **il portAtile**
large room **la sala**
last (in a list) **Ultimo / Ultima**
last **scorso / scorsa**
late **tardi**
lateness **il ritardo**
later **più tardi**
latin lover **il latin lover**
to laugh **rIdere**
lawn **il prato**
lawyer **l'avvocato / l'avvocata**
lazy **pigro / pigra**
leaf **la foglia**
to learn **imparare**
leather **la pelle**
to leave **lasciare, partire, uscire**
left **la sinistra**
leg **la gamba**
legend **la leggenda**
to lend **prestare**
less **meno**
lesser **minore**
lesson **la lezione**
letter **la lettera**
library **la biblioteca**
lie **la bugia**
life **la vita**

light **leggero / leggera**
light **luminoso / luminosa**
to like **piacere**
line **la fila**
linen **il lino**
list **la lista**
to listen **ascoltare**
literature **la letteratura**
little (*adj.*) **poco / poca**
little (*adv.*) **poco**
little by little **a poco a poco**
to live **abitare, vIvere**
living room **il salotto, il soggiorno**
lizard **la lucertola**
location **la sede**
long **lungo / lunga**
to look around **guardarsi intorno**
to look for **cercare**
to look **guardare**
to lose **pErdere**
to love **amare, volere bene**
love **l'amore**
loved, beloved **amato / amata**
luckily **fortunatamente, per fortuna!**
lucky **fortunato / fortunata**
lunch **il pranzo**
luxury **il lusso**
lying down **disteso / distesa**

M

machine (small) **la macchinetta**
magazine **la rivista**
magnificent **magnIfico / magnIfica**
magpie **la gazza**
mail **la posta**
mailbox **la cassetta postale**
main door of a building **il portone**
to make a mistake **sbagliare, sbagliarsi**
to make **fare**
to make it **farcela**
make oneself comfortable **accomodarsi**
man **l'uomo**
map **la carta geogrAfica, la cartina**
March **marzo**
market **il mercato**
marvelous **meraviglioso / meravigliosa**
mask, person in Carnival costume **la mAschera**
masterpiece **il capolavoro**
match **l'abbinamento**

mate **il compagno / la compagna**
mathematics **la matemAtica**
May **maggio**
maybe **forse**
meal **il pasto**
means **il mezzo**
measure **la misura**
meat **la carne**
meat stew **lo spezzatino**
medieval **medioevale, medievale**
to meet **incontrare**
memento **il ricordino**
memory **il ricordo, la memoria**
menu **il menù**
mess **il disordine**
message **il messaggio**
Mexico **il Messico**
Middle Ages **il medioevo**
mild **mite**
mile **il miglio** (*pl.* **le miglia**)
military **militare**
milk **il latte**
mineral **minerale**
minus **meno**
mirror **lo specchio**
to miss **mancare**
miss, ms., madam, the young lady **la signorina**
mistake **l'errore, lo sbaglio**
mixed **misto / mista**
moderate **moderato / moderata**
modern **moderno / moderna**
mom, mommy **la mamma**
moment **il momento**
Monday **lunedì**
monetary **monetario / monetaria**
money **i soldi, il denaro**
monotonous **monOtono / monOtona**
month **il mese**
monument **il monumento**
moon **la luna**
moped, motor scooter **il motorino**
more **più**
morning **il mattino, la mattina**
morning person **mattiniero / mattiniera**
most of all **soprattutto**
mostly **prevalentemente**
mother **la madre**
motorcycle, motorbike **la motocicletta, la moto**

mountain la montagna
mountain range la catena di montagne
mouth la bocca
movie il film
movie theater, cinema il cInema
mozzarella la mozzarella
mr., sir, the gentleman il signore, il signor
mrs., ms., madam, lady la signora
much, many molto / molta, tanto / tanta
mugginess l'afa
muggy afoso
multiple mUltiplo / mUltipla
to multiply moltiplicare
museum il musEo
music la musica
musician il / la musicista
mute, silent muto
my mio / mia

N

name il nome
to name nominare
nap il pisolino, il sonnellino
native nativo / nativa
natural naturale
near vicino
necessary necessario / necessaria
neck il collo
necklace la collana
need il bisogno
neighbor il vicino di casa / la vicina di casa
neighborhood il quartiere, la contrada (old fashioned)
neither... nor... né... né...
nephew il nipote
nervous nervoso / nervosa
neutral neutrale
new nuovo / nuova
news la notizia
newscast il telegiornale
newspaper il giornale
next prOssimo / prOssima
nice simpAtico / simpAtica
nice to meet you! piacere!
niece la nipote
night la notte
nightgown la camicia da notte
ninth nono / nona

noise il rumore
noisy rumoroso / rumorosa
normal normale
Normans normanni
north il nord
Northern del nord
Northern Italian rice dish il risotto
nose il naso
not even, neither neanche, nemmeno, neppure
novel il romanzo
November novembre
now adesso
now ora
nylon il nylon

O

oar il remo
object (small) l'oggettino
object l'oggetto
obliged obbligato / obbligata
observatory l'osservatorio
to observe osservare
obsession l'ossessione
obtain ottenere
occupation l'occupazione
October ottobre
of all in assoluto
of course naturalmente, come no!
of di
of the renaissance rinascimentale
of the world mondiale
to offer a toast, to toast brindare
to offer offrire
office l'ufficio
often spesso
old vecchio / vecchia
olive l'oliva
olive oil l'olio d'oliva
olive tree l'olivo
on foot a piedi
on su
on the contrary anzi
on the dot in punto
on time in orario
one-way l'andata
only solamente, solo, soltanto
open aperto / aperta
opera l'Opera (lIrica)
opportunity, occasion l'occasione (f.)

or o
oral exam l'interrogazione (f.)
orange juice la spremuta d'arancia
orange soda l'aranciata
to order ordinare
to organize organizzare
origin l'origIne
other altro / altra
out, outside fuori
oven il forno
over sopra, su
to overcome superare
owner il proprietario / la proprietaria

P

pack il pacchetto
pageant il corteo
pain il dolore
to paint dipIngere
painting la pittura
pair il paio
pants i pantaloni
paper la carta
parent il genitore
park il parco
parmesan cheese il parmigiano
parrot il pappagallo
part la parte
to participate partecipare
particularly particolarmente
party la festa
to pass passare
passerby il / la passante
passion la passione
passionate passionale
Passover la Pasqua ebraica
passport il passaporto
pasta la pastasciutta
pastry maker il pasticciere / la pasticciera
patient il / la paziente
to pay pagare
pen la penna
pencil la matita
peninsula la penIsola
people il popolo, la gente
pepper il peperone
perfect perfetto / perfetta
perfectly perfettamente
period il perIodo

permanence **la permanenza**

persevere **perseverare**

person **la persona**

person who likes to sleep a lot **il dormiglione / la dormigliona**

personal **personale**

pharmacy **la farmacIa**

phone booth **la cabina telefOnica**

phone card **la scheda telefOnica**

photograph **la fotografIa**

physique **il fIsico**

piano **il pianoforte**

pickled artichoke **il carciofino**

picture **il quadro**

picturesque **pittoresco / pittoresca**

pie **la crostata**

piece **il pezzo**

pijamas **il pigiama**

pink **rosa**

pirated, illegally produced **piratato / piratata**

pitcher **il bricco**

pizza **la pizza**

pizza man / woman **il pizzaiolo / la pizzaiola**

pizzeria **la pizzerIa**

place **il luogo, il posto**

plane, airplane **l'aereo, l'aeroplano**

plate **il piatto**

to play **giocare**

playing cards **le carte**

pleasant **piacEvole**

please **fare piacere**

please **per favore, per piacere**

plot **la trama**

plumber **l'idrAulico**

plus **più**

poem, poetry **la poesIa**

poet **il poeta / la poetessa**

to point **indicare**

police officer **il poliziotto / la poliziotta**

policeman (military) **il carabiniere**

political **polItico / polItica**

popcorn **i popcorn** (pl.)

pope **il papa**

possibile **possIbile**

postcard **la cartolina**

poster **il manifesto**

poster **il poster**

pot **la pentola**

pound (lb.) **la libbra**

to pour **versare**

practice a sport **praticare uno sport**

practice **la prAtica**

precious **prezioso / preziosa**

precise **preciso / precisa**

to prepare **preparare**

prepared **preparato / preparata**

presence **la presenza**

preserved in oil **sottolio**

price **il prezzo**

priest **il sacerdote**

printer **la stampante**

private **privato / privata**

prize **il premio**

probably **probabilmente**

problem **il problema** (m.)

to produce **produrre**

product **il prodotto**

profession **la professione**

professor **il professore / la professoressa**

profitable **profittEvole**

program **il programma** (m.)

progress **il progresso**

project **il progetto**

to prolong **prolungare**

to promise **promEttere**

prose **la prosa**

proud **orgoglioso / orgogliosa**

provolone **il provolone**

to publish **pubblicare**

to pull **tirare**

punctual **puntuale**

punctually **puntualmente**

punishment **la pena**

punture, make a hole **bucare**

pure **puro / pura**

purple (invariable) **viola**

to push **spIngere**

to put **mEttere**

to put on **mEttersi**

quality **qualità**

Q

quantity **la quantità**

question **la domanda**

quick **rApido / rApida**

quickly **rapidamente**

quickly **velocemente**

R

radio **la radio** (f.)

to rain cats and dogs **piOvere a catinelle**

rain **la pioggia**

to rain **piOvere**

raincoat **l'impermeAbile**

raised **cresciuto / cresciuta**

rather **piuttosto**

raw **crudo / cruda**

read **lEggere**

ready **pronto / pronta**

to realize **accOrgersi**

to realize oneself **realizzarsi**

really **davvero, proprio**

rear end **il sedere**

reason **la ragione**

reasonably priced **conveniente**

to receive **ricEvere**

recent **recente**

reception **il ricevimento**

recharge **la ricarica**

recklessly **spericolatamente**

to recognize **riconOscere**

to recommend **raccomandare**

to reconstruct **ricostruire**

red **rosso / rossa**

refrigerator **il frigorIfero, il frigo**

region **la regione**

to reject **respIngere**

rejected **rifiutato / rifiutata**

relating to television **televisivo / televisiva**

relative **il parente**

to relax **rilassarsi**

relaxed **disteso / distesa, rilassato / rilassata**

relaxing **rilassante**

remain **rimanere, restare**

to remember **ricordare**

remote control **il telecomando**

to rent **noleggiare / affittare**

to repeat **ripEtere**

to reply **replicare**

to resell **rivEndere**

to resemble **assomigliare**

to reserve **prenotare**

reserved **prenotato / prenotata**

residence **la residenza**

respect **il rispetto**

respectful **rispettoso / rispettosa**

rest (remaining part) il **resto**
rest il **riposo**
to rest **riposarsi**
restaurant (small) la **trattorIa**
restaurant il **ristorante**
restriction la **restrizione**
retiree il **pensionato** / la **pensionata**
retirement la **pensione**
return il **ritorno**
to return (something to someone) **rEndere**
to return (to a place) **ritornare, tornare**
review la **recensione**
richness la **ricchezza**
ride a horse **cavalcare**
right **destra**
right, just **giusto** / **giusta**
ring l'**anello**
to ring **squillare, suonare**
ringer la **suonerIa**
ripe **maturo** / **matura**
river il **fiume**
road sign il **segnale**
to roast **arrostire**
romano cheese il **pecorino**
romantic **romAntico** / **romAntica**
roof il **tetto**
room la **cAmera, la stanza**
rose la **rosa**
row **remare**
to run **cOrrere**
run la **corsa**
rush hour l'**ora di punta**

S

sack il **sacco**
sad **triste**
saddle la **sella**
safe **salvo** / **salva**
saffron lo **zafferano**
to sail **andare in barca a vela**
saint il **santo** / la **santa**
salad l'**insalata**
salami il **salame**
salesman il / la **rappresentante**
salesperson il **commesso** / la **commessa**
same **stesso** / **stessa, uguale**
sand la **sabbia**
sandwich il **tramezzino** (light), il **panino**
sandwich shop la **paninoteca**
Saturday **sAbato**

sauce il **sugo**
saucer il **piattino**
to sauté **soffrIggere**
to save (money, time, etc.) **risparmiare**
to say **dire**
scarf (light weight) il **foulard**
scarf (winter) la **sciarpa**
scent, perfume il **profumo**
school la **scuola**
schoolbus lo **scuOlabus**
science fiction la **fantascienza**
science la **scienza**
screen lo **schermo**
sculpture la **scultura**
sea il **mare**
season la **stagione**
seat il **sedile**
seatbelt la **cintura di sicurezza**
second course il **secondo, il secondo piatto**
second **secondo** / **seconda**
secret il **segreto**
secretary la **segretaria**
security, safety la **sicurezza**
to see again **rivedere**
to see **vedere**
to seem **sembrare**
self **stesso** / **stessa**
selfish **egoista**
to send **inviare, mandare**
sender il / la **mittente**
sense il **senso**
sensitive **sensIbile**
sentence, phrase la **frase**
separated **separato** / **separata**
September **settembre**
serious **serio** / **seria**
seriously **seriamente**
to serve **servire**
service il **servizio**
seventh **sEttimo** / **sEttima**
sex il **sesso**
to shake hands **strIngersi la mano**
sheep la **pEcora**
shelf lo **scaffale**
to shine **brillare, splEndere**
shirt la **camicia**
shoe la **scarpa**
shoe size il **nUmero**
shop (small) il **negozietto**

shop il **negozio**
shop window la **vetrina**
shopping center il **centro commerciale**
shopping le **cOmpere, le spese**
short **corto** / **corta**
short story il **racconto**
shoulder la **spalla**
show lo **spettAcolo**
to show **mostrare**
shower la **doccia**
shrimp il **gambero**
sick **malata**
sickness la **malattia**
side dish il **contorno**
sight, view la **vista**
sign il **cartello**
silk la **seta**
simple **sEmplice**
sin il **peccato**
since **poiché**
sincere **sincero** / **sincera**
to sing **cantare, canticchiare**
singer il / la **cantante**
sister-in-law la **cognata**
sister la **sorella**
to sit **sedersi**
site il **sito**
sitting **seduto** / **seduta**
situated **situato** / **situata**
sixth **sesto** / **sesta**
size la **taglia**
to ski **sciare**
skin la **pelle**
sky il **cielo**
skyscraper il **grattacielo**
sleep il **sonno**
to sleep **dormire**
to slice **affettare**
to slow down **rallentare**
slow **lento** / **lenta**
sly **furbo/furba**
small **pIccolo** / **pIccola**
small town il **paese**
smile il **sorriso**
to smile **sorrIdere**
smog lo **smog**
snack la **merenda, lo spuntino**
snail la **lumaca**
snake il **serpente**
snow la **neve**

to snow **nevicare**

so **così**

so so **così così**

soccer, soccer ball **il pallone**

sociable **sociEvole**

society **la società**

soft drink **la bIbita**

software **il software**

solid color **la tinta unita**

some **alcuni / alcune**

some **qualche**

someone from your same country
   il compatriota / la compatriota

someone **qualcuno**

something **qualcosa**

son **il figlio**

song **la canzone**

soon **presto**

sorry **mi dispiace, scusa / scusi**

soup **la minestra**

South **il sud**

Southern **del sud**

Spain **la Spagna**

Spanish **spagnolo / spagnola**

spare tire **la ruota di scorta**

sparkling wine **il prosecco, lo spumante**

to speak **parlare, dire**

specialty **la specialità**

speechless **senza parole**

speed **la velocità**

to speed up **accelerare**

to spend (money) **spendere**

to spend (time) **passare**

sponge **la spugna**

spoon **il cucchiaio**

sport **lo sport**

sporty **sportivo / sportiva**

spring **la primavera**

square **la piazza**

stadium **lo stadio**

stained **macchiato / macchiata**

stair **lo scalino**

staircase **la scalinata**

stamp **il francobollo**

statement **l'affermazione** (f.)

station **la stazione**

stay **il soggiorno**

to stay **restare, rimanere**

to steal **rubare**

steamboat (Venetian) **il vaporetto**

steering wheel **il volante**

step **il passo**

to step on the brake **frenare**

stereo **lo stereo**

stereotype **lo stereotipo**

still **ancora**

stocked **fornito / fornita**

stone **la pietra**

to stop **fermare, fermarsi**

storm **il temporale**

straight **dritto**

stranger, foreigner **lo straniero /
   la straniera**

street **la strada, la via**

street vendor **il venditore ambulante**

to strike **colpire**

stripe **la riga** (thin); **la striscia** (thick)

stroll **la passeggiata**

to stroll **passeggiare**

strong **forte**

student **lo studente / la studentessa**

study **lo studio**

to study **studiare**

stupendous **stupendo / stupenda**

style **lo stile**

suburbs **la periferIa**

to succeed **riuscire**

success **il successo**

sudden **improvviso / improvvisa**

suddenly **improvvisamente, tutto d'un
tratto**

sufficient **sufficiente**

sugar bowl **la zuccheriera**

sugar **lo zUcchero**

suit **l'abito**

suitcase **la valigia**

sum **la somma**

summer **estivo / estiva**

summer **l'estate** (f.)

sun **il sole**

to sunbathe **prEndere il sole**

Sunday **domEnica**

sundried tomatoes **i pomodori secchi**

supermarket **il supermercato**

sure, safe **sicuro / sicura**

surely **sicuramente**

surprise **la sorpresa**

to surprise **sorprEndere**

to surround **circondare**

surroundings **i dintorni**

suspicion **il sospetto**

sweet **dolce**

to swim **nuotare**

system **il sistema** (m.)

T

table (small) **il tavolino**

table **il tavolo, la tavola**

to take advantage of **approfittare**

take it easy! **con calma!**

to take place **svOlgersi**

to take **prEndere**

to talk again **riparlare**

tall **alto / alta**

to tan **abbronzarsi**

tape **la cassetta**

to taste **assaggiare, sapere di**

taste **il gusto**

tasty **saporito / saporita**

taxi **il tassì, il taxi**

tea **il tè, il the**

to teach **insegnare**

teacher **l'insegnante** (m. and f.)

teapot **la teiera**

teaspoon **il cucchiaino**

technology **la tecnologia**

telephone **il telefono**

to telephone **telefonare**

television **la televisione**

to tell **raccontare**

temperament **il temperamento**

temperature **la temperatura**

temporarily **temporaneamente**

tennis **il tennis**

tense **teso / tesa**

tenth **dEcimo / dEcima**

terrible **terribile**

territory, area **il territorio**

thank goodness **meno male**

to thank **ringraziare**

thanks **grazie**

thanksgiving **il ringraziamento**

the guitar **la chitarra**

the more… the more… **più… più…**

the newspaper **il quotidiano**

theater **il teatro**

theme **il tema** (m.)

then **allora**

then **poi**

there **lì / là**

therefore **perciò**
therefore **quindi**
they, them **loro**
thigh **la coscia**
thin **magro / magra**
thing **la cosa**
think **pensare**
third **terzo / terza**
thirst **la sete**
this morning **stamattina**
this **questo / questa**
thought **il pensiero**
thousand **mille**
to throw **gettare**
Thursday **giovedì**
ticket counter **la biglietterIa**
ticket **il biglietto**
ticket window **lo sportello**
tied **legato / legata**
tight **stretto / stretta**
time **il tempo**
time **la volta**
time period **l'Epoca**
tip **la mancia**
tire **la gomma**
tired **stanco / stanca**
tiring **faticoso / faticosa, stancante**
title **il titolo**
titled **intitolato / intitolata**
toast **il brIndisi**
toasted **tostato/ tostata**
today **oggi**
toe **il dito del piede**
together **insieme**
tomorrow **domani**
too bad! **che peccato!**
too much **troppo**
too, too many **troppo / troppa**
tooth **il dente**
toothpick **lo stuzzicadente**
top **la cima**
topic **l'argomento**
tortoise **la tartaruga**
total **totale**
tourist **il / la turista**
touristy, pertaining to tourists **turIstico / turIstica**
town (small) **la cittadina**
town **il paese** (small town), **la città** (bigger)

traffic **il traffico**
traffic ticket **la multa**
tragic **trAgico / trAgica**
train **il treno**
travel agency **l'agenzIa di viaggi**
to travel **viaggiare**
traveler **il viaggiatore / la viaggiatrice**
tray **il vassoio**
to treat, to be about **trattare**
tree **l'Albero**
trip (short) **la gita**
trip **il giro, il viaggio**
truck **il camion**
true **vero / vera**
truly **veramente**
trumpet **la tromba**
trunk of a car **il portabagagli**
to trust **fidarsi**
truth **la verità**
to try **provare**
Tuesday **martedì**
turn **girare, girarsi**
to turn off **spEgnere**
to turn on **accendere**
turtle **la tartaruga**
TV show **la trasmissione, il programma**
type **il tipo**
typical **tIpico / tIpica**

U

umbrella **l'ombrello**
umbrella rack **il portaombrelli**
uncle **lo zio**
under **sotto**
understand **capire**
understanding **comprensivo / comprensiva**
unforgettable **indimenticAbile**
unfortunately **purtroppo, sfortunatamente**
unhappy **infelice**
unit **l'unità**
United States **gli Stati Uniti**
universe **l'universo**
university **l'università**
unknown, stranger **sconosciuto / sconosciuta**
unusual **insOlito / insOlita**
up there **lassù**
uphill **la salita**

use **l'uso**
use **usare**
useful **Utile**
usually **di sOlito**

V

vacation **la vacanza**
value **valore**
variable **variAbile**
variety **la varietà**
various **vario / varia**
to vary **variare**
vase **il vaso**
VCR **il videoregistratore**
vendor **il rivenditore**
verb **il verbo**
vertiginous **vertiginoso / vertiginosa**
very **molto**
very well **benIssimo**
veterinarian **il veterinario / la veterinaria**
victory **la vittoria**
videotape **la videocassetta**
viewpoint **il punto di vista**
vigor **il vigore**
vineyard **la vigna**
violin **il violino**
visible **visIbile**
visit **la visita**
to visit **visitare**
vitamin **la vitamina**
voice **la voce**
volcano **il vulcano**
volume **il volume**

W

to wait **aspettare, attEndere**
wait **l'attesa**
waiter / waitress **il cameriere / la cameriera**
to walk **camminare, andare a piedi**
wall **la parete**
to want **volere**
war **la guerra**
to warm up **riscaldarsi**
warmly **calorosamente**
to wash **lavare, lavarsi**
to watch **guardare**
watch **l'orologio**
water **l'acqua**
way **il modo**

weak **dEbole**

weather **il tempo**

wedding, marriage **il matrimonio**

Wednesday **mercoledì**

week **la settimana**

weekend **il fine-settimana**

to weigh **pesare**

weight **il peso**

well said! **ben detto!**

West **l'ovest**

wet **bagnato / bagnata**

what **che cosa, che, cosa**

wheat **il grano**

wheel **la ruota**

when **quando**

where **dove**

while **mentre**

white **bianco / bianca**

who **chi**

wide **largo / larga**

wind **il vento**

window **la finestra**

wine **il vino**

wine-bar / small restaurant **osterIa**

winter **l'inverno**

wisely **saggiamente**

to wish **augurare**

wish **l'augurio**

with **con**

to withdraw **prelevare**

without **senza**

wolf **il lupo**

woman **la donna**

wonder **la meraviglia**

wonder why **chissà**

wool **la lana**

word **la parola**

to work **lavorare**

to work (function) **funzionare**

work (occupation) **il lavoro**

work (piece of work) **l'Opera**

work of art **l'Opera d'arte**

world **il mondo**

to worry **preoccuparsi**

worthy **degno / degna**

wrist **il polso**

to write **scrIvere**

writer **lo scrittore / la scrittrice**

Y

year **l'anno**

yellow **giallo / gialla**

yield **cEdere**

yoga **lo yoga**

yogurt **lo yogurt**

you're welcome **prego**

young **giOvane**

young man **il giovanotto**

younger **minore**

CHAPTER 1:

Ex 1: 1.dottore, 2.insegnante, 3.uomo, 4.donna, 5.bambina, 6.bambino. **Ex.2:** 1. la camera da letto, 2. la cucina, 3. il bagno, 4. la casa, 5. la sala da pranzo, 6. il salotto. **Ex.3:** 1b, 2c, 3a, 4d, 5f, 6e. Reading: 1. Good morning! Here is Ms.Marina Ricci: 2. "Pleased to meet you! My name is Marina Ricci and I am a teacher. I am from Rome but I live in New York." 3. "I am living with my sister Livia and her family for one year." 4. Here is Ms. Livia Ricci-Jones: "Pleased to meet you! My name is Livia Ricci-Jones. I am from Rome but I live in New York." 5. The Ricci-Jones family has five people: the father, Mr.Mark Ricii-Jones; the mother, Ms. Livia Ricci-Jones; and three children: Paolo, Bianca and Lucia. 6. Here is Paolo: "Hello! My name is Paolo. I am an American boy. I am from New York." Here is Bianca: "Hello! My name is Bianca. I am an American girl. I am from New York." Here is Lucia: "Hello! My name is Lucia. I am an American girl. I am from New York." 7. Here is Mark Ricci-Jones: "Pleased to meet you! My name is MarkRicci-Jones. I am a doctor. I am American. I am from New York." 8. Ms. Ricci-Jones is an Italian woman. Mr. Jones is an American man. 9. The Ricci-Jones' house has seven big rooms: the living room, the dining room, the kitchen, and four bedrooms. 10. The house also has two bathrooms. 11. The Ricci-Jones family is happy because Marina is working in New York. 12. On Mondays, Tuesdays, Wednesdays, Thursdays, and Fridays, Ms. Ricci teaches Italian downtown. 13. On Saturdays and Sundays she does not work. 14. When she is working, Ms. Ricci teaches all day. **Ex.4:** 1a, 2b, 3c, 4b, 5b, 6c. **Ex.5:** 1f, 2b, 3c, 4e, 5d, 6a. **Ex.6:** signora, padre, madre, sorella, mercoledì, giovedì, in centro. **Ex.7:** 1. l'uomo, 2. la donna, 3. il padre, 4. la madre, 5. l'anno, 6. la zia, 7. la camera, 8. la figlia, 9. l'amico, 10. la cucina, 11. il libro, 12. l'arte, 13. il salotto, 14. la signora, 15. lo studente, 16. la ragazza, 17. la famiglia, 18. l'ufficio, 19. la sorella, 20. il fratello, 21. la bambina, 22. lo zio, 23. il bagno. **Ex.8:** 1. i ragazzi, 2. le famiglie, 3. gli americani, 4. le donne, 5. le insegnanti, 6. le signore, 7. i figli, 8. gli uffici, 9. le madri, 10. gli studenti, 11. le italiane, 12. i rappresentanti, 13. i fratelli, 14. le sorelle, 15. i signori, 16. le cucine, 17. gli zaini, 18. gli uomini. **Ex.9:** 1. È la donna italiana, 2. È la donna russa, 3. È la donna spagnola, 4. È l'uomo italiano, 5. È l'uomo greco, 6. È l'uomo spagnolo, 7. Sono le donne italiane, 8. Sono le donne russe, 9. Sono le donne spagnole, 10. Sono gli uomini italiani, 11. Sono gli uomini greci, 12. Sono gli uomini spagnoli. **Ex.10:** La signora Marina Ricci è italiana. La signora Ricci-Jones è italiana ma il signor Ricci Jones è americano. I tre figli sono italo-americani. La famiglia Ricci-Jones ha due bambine e un bambino. I Ricci-Jones sono felici perché Marina è in America. Marina è felice perché è in America. **Ex.11:** 1. Piacere, mi chiamo Gianni Rossi. Sono professore. Sono di Milano. 2. Piacere, mi chiamo Artemisia Gentileschi. Sono artista. Sono di Roma e Napoli. 3. Piacere, mi chiamo Martina Mosso. Sono studentessa. Sono di Bari. 4. Piacere, mi chiamo Giosuè Morpurgo. Sono dottore. Sono di Potenza. 5. Piacere, mi chiamo Albertina

Modigliani. Sono poetessa. Sono di Ravenna.
6. Piacere, mi chiamo Stefano Accorsi. Sono attore.
Sono di Roma. **Ex.12:** *Answers will vary.*

CHAPTER 2:

Ex 1: 1. la primavera, 2. l'azienda di software, la
ditta di software, 3. intelligente, 4. la scuola,
5. l'ufficio, 6. studiare, 7. il viaggio. **Ex.2:** 1b, 2e,
3c, 4a, 5d. **Reading:** 1. Here is Mario Campi:
"Pleased to meet you! My name is Mario Campi.
I am American. I am from Chicago but I live in
New York. I am a salesman." 2. Mr. Campi works
for an American software company. 3. Mr. Campi
has a vendor in Rome. 4. The vendor imports software from America, from Mario Campi's company.
5. Mr. Campi wants to take a trip to Italy in the
spring. 6. Mr. Campi wants to visit the vendor.
7. Mr. Campi also wants to visit many interesting
places in Italy. 8. Mr. Campi's origin is Italian,
but Mr. Campi does not speak Italian. 9. Therefore,
Mr. Campi is studying Italian. 10. Mr. Campi has
a beautiful and good teacher. 11. The teacher is
Marina Ricci. Marina Ricci is a nice teacher.
12. Every Tuesday and every Thursday Mario and
Marina have a lesson. 13. The lesson is always in
the office of Ms. Ricci, in a school downtown.
14. There Mario and Marina study and speak
Italian. 15. Mr. Campi is very intelligent and learns
rapidly. 16. "Good morning, Ms. Ricci, how are
you?" 17. "Fine, thanks, Mr. Campi. And you?"
18. "I am fine, thanks. 19. Mario and Marina study
and speak Italian. After the lesson Mario and
Marina say: 20. "Goodbye Mr. Campi."
21. "Goodbye, Ms. Ricci, see you Thursday."
Ex.3: 1c, 2b, 3c, 4a, 5b, 6a, 7b, 8c.
Ex.4: rappresentante, ditta / azienda, rivenditore,
viaggio, parlare, chiama, martedì, giovedì.
Ex.5: 1. un italiano, 2. uno zio, 3. un'insegnante,
4. un insegnante, 5. un esempio, 6. un viaggio,
7. un rappresentante, 8. una rappresentante,
9. una cosa, 10. un uomo, 11. uno studente,
12. un oggetto, 13. un'amica, 14. una donna,
15. una sera, 16. un rivenditore, 17. una scuola,
18. un'arte, 19. una signora, 20. uno scaffale,
21. un esempio, 22. un'espressione, 23. un ragazzo,
24. uno zero. **Ex.6:** 1. un', 2. uno, 3. un, 4. un,
5. una, 6. un', 7. l', 8. la, 9. i, 10. il, 11. l', 12. il.
Ex.7: 1. desidera, 2. lavora, 3. impari, 4. chiamano,
5. studia, 6. abita, 7. parlano, 8. parliamo, 9. visitano, 10. visitate. **Ex.8:** 1. lavorate, 2. studiano,
3. imparo, 4. abitiamo, 5. parlano, 6. visiti.
Ex.9: 1. ciao, sto, 2. come stai, grazie,
3. Buongiorno/Buonasera, come sta, sto.
Ex.10: 1. Buongiorno signora Giannini, come sta?
2. Buongiorno signor De Carlo, come sta?
3. Ciao Carlotta, come stai? 4. Buongiorno signorina Linosa, come sta? 5. Buonasera signora Susini,
come sta? 6. Buonasera signor Dominici, come sta?
7. Ciao Ciro, come stai? **Ex.11:** *Answers will vary.*

CHAPTER 3:

Ex 1: 1. infelice, 2. utile, 3. aperta, 4. rispondere,
5. penna e matita, 6. domanda. **Ex.2:** 1. le
fotografie, 2. le domande, 3. le sedie, i divani,
4. le lampade, 5. gli orologi, 6. gli scaffali.
Reading: 1. The teacher, Marina Ricci, greets the
student: "Good evening, Mr. Campi, how are you?"
2. "Not bad, thanks, Ms. Ricci, and you?" "I am fine
too." 3. Ms. Ricci explains: "The names of things
are important. Therefore it is necessary to learn the
names of many things. It is necessary not to be
lazy." 4. "Then she points to a chair, a table, a
couch, a computer, and so on (etc.), and asks,
"What is this?" 5. Mr. Campi answers, "It is a chair;
it is a table; it is a couch; it is a computer, and so
on." 6. Ms. Ricci asks other questions and Mr.
Campi answers this way: 7. Ms. Ricci: "Where is
the computer?" 8. Mr. Campi: "Here is the computer." 9. Ms. Ricci: "How is the computer?"
10. Mr. Campi: "The computer is very useful."
11. Ms. Ricci: "Do you see the door?" 12. Mr.
Campi, "Yes, I see the door." 13. Ms. Ricci: "How is

the door?" 14. Mr. Campi: "The door is open." 15. Ms. Ricci: "Do you have a watch?" 16. Mr. Campi: "Yes, I have a watch." 17. This way, Mr. Campi learns the expressions: "What is it?" "Where is...?" "Where are...?" "How is...?" "Do you see...?" "I see..." "Do you have?" "I have..." "Here is..." 18. He also learns the words: the table, the lamp, the desk, the pen, the door, the window, the pencil, the wall, the photograph, the book, the watch, the mirror, the shelf, the wastebasket. **Ex.3:** 1c, 2a, 3c, 4a, 5c. **Ex.4:** 1a, 2c, 3f, 4e, 5b, 6d. **Ex.5:** 1. siamo, 2. è, 3. è, 4. siete, 5. sono, 6. sono, 7. sei, 8. sono. **Ex.6:** 1. ha, 2. ho, 3. hanno, 4. avete, 5. abbiamo, 6. hai, 7. ha. **Ex.7:** 1. avete, 2. hanno, 3. ho, 4. abbiamo, 5. hanno, 6. hai. **Ex.8:** 1b, 2a, 3b, 4c, 5a, 6c. **Ex.9:** 1. Che cosa è? or Che è? or Cosa è? 2. Che cosa sono? or Cosa sono? or Che sono? 3. Dove sono i bambini? 4. Dov'è l'insegnante? 5. Hai un computer? 6. Com'è il computer? **Ex.10:** 1. Loro abitano a New York, 2. Lei abita a Roma, 3. Lui abita a Torino, 4. Lui abita a Roma, 5. Lei abita a Londra, 6. Lui abita a Milano.

CHAPTER 4:

Ex 1: 1d, 2c, 3b, 4a, 5e **Ex.2:** 1. sulla, 2. sullo, 3. sulla, 4. nel, 5. il tedesco, 6. in città, 7. la giornata, 8. riviste. **Reading:** 1. Today is Tuesday: it is a beautiful sunny day. 2. Mr. Campi is in Ms. Ricci's office. 3. Ms. Ricci is near Mr. Campi. 4. Ms. Ricci explains to Mr. Campi: "Around us there are many things: in the school, in the office, in the street, in the park, in the city, and in the country. In the United States and in England it is necessary to know the names of things in English. In Spain it is necessary to know the names of things in Spanish. In France it is necessary to know the names of things in French. And in Germany, of course, it is necessary to know the names of things in German." 5. "Yes, Ms. Ricci, and in Italy, naturally, it is necessary to know the names of things in Italian." 6. "Excellent, Mr. Campi. You are a student who

learns quickly. Now let's see if you know how to say the names of the things in this room. Tell me, please, what is on the table?" 7. "On the table there are two magazines, a lamp, and a book of photographs." 8. "Very well. What is on the wall above the desk?" 9. "There is a poster of Italy." 10. "Good! And what is between the two windows?" 11. "Between the two windows there is a very beautiful mirror." 12. "Exactly! What is there in front of the couch?" 13. "A small table. And on the table there is an Italian vase with a camelia." 14. "What do you see on the desk? Under the desk? Near the desk?" 15. "On the desk I see a computer, somebooks, and some papers. Under the desk I see a wastebasket. Behind the desk I see a shelf. Near the desk I see a chair." 16. "Great! You know very well the names of the things in this room. For today it is enough. Goodbye, Mr. Campi." 17. "See you Thrusday, Ms. Ricci." **Ex.3:** 1c, 2a, 3c, 4c, 5b, 6a. **Ex.4:** 1g, 2b, 3f, 4c, 5h, 6e, 7a, 8d. **Ex.5:** 1. alla, 2. alla, 3. nel, 4. in, 5. sul, 6. alla, 7. delle, 8. col. **Ex.6:** 1. a, 2. in, 3. negli, 4. in, in, 5. di, 6. nel, nella. **Ex.7:** (note that some slight variations are possible) 1. Il signor Campi abita a New York, 2. Desidera fare un viaggio in Italia in primavera, 3. Desidera visitare il suo rivenditore, 4. No, il signor Campi non parla italiano, 5. Studia l'italiano, 6. L'insegnante si chiama Marina Ricci, 7. Sì, l'insegnante è italiana, 8. L'insegnante abita con la famiglia di sua sorella Livia, 9. I due hanno lezione il martedì e il giovedì, 10. Hanno la lezione nell'ufficio della signora Ricci, 11. Sì, il signor Campi è molto intelligente, 12. Lui impara rapidamente. **Ex.8:** answers will vary. **Ex.9:** 1. Prima della domenica c'è il sabato, 2. Dopo il sabato c'è la domenica, 3. Prima del lunedì c'è la domenica, 4. Dopo il martedì c'è il mercoledì, 5. Prima del venerdì c'è il giovedì, 6. Dopo il venerdì c'è il sabato. **Ex.10:** 1. Prima di aprile c'è marzo, 2. Dopo maggio c'è giugno, 3. Prima di luglio c'è giugno, 4. Dopo agosto c'è settembre, 5. Prima di ottobre c'è settembre, 6. Dopo novembre c'è dicembre.

CHAPTER 5:

Ex 1: 1. viaggiare, 2. conversare, 3. chiedere, 4. cominciare, 5. ascoltare. **Ex.2:** 1f, 2c, 3h, 4e, 5d, 6b, 7a, 8g. **Reading:** 1. Mr. Campi and Ms. Ricci are sitting in Ms. Ricci's office. The teacher begins to speak. The student listens attentively. 2. "Good evening, Mr. Campi. You have been studying Italian for two weeks. You already know that the names of people and of things are important. But verbs are also important. It is not possible to converse without verbs. Let's do an exercise with some common verbs. I ask some questions. You answer. If you don't know the answer, say 'I don't know.'" 3. "Fine, Ms. Ricci. If I don't know the answer I say 'I don't know.' And if I do know the anser, I answer. Let's begin!" 4. "Are you an American salesman, Mr. Campi?" 5. "Yes, Ms. Ricci, I am an American salesman, I have been working for a software company for five years." 6. "Why do you study Italian?" 7. "I study Italian because I am of Italian origin and because I want to take a trip to Italy." 8. "Why do you want to take a trip to Italy?" 9. "Because I want to visit my family's country and also because I want to visit my vendor in Rome." 10. "Does your vendor speak English?" 11. "He does not speak English. He only speaks Italian. I want to speak Italian with him." 12. "Do you plan to visit other countries?" 13. "Other countries, no. But I do plan to visit various parts of Italy, including Sicily." 14. "When do you leave the city of New York for Italy?" 15. "I am leaving New York on May 31." 16. "How will you travel, by car?" 17. "When I am in Italy I will travel by bus, by train, on foot and maybe also by bike or moped. But from New York to Rome I will travel by plane, of course, it is very quick, and I will stay in a hotel." 18. "How much does the flight cost?" 19. "I don't know, but tomorrow I plan to ask information and to reserve a seat." 20. "Magnificent, Mr. Campi. You are learning Italian quickly." 21. "Many thanks, Ms. Ricci. You are very kind." 22. "You're welcome, Mr. Campi. It is the truth. Well, for today that's enough. Goodbye." 23. "See you next Thursday, Ms. Ricci, Goodbye." **Ex.3:** 1b, 2c, 3a, 4b, 5c, 6a. **Ex.4:** 1. desidera / conta di, 2 è, 3. ha, 4. impara / studia, 5. parla, 6. conta, 7. viaggia, 8. lascia. **Ex.5:** 1. ascoltiamo, 2. studi, 3. prenoto, 4. lasci, 5. cominciate. **Ex.6:** 1. Noi non conversiamo solamente con l'insegnante. 2. Loro non ascoltano la musica di Verdi. 3. Lei non importa oggetti d'arte dall'Italia. 4. Le camelie non costano molto. 5. Io non conto di visitare la Sicilia e la Toscana. 6. Io non chiamo mia sorella tutti i giorni. **Ex.7:** 1. a. La signora Ricci ascolta la musica classica? b. Ascolta la signora Ricci la musica classica? c. Ascolta la musica classica la signora Ricci? 2. a Il signor Campi conta di visitare l'Italia? b. Conta il signor Campi di visitare l'Italia? c. Conta di visitare l'Italia il signor Campi? 3. a. Il rivenditore chiede di sapere la verità? b. Chiede il rivenditore di sapere la verità? c. Chiede di sapere la verità il rivenditore? 4. a. Gli aerei sono rapidi? b. Sono gli aerei rapidi? c. Sono rapidi gli aerei? 5. a. Il signor Campi lascia New York il 31 maggio? b. Lascia il signor Campi New York il 31 maggio? c. Lascia New York il 31 maggio il signor Campi? 6. a. Il signor Campi non viaggia in autobus? b. Non viaggia il signor Campi in autobus? c. Non viaggia in autobus il signor Campi? **Ex.8:** 1. lavora in Italia o in America? 2. Lei guarda il film con me? 3. Lei mangia il gelato o no? 4. tu viaggi in macchina o in bicicletta? 5. tu studi il latino o lo spagnolo? 6. tu ascolti la musica classica o la musica rock? **Ex.9:** 1. Da New York a Roma Mario viaggia in aereo (in aeroplano). 2. Quando è in Italia Mario viaggia in autobus, in treno, a piedi e forse in bicicletta o in motorino. 3. I giovani italiani viaggiano in motorino. 4. Le persone in alcune città piatte viaggiano in bicicletta.

CHAPTER 6: REVIEW, CHAPTERS 1-5:

2. crossword puzzle: *across:* 2.rispondere, 4. chiedere, 5. conversare, 6. desiderare, 8. avere, 9. essere, 10. sapere, 12. indicare, 14. importare, 15. fare, 16. prenotare, 17. abitare; *down:* 1. cominciare, 3. visitare, 7. ascoltare, 11. contare, 13. imparare. **Ex.1:** 1. È un computer. 2. È una ditta di computer. 3. È una stagione. 4. È un mese. 5. È un albergo. 6. È una macchina. 7. È un paese. 8. È una rivista. **Ex.2:** 1. Chi è Paolo? È un bambino. 2. Chi è Marina? È un'insegnante. 3. Chi è Mario? È uno studente. 4. Chi è il signor Marcelli? È un rivenditore. 5. Chi è il signor Campi? È un rappresentante. 6. Chi è Silvio Berlusconi? È un uomo politico. **Ex.3:** 1. Dove, 2. Perché, 3. Chi, 4. Come, 5. Quando, 6. Perché, 7. Quando, 8. Perché. **Ex.4:** 1. Livia e Mark Jones abitano a New York. 2. Marina abita a New York con sua sorella Livia. 3. Marina è di Roma. 4. La sorella di Marina si chiama Livia. 5. Marina va in centro il lunedì, il martedì, il mercoledì, il giovedì e il venerdì. 6. Marina va in centro per insegnare. 7. Mario va in Italia in primavera. 8. Mario va in Italia per visitare il suo rivenditore. **Ex.5:** 1. Di chi è questo libro? È dell'insegnante di italiano. 2. Di chi è questa penna? È della studentessa di francese. 3. Di chi è questa camelia? È della donna italiana. 4. Di chi è questa bicicletta? È del bambino americano. 5. Di chi è questa bambina? È del signor Filippi. 6. Di chi è questa ditta? È del signor Campi. 7. Di chi è questa fotografia? È della sorella di Marina. 8. Di chi è questo motorino? È dei ragazzi italiani. **Ex.6:** 1. I giorni della settimana sono il lunedì, il martedì, il mercoledì, il giovedì, il venerdì, il sabato e la domenica. 2. I giorni del fine settimana sono il sabato e la domenica. 3. Answer will vary. 4. Answer will vary. 5. Answer will vary. 6. Answer will vary. **Ex.7:** 1. febbraio, 2. novembre, aprile, giugno, settembre. 3. gennaio, marzo, maggio, luglio, agosto, ottobre, dicembre. 4. febbraio, 5. gennaio, 6. dicembre, 7. ottobre, 8. maggio. **Ex.8:** 1. giugno, luglio, agosto, settembre, 2. marzo, aprile, maggio, giugno, 3. dicembre, gennaio, febbraio, marzo. 5. Answer will vary.. 6. Answer will vary. **Ex.9:** 1. Hai una penna? Sì ,ho una penna / No, non ho una penna. 2. Hai una matita? Sì, ho una matita / No, non ho una matita. 3. Hai uno specchio? Sì, ho uno specchio / No, non ho uno specchio. 4. Hai un cestino? Sì, ho un cestino / No, non ho un cestino. 5. Hai un tavolino? Sì, ho un tavolino / No, non ho un tavolino. 6. Hai un vaso? Sì, ho un vaso / No, non ho un vaso. 7. Hai uno scaffale? Sì, ho uno scaffale / No, non ho uno scaffale. 9. Hai una camelia? Sì, ho una camelia / No, non ho una camelia. 10. Hai un motorino? Sì, ho un motorino / No, non ho un motorino. **Ex.10:** "Please to meet you, I am Paolo. I am Italian and I am 22 years old. I work in the small bar of my parents in a small town near Rome. The bar is near a park and it is open every day but not on Sundays. I work every day but I do not work on Sundays. I have a brother whose name is Marco. He is older than me. I work in the morning and in the afternoon, and Marco works in the afternoon and in the evening. Here you see the bar where I work with the machine to make espresso coffee. I live in an apartment near the bar so I go to work on foot.

CHAPTER 7:

Ex 1: 1.nonna, 2. fratello, 3. padre, madre, 4. zio, 5. zia, 6. genitori, 7. sete, 8. fame, 9. febbre, 10. cognato, 11. papà, 12. nonno.
Ex.2: 1. amichevole, 2. allegra, 3. giovane, 4. malata, 5. sicura, 6. sola. Reading: 1. It is Thursday afternoon and Mr. Campi arrives puctually at the school where Ms. Ricci works. 2. The school is downtown, in a square near a pharmacy and a bank. 3. The secretary greets him in a friendly way and says: "Good evening, Mr. Campi; if you are thirsty there is here some water, and if you are hungry there are also some cookies. Ms. Ricci is in her office, go ahead." 4. In the office Ms. Ricci is waiting for Mr. Campi. 5. When the student enters

the office, the teacher asks cheerfully: "Good evening. How are you?" 6. "Very well, thank you, and you? and your family?" 7. "Not bad, thanks. But my sister's little girl, Lucia, is sick. She has a cold and a fever, and she is always sleepy. She always calls her mom and her dad and aunt Marina." 8. "I am very sorry. Lucia certainly needs her parents and many cares. Does your sister have other children?" 9. "Yes, she has three children, two daughters and one son. They are my only nieces and nephew, because I have only one sister and I do not have any brothers." 10. "What are the names of your sister's children?" 11. "Their names are Paolo, Bianca and Lucia." 12. "What beautiful names! How old are they?" 13. "Paolo is eight. He is the oldest child. Bianca is six. Lucia is four. She is the youngest. All except Lucia go to school. They speak Italian with their mom, their aunt, and their grandparents, and English with their dad. My sister's husband, my brother-in-law, is American." 14. The two speak a little longer about the Ricci-Jones family. Mr. Campi would like to have a family, but he does not yet know the right woman for him. 15. Then Mr. Campi suddenly has an idea: he invites Ms. Ricci to visit his office next Monday. 16. Ms. Ricci accepts the invitation gladly. 17. Later Mr. Campi says: "Goodbye, Ms. Ricci! Best wishes to Lucia!" 18. Ms. Ricci answers: "Thanks a lot, Mr. Campi. See you Monday!" **Ex.3:** 1F, 2V, 3V, 4F, 5F, 6V, 7V, 8F, 9V, 10V. **Ex.4:** 1g, 2d, 3f, 4e, 5a, 6h, 7b, 8c. **Ex.5:** 1. falsamente, 2. facilmente, 3. difficilmente, 4. puntualmente, 5. allegramente, 6. amichevolmente, 7. felicemente, 8. veramente, 9. unicamente, 10. solamente, 11. immediatamente, 12. improvvisamente. **Ex.6:** 1b, 2l, 3g, 4h, 5c, 6i, 7a, 8d, 9e, 10f. **Ex.7:** 1. abbiamo fame, 2. ho ragione, 3. hanno caldo, 4. ho voglia, 5. ho bisogno, 6. ha freddo, 7. hai torto, 8. ha fretta, 9. abbiamo sonno, 10. ha solo 45 anni. **Ex.8:** 1. zia, 2. sorella, 3. fratello, 4. sorelle, 5. padre, cognato, 6. genitori, 7. nonno, 8. nonna, 9. ha, 10. ha, anni. **Ex.9:** *Answers will vary.*

CHAPTER 8:

Ex 1: 1e, 2g, 3b, 4d, 5h, 6c, 7a, 8f, 9l, 10i.
Ex.2: 1. azzurro, 2. bianca, 3. verde, 4. giallo, 5. arrivare, 6. un po' di, 7. velocemente, 8. immenso. **Reading:** 1. Mr. Campi's office is in a skyscraper on Hudson Street, a street full of offices, banks and other big buildings. 2. His office is neither big nor small, but it is comfortable. 3. There are two big windows, and from the windows Mr. Campi can see Hudson Street. On Hudson Street there are churches, a train station, some bars and also a museum. 4. Near Hudson Street there is a hospital. The stadium and a theater are not far. 5. On the gray walls there are some posters and a big map of the world. 6. On Mr. Campi's desk there are two computers, a printer, many papers and some letters. 7. Between the two windows there is a long table. On the table there is a little mess, with newspapers, magazines, and catalogues. 8. Mr. Campi is sitting at his desk when Ms. Ricci arrives. 9. He greets cheerfully his teacher. 10. "Good morning, Ms. Ricci, I am very happy to see my teacher again." 11. "Good morning, Mr. Campi, how are you?" 12. "Very well, thank you." 13. "Your office is very beautiful, Mr. Campi. This map of the world of yours is beautiful, and these posters of yours are also beautiful. How cheerful the colors are! By the way, Mr. Campi, what do you see on this poster?" 14. "I see the sky, the sun, and a white house on a green hill. It has a red roof and a garden full of flowers. I see a dream, I hope to see the colors of my future." 15. "You are a poet, Mr. Campi. And what color is the sun?" 16. "It is yellow and immense, it is the sun of Italy and of Italians—and especially of Italian women..." 17. "Mr. Campi, let's not exaggerate! What color are the sky and the garden?" 18. "The sky is blue. The garden has all the colors: red, blue, yellow, purple, green... My God, Ms. Ricci! It is lunch time already! Enough with colors. I begin to be hungry. And you, are you not hungry?" 19. "Yes, I am hungry too, and I am also thirsty." 20. "I have an idea: not very far

from here there is an excellent restaurant, it is called "La luna," it is my favorite restaurant: what do you say?" 21. "I am Italian and with restaurants I am difficult. Anyway, I must go home because Lucia is still sick. Another time, perhaps." **Ex.3:** 1a, 2c, 3b, 4b, 5a, 6a, 7c, 8c. **Ex.4:** 1. grattacielo, 2. finestre, 3. scrivania, 4. tavolo, 5. allegramente, 6. contento, 7. poeta, 8. fame, 9. ristorante, 10. difficile.

Ex.5: 1. vedete, 2. scrivo, 3. prendono, 4. leggiamo, 5. vende, 6. prendi, 7. leggo, 8. vede.

Ex.6: 1. I miei studenti vendono i libri vecchi. 2. Le mie insegnanti leggono le lettere. 3. I tuoi uffici sono negli edifici grigi. 4. Tutte le loro case sono belle, grandi e comode. 5. Vedete le nostre finestre immense? 6. Comprate i nostri computer vecchi? **Ex.7:** 1. mio, 2. tuoi, 3. nostri, 4. loro, 5. loro, 6. sua, 7. suo, 8. nostro, 9. tua, 10, suo, sua, sua, suoi. **Ex.8:** 1. Dov'è la Basilica di San Pietro? 2. Dove sono i Musei Vaticani? 3. Dov'è la Cappella Sistina? 4. Dove sono i Musei Capitolini? 5. Dov'è l'Ospedale Fatebenefratelli? 6. Dov'è il fiume Tevere? 7. Dov'è il Foro Romano? 8. Dov'è la posta? **Ex.9:** 2. Gli studenti e gli insegnanti sono a scuola, 3. i dottori e i pazienti sono all'ospedale, 4. i dollari e gli euro sono in banca, 5. i film e i popcorn sono al cinema, 6. il caffè e i biscotti sono al bar, 7. le vitamine e gli antibiotici sono in farmacia, 8. la frutta, la verdura, la carne e il pesce sono al supermercato, 9. gli aerei e i viaggiatori sono all'aeroporto, 10. le segretarie e i computer sono in ufficio. **Ex.10:** *Answers will vary.*

CHAPTER 9:

Ex 1: 1. barista, 2. bibita, 3. birra, 4. cameriere / cameriera, 5. mancia, 6. scapolo, 7. acqua.
Ex.2: 1a, 2g, 3h, 4f, 5d, 6e, 7c, 8b. **Reading:** Mr. Roberto Vico, a friend of Mr. Campi, lives in New York. But he speaks Italian well because his parents are both Italian and travel to Italy often. 2. Mr. Vico knows that his friend Campi takes Italian lessons. Therefore one day, when Roberto sees Mario in a café downtown, Roberto greets his friend in Italian. Here is their conversation: 3. "Hi Mario. How is it going? Do you want a cappuccino or an espresso?" 4. "I'm doing so so. I will have a cappuccino, thanks. I am very happy to see you Roberto, how are you?" 5. "I am great. Cappuccino is good here. And I see, my friend, that you are learning Italian." 6. "Certainly. I am learning to speak, to listen, to read and to write Italian." 7. "Do you find Italian difficult to learn?" 8. "No. Italian is not a difficult language to learn, and I am studying it assiduously." 9. "Are you taking a course at the university?" 10. "No, I am taking private lessons with Ms. Marina Ricci. She is a good teacher, she is pretty and nice, and I speak, understand, read and write Italian better and better every day. I like Italian a lot, and to tell the truth I like Ms. Ricci a lot too." 11. "My friend, you speak Italian marvelously. But you also seem a little different: usually you do not speak about women. What is happening to my golden bachelor?" 12. "Thanks for the compliments for my Italian: you are very kind." 13. "It is not a compliment, it is the truth. And about the rest we will talk another time; now I am in a hurry. By the way: my friends tell me that you plan to take a trip to Italy this summer. Is it true? And, if you'll allow me to be indiscreet, are you going alone?" 14. "Yes, I am planning on going alone, it is also a work trip and not just a vacation. But in life there are also some surprises, don't you believe? Anyway, I am leaving in the spring, on May 31, by plane of course. I want to arrive in Italy as soon as possible." 15. "Lucky you, who are going to Italy! Have a good trip, and good luck! I count on receiving your news if something changes in your life. Best wishes for your trip and for everything. See you soon my friend." 16. "Bye, Roberto." **Ex.3:** 1c, 2d, 3e, 4b, 5a. **Ex.4:** 1. buon, 2. genitori, 3. spesso, 4. bar, 5. facile, 6. donne, 7. fretta, 8. notizie, 9. viaggio, 10. ciao. **Ex.5:** 1. capiamo, capisco, capite, capisci, capiscono, 2. finisco, finisce, finiamo, finisci, finite, 3. apri, aprono, aprite, apriamo, apre, 4. preferiscono,

preferisci, preferisce, preferite, preferisco, 5. parte, partono, parti, partiamo, parto. **Ex.6:** 1. Gli uomini americani preferiscono le birre fredde, 2. Le donne americane amano le mode italiane. 3. Quelle ragazze prendono due succhi di frutta. 4. Queste conversazioni finiscono allegramente. 5. Le mie amiche partono domani per le università. 6. Quando aprono i tuoi uffici di solito? **Ex.7:** 1. Noi studenti abbiamo molto lavoro da fare. 2. Le ragazze carine sono molto allegre. 3. Dopo una lunga vacanza ho bisogno di dormire. 4. Quanti anni ha quella cameriera? 5. Il mio amico Giovanni è italo-americano. 6. Con quale barista prendi il caffè, Ugo o Oreste? 7. Roberto è un mio grande amico. 8. Il breve viaggio in aereo per l'Italia di Mario è in maggio. **Ex.8:** *Answers will vary.* **Ex.9:** *Answers will vary.*

CHAPTER 10:

Ex 1: 1. 1. nella teiera, 2. la forchetta, 3. sul piattino, 4. le canzoni, 5. facciamo merenda, 6. attraente.
Ex.2: 1. ora, adesso, 2. certamente, 3. rivendere, 4. controllare, 5. comandare, 7. rimanere, restare, venire, 8. vero, 9. frutta, 10. mesi.
Reading: 1. Marina Ricci and her sister Livia Ricci-Jones are sitting in the dining room. On the table there are a teapot, two cups with saucers, four teaspoons, two forks, two knives, a milk pitcher, a sugar bowl and a fruit pie on a plate. The two sisters have a snack: thay have tea with pie. On the table there are also cookies, crackers, and a nougat. 2. In the background the stereo is playing a song of Andrea Bocelli. Livia imports art objects from Italy and resells these objects to American distributors. She tells her sister, "Do you like these cups and these saucers?" 3. "How beautiful!" answers Marina. "This white cup decorated with blue and yellow flowers is from Deruta, isn't it?" 4. "Yes, indeed. The ceramic of Deruta is famous." 5. "And that beautiful pitcher for milk with the green designs, where does it come from?" 6. "That pitcher comes from Faenza. It is a small town famous for its ceramic." 7. "There are other regions of Italy known for their ceramic products, right?" 8. "Certainly. Especially the region of Umbria. And each region has its own style. The majolica from Perugia is very pretty, and the ceramic from Tuscany is also very pretty. Majolica is a type of ceramics." 9. "I see that you know your job well, Livia." 10. "Luckily! But now that's enough with cups, teapots and saucers. Don't you want to speak about more personal things? For example, do you want to speak about that student you see two times a week? 11. "You mean Mario? He is a very nice and very intelligent man. He is also cute. I like him. But I also like my life in Italy and I do not want to stay in America forever. Therefore I do not want to be tied to an American man." 12. "You do not want to do like your sister, you mean? I understand you and I don't understand you. Life in America is beautiful, but you are very tied to Italy, more than I, isn't it true?" 13. "Yes, I want to live in America a few months more, but I want to return to my beloved Italy, to Rome, where there are my friends, my job, my life. And our parents surely do not want two daughters in America!" 14. "And we do not want to leave them alone, you are perfectly right. But it is not possible to control our heart, either! "One cannot command the heart," "we always say in Italy!"
Ex.3: 1F, 2F, 3F, 4V, 5V, 6V, 7F, 8F, 9V, 10V.
Ex.4: 1. sedute, 2. sorella, 3. importa, 4. famose, celebri, 5. personali, 6. America, 7. vita, 8. genitori, 9. soli, 10. cuore. **Ex.5:** 1. vogliamo, voglio, volete, vuoi, vogliono, 2. voglio, vuole, vogliamo, vuoi, volete, 3. vuoi, vogliono, volete, vogliamo, vuole, 4. vogliono, vuoi, vuole, volete, voglio, 5. vuole, vogliono, vuoi, vogliamo, voglio. **Ex.6:** 1.questa, 2. quest', 3. questo, 4. queste, 5. questi, 6. questo, 7. questo, 8. questa, 9. questi. 10. questo.
Ex.7: 1. quella, 2. quel, 3. quella, 4. quelle, 5. quegli, 6. quel, 7. quel, 8. quel, 9. quegli, 10. quella. **Ex.8:** 1. prendi, prendo, grazie, 2. prende, prendo, 3. prendete, prendiamo, 4. prendiamo, prendiamo. **Ex.9:** *Answers will vary.*

CHAPTER 11:

Ex 1: 1. soldi, 2. facile, 3. utile, 4. ora, 5. studiare, 6. data, 7. telefono, 8. essenziale, **Ex.2:** 1. risparmiamo, 2. spendiamo, 3. prestiamo, 4. telefoniamo, 5. costa, 6. cambiamo. **Reading:** 1. "Mr. Campi, you already know that the names of things are important. You already know that we cannot make a sentence without verbs. 2. "It is true, Ms. Ricci, you are perfectly right, as always." 3. "Well, Mr. Campi, there is a category of words that is as important as nouns and verbs. Indeed it is difficult to imagine our modern civilization without these words. Can you guess what they are?" 4. "I can try: You mean numbers?" 5. "Now you are the one who's right. Can you explain in which occasions numbers are indispensable in modern life?" 6. "Certainly. Nothing easier. We need numbers for business, to see how much things cost, how much we spend, how much we save, when we lend..." 7. "Ah! You are a salesman and immediately think of business. Do you mean that without money, numbers cannot be useful?" 8. "Certainly not! We need numbers not only to use money, but also to indicate the date, the time of day, the temperature; to express quantity, to use the telephone, for the radio and the television, for all the sciences, and for a thousand other things." 9. "Numbers, always numbers. Yes, Mr. Campi, numbers are essential. But it is necessary not only to know numbers but also to use numbers quickly and correctly in our daily life." 10. "You are right. I want to do everything possible to understand and use numbers correctly." 1. "And I, in the meantime, want to repeat that you are making quick progress in your studies." 12. "You are too kind, Ms. Ricci." 13. "No, really, I mean it. Well, that's enough for today." 14. "Goodbye, Ms. Ricci. And speaking of numbers, may I have your home telephone number?" 15. "Better not. See you next Thursday, Mr. Campi. 16. "See you next Thursday, then..." **Ex.3:** 1a, 2c, 3c, 4b, 5c, 6a.
Ex.4: 1. importanti, 2. ragione, 3. bisogno, 4. correttamente, 5, possibile, 6. telefono, casa.

Ex.5: 1. possiamo, posso, potete, puoi, possono, 2. posso, può, possiamo, puoi, potete, 3. puoi, possono, potete, possiamo, può, 4. possono, puoi, può, potete, posso, 5. può, possono, puoi, possiamo, posso. **Ex.6:** Oral exercise. **Ex.7:** 1. tre più quattro fa sette, 2. sette per sette fa quarantanove, 3. nove per nove fa ottantuno, 4. quarantacinque più cinquantacinque fa cento, 5. novantanove diviso undici fa nove, 6. ventiquattro diviso due fa dodici, 7. cento meno cinquantacinque fa quarantacinque, 8. sette per dieci fa settanta, 9. sette per otto fa cinquantasei, 10. novantuno meno cinquantacinque fa trentasei.
Ex.8: 1. Quanti anni hai, Davide? Ho otto anni. 2. Quanti anni ha, signora Catanzaro? Ho settantasei anni. 3. Quanti anni hai, zia Rina? Ho cinquantaquattro anni. 4. Quanti anni ha, signora Bianchini? Ho quarantadue anni. 5. Quanti anni ha, dottor Cardinali? Ho trentanove anni. 6. Quanti anni avete, Massimo e Mario? Abbiamo dodici anni. 7. Quanti anni hai, Antonella? Ho ventitré anni. 8. Quanti anni ha, professoressa Giglioli? Ho ottantun anni. **Ex.9:** *Answers will vary.* **Ex.10:** *Answers will vary.*

CHAPTER 12: REVIEW, CHAPTERS 7-11:

2. crossword puzzle: *across:* 1. trovare, 2. risparmiare, 3. lasciare, 4. immaginare, 7. indovinare, 8. accettare, 10. aspettare, 14. capire, 15. arrivare, 17. rimanere, 18. augurare, 19. ricevere, 20. cambiare, 21. sembrare. *down:* 1. telefonare, 2. rivedere, 6. costare, 9. usare, 11. rivendere, 12. scrivere, 13. spendere, 16. salutare. **3. intelligence test:** b (the numbers alternately go down from 30 and up from 20). **Ex.1:** Answers will vary, but may include: 1. Dritto su Via Liviani, poi a sinistra su Via Pellegrino, poi a destra su Via D. Forno, e poi dritto fino a Piazza Consacchi. 2. Dritto su via Garibaldi, poi a sinistra su Via M. Fossati, poi a destra su Via Giraldini, poi a sinistra su Via Scaricati. 3. Dritto su Via Garibaldi, a destra su Via Pereira, a sinistra su Via Giraldini, Via Giraldini porta a Piazza Duomo. 4. Sempre dritto su Via Garibaldi fino a Piazza Marconi. **Ex.2:** Amelia è una piccola città in Umbria, in Italia. È una città con molta arte. Ci sono anche molti alberghi e ristoranti a Amelia. Un albergo si chiama "Le colonne." Un ristorante si chiama "Da Emma." Possiamo andare a Amelia da Roma in treno o in autobus. Possiamo anche andare in macchina, naturalmente, o in bicicletta se siamo molto forti. Io voglio andare a Amelia domenica, vuoi venire con me? Puoi venire nella mia macchina, se vuoi. **Ex.3.** 1. due, quattro, sei, otto, dieci, dodici, quattordici, sedici, diciotto, venti. 2. tre, sei, nove, dodici, quindici, diciotto, ventuno, ventiquattro, ventisette, trenta. 3. quattro, otto, dodici, sedici, venti, ventiquattro, ventotto, trentadue, trentasei, quaranta. 4. cinquantacinque, sessanta, sessantacinque, settanta, settantacinque, ottanta, ottantacinque, novanta, novantacinque, cento. 5. novantanove, novantotto, novantasette, novantasei, novantacinque, novantaquattro, novantatré, novantadue, novantuno, novanta, ottantanove, ottantotto, ottantasette, ottantasei. **Ex.4:** 1. città, 2. bambini, nipoti, 3. colori, 4. mesi, 5. stagioni, 6. macchine. **Ex.5:** 1. la nipote, 2. il nipote, 3. sorelle, 4. fratelli, 5. la cognata, 6. il cognato. **Ex.6:** 1. mia nonna, 2. tua zia, 3. suo zio, 4. mio nipote, 5. tua sorella, 6. suo fratello, 7. tua nipote, 8. sua cognata, 9. tuo cognato, 10. tua cognata. **Ex.7:** 1. i miei fratelli, 2. le tue sorelle, 3. i suoi zii, 4. le mie nipoti, 5. alle sue zie, 6. alle nostre cognate. **Ex.8:** 1. novecento, 2. millenovecentottanta, 3. quattromiladuecentottantadue, 4. due milioni e mezzo, due milioni cinquecentomila, 5. sedicimila, 6. milleduecentosessantacinque. **Ex.9:** 1. suo, 2. sua, 3. i suoi, 4. le loro, 5. sua, 6, il suo. **Ex.10:** Questa è una fotografia delle mie zie e di mio zio. Mio zio si chiama Giovanni. Le mie zie si chiamano Adriana (lei è la moglie di Giovanni) e Maria. Adriana e Maria sono sorelle. Loro mi chiamano la loro nipote e chiamano i miei fratelli i loro nipoti, ma loro non sono esattamente le nostre zie: sono le sorelle di mia nonna. Loro abitano a Padova, in Italia del nord. Mio zio Giovanni ha settantotto anni, mia zia Adriana ha settantasette anni, e mia zia Maria ha settantadue anni. Sono tutti molto amichevoli e allegri. Di solito prendono un cappuccino insieme ogni mattina al bar. Amano cucinare e amano mangiare e bere!

CHAPTER 13:

Ex 1: 1c, 2f, 3e, 4b, 5a, 6d. **Ex.2:** 1. ultimo, 2. prossimo, 3. semplice, 4. europeo, 5. distanza, 6. pratica, 7. matematica, 8, negozi, 9. incontriamo, 10, pagano, 11, vale, 12. costa. **Reading:** 1. "Mr. Campi, do you remember our last conversation? It is difficult to imagine our modern civilization without numbers, that is, without math. It is equally difficult to imagine a trip without math. Do you know how many times we encounter math problems on a trip?" 2. "I think so. We use math to change money, to buy tickets, to pay for meals and for the hotel bill, to weigh baggage, to calculate distances, to go shopping in department stores and in shops, to shop at the market and at the supermarket." 3. "Do you know the new Italian monetary system?" 4. "Of course! I know this system perfectly: I am a software salesman with colleagues in Italy, aren't I? The euro is the monetary unit of Italy and Europe. The American dollar is worth about one euro." 5. "If you change 10 dollars into euros, how many euros do you receive?" 6. "I receive about 10 euros, of course." 7. "If you change 100 dollars into euros, how many euros do you receive?" 8. "I receive about 100 euros. This system is simpler than the preceding system, the system of liras." 9. "It is really true, this system is simpler for Americans. But for Italians, to tell the truth, it is not simple to know the new system, and for many it is a real problem. But here is another example: You are at the train station, at the ticket counter. You want to buy two train tickets. Each ticket costs 4 euros and 35 cents, and you give a 20 euro bill to the clerk at the ticket window. How many euroes do you receive in change?"

10. "4.35 times 2 makes 8.70. Twenty minus 8.70 makes 11.30. I receive 11 euros and 30 cents change." 11. "Very well. The program for our next conversation is to speak some more about this topic which is so important. Practice is the best teacher." 12. "You are wrong: not practice, but Ms. Ricci is the best teacher!" 13. "Mr. Campi! Are we exaggerating again?!" **Ex.3:** 1c, 2f, 3g, 4a, 5d, 6h, 7e, 8b. **Ex.4:** 1.prima/ultima, 2. facile/difficile, 3. musica/matematica, 4. male/bene, 5. amici/colleghi, 6. musica/matematica. **Ex.5:** 1. Quei colleghi simpatici sono gli amici dei ragazzi italiani. 2. Quelle impiegate simpatiche sono le amiche delle ragazze italiane. 3. Questi programmi magnifici sono facili e poco cari. 4. Questi medici sono bravi e simpatici. 5. Quei supermercati sono magnifici. 6. Quegli uomini sono greci e quelle donne sono spagnole. 7. Quegli uomini politici hanno due (or dei) nemici veri. 8. I miei sistemi sono infallibili. **Ex.6:** 1. Hai un collega simpatico? 2. Hai un'amica simpatica? 3. Hai un medico bravo? 4. Conosci un poeta magnifico? 5. Avete uno specchio antico? 6. Conoscete un giornalista antipatico? 7. Vedete un lungo programma? 8. Conoscete un uomo greco? **Ex.7:** 1. conosce, 2. so, 3. so, sapere, 4. so, so, 5. conoscere, 6. conosce, 7. conosco, so, 8. sappiamo. **Ex.8:** Answers will vary. **Ex.9:** 1. Quando parte il prossimo treno per Genova? 2. Quando arriva a Genova? 3. Quanto costa il biglietto?

CHAPTER 14:

Ex 1: 1. comprare, guanti, cari, 2. regalare, valige, 3. dividiamo, spesa, convenienti, 4. convertire, aeroporto, totale, 5. negozio di abbigliamento, paio, guanti, commessa, 6. pelle, prezzo, porto, ognuno. **Ex.2:** 1c, 2f, 3d, 4a, 5e, 6b, 7g, 8h. **Reading:** 1. "Let's speak a little more about the use of math while traveling." 2. "We have breakfast at the restaurant 'Giorgio's.' We are four friends. The breakfasts cost: 12.55, 14.75, 13.45. We leave 15% tip. What is the total bill for all four? How much tip do we leave?" 3. "The total sum for everyone is 57 euros. We leave a tip of 6.5 euros." 4. "Very good. Now I am at the airport and I'm carrying a very heavy suitcase. I have the suitcase weighed: it weighs 30 kilos. How can I calculate the weight of the suitcase in pounds?" 5. "It is not difficult. One kilo equals about 2.2 lbs. I multiply 30 by 2.2. The suitcase weighs 66 lbs. 6. "Correct. In Italy we do not count distances in miles but in kilometers. How do you convert kilometers into miles?" 7. "I divide by 8 and then multiply by 5. Thus, 80 km make 50 mi. It is easy, is it not?" 8. "Magnificent! You calculate quickly and well. Still another problem, the last one. I go to a clothing store and do some shopping. I buy a pair of gloves for myself at 18 euros, a pair of gloves as a gift for my sister at 22 euros, and a leather belt to give as a gift to each of my nieces and nephew at 7.75 euroes each. What is the total of all my shopping?" 9. "The bill is 63.25 euros. These are very convenient prices, not very expensive. If I give the saleswoman 7 bills of 10 euros each, I receive 6.75 as change." 10. "Perfectly. For today that's enough with math. Thursday we will have a lesson on the time of day. It is a very important topic." 11. "Fantastic! Anyway, Ms. Ricci, speaking of hours, next Thursday I will not be able to arrive before 4:30." 12. "That's OK. It is the first time you will arrive late. Better late than never." 13. "Well said! Goodbye, Ms. Ricci." 14. "See you Thursday, Mr. Campi." **Ex.3:** 1V, 2F, 3V, 4F, 5V, 6F. **Ex.4:** 1. colazione, 2. mancia, 3. aeroporto, 4. chilometri, 5. negozio di abbigliamento, 6. prossimo, 7. tardi, mai. **Ex.5:** 1. facciamo, faccio, fate, fai, fanno, 2. faccio, fa, facciamo, fai, fate, 3. fai, fanno, fate, facciamo, fa, 4. fanno, fai, fa, fate, faccio, 5. fa, fanno, fai, facciamo, faccio. **Ex.6:** 1. prima, 2. settima, 3. primi, 4. quinta, 5. decima, 6. quarta, 7. ventitreesimo, 8. secondo, 9. primo, sesto, 10. terzo, 11, dodicesimo, 12. undicesimo, 13. decimo, 14. tredicesimo, 15. quindicesima. **Ex.7:** 1. faccio un viaggio, 2. fa progressi, 3. facciamo la spesa, 4. facciamo spese, 5. fate delle domande. **Ex.8:** 1. il gelataio / la gelataia, 2. il pasticciere / la pasticciera, 3. il fornaio / la fornaia, 4. il fruttivendolo / la fruttivendola, 5. il pescivendolo / la pescivendola, 6. il salumiere / la salumiera, 7. il lattaio / la lattaia, 8. il lattaio / la lattaia, 9. il fruttivendolo / la fruttivendola, 10. il negozio di alimentari. **Ex.9:** *Answers will vary.* **Ex.10:** *Answers will vary.*

CHAPTER 15:

Ex 1: 1.mattina / mattino, 2.pranzo, 3.cena, 4.andata, 5.sera, 6.viaggiatore, 7.mi dispiace, 8. insieme. **Ex.2:** 1. notte, bianca, 2. partire, 3. peccato, 4. mi dispiace, purtroppo, insieme, 5. sera, 6. cinema, 7. spettacolo, 8. società, funziona. **Reading:** 1. "The time! Its is one of the obsessions of our society! Everybody wants to know: What time is it? At what time does the plane arrive? At what time does the train leave? At what time do we go home? At what time does the show start?," says Ms. Ricci. 2. "Mr. Campi, now I play, for practice, the part of the clerk at the ticket counter of the Termini Station in Rome. You play the part of the traveler who goes to Florence and asks for information. Do you want to start, please?" 3. "Good morning, madam, a ticket for Florence, please." 4. "Diretto, Intercity or Eurostar? First class or second class?" 5. "Diretto, please. Second class. How much does the ticket cost?" 6. "10.75 euros one way only." 7. "No, I do not want to stay in Florence, I love Rome too much; please, I need a two-way ticket. I want to leave Monday morning." 8. "Here is the ticket. It's 20 euros." 9. "Thanks. At what time does the train leave Rome, and at what time does it arrive in Florence?" 10. "There are various trains a day for Florence. There is a good direct train at 8 which arrives in Florence at 11:37." 11. "Thank you very much." 12. "You're welcome, sir." 13. "Wonderful, Mr. Campi. You play your part marvelously." 14. "Then, Ms. Ricci, can I get two tickets for Florence? Do you want to leave with me for a romantic weekend? Should we go to Florence together?" 15. "Mr. Campi!!" 16. "OK, OK, Ms. Ricci, that's enough. Unfortunately you do not want to! I am sorry, but I will change the subject. Now I play the part of the movie theater employee. You ask for information on the show. Do you want to start, please?" 17. "OK. At what time does the show begin?" 18. "There are three shows, madam. The first beginsta at 4:20 PM; the second at 6:50, the third at 9:10 in the evening. 19. "What is the price of the tickets" 20. The ticket cost 5.50 euros." 21. "Please, I need two tickets for the third show." 23. "Here you are. So, one for me and one for you, Ms. Ricci?" 23. "Mr. Campi, you play the part of the Italian latin lover marvelously! But with me it does not work." 24. "Too bad!"
Ex.3: 1. l'ora è una delle ossessioni della nostra società. 2. Ecco il viaggiatore che va a Firenze. 3. ho bisogno di un biglietto per Firenze per piacere. 4. Ho bisogno di un biglietto di andata e ritorno. 5. posso prendere due biglietti per Firenze? 6. ci sono tre spettacoli, signora. 7. qual è il prezzo dei biglietti? 8. Lei fa la parte del latin lover a meraviglia. **Ex.4:** 1. vogliono, 2, fa, va, 3. fa, vende, 4. costa, 5. vuole, 6. funziona. **Ex.5:** 1. vai, vai, 2. va, 3. vanno, 4, vanno, 5. andiamo, 6, andate, 7. vado, 8. andate. **Ex.6.** 1. è mezzanotte, 2. sono le tre del pomeriggio, 3. sono le sei e mezzo di sera, 4. sono le due e mezzo del pomeriggio, 5. sono le quattro e tre quarti di pomeriggio, 6. È mezzogiorno, 7. è l'una e trentacinque di pomeriggio, 8. sono le nove e cinque di mattina, 9. sono le dieci e dieci di sera, 10. sono le due e un quarto di pomeriggio. **Ex.7:** 1. alle tre e venticinque, 2. alle quattro, 3. dalle tre e mezzo, 4. alle cinque e un quarto, 5. alle due e mezzo, 6. all'una e trentacinque. **Ex.8:** 1. all'una, 2. a mezzanotte, 3. alle sei e un quarto di mattina, 4. alle nove e venti di sera, 5. alle sette e dieci di mattina, 6. alle cinque e mezzo di sera. **Ex.9:** Answers will vary.

CHAPTER 16:

Ex 1: 1. gusti, 2. i popcorn, 3. nella sala, 4. al buio, 5. noiosi, 6. noleggiamo, 7. ottimi, 8. divertente. **Ex.2:** 1d, 2e, 3f, 4c, 5b, 6a. **Reading:** 1. "Ms. Ricci, thanks to you I now know how to ask information on shows at the movies. Tell me: Do you like American movies?" 2. "Sometimes I like seeing a good love movie or a comedy, but generally I do not like American movies. I do not watch them because I like few of them." 3. "So you prefer Italian movies?" 4. "I prefer them without a doubt. In Italy I go often to the movies. Here in America I seldom go because there are few Italian movies. And you, Mr. Campi? Do you also prefer Italian movies?" 5. "No way! I am in this a typical American man: I like science fiction and action movies. Is it true that these movies bore you very much?" 6. "If I have to tell the truth, yes. And what do you think of italian cinema?" 7. "I know it little, but in general, to tell the truth, I find Italian movies a bit slow, at times boring and often I do not understand them. But I like very much Roberto Benigni's movie Life is Beautiful." 8. "It's true, that's an excellent movie, amusing and serious at the same time. Is there a movie theater near your house?" 9. "Yes, there is a movie theater fairly close to my house. I can go there on foot in about ten minutes. But there is also a store under my house where I can rent DVD's and videotapes." 10. "What do you prefer, watching a movie at the theater or watch it at home?" 11. "I prefer to watch it at the theater, of course, and to watch it on a big screen. But I am lazy and so I seldom go to the theater. If I want to watch a movie, usually I rent it on videotape or DVD and stay at home to watch it. And you, what do you prefer?" 12. "I too prefer the theater with the big screen, the darkness, and the people. But I too, like you, am a little lazy and end up renting DVD's and videotapes with my sister and my brother-in-law and we stay home to watch them." 13. "Then what do you say about going to the theater with me one night? There is a theater downtown where there are often Italian movies. I heard they are showing the movie The Last Kiss, by Gabriele Muccino. Do you want to come see it with me?" 14. "You are very kind, Mr. Campi.. I will think about it and then we will talk about it again." **Ex.3:** 1F, 2F, 3V, 4V, 5V, 6V, 7F, 8f. **Ex.4:** 1. La signora Ricci non ama i film americani d'azione. 2. Il film di Roberto Benigni è serio e divertente allo stesso tempo. 3. Mario trova i film italiani lenti e spesso non li capisce. 4. Mario è pigro e allora va poco al cinema. 5. Mario e Marina preferiscono guardare i film su un grande schermo. 6. Mario vuole vedere il film L'ultimo bacio con Marina. **Ex.5:** 1c, 2a, 3b, 4c, 5a, 6b. **Ex.6:** 1. No, non la prendo. 2. No, non li prendo. 3. No, non lo prendo. 4. No, non li prendo. 5. No, non le prendo. 6. No, non la prendo. **Ex.7:** stiamo, sta, sta, stanno, sta, state. **Ex.8:** 1. non li guardi, li guardo, 2. li guardi, li guardo, 3. le guardi, le guardo, 4. lo guardi, lo guardo, 5. lo guardi, lo guardo, 6. li guardi, li guardo. **Ex.9:** *Answers will vary.*

CHAPTER 17:

Ex 1: 1. alleato, 2. fine, 3. impressione, 4. vittoria, 5. dittatura, 6. antica. **Ex.2:** 1. sito, cliccare, antica, 2. confessare, date, guerra, 3. triste, recenti, credere, storia, 4. morte, gente, importante.

Reading: 1. "Mr. Campi, you know numbers well. I see that you also know how to use them quickly and correctly. Let's see now if you know the numbers also in the form of dates." 2. "With pleasure, Mr. Ricci, I think I know them. And I like questions in Italian. Especially yours." 3. "That is why you learn quickly. Now here are some important dates in the history of Italy. You have to try and guess the event corresponding to each date." 4. "I will try. Let's start." 5. "753 bC." 6. "This is ancient history. A nice legend gives 753 bC as the date of the founding of Rome." 7. "Good. Then here are some more recent dates: September 20, 1870?" 8. "How kind you are! These are easy things! It is the date of the Unification of Italy. I am interested in this period." 9. "Exactly. You know the name of the great Italian military commander of that time?" 10. "Giuseppe Garibaldi, the commander of the Thousand, the famous 'Red shirts.' A fascinating man; his woman, Anita, is just as fascinating." 11. "Very well, November 11, 1918?" 12. "The victory of the Allied forces, including Italy, in the first world war." 13. "Fantastic! November 28, 1922?" 14. "This is a sad date for Italy. It marks the beginning of the dictatorship of Benito Mussolini and his 'Black Shirts.'" 15. "Exactly. Now let's finish our questions. One more date. April 28, 1945?" 16. "This date marks the fall and the death of Mussolini." 17. "Magnificent! I see that you know the history of Italy as well as its monetary system." 18. "Many thanks. I must confess that in order to make a good impression on you I visited a website on important dates in the history of Italy. Furthermore I have a good teacher who is teaching me to love Italy." 19. "Now you are the one who is complimenting me." 20. "No way! It's the truth. But now you have to tell me the truth: will you come to the movies with me one of these evenings?" **Ex.3:** 1a, 2c, 3b, 4b, 5b, 6a. **Ex.4:** 1. date, 2. unificazione, 3. affascinanti, 4. vittoria, alleati, 5. dittatura, 6. rosse, 7. nere, 8. caduta, morte. **Ex.5:** 1. il primo marzo duemilatré, 2. il quindici luglio millenovecentonovantaquattro, 3. il diciotto aprile millenovecentoventisei, 4. il ventitré febbraio milleottocentonovantasei, 5. il venticinque dicembre milletrecento, 6. il quattro ottobre duemiladue, 7. il ventotto agosto milleseicentodiciassette, 8. l'undici settembre duemilauno, 9. il primo gennaio duemila, 10. il tredici maggio millesettecentoventidue. **Ex.6:** 1. no, non ci ritorno affatto, 2. no, non ci credo affatto, 3. no, non ci penso affatto, 4. no, non ci vado affatto, 5. no, non ci credo affatto, 6. no, non ci penso affatto, 7. no, non ci credo affatto, 8. no, non ci vado affatto. **Ex.7:** ci, ci, li, le, ci, li, lo, lo, le, li. **Ex.8:** 1. Amenofi è nato nel millecinquecentocinquantasette ed è morto nel millecinquecentotrenta avanti Cristo. 2. Beatrice d'Este è nata nel millequattrocentosettantacinque ed è morta nel millequattrocentonovantasette. 3. Chiara d'Assisi è nata nel millecentonovantatré ed è morta nel milleduecentocinquantatré dopo Cristo. 4. Francesco d'Assisi è nato nel millecentottantuno ed è morto nel milleduecentoventisei. 5. Giuseppe Garibaldi è nato nel milleottocentosette ed è morto nel milleottocentottantadue. 6. Caterina da Siena è nata nel milletrecentoquarantasette ed è morta nel milletrecentottanta. 7. Galileo Galilei è nato nel millecinquecentosessantaquattro ed è morto nel milleseicentoquarantadue. 8. Leonardo da Vinci è nato nel millequattrocentocinquantadue ed è morto nel millecinquecentodiciannove. 9. Alessandro Manzoni è nato nel millesettecentottantacinque ed è morto nel milleottocentosettantatré. 10. Gaspara Stampa è nata nel millecinquecentoventitré ed è morta nel millecinquecentocinquantaquattro. **Ex.9:** *Answers will vary.*

CHAPTER 18: REVIEW, CHAPTERS 13-17:

2. crossword puzzle: *across:* 1. importante, 2. militare, 7. simpatico, 10. recente, 14. lento, 17. affascinante, 19. tipico, 20. ultimo, 21. giusto, 22. ottimo; *down:* 1. irresistibile, 2. romantico, 3. storico, 4. pesante, 5. migliore, 6. mondiale, 8. antico, 9. triste, 11. drammatico, 12. brutto, 13. buffo, 15. ogni, 16. bello, 18. comico. **Ex.1:** 1. La pesca sportiva apre dalle 8 alle 12 e dalle 14 alle 19; chiude per l'ora di pranzo. 2. Di mattina la pesca sportiva apre alle 8,00. 3. Di sera la pesca sportiva chiude alle 19,00. 4. *Answers will vary.* **Ex.2:** 1. Il lunedì questo ufficio apre alle 16.30 e chiude alle 19.30. 2. Non posso andare in questo ufficio alle due di pomeriggio perché non è aperto, è chiuso. 3. Il sabato mattina questo ufficio apre alle 10. Il sabato pomeriggio questo ufficio riapre alle 16.30. 4. No, non posso andare in questo ufficio la domenica a ora di pranzo. **Ex.3:** 1b, 2c, 3e, 4d, 5g, 6f, 7l, 8h, 9a, 10i.

Ex.4: lo, ci, ci, la, la, la/l', la, lo, lo/l', lo, lo, la/l', la/l', la, lo, la/l', lo, lo, ci. **Ex.5:** 1. il, alla, il, 2. il, 3. il, il, 4. il, alla, al,5. una, un, 6. al, la, la.
Ex.6: 1. andiamo, 2. andare, 3. sto, 4. stare, 5. conoscete, 6. conosce, 7. sa, 8. sappiamo.
Ex.7: 1. Sì, li vediamo spesso. 2. Sì, l'accendo tutte le sere. 3. Sì, li compro tutti i giorni. 4. Sì, li vendiamo qui. 5. Sì, lo cambiamo frequentemente. 6. Sì, lo guardo di solito. 7. Sì, li invito qualche volta, 8. Sì, la studiamo ogni sera. **Ex.8:** 1. vi, 2. mi, mi, 3. ci, 4. lo, 5. li, 6. la. **Ex.9:** 1. Sì, voglio comprarlo. 2. Sì, vogliamo comprarlo. 3. Sì, vogliamo comprarla, 4. Sì, voglio vederle. 5. Sì, voglio vederli. 6. Sì, vogliamo vederli.
Ex.10: 1. Conosci l'anno di nascita di Gabriele D'Annunzio? Sì, lo conosco, è il milleottocentosessantatré. 2. Conosci l'anno di nascita di Dante Alighieri? Sì, lo conosco, è il milleoduecentosessantacinque. 3. Conosci l'anno di nascita di Giovanni Boccaccio? Sì, lo conosco, è il milletrecentotredici. 4. Conosci l'anno di nascita di Vittoria Colonna? Sì, lo conosco, è il millequattrocentonovanta. 5. Conosci l'anno di nascita di Natalia Ginzburg? Sì, lo conosco, è il millenovecentosedici. 6. Conosci l'anno di nascita di Gianna Manzini? Sì, lo conosco, è il milleottocentonovantasei.

CHAPTER 19:

Ex 1: 1. impazienti, 2. le bugie, una bugia, 3. bassi, 4. largo, 5. nord, 6. nel sud, nel nord.
Ex.2: 1. comprensiva, 2. incantevole, 3. essere d'accordo, 4. onestamente, 5. certamente, di sicuro, 6. comunque, a ogni modo, 7. catena, 8. fiume, 9. dubbio, 10. infinita, 11. alta, 12. bassa. **Reading:** 1. "Mr. Campi, let's see if you know Italian geography as well as its history. Let me ask you some questions about the Italian peninsula, about our beautiful country." 2. "Certainly. Tell me, do I receive a very beautiful prize if my answers are right?" 3. "Well, Mr. Campi, this is not a television program." 4. "But I am telling you that the prize I want does not cost anything! On the contrary, I

will treat at the movies! Will you come with me?" 5. "Mr. Campi, let's not change the subject. And let's start with an easy question: on what river is the city of Rome found?" 6. "This is really too easy. On the Tiber." 7. "What are the biggest and longest rivers in Italy?" 8. "The Po and the Adige are the biggest and longest in Italy." 9. "What river is longer, the Po or the Adige?" 10. "The Po is longer than the Adige, isn't it?" 11. "Right. The Po is the longest and widest river in Italy. And now let's talk about mountains. Which mountain chain is located in the North?" 12. "In the North there are the Alps." 13. "What are the tallest peaks of the Italian Alps?" 14. "The Monte Bianco (4810 meters) and the Monte Rosa (4634 meters), which go beyond 15.000 feet of height." 15. "Exactly. What is the most important port of the Mediterranean?" 16. "The port of Genoa is one of the most important ports in the Mediterranean." 17. "What is the most beautiful city in Italy?" 18. "Well, Italians themselves do not agree on this. Romans say that Rome is undoubtedly the most beautiful city in Italy. Florentines say that Rome is less beautiful than Florence. Venetians say that Venice is the most enchanting and fascinating city of all." 19. "You are absolutely right. The inhabitants of each city say that theirs is the most beautiful one. But I, who am from Rome, tell you honestly that Rome is the most beautiful city in Italy. Anyway, Mr. Campi, the exam is over. Congratulations, you are a very good student." 20. "Many thanks. So, what do you say, can I expect my prize next week?"
Ex.3: 1. Mario vuole un bellissimo premio se le sue risposte sono giuste (or: Se le sue risposte sono giuste Mario vuole un bellissimo premio). 2. Il Po è più lungo dell'Adige. 3. Tutte le città d'Italia sono bellissime. 4. Genova è un porto importantissimo (or un importantissimo porto) del Mediterraneo. 5. Mario vuole andare al cinema con Marina la prossima settimana (or la settimana prossima). **Ex.4:** 1. nord, 2. più, 3. meno, 4. più, Mediterraneo, 5. città, 6. più, città.
Ex.5: 1. Ma tu dici che fa caldo. 2. Ma voi dite che

è tardi. 3. Ma io dico che non viene. 4. Ma lei dice la verità. 5. Ma noi diciamo di uscire. 6. Ma loro dicono cose belle. **Ex.6:** 1. più, delle, 2. meno, di, 3. meno, degli, 4. più, che, 5. meno, dell', 6. più, che. **Ex.7:** 1. bellissimo, bellissima, 2. felicissimo, felicissima, 3. interessantissimo, interessantissima, 4. simpaticissimo, simpaticissima, 5. antipaticissimo, antipaticissima, 6. ricchissimo, ricchissima, 7. poverissimo, poverissima, 8. bruttissimo, bruttissima, 9. lunghissimo, lunghissima, 10. larghissimo, larghissima, 11. altissimo, altissima, 12. pazientissimo, pazientissima. **Ex.8:** 1. Be', è più egoista che altruista! 2. Be', è più comoda che elegante! 3. Be', è più saporita che sana! 4. Be', è più elegante che comoda! **Ex.9:** *Answers will vary.*

CHAPTER 20:

Ex 1: 1. alzano, mattiniere, dormiglione, 2. pronto, in orario, prendiamo, 3. dedicare, passare, ore, 4. mangi, passare, oretta, 5. sentirsi, camminare, mangiare, passare, 6. pranziamo, facciamo colazione, dedichiamo. **Ex.2:** 1. cereali, brioche, 2. uova, colesterolo, 3. terrazza, spremuta d'arancia, 4. visita, clienti. **Reading:** 1. "Ms. Ricci, will you allow me to ask you how you spend your day?" 2. "Certainly. When I go to teach I get up at 6:30, I am a morning person. I wash up and get dressed in about half an hour. Around 7 I sit at the table in the dining room for breakfast." 3. "And does your sister's family also get up early?" 4. "Yes, they are morning people like me and they all get up early, this way we have breakfast together. If the weather is nice we sit on the balcony. Of course this gives me great pleasure. We have the opportunity to talk about our day and of other things, and to spend about an hour together." 5. "What do you eat for breakfast?" 6. "Usually I have a cappuccino and a pastry. This is a typical Italian breakfast. And you?" 7. "Well, I am a sleepy head, I am not a morning person. In order to hurry I take a shower at night. And I have a more American breakfast: I have some orange juice, a cup of coffee, some toast, and a bowl of cereal. At times I have two eggs with bacon instead of cereal, but it is not a good idea for the cholesterol!" 8. "You Americans worry a lot about cholesterol, but then you eat eggs and bacon for breakfast! This is a true contradiction! Mr. Campi, what do you do after breakfast?" 9. "At 8:30 sharp I am ready to go to the subway station where I take the train. It is rush hour and there are many people on the train: it is important to be punctual. I get off the subway two stations early so I walk a little." 10. "At what time do you arrive at your office?" 11. "I arrive at about 9:15, neither late nor too punctual: on time. In the office first I check my normal mail and my email, and I answer if necessary. Then I talk on the phone with my various clients. Generally I do all that a salesman has to do." 12. "And at what time do you have lunch?" 13. "Almost always at 12:30. I only need 10 minutes to eat." 14. "That is too little! In Italy eating habits are different. Italians dedicate more time to their meals, a good hour. But also in Italy this is changing and people are becoming americanized. We will talk about this another time. What do you do after lunch?" 15. "Often some clients come to visit me. Once in a while I go out to see some clients." 16. "At what time does your workday end?" 17. "At six o-clock sharp I leave the office. I arrive home at seven. I rest a little, I prepare myself something to eat and then I have dinner alone." 18. "You must feel tired after a day like this." 19. "Well, Ms. Ricci, I do feel tired, but especially very lonely." **Ex.3:** 1c, 2a, 3c, 4a, 5a, 6a. **Ex.4:** 1.chiedere or domandare, 2. si alza, si siede, 3. prendono, 4. si preoccupano, 5. controlla, 6. dedicano, 7. si sente. **Ex.5:** 1. mi annoio, 2. divertirci, 3. si arrabbia, 4. svegliarvi, 5. mi vesto, 6. si addormentano. **Ex.6:** 1b, 2c, 3a, 4c, 5c, 6b. **Ex.7:** 1. noi siamo calmi e non ci arrabbiamo facilmente; io sono calmo e non mi arrabbio facilmente; tu sei calmo e non ti arrabbi facilmente; quegli insegnanti sono calmi e non si arrabbiano facilmente. 2. Io sono stanchissimo e mi addormento presto; la fruttivendola è stanchissima e si

addormenta presto; noi fornai siamo stanchissimi
e ci addormentiamo presto; tu sei stanchissimo e ti
addormenti presto; voi gelatai siete stanchissimi e
vi addormentate presto. 3. Tu sei mattiniero e ti
alzi ogni mattina alle sei; i salumieri sono mattinieri e si alzano ogni mattina alle sei; voi siete
mattinieri e vi alzate ogni mattina alle sei; noi
siamo mattinieri e ci alziamo ogni mattina alle sei;
il pescivendolo è mattiniero e si alza ogni mattina
alle sei. 4. Le mie colleghe sono felici perché si
trasferiscono in Italia a maggio; tu sei felice perché
ti trasferisci in Italia a maggio; la mia amica Patrizia
è felice perché si trasferisce in Italia a maggio; voi
siete felici perché vi trasferite in Italia a maggio; io
sono felice perché mi trasferisco in Italia a maggio.
5. Il mio dentista è impaziente e si preoccupa troppo del futuro; quelle dottoresse sono impazienti e
si preoccupano troppo del futuro; tu sei impaziente
e ti preoccupi troppo del futuro; noi medici siamo
impazienti e ci preoccupiamo troppo del futuro; io
sono impaziente e mi preoccupo troppo del futuro.
Ex.8: *Answers will vary.* **Ex.9:** *Answers will vary.*

CHAPTER 21:

Ex 1: 1. burro, 2. pancetta, 3. uccelli, 4. pentola,
5. vicini di casa, 6. conversazioni, 7. macchinetta,
8. pesce, 9. formaggio, 10. frutta. **Ex.2:** 1. bere,
2. permettere, 3. vuole dire, 4. fortunati, 5. fornito,
6. esci, 7. in assoluto, 8. piuttosto.
Reading: 1. "Now, Mr. Campi, I know some things
about the way in which you spend your workdays.
But I am still curious. Tell me, Mr. Campi, how do
you spend your free time?" 2. "How do I spend
my free time? Well, it is very simple. You already
know that I come home rather late. I am not done
with dinner before 8 o'clock, Therefore there is not
much free time left to do great things." 3. "But you
allow yourself some distractions, the movies for
example, or some films on videotape, right?"
4. "Certainly. When I am alone I read and watch
TV or rent some movies. Or I go out with some
friends. We talk, we go to a restaurant, the movies,

or some place to drink something. I love English-
style pubs: how do you say 'pub' in Italian?"
5. "Actually 'pub' is said 'pub,' also in Italy they are
pretty popular. In your neighborhood can you go
shopping easily?" 6. "Oh, yes, of course. On the
street where I live there are some shops. There is
also a big supermarket. There, one can buy fruit,
vegetables, cheese, butter, coffee, meat, fish, cakes,
and even pants and pots!" 7. "But there they don't
sell cappuccino machines!" 8. "They do not sell
them yet. But we have a shopping center that is
pretty well stocked, where we can find all that is
needed to make Italian meals. It is very convenient." 9. "You are lucky, and anyway 'to every bird
his nest is beautiful.'" 10. " 'To every bird his nest is
beautiful...' What does this sentence mean?"
11. "It means that each person loves his or her
house, it means that you love your neighborhood
also because it is your neighborhood, your home,
your nest..." 12. "You are quite right. And the best
thing of all is that here in New York there is the
Italian school of my dreams... But tell me, are you
happy to live here in the United States, and do you
love the neighborhood in the suburbs where you
live with your sister?" 13. "Yes, I am happy in that
neighborhood, there are many Italians, and anyway
I am here in America only temporarily. I love the
neighborhood, the neighbors, the school where I
teach, the people who work with me..." 14. "And
your students? Do you also love them?" 15. "Let's
say that I love some of them more than others.
And now let's change the subject." 16. "But why,
just now that the conversation is becoming so
interesting..." **Ex.3:** 1F, 2V, 3V, 4F, 5F, 6V.
Ex.4: 1. Marina è ancora curiosa della vita di
Mario. 2. Mario non finisce di cenare prima delle
8. 3. Mario e i suoi amici vanno in qualche locale
a bere qualcosa. 4. Ci sono dei negozi vicino a
casa di Mario. 5. Mario è fortunato perché c'è una
buona scuola d'italiano. 6. Marina cambia argomento quando la conversazione diventa interessante. **Ex.5:** 1. alcune, 2. alcune, 3. qualche,
4. qualche, 5. alcune, 6. qualche, 7. alcuni, 8.

qualche, 9. qualche, 10. alcuni. **Ex.6:** 1. del, 2. dei, 3. dell', 4. dello, 5. della, 6. dei, 7. delle, 8. del, 9. degli, 10. delle. **Ex.7:** 1. Ne mangio spesso, 2. Ne compriamo qualche volta, 3. Ne vedo sempre, 4. Ne prendo due, 5, Ne scrivo una, 6. Ne ho tre. **Ex.8:** *Answers will vary.* **Ex.9:** *Answers will vary.*

CHAPTER 22:

Ex 1: 1. versare, 2. offrire, 3. ringraziare, 4. riscaldarsi, 5. sorridere, 6. perdere. **Ex.2:** 1e, 2d, 3c, 4g, 5f, 6h, 7a, 8b. **Reading:** 1. It is raining cats and dogs when Mr. Campi arrives at Ms. Ricci's school. Mr. Campi enters the school and greets the secretary. 2. The secretary tells him: "Good evening, Mr. Ricci. What terrible weather, I don't like the rain. Come in, come right in. You are soaking wet. You may put your hat and raincoat on the coat rack and your umbrella in the umbrella rack." 3. Mr. Campi puts his hat and raincoat on the coat rack, he puts his umbrella in the umbrella rack, and tells her: "Thank you very much. Now I am feeling better. It is raining cats and dogs but it is not too cold. I hope I will not catch a cold. Is Ms. Ricci in the office?" 4. "Yes sir, She's waiting for you inside. Here she is." 5. "Good evening, Mr. Campi. I am very happy to see you, but with such horrible weather it is not good to go out. I see that you are very dedicated to the study of Italian. You can come in the office and drink a cup of tea or herbal tea, to warm up a little." 6. "Thank you, thank you Ms. Ricci, I am actually a little cold. But I don't want to miss even one Italian lesson. At least until I receive my prize for the geography exam, do you remember?" 7. "I remember, I remember, but do not count on it too much. Anyway, a cup of tea is good for you and while we drink tea we will converse about the weather. It is a common topic and it will be very appropriate this afternoon." 8. The two go into the office conversing in an animated way. Marina sits on an armchair and Mario sits on the couch, while the secretary brings them a tray with two cups and two saucers, a teapot full of boiling water, a sugarbowl and some teaspoons. She puts them on the table together with a box with various types of teas and herbal teas. Then she leaves the office while the two thank her enthusiastically. 9. "Allow me to serve you, Mr. Campi," says Ms. Ricci, and she pours the boiling water in the cups. 10. "Do you lilke tea or herbal tea better, Mr. Campi?" 11. "To tell the truth, I like coffee better, but I like all hot drinks in general, on a day like this. And you, Ms. Ricci?" 12. "I do not like caffeinated beverages, but I do like decaffeinated tea a lot, and I like all herbal teas." **Ex.3:** 1c, 2f, 3d, 4g, 5b, 6h, 7a, 8e. **Ex.4:** 1V, 2F, 3V, 4F, 5V, 6V, 7F. **Ex.5:** 1. do, 2. date, 3. danno, 4. diamo, 5. dai, 6. dà. **Ex.6:** 1. le, 2. mi, le, 3. gli, 4. ti, 5. ci, vi, 6. vi, vi. **Ex.7:** 1. Piacciono gli spaghetti a voi? Sì, vi piacciono. 2. Piace la camomilla al barista? Sì, gli piace. 3. Piace il vino ai nonni? Sì, gli piace (or, Sì, piace loro). 4. Piacciono le tisane a te? Sì, ti piacciono, 5. Piace la mozzarella ai bambini? Sì, gli piace (or: Sì, piace loro). 6. Piacciono le bevande caffeinate alla vicina di casa? Sì, le piacciono. 7. Piace il tè a mia zia? Sì, le piace. 8. Piacciono le bibite ai giovani? Sì, gli piacciono (or, Sì, piacciono loro). **Ex.8:** Answers will vary, but may include: 1. a me il tè piace, mi piace molto; al mio miglior amico il tè piace, gli piace molto; alla mia migliore amica il tè piace, le piace molto. 2. A me il caffè non piace, non mi piace per niente; al mio migliore amico il caffè non piace, non piace per niente; alla mia migliore amica il caffè non piace, non piace per niente, and so on. **Ex.9:** *Answers will vary.*

CHAPTER 23:

Ex 1: 1. fresche, 2. nuvoloso, 3. mite, 4. eterna, 5. esagerato, 6. neutrale. **Ex.2:** 1. nevica, splende, nevica. 2. scherzare, allegri, sorrisi. 3. a poco a poco, a causa del, il sole. 4. nuvole, cielo, alberi. **Reading:** 1. The two are still sitting in the office. They converse while they drink tea. Outside it is still raining. Mr. Campi is no longer cold. As always, he feels happy in the presence of Ms. Ricci and he sees life in a positive light when he is with her. But he does not know what to say, he is tired of being rejected and also of joking, so he decides to speak of a neutral topic. 2. He tells Ms. Ricci: "What do you think of New York weather? As you know, here we have a climate which goes from an extreme to another. In the summer it is hot. Sometimes it is very hot. In the winter it is cold. Sometimes it is very cold. And once in a while it snows." 3. "But springtime is beautiful, isn't it, Mr. Campi?" 4. "Certainly. In the springtime the good weather begins and usually the sky is blue, but often it rains like this afternoon. Sometimes it is cold for entire weeks; then all of a sudden it is hot. Which season do you prefer, Ms. Ricci?" 5. "I prefer the fall. I like the fresh air; I like the bright sky. In the country, I like the red, yellow, orange, brown trees. And you, Mr. Campi, which season do you prefer?" 6. "I find the fall sad, it puts me in a bad mood. I prefer the spring, when little by little everything becomes green. But let's talk a little about the climate of Italy. In Italy is there a big difference among the seasons?" 7. "The four seasons are very different, but we do not have those sudden changes that you have here." 8. "This must be more pleasant." 9. "Yes, indeed. Furthermore all four seasons in Italy are generally pretty moderate." 10. "Is it not cold in Northern Italy?" 1. "The winter can be very cold in the North because of the influence of the Alps. So also in the territory influenced by the chain of the Appennines, it is colder than near the sea. But from the French Côte d'Azur up to the Gulf of La Spezia the winter is mild. The same goes for the Gulf of Naples, with the famous islands of Capri and Ischia. Then there is Taormina in Sicily, where it is no exaggeration to say that springtime is eternal;. 12. "Is the climate of the Italian Riviera as beautiful as that of the famous French Riviera?" 13. "Yes, indeed. That is why the people who live in Northern Italy, if they have the means, go to spend a few weeks in the Riviera.

But it is late already. Let' us leave the rest of the discussion on the Riviera until next week." 14. "OK. And then we will speak also of the climate of Rome, which of course interests me more." **Ex.3:** 1F, 2V, 3V, 4F, 5V, 6F, 7F, 8V. **Ex.4:** 1. piove, 2. clima, 3. primavera, 4. autunno, 5. moderate, 6. Alpi, 7. Appennini, 8. eterna. **Ex.5:** 1. Paolo sta mangiando davanti alla televisione, dove un comico sta scherzando. 2. Io sto preparando la cena e non sto guardando la televisione. 3. Fuori sta piovendo perché l'autunno sta arrivando e l'aria sta cambiando. 4. In montagna sta nevicando ma la stagione sta finendo. 5. Mentre tu mi stai guardando io sto mettendo la cena a tavola. 6. Lei sta cominciando a mangiare quando lui sta finendo di mangiare. 7. Noi stiamo parlando ma voi non ci state ascoltando. 8. L'insegnante sta spiegando e lo studente sta imparando. **Ex.6:** 1. sbagliando, 2. studiando, 3. leggendo, 4. facendo, 5. dicendo, 6. alzandoci, 7. rilassandoci, 8. bevendo. **Ex.7:** 1. Noi stiamo studiando le lezioni ma voi ci state distraendo con le vostre canzoni. 2. Gli uomini stanno leggendo i libri ma le ragazze stanno parlando troppo forte con le loro amiche. 3. Voi state andando via ma noi ci stiamo sedendo con le nostre sorelle. 4. Le cameriere stanno uscendo ma voi state entrando con i cani. 5. Voi vi state alzando ma noi ci stiamo coricando. 6. Noi stiamo dicendo sul serio ma loro stanno scherzando. **Ex.8:** 1. splende, 2. sereno, 3, nevicando, 4. piovendo. **Ex.9:** *Answers will vary.*

CHAPTER 24: REVIEW, CHAPTERS 19-23:

2. crossword puzzle: *across:* 1. dormigliona, 6. pantaloni, 7. peli, 9. tu, 10. ginocchio, 11. gamba, 13. da, 15. vestirsi, 16. nord, 18. caviglia, 20. fronte, 21. afa, 23. coscia, 25. orecchio/orecchia, 26. doccia, 29. pancetta, 30. non, 32. alzarsi, 34. lavarsi, 36. voce, 38. sud, 39. mano, 40. io. *down:* 2. mattiniera, 3. al, 4. testa, 5. piu, 6. per, 8. il, 9. tra, 12. burro,

13. dente, 14. gomito, 17. pancia, 19. genitali, 20. faccia, 22. capelli, 24. sedersi, 27. con, 28. polso, 31. nonno, 33. si, 35. viso, 37. ed.

Ex.1: 1d, 2a, 3g, 4h, 5f, 6e, 7c, 8b.

Ex.2: 1. Sicilia e Sardegna, 2. la Sicilia, 3. il Trentino-Alto Adige, 4. l'Umbria, 5. la Liguria, 6. tutte le regioni a est, 7. la Valle d'Aosta, 8. Potenza. **Ex.3:** 1. Il lago Trasimeno si trova in Umbria. 2. Il fiume Tevere si trova nel Lazio. 3. Il fiume Arno si trova in Toscana. 4. I Colli Euganei si trovano nel Veneto. 5. I Monti Sibillini si trovano nel Lazio. 6. La Riviera si trova in Liguria. 7. Il Golfo di Napoli si trova in Campania. 8. I Monti della Sila si trovano in Calabria.

Ex.4: 1. Andiamo a Ravenna? Dov'è? È a nord di Pesaro. 2. Andiamo a Salerno? Dov'è? È a sud di Napoli. 3. Andiamo a Latina? Dov'è? È a sud di Roma. 4. Andiamo a Ancona? Dov'è? È a est di Perugia. 5. Andiamo a Benevento? Dov'è? È a ovest di Foggia. 6. Andiamo a Potenza? Dov'è? È a nord di Matera. 7. Andiamo a Padova? Dov'è? È a ovest di Venezia. 8. Andiamo a Cremona? Dov'è? È a est di Mantova. **Ex.5:** 1. Ti piace la campagna o ti piacciono le città? Mi piacciono sia la campagna che le città. 2. Ti piace pescare nel fiume o ti piace pescare nel lago? Mi piace sia pescare nel fiume che pescare nel lago. 3. Ti piace il mare o ti piacciono le montagne? Mi piacciono sia il mare che le montagne. 4. Ti piace l'Italia o ti piacciono gli Stati Uniti? Mi piacciono sia l'Italia che gli Stati Uniti. 5. Ti piace viaggiare in macchina o ti piace viaggiare in treno? Mi piace sia viaggiare in macchina che viaggiare in treno. 6. Ti piace il cinema o ti piace la televisione. Mi piace sia il cinema che la televisione. 7. Ti piacciono i film d'amore o ti piacciono i film d'azione? Mi piacciono sia i film d'amore che i film d'azione. 8. Ti piace la storia o ti piace la geografia? Mi piace sia la storia che la geografia.

Ex.6: 1a, 2b, 3a, 4c, 5b, 6a. **Ex.7:** 1. ne ho, ne ho, non ne ho, 2. ne bevo, ne bevo, non ne bevo, 3. ne compro, ne compro, non ne compro, 4. ne faccio, ne faccio, non ne faccio, 5. ne seguo, ne seguo, non ne seguo, 6. ne ascolto, ne ascolto, non ne ascolto. **Ex.8:** 1.le, 2. gli, 3. vi, 4. lo, 5. le, 6. ti.

Ex.9: 1. Ne vedo due. 2. Ne vedo tre. 3. Non ne vedo nessuno. 4. Ne vedo sei. 5. Ne vedo una. 6. Ne vedo uno. 7. Ne vedo una. 8. Ne vedo alcuni.

Ex.10: esercizio di lettura.

CHAPTER 25:

Ex 1: 1. consiglio, 2, luogo, 3. smog, 4. al mare, 5. le foglie, 6. vista, 7. il profumo. **Ex.2:** 1b, 2d, 3e, 4h, 5f, 6g, 7a, 8c. **Reading:** 1. "Tell me: this afternoon you want to talk more about the climate of Italy, right, Mr. Campi?" 2. "Actually I want to talk about my prize for the geography exam, and of the film The Last Kiss, but you do not want to talk about this. So let's talk of the climate of the Italian Riviera and that of Rome, which interests me more. I hear that in the Riviera the winter does not exist. Is it true?" 3. "The winter is very mild there. Almost every day the sun shines and the weather is beautiful." 4. "Explain to me, is it very hot in the summer?" 5. "In the summer it is hot, but there is always a nice sea breeze. And it is cool at night. In fact the climate resembles a little that of Southern California." 6. "How nice! But it is never cold in the Riviera?" 7. "It is never very cold, except in the neighboring mountains." 8. "Tell me, how far is the Riviera from the mountains?" 9. "From San Remo to the French border, there is a distance of about sixty or seventy kilometers. From the beach the high mountains of the Maritime Alps, covered with snow, are visible." 10. "This must be a marvelous view!" 11. "Yes, it is truly fascinating. If you have time you must go there. You must also go to the Terre. Those places are truly enchanting." 12. "Thanks for the adviece. I hope to ge there if I have time. And now speak to me a little about the climate of Rome, where I must spend 3 or 4 weeks during the months of June and July." 13. "Spring and fall are the most pleasant seasons in Rome. Rain is not abundant, the climate is dry with many sunny days. In the spring the weather is almost always nice. The sky is blue with dense white clouds; the air is sweet, the lawns are green, the trees with their leaves and flowers have a delightful scent that one can smell in the air. The whole city smiles." 14. "But you are making a poem, Ms. Ricci!" 15. "You know, I am Roman and therefore I am enthusiastic about my native town, in any season of the year. But you must be careful: in the summer it is very hot and there is also a lot of smog." 16. "Too bad! Just when I am going!" **Ex.3:** 1c, 2a, 3a, 4a, 5c, 6b. **Ex.4:** 1. Il signor Campi vuole parlare del film L'ultimo bacio. 2. La signora Ricci non vuole parlare del premio di geografia. 3. Il clima della Riviera assomiglia a quello della California del sud. 4. Dalla spiaggia delle Riviera sono visibili le Alpi Marittime coperte di neve. 5. In Riviera il clima è sempre bello. 6. Le stagioni migliori a Roma sono l'autunno e la primavera. **Ex.5:** 1. deve, vuole, vuole, 2. vuole, devi, 3. dobbiamo, vogliamo, 4. vogliono, devono, 5. devi, dovete, volete. **Ex.6:** 1. Signora Ricci, dica la verità. 2. Signora Ricci, non vada via. 3. Signora Ricci, faccia colazione con me. 4. Signora Ricci, venga a cena da me. 5. Signora Ricci, parli italiano con me. 6. Signora Ricci, capisca la mia situazione. 7. Signora Ricci, finisca di leggere la mia poesia. 8. Signora Ricci, dia il premio al suo studente. 9. Signora Ricci, veda il film con me. 10. Signora Ricci, faccia un viaggio con me. **Ex.7:** 1. non la beva, 2. non le dica, 3. non lo faccia, 4. non la lasci, 5. non la studi, 6. non lo dia, 7. non la faccia, 8. non li venda. **Ex.8:** 1. Signor macellaio, mi dia della carne, per piacere. 2. Signor gelataio, mi dia dei gelati, per piacere. 3. Signor fornaio, mi dia del pane, per piacere. 4. Signor fruttivendolo, mi dia delle mele e delle pere, per piacere. 5. Signor pescivendolo, mi dia dei gamberi, per piacere. 6. Signor pasticciere, mi dia dei pasticcini, per piacere. 7. Signor salumiere, mi dia del prosciutto, per piacere. 8. Signor lattaio, mi dia dello yogurt, per piacere. **Ex.9:** *Answers will vary.*

CHAPTER 26:

Ex 1: 1. astemia, 2. facilmente, 3. matura, 4. monotona, 5. assaggiamo, 6. abbiamo l'acquolina in bocca. **Ex.2:** 1b, 2h, 3c, 4f, 5g, 6d, 7e, 8a. **Reading:** 1. "You undoubtedly know, Mr. Campi, that the good Italian cooking is one of the greatest pleasures for tourists." 2. "I know it well." 3. "Do you know something about Italian cooking?" 4. "Of course! When I have an important client, I always invite him/her for lunch to one of the good Italian restaurants in New York. This happens often and it is always a great pleasure. I like tasting new things." 5. "In fact in Italy cooking is never monotonous and always offers some new surprise to the traveler; many know cooked ham, but few in America know cured ham, for example." 6. "Great! When I am in Italy I will prepare for myself a list of the dishes that I like the most, and then I will buy myself a good book on Italian cooking." 7. "What a good idea!" 8. "Tell me, Ms. Ricci, do you know how to cook?" 9. "Cooking is my passion, Mr. Campi. And in my opinion there are three secrets to good Italian cooking." 10. "What are the three secrets?" 11. "The three secrets are: First of all, all that one buys must be of excellent quality: the olive oil, eggs, meat, fish, cheese, and so on; fruit and vegetables must be ripe and in season,. Then one must cook so as to preserve the natural flavor of foods. And the most important thing is that one must love the art of cooking." 12. "Does pasta really have a great importance in Italy, as we believe here in America?" 13. "Of course! There are infinite varieties of it, but three of the best-known and loved are spaghetti, rigatoni and penne. But also risotto, chicken, veal and fish are very important." 14. "Is it true that Italian cooking varies according to the Italian regions?" 15. "Yes, certainly. Each region has its specialty. There are enough to fill many shelves of cookbooks." 16. "You know that I like vegetables a lot, so tell me: Is there the habit of serving various vegetables with meat and fish?" 17. "Yes, generally a great variety of cooked and raw vegetables is

served. Mixed salad, for example, is much loved by Italians. At the end of the meal we serve fruit, which in Italy is abundant and varied." 18. "You are not yet talking about wine." 19. "Shucks! It is true... but it's because I don't drink, I am abstemious. But it's something everyone knows. Many Italians drink wine during meals, even if in moderate quantity." 20. "You are making my mouth water. Ms. Ricci, since my prize for the geography exam is not arriving, do you want to have lunch with me in an Italian restaurant before my departure?" 21. "OK, Mr. Campi, I see that you do not give up easily. I accept the invitation."
Ex.3: 1F, 2V, 3V, 4F, 5V, 6F, 7V, 8V.
Ex.4: 1. piacere, 2. clienti, 3. monotona, 4. passione, 5. sapore, 6. specialità, 7. frutta, 8. astemia, 9. acquolina, 10, arrende.
Ex.5: 1. bevono, 2. bere, 3. beve, 4. bevi, 5. beviamo, 6. bevo, bevo, 7. bevete, beviamo, 8. bevo. **Ex.6:** 1. il pane si fa con la farina, 2. il sugo si fa con i pomodori, 3. il tiramisù si fa con il mascarpone, 4. il pesto si fa con il basilico, 5. lo spezzatino si fa con la carne, 6. il risotto si fa con lo zafferano, 7. il gelato si fa con il latte, 8. il cappuccino si fa con il caffè. **Ex.7:** 1. si incontra-no, ci vediamo, 2. si guardano, si dicono, si scrivono, 3. si baciano, si abbracciano, si sposano, 4. ci guardiamo, ci diciamo, ci scriviamo, 5. vi baciate, vi abbracciate, vi sposate.
Ex.8: Si lavano bene sei pomodori grandi. Si taglia la cima di ogni pomodoro e si svuotano i pomodori. Si taglia la polpa a pezzi molto piccoli. Si taglia qualche foglia di basilico a pezzi piccolissi-mi. Si tagliano due spicchi d'aglio a pezzi molto piccoli. Si aggiungono dodici cucchiai di riso, il basilico, l'aglio, e sale e pepe. Si mettono i pomodori in una pentola. Si versa il riso nei pomodori. Si ricoprono i pomodori. Si condi-scono i pomodori con sale e olio d'oliva. Si cuci-nano i pomodori in forno caldo per circa un'ora e mezzo. **Ex.9:** 1e, in farmacia si comprano le vita-mine e gli antibiotici. 2d, in pasticceria si compra-no i pasticcini e le torte. 3g, dal fornaio si compra il

pane. 4f, dal pescivendolo si comprano i gamberi e il pesce. 5h, dal macellaio si compra la carne. 6c, dal lattaio si compra il latte e lo yogurt. 7b, dal tabaccaio si comprano le sigarette e i francobolli. 8a, dal fioraio si comprano i fiori e le piante. 9i, dal salumiere si compra il prosciutto. 10l, al bar si compra il cappuccino. **Ex.10:** *Answers will vary.*

CHAPTER 27:

Ex 1: 1. attivi, 2. circonda, 3. descrivono, 4. innamorarsi, 5. si interessano, 6. eccezionali.
Ex.2: 1e, 2g, 3b, 4f, 5h, 6d, 7c, 8a.
Reading: 1. "Ms. Ricci, the more books I read on Italy, the more impatient I feel to go there—even if I am sorry to abandon Italian lessons with you..."
2. "From what it seems, Mr. Campi, you feel the famous charm of Italy, felt before you by poets, writers, and artists." 3. "Tell me, Ms. Ricci, how do you explain this attraction that people from all parts of the world feel for Italy." 4. "Well, this is a very long story. First of all, let me mention the nat-ural beauties of my country, the great mountains, the beautiful lakes, the seas which surround it, the numerous isalnds and its still active volcanoes. They are beauties which make one fall in love..." 5. "Wow! This is a good beginning!" 6. "Then there is the climate that is so mild, as we know, that beautiful blue sky and the caress of the Italian sun." 7. "There are many other countries that have natural beauties and a pleasant climate though, don't you think?" 8. "Of course, but Italy has much more to offer. There one finds the seat of the ancient civilization of Rome. Everywhere one sees the monuments of the ancient Roman greatness. All the tourist guides describe them, but in order to understand them better and love them one must see them in person." 9. "Your enthusiasm makes me love them even before seeing them." 10. "Well, it is easy to fall in love with these ancients monuments and with the arts treasures of the Renaissance and of the modern time." 11. "I don't know much about the Renaissance, Ms. Ricci,

but I must learn more: this is the period of Leonardo da Vinci, Michelangelo and Raphael, isn't it?" 12. "Wow! It is unusual for an American businessman, Mr. Campi, to be interested in so many things, art, painting, sculpture, history, literature, music..." 13. "It is to make a good impression on you, Ms. Ricci, and thanks to the many sites on Italy which I find on the we, I come prepared. Anyway, you are an exceptional teacher. I still have much to learn, and from whom can I learn if not from you?" 14. "Thanks Mr. Campi, and do you know what is the theme of our next appointment?" 15. "Italians! But do you feel like having our next lesson in my favorite Italian restaurant? It is really near your school! This way we can talk more comfortably about Italians—who are surely the greatest attraction of all." 16. "Very well, Mr. Campi, I give in—I come on Thursday at one at "Lupo's"? 17. "Very well, we will see each other Thursday at one at "Lupo's"! **Ex.3:** 1V, 2F, 3F, 4F, 5V, 6F, 7V, 8F. **Ex.4:** 1. La gente di tutto il mondo sente il fascino dell'Italia. 2. In Italia ci sono monumenti antichi e moderni. 3. Il signor Campi s'interessa di tante cose. 4. La gente s'innamora delle bellezze naturali dell'Italia. 5. Il signor Campi vuole fare una bella figura. 6. La prossima lezione è all'una al ristorante Da Lupo. **Ex.5:** vengono, vengono, venite, viene, viene, veniamo, veniamo, vieni, venire, vengono. **Ex.6:** bel, bella, belli, bella, bella, belle, bel, bei, bei, belle. **Ex.7a:** 1. Vedo il tesoro che si trova al Vaticano. 2. Guardo il film che è alla televisione. 3. Mi piace la guida turistica che ha Mario. 4. Voglio ascoltare la musica che è di Giuseppe Verdi. **Ex.7b:** 1. Quello è il computer con cui lavoro. 2. Questa è la ragazza con cui esco. 3. Ecco il poeta con cui studio. 4. Maria è la scrittrice con cui vado a scuola. **Ex.7c:** 1. Vedo le bellezze naturali di cui tutti parlano. 2. L'Italia è un paese di cui tutti s'innamorano. 3. Non conosco lo scrittore di cui tu mi parli. 4. Ecco i monumenti di cui mi prendo cura. **Ex.8:** che, cui, cui, cui, che, cui, cui, che, cui, che. **Ex.9:** *Answers will vary.* **Ex.10:** *Answers will vary.*

CHAPTER 28:

Ex 1: 1. moro / mora, 2. biondo / bionda. 3. passionale, 4. teso, 5. ordinare, 6. ripetere. **Ex.2:** 1. ordino, tiramisù, cerco, 2. stereotipi, popolo, malgrado, 3. secondo me, prevalentemente, in comune, temperamento, 4. eccezioni, in media, disponibili, 5. caratteristica, considerevole, gioia, amore. **Reading:** 1. "Ms. Ricci, now that we are finally in this nice restaurant, a more relaxing environment, I will ask you some questions on the Italian people. Are you ready?" 2. "Certainly, Mr. Campi. Go ahead and start." 3. "First of all, tell me: Are Italians more or less the same, or are they different in the various parts of the country?" 4. "Well, let me tell you right away that in my opinion an Italian man is always an Italian man, and an Italian woman is always an Italian woman. In spite of the many exceptions, there are some characteristics that the inhabitants of my country have in common. But if it is true that climate, geography, history have a certain effect on the phyisique and the temperament of a people, then it must also be true that there are some physical and temperamental differences among the inhabitants of the various regions of the country." 5. "It is said that there are considerable differences between the inhabitants of the North and those of the South." 6. "Well, this is perhaps a cliché: that in the North Italians are blond and calm and in the south dark-haired and passionate. It is true that on average in the North people have lighter hair and eyes and are taller than the people in the South. But it is also true that in Sicily, for example, because of the permanence of Normans during the Middle Ages, there are many people with blond or red hair. It is also said that people in the South have a more passionate temperament than people in the north, but this in my opinion is a stereotype." 7. "Tell me: Is daily life slower in the South because of the climate?" 8. "Maybe there are more differences between big cities and small towns than between North and South. Anyway, in general it is said that in the South people are more relaxed, less tense than the people in the North. In the North it is said that there is more stress." 9. "Ms. Ricci, it is also said that the major industries are primarily in the North." 10. "Yes, you are right. There is where many Italian factories are found." 11. "OK, Ms. Ricci, now that's enough about the differences of the Italian people. Now tell me why an Italian man is always an Italian man and an Italian woman is always an Italian woman." 12. "I will try to be brief and pardon me if I fall into clichés. The things that one can most observe in Italian men and women is that enthusiasm they have for life. They love life and want to live it fully. They express without restriction their emotions of joy, of pain, of hatred, and of love. They love to discuss, especially political questions; and they love to express their feelings with vigor and with passion. In this, they seem different to me from Americans." 13. "Ms. Ricci, I repeat to you that in my opinion Italians are undoubtedly the greatest attraction of Italy. And I must say that Italian women are an even greater attraction..." 14. "Shall we order a dessert?" 15. "Happily! They say that here they make a true tiramisù Italian style. Can it be true?" **Ex.3:** 1b, 2a, 3b, 4a, 5a, 6b. **Ex.4:** 1. ambiente, 2. differenze, 3. comuni, 4. permanenza, 5. quotidiana, 6. fabbriche, industrie, 7. amore. **Ex.5:** 1. io berrò una birra fresca, 2. noi andremo al mare a Capri, 3. tu andrai a scuola di pianoforte, 4. Mario desidererà imparare l'italiano, 5. faremo colazione presto, 6. ci sarà il cinema all'aperto. **Ex.6:** 1. faremo, farò, farete, farai, faranno, 2. sarò, sarà, saremo, sarai, sarete. 3. vedrai, vedranno, vedrete, vedremo, vedrà, 4. avranno, avrai, avrà, avrete, avrò, 5. cercherà, cercheranno, cercherai, cercheremo, cercherò. **Ex.7:** 1. Io visiterò le maggiori fabbriche italiane. 2. Ballerò e canterò tutti i giorni. 3. Non studierò e non lavorerò, giocherò con l'amico più simpatico. 4. Voi per le vacanze studierete e non vi divertirete, farete i compiti e leggerete i libri. 5. Loro invece andranno in Italia e lavoreranno per le amiche delle loro zie. 6. Noi saremo felici qui in America, mangeremo, berremo e faremo la cose che desidereremo fare. **Ex.8:** *Answers will vary.* **Ex.9:** *Answers will vary.*

CHAPTER 29:

Ex 1: 1d, 2e, 3h, 4b, 5a, 6g, 7f, 8c.
Ex.2: 1. assicuro, 2. dimentica, 3. andremo in vacanza, 4. prolungare, 5.mandate, 6. organizzano.
Reading: 1. "Next week you will leave for Italy, Mr. Campi! How long will you stay in that country?" 2. "I only have two months available. But I assure you that I will try to use them in the best way possible." 3. "Do you already know which cities of Italy you will visit?" 4. "I think about nothing else, and I read a lot in my collection of tourist guides and books on Italy. As you already know, my business takes me to Rome, where my vendor lives, Mr. Marcelli." 5. "And how much time will you stay in Rome?" 6. "Three or four weeks. I will try to prolong my stay in the eternal city as long as possible." 7. "And which interesting places do you hope to visit there?" 8. "I will visit the Roman Forum and what remains of the ancient Roman buildings, such as the Arch of Constantine and the Coloseum. I will visit the basilicas, the Pantheon, and the Baths of Caracalla, where I hope to hear one or more operas. I know that this theater is open during the summer months." 9. "You want to see all that remains of ancient Rome, right?" 10. "Of course! But I also want to know the Rome of the popes and modern Rome. 11. "Then you will visit Saint Peter's and the Vatican Museums, with the beautiful Sistine Chapel." 12. "Of course! I will also spend a lot of time in the other museums of Rome." 13. "It is an extraordinary plan! But to see all that there is of interest in the eternal city you will need at least ten years!" 14. "I will try to do the impossible." 15. "Remember to also go and see the environs of Rome, that are so enchanting..." 16. "But of course! I will make day trips to Ostia to observe the excavations of ancient Ostia, to the Roman Castles like Castel Gandolfo and the Lake of Nemi,

and..." 17. "Gosh! Let's leave the environs or we will never get out of there. What other Italian cities will you visit?" 18. "Well, using Rome as a point of departure I will visit without a doubt Florence, Milan, Genoa, Venice, Naples, and also some of the smaller towns, like Siena, Perugia and Assisi." 19. "When you are in Milan you should take a car trip around the very beautiful northern lakes, the Lake of Como, the Lake of Garda, and the Lake Maggiore." 20. "Yes, certainly, and from Genoa I will take if possible a trip to the Riviera. Do you remember our conversation about the Riviera?" 21. "But of course, I remember it well." 22. "And when I am in Venice I will take the steamboat to visit the small island of Murano and to see the famous Italian craftsmen who make the beautiful glass objects that we Americans love so much. At the end I will return to Rome where I will take the plane to come home. What do you think?" 23. "What do I think? I wish you a good trip, Mr. Campi..." **Ex.3:** 1b, 2c, 3b, 4c, 5b,, 6b.

Ex.4: 1. vaporetto, 2. vetro, 3. Riviera, 4. eterna, 5. dintorni, 6. impossibile, 7. laghi, 8. soggiorno.

Ex.5: 1. Usciremo a mezzogiorno. 2. Andremo al ristorante. 3. Mangeremo una pizza. 4. Saremo con i nostri migliori amici. 5. Preferiremo mangiare "Da Lupo." 6. Pagheremo con gli euro.

Ex.6: 1. visiterete, 2. camminerete, 3. cercherete, troverete, 4. vedrete, 5. dovrete, 6. berrete, 7. dimenticherete, 8. spiegherete. **Ex.7:** farà, verrà, verranno, arriverà, farà, vorrà, andrà, potrà, vorranno, visiteranno, andranno, viaggeranno, viaggerà, faranno, dovrà, avrà, starò, parlerò, lavorerò, berrò, ballerò. **Ex.8:** Answers will vary but may resemble the following: 1. In America la festa del lavoro è in settembre. 2. La festa più importante in America d'estate è il 4 di luglio. 3. Sì, il Carnevale è celebrato a New Orleans. 4. Il 4 di luglio è il Ringraziamento. 5. Il 4 di luglio. **Ex.9:** *Answers will vary.*

CHAPTER 30: REVIEW, CHAPTERS 25-29:

2. crossword puzzle: *across:* 1. assaggiare, 3. piacere, 4. interessare, 12. dispiacere. *down:* 1. assomigliare, 2. celebrare, 4. arrostire, 5. festeggiare, 6. dimenticare, 7. abbandonare, 8. arrendersi, 10. osservare, 11. accettare.

Ex.1: 1e, 2h, 3g, 4b, 5c, 6f, 7a, 8d. **Ex.2:** devono, deve, devono, vengono, viene, devono, bere, bevono, bevono, devi,vieni, devi, vengono, bere.

Ex.3: 1. Accetti i compiti in ritardo! 2. Vada in vacanza più spesso! 3. Balli il tango con un bell'uomo argentino! 4. Canti una canzone d'amore alla persona che ama! 5. Conservi i compiti degli studenti con amore! 6. Sia più disponibile dopo la lezione! 7. Sia più entusiasta dell'argomento! 8. Faccia una gita al mare in Sicilia! **Ex.4:** 1. A tavola non si parla con la bocca piena! 2. A tavola non si mettono le dita nel naso! 3. A tavola non si mettono i piedi sul tavolo! 4. A tavola non si fa lo yoga! 5. A tavola non si assaggia solamente! 6. A tavola non si divora tutto subito! 7. A tavola non si tocca il cibo con le mani! 8. A tavola non si beve tutto subito! 9. A tavola non si offrono le sigarette al vicino! 10. A tavola non si parla al telefono! **Ex.5:** verrò, succederà, si innamoreranno, si innamorerà, sarà, inviterà, amerà, potrà, resterà, vorrà, tradirà, verrà, morirà, piacerà, vedrete.

Ex.6: 1. Noi ci annoiamo in queste lezioni. 2. Voi vi lavate le mani. 3. Noi ci mettiamo delle belle giacche. 4. Vi divertite in quei paesi? 5. Ci mangiamo delle buone pizze! 6. Vi bevete delle belle birre! **Ex.7:** 1. In quel ristorante si può assaggiare la specialità della casa. 2. Con quel forno si cucina un pollo in mezz'ora. 3. In quel locale si balla fino a mezzanotte. 4. Il 4 luglio si festeggia l'Indipendenza degli Stati Uniti. 5. Il 6 gennaio si celebra l'Epifania. 6. In Italia si cucina con gli ingredienti freschi. **Ex.8:** 1. Se andremo al mare a Ferragosto troveremo molta gente. 2. Se cucineremo questo pollo al forno sarà delizioso. 3. Se berrai un bicchiere di birra diventerai più rilassata. 4. Se potrai venire in Italia vivrai con me e mia sorella. 5. Se vedrai il David di Michelangelo ti innamorerai dell'arte italiana. 6. Se sarai buona ti darò una scatola di cioccolatini. **Ex.9:** 1. Lo mangerete voi. 2. La lasceranno i bambini. 3. Li divorerà mia moglie. 4. Li dimenticherò io. 5. La esprimeranno tutti. **Ex.10:** *Answers will vary.*

CHAPTER 31:

Ex 1: 1. sorprenderà, 2. resteranno, 3. approfitteranno, 4. apprezzeranno, 5. fisserò, 6. informerò. **Ex.2:** 1. indirizzo, 2. destinatario, 3. mittente, 4. francobollo, 5. compatrioti, 6. sincero, onesto, 7. commerciale, 8. cordiale, 9. ringraziamento, 10. saluto. **Reading:** 1. Mr. Campi and Ms. Ricci are sitting in the office of Ms. Ricci. The salesman has in his hand a copy of his letter to his vendor in Rome and the vendor's answer. 2. "Ms. Ricci, I will read to you my letter to my vendor, Mr. Marcelli." 3. "This will please me, Mr. Campi." 4. Mr. Campi reads the following letter: New York, May 4, 2002, Mr. Giancarlo Marcelli, Via Torino 76, Rome. Dear Mr. Marcelli, 5. I am happy to inform you that I will make a trip to Italy. I will leave from New York on May 31 at 5 pm and I will arrive at the Fiumicino airport at 8 in the morning the next day, the first of June. I will remain in Italy two months. It will be a pleasure trip and at the same time a business trip. I will spend three or four weeks in Rome. 6. From Rome I will take some short trips to see the most interesting places. I also hope to go to Sicily by plane. During my stay in Rome I will take advantage of this opportunity to make your personal acquaintance. 7. I very much appreciate your work in Rome, which contributes so much to our success. I know that you are very busy and that you travel a lot. For this reason I write to you in advance in the hope of setting up an appointment. Please tell me if I will be able to have the pleasure of seeing you in Rome. 8. For six months I have been studying Italian. This will surprise you perhaps. I hope to be able to speak with you in your beautiful language because by now already for some time I converse two times a week with my teacher, Ms. Ricci, who is from your same country. Awaiting a prompt answer from you, I ask you to accept my most sincere wishes. Mario Campi. 9. "Marvelous, Mr. Campi, there is not even one mistake in your letter. 10. "Ms. Ricci, I must confess something to you. There is an Italian book entitled Commercial Correspondence. This book is of great help with titles, the conclusion and various expression of politeness, and it has taught me how to write the sender's and the recipient's address on the envelope. The book helps in learning something on the Italian postal system and on Italian stamps. Of course it is to you above all that I owe my most sincere thanks, as usual." 11. "You are very kind. And now will you please read me the answer which you just received from Mr. Marcelli?" 12. "With pleasure." **Ex.3:** 1V, 2V, 3V, 4F, 5V, 6V, 7F, 8V. **Ex.4:** 1. La signora Ricci è una compatriota del rivenditore. 2. Il libro intitolato La corrispondenza commerciale è utile. 3. Nella lettera non c'è nessun errore di italiano. 4. Mario vuole conoscere il suo rivenditore a Roma. 5. Mario spera di fissare un appuntamento con il suo rivenditore. 6. Mario desidera parlare italiano con il suo rivenditore. **Ex.5:** 1. abbiamo fatto, ho fatto, avete fatto, hai fatto, hanno fatto, 2. ho deciso, ha deciso, abbiamo deciso, hai deciso, avete deciso, 3. hai visto, hanno visto, avete visto, abbiamo visto, ha visto, 4. hanno chiuso, hai chiuso, ha chiuso, avete chiuso, ho chiuso. 5. ha risposto, hanno risposto, hai risposto, abbiamo risposto, ho risposto. **Ex.6:** 1. avete chiuso a chiave tutte le porte, 2. hai parlato italiano con il tuo fruttivendolo, 3. ho risposto alle lettere dei rivenditori, 4. ho scritto per mezz'ora nel mio diario, 5. abbiamo detto la verità ai nostri amici, 6. hai preso il caffè con tua sorella, 7. ho deciso di fare un viaggio, 8. ho letto il giornale per intero. **Ex.7:** 1. Da quanto tempo cucini senza grassi? Cucino senza grassi da due anni. 2. Da quanto tempo conosci due lingue? Conosco due lingue da tutta la vita. 3. Da quanto tempo frequenti l'università?

322 ITALIAN MADE SIMPLE

Frequento l'università da un anno. 4. Da quanto tempo lavori in banca? Lavoro in banca da tre mesi. 5. Da quanto tempo conosci la signora Ricci? Conosco la signora Ricci da sei mesi. 6. Da quanto tempo vieni in centro ogni domenica? Vengo in centro ogni domenica da quattro settimane. **Ex.8:** *Answers will vary.* **Ex.9:** *Answers will vary.*

CHAPTER 32:

Ex 1: 1. dannoso, 2. sportiva, 3. serio, 4. magra, 5. entrambi, 6. rispettosi, 7. ricci. **Ex.2:** 1d, 2g, 3e, 4h, 5f, 6c, 7a, 8b. **Reading:** 1. Mr. Campi has written a letter to his vendor in Rome and has read it to his teacher, Ms. Ricci. The latter has not found in the letter even one mistake. The sales-man has received an answer from his vendor. Now he is holding it in his hand and he is reading it. 2. Dear Mr. Campi, I have received with great pleasure your letter from May 4 where you inform me that you will soon take a trip to Italy. 3. Fortunately I will be in Rome during the months of June and July. Therefore I will be entirely at your service. 4. I will send my young asistant, Ms. Isabella Amendola, to meet you at the Fiumicino airport at 8 on June 1st ;you will recognize her easily: she is tall and thin with blonde, curly hair, and she is always dressed casually. She has been working with me for two years and she is capable and nice. 5. Isabella and I will do everything pos-sible to make your stay in Rome pleasant but also profitable from a commercial viewpoint. 6. We will be both quite happy to speak Italian with you, and I am sure that you will be able to speak our language perfectly. In fact you write in Italian very well. It is hard to believe that you have been studying Italian for only a few months. 7. Therefore I want to congratuale you and your teacher. Since Ms. Ricci is Italian I understand very well her familiarity with Italian idioms. So, "Good luck on your trip!" 8. While I wait to make your acquaintance I send you my most respectful regards. Gianfranco Marcelli. 9. "It is really a nice letter," says Ms. Ricci. "Until now you have known Mr. Marcelli as your serious and able vendor. He seems to me also very nice and open, and I am sure that he will be of great help to you." 10. "I too am sure that among Italians I will be happy, and the best thing is that I will be able to converse with them in their language. But why do I have to go into the mouth of the wolf?" 11. "Oh, that is just an expression which means 'Good luck,' to which you must answer 'Let him drop dead!' Well, Mr. Campi, next Thursday is our last appoint-ment before your departure. We will meet in my office, right?" 12. "Yes, of course. And will you give me last advice on how to succeed with Italian people—and with Italian women?" 13. "With pleasure, Mr. Campi." **Ex.3:** 1b, 2c, 3a, 4c, 5c, 6b. **Ex.4:** 1. ultima, 2. aeroporto, 3. permanenza, visita, 4. simpatica, 5. perfettamente, benissimo, molto bene, 6. disponibile, 7. appuntamento, 8. consigli. **Ex.5:** 1. contengono molte fotografie, 2. tengono un topo in bocca, 3. contiene molte opere d'arte, 4. ritieni la guerra inutile e dannosa, 5. ritiene l'Italia un paese stupendo, 6. ritengo Marina gelosa di Isabella, 7. ottenete quello che volete, 8. tengono in mano il destino di molti paesi. **Ex.6:** 1. l'ho studiata, 2. li ho visti, 3. l'ho guardata, 4. le ho lette, 5. l'ho preso, 6. li ho presi, 7. l'ho ascoltata, l'ho invitata. **Ex.7:** 1. No, non le abbiamo invitate. 2. No, non le abbiamo lette. 3. No, non li abbiamo comprati. 4. No, non li abbiamo informati. 5. No, non l'abbiamo scritta. 6. No, non l'abbiamo mangiata. 7. No, non l'abbiamo incontrato, 8. No, non l'abbiamo tenu-ta. **Ex.8:** 1. Sì, / No, non l'ho fatto, 2. Sì, / No, non l'ho pulito, 3. Sì, / No, non li ho preparati, 4. Sì, / No, non l'ho studiata, 5. Sì, / No, non l'ho fatta, 6. Sì, / No, non l'ho guardata, 7. Sì, / No, non le ho ascoltate, 8. Sì, / No, non l'ho mangiata, 9. Sì, / No, non l'ho preso, 10. Sì, / No, non le ho scritte. **Ex.9:** 1. Hai letto *La Divina Commedia*? No, non l'ho letta, ma la voglio leggere. 2. Hai letto *I promessi sposi*? No, non li ho letti, ma li voglio leggere. 3. Hai letto il giornale di stamattina? No, non l'ho letto, ma lo voglio leggere. 4. Hai letto l'autobiografia di Silvio Berlusconi? No, non l'ho letta, ma la voglio leggere. 5. Hai letto i libri di Italo Calvino? No, non li ho letti, ma li voglio leggere. 6. Hai letto un romanzo italiano? No, non l'ho letto, ma lo voglio leggere. 7. Hai letto le poesie di Montale? No, non le ho lette, ma le voglio leggere. 8. Hai letto una rivista italiana? No, non l'ho letta, ma la voglio leggere. **Ex. 10:** *Answers will vary.*

CHAPTER 33:

Ex 1: 1. avete abbracciato, 2. hai ricordato, 3. ha raccomandato, 4. abbiamo rinunciato. **Ex.2:** 1. rispetto, 2. ospitalità, 3. profonda, 4. desiderabile, 5. vediamo. **Reading:** 1. It is hot in Ms. Ricci's office. The air conditioning is broken and there is not even a breath of air. From the open windows one can hear the noises in the street. 2. "I can't wait to leave the city," says Mr. Campi to Ms. Ricci. 3. "Here it is hot and people are irritable. And the heat gives me a headache. I can't take it any more! In Italy I will be able to relax a little and have new experiences." 4. "So, Ms. Ricci, I have a proposition: instead of coming with me to the movies, to see The Last Kiss—which is not there anymore—why don't you come to Italy with me?" 5. "You know well that is is not possible nor desirable." 6. "Too bad! Then I really have to give you up? Do you want to be so kind as to give me some last advice?" 7. "Of course, Mr. Campi. The habits of each country are very different. In general things in Italy are done with more formality than here. Courtesy and hospitality have a deeper value. It means that each person is worthy of respect. In Italy business, for example, is done with more formality than in the United States. Businessmen in Italy like to converse a little before speaking of business. They first want to know each other." 8. "I will be very happy in Italy with them." 9. "Well, you will have to get used to a way of living that is less agitated. In general life in Italy is calmer than here." 10. "I hope so. I am tired of always doing things in a rush. After all you are teaching me Italian, but also how to wait..." 11. "And remember that in Rome in Italy it is often very hot. Therefore I advise that you follow the Roman custom of taking a nap between 1 and 3 pm." 12. "I will not forget it. And while I rest I will think of our lessons and of you..." 13. "Now that you know how to speak Italian so well, take the opportunity to speak it with everyone: with waiters, clerks, saleswomen, bartenders, etc. This is the best way to know Italy." 14. "Thanks to you, Ms. Ricci, I will be able to speak to Italians in their language, and I will certainly take every opportunity to do so." 15. "By the way, have you read the books on Italy that I recommended to you?" 16. "Yes, I have read them with great interest. I also read the two tourist guides that you loaned me. I am sure that these two guides will be of great help to me." 17. "Undoubtedly. As for me, I will spend the summer in New York,. working and helping my sister with her family." 18. "I will think of you often and once in a while I will write to you." 19. "I will be happy too receive your news. Then, now we must say goodbye." 20. "Good luck, Ms. Ricci, and thank you." 21. "Have a good trip, Mr. Campi." And the two shake hands while Marina flees Mario's delicate attempt to embrace her. **Ex.3:** 1b, 2f, 3e, 4g, 5c, 6h, 7a, 8d. **Ex.4:** 1. sonnellino, 2. premio, 3. affari, 4. fretta, 5. occasione, 6. irritabile, 7. soffio, 8. desiderabile. **Ex.5:** 1. Sì, ho viaggiato con lei, 2. Sì, siamo usciti con loro, 3. Sì, faccio questo per lui, 4. Sì, vanno da lei, 5. Sì, abbiamo pranzato da loro, 6. Sì, voglio uscire con te. **Ex.6:** 1. Ho comprato la carne da lui. 2. Ho fatto la permanente da lei. 3. Ho studiato da loro. 4. Ho fatto la spesa da lui. 5. Ho curato un dente da lui. 6. Ho lavorato da loro. 7. Ho fatto una visita da lei. 8. Ho confessato i miei peccati da lui. **Ex.7:** 1. Le finestre sono chiuse. 2. La tazza è rotta. 3. I portoni sono aperti. 4. La casa è chiusa. 5. Il caffè è preparato. 6. Le verdure sono bollite. 7. Le stanze sono pulite. 8. La frutta è lavata.

324 ITALIAN MADE SIMPLE

Ex.8: 1. Secondo me sono più (meno) ospitali di loro. 2. Secondo me sono più (meno) romantici di loro. 3. Secondo me è più (meno) innamorata di lui. 4. Secondo me è più (meno) forte di lui. 5. Secondo me è più (meno) sensibile di lei. 6. Secondo me sono più (meno) fedeli di loro.
Ex.9: *Answers will vary.*

CHAPTER 34:

Ex 1: 1. interessato / interessata, 2. assorti, 3. tragici, 4. precisa. **Ex.2:** 1c, 2h, 3f, 4g, 5a, 6d, 7e, 8b. **Reading:** 1. Mr. Campi has studied Italian for six months. He has spent a lot of time conversing with his teacher, Ms. Ricci. He has also learned the essential rules of grammar and he has read many books on Italy. He has worked seriously and a lot. Now he speaks Italian well and intends on taking every opportunity for using it in Italy. 2. Mr. Campi has bought his ticket for the plane, has obtained a passport, and has changed three hundred dollars into euros. The rest he will be able to withdraw in Italy from an ATM machine. He has everything he needs for the flight. He likes to travel and he likes to fly. 3. Naturally Mr. Campi has written an email message to his vendor in Rome to remind him of the time of his arrival. Mr. Marcelli, the vendor, has promised to send his assistant to meet him at the airport. 4. Finally May 31st, the day of departure, arrives. Mr. Campi's plane leaves from the Newark airport at 5 pm sharp. He must be at the airport at least two hours early to check-in. He will have to show his ticket and passport to the clerk, take a boarding pass, check his luggage and go through the various security checks before boarding. 5. After the tragic events of September 11 2001, American and world airports are particularly careful about security measures. 6. Mr. Campi travels alone. This seems to him a real luxury when he sees the family in line before him at the check-in: a young mother and an equally young father are traveling with three young children. Mr. Campi entertains the little ones with some games while the mom and dad show their tickets and passports. The two parents thank him warmly. 7. The nice family reminds him however of the Ricci-Jones family. And this reminds him of Marina, Ms. Ricci, with whom, he understood, he is in love, Marina who remains in New York. He has decided to leave for Italy all the same, though, because Ms. Ricci did not seem interested in deepening their friendship. Too bad, thinks Mr. Campi with a sense of emptiness. 8. While he is absorbed in these thoughts, Mr. Campi boards the plane, finds his seat, makes himself comfortable in his seat, fastens his seat belt and reads a book which Ms. Ricci has given him, An Italian in America (Ciao America), by Beppe Severgnini. 9. At 5pm sharp the plane leaves. **Ex.3:** 1h, 2g, 3b, 4e, 5d, 6a, 7c, 8f. **Ex.4:** 1. aeroporto, 2. bancomat, 3. cogliere, 4. sicurezza, 5. ringraziano, 6. ricorda, 7. innamorato, 8. ha regalato. **Ex.5:** 1. sale, 2. salgono, 3. rimane, 4. rimangono, 5. rimani, sali, 6. rimanete, salite, 7. rimaniamo, saliamo.
Ex.6: 1. Ma no, le allaccerò dopodomani. 2. Ma no, lo supererò dopodomani. 3. Ma no, lo mostrerò dopodomani. 4. Ma no, lo berrò dopodomani. 5. Ma no, li regalerò dopodomani. 6. Ma no, le farò dopodomani. 7. Ma no, li prometterò dopodomani. 8. Ma no, li vedrò dopodomani. 9. Ma no, la saprò dopodomani. 10. Ma no, le chiuderò dopodomani.
Ex.7: 1. Certo che no, le abbiamo gi à allacciate prima. 2. Certo che no, l'abbiamo già chiusa prima. 3. Certo che no, l'abbiamo già presa prima. 4. Certo che no, l'abbiamo già aperta prima. 5. Certo che no, l'abbiamo già scritto prima. 6. Certo che no, li abbiamo già prelevati prima. 7. Certo che no, le abbiamo già regalate prima. 8. Certo che no, lo abbiamo già occupato prima. 9. Certo che no, lo abbiamo già fatto prima. 10. Certo che no, lo abbiamo già portato prima.
Ex.8: 1. Sì, le abbiamo preparate. 2. Sì, l'ho portato. 3. Sì, li ho controllati. 4. Sì, li ho portati. 5. Sì, li ho salutati. 6. Sì, li abbiamo visitati. **Ex.9:** *Answers will vary.*

CHAPTER 35:

Ex 1: 1. a tutta velocità, 2. davanti, 3. sani e salvi, 4. c'è tempo, 5. con calma. **Ex.2:** 1. scendere, a tutta velocità, ascensore. 2. tranquilla, sali, appena, 3. ritiriamo, dogana, controllano, 4. controllare prezzo, prezzi, vertiginosi. **Reading:** The first letter to Marina from Rome. Rome, 4 June 2002. Dear friend, 1. When the plane arrived in Fiumicino they checked my passport, I claimed by baggage and I went through customs. 2. As soon as I left the customs area, which I went through quickly because I never have anything to declare, a young woman approached me and asked me, "Excuse me, are you Mr. Campi?" 3. I answered, "Yes, that's me. And you are Ms. Amendola, are you not? I am very happy to meet you." Then we shook hands. 4. "The pleasure is all mine," answered Ms. Amendola. "Mr. Marcelli has spoken a lot to me about you." 5. You remember, Ms. Ricci, that Ms. Amendola is the assistant of Mr. Marcelli, my vendor in Rome. 6. Then we left together and she accompanied me with her car to the Hotel Savoy. 7. Ms. Amendola took the road to downtown at full speed. I thought to myself, "Ms. Ricci is wrong about the tranquil life of Italy." 8. Looking around me, I saw that everyone—cars, trucks, buses, mopeds, taxis—drove at an extremely high speed. 9. Finally I said to Ms. Amendola: "Don't drive so fast, please! I am in no rush. Calm down! There's time!" 10. "I am in no rush either," she answered taking a curve at great speed. 11. Finally we arrived safe and sound at the hotel, the car stopped and we got out. Ms. Amendola got out with me. 12. I wen to the check in and I said to the clerk: "Good morning, madam. Do you have a room reserved for Mr. Campi?" 13. "Welcome to Rome, Mr. Campi. Certainly we have reserved for you a nice room on the fifth floor, on the front. It is number 55." 14. "Very well, thank you. What is the price?" 15. "90 euros a day, all included." 16. "Excellent." 17. "Now we will accompany you upstairs. But Mr. Campi, you speak Italian very well. How long have you been in Italy?" 18. "I have just arrived,"

I answered, very proud of myself. 19. "Are you here for a pleasure trip?" 20. "This is a pleasure trip but also a business trip." 21. I conversed a little longer with Ms. Amendola and then we said good-bye. On leaving Ms. Amendola promised to call me to make an appointment with Mr. Marcelli. 22. I went up to my room, to number 55, with the elevator. It is a very comfortable room. I don't lack for anything. I repeat once again, Ms. Ricci, that I will be very happy in Italy. But I miss you a lot." Sincerely, Mario Campi. **Ex.3:** 1F, 2V, 3F, 4F, 5F, 6F, 7V, 8V. **Ex.4:** 1. passaporti, 2. dogana, 3. mano, 4. assistente, 5. velocità, 6. fretta, 7. sani, salvi, 8. impiegata, 9. ascensore, 10. piano. **Ex.5:** 1.è partito, ha lasciato, è salito, è arrivato, ha passato, ha incontrato, è venuta, sono saliti, sono andati, è stata. **Ex.6:** 1. No, ci sono già andata. 2. No, ci siamo già andate. 3. No, ci siamo già andati. 4. No, ci sono già venuta. 5. No, ci sono già venuto. 6. No, ci siamo già venute. 7. No, ci siamo già venuti. 8. No, ci sono già salito. 9. No, ci sono già salita. 10. No, ci siamo già saliti. **Ex.7:** 1. Arianna è uscita molto presto. 2. Angela e Valeria sono diventate famose. 3. Fabrizio è partito per Lucca. 4. Tiziana è andata a Vienna. 5. Gianni e Marco sono rimasti a casa. 6. Lolita e Filippo sono saliti sul camion. 7. Pasquale è arrivato a casa. 8. La mia nonna è morta quest'anno. 9. Bianca è nata sei anni fa. 10. I miei nonni sono scesi in ascensore. **Ex.8:** *Answers will vary.* **Ex.9:** *Answers will vary.*

CHAPTER 36: REVIEW, CHAPTERS 31-35:

2. crossword puzzle: *across:* 1. corrispondenza, 6. di, 7. libro, 8. copia, 9. intelligente, 11. elettronica, 12. busta, 14. inviare, 16. francobollo, 19. commerciale, 22. lei, 23. ci, 24. ricevere, 26. libreria, 27. messaggio, 31. teso, 32. se, 33. lettera, 34. volo. *down:* 1. conclusione, 2. si, 3. destinatario, 4. no, 5. al, 6. do, 10. da, 12. biblioteca, 13. tra, 15. vi, 17. per, 18. lui, 20. mittente, 21. scrivere, 22. leggere, 25. mandare, 27. magro, 28. serio,

29. posta, 30. solo. **Ex.1:** 1i, 2l, 3h, 4e, 5b, 6f, 7g, 8a, 9c, 10d. **Ex.2:** 1. Caro amico ti ho scritto per dirti la storia del mio viaggio. 2. Quando sono andato/andata in Italia ho visto molte cose belle. 3. Ho visto per esempio le sculture di Michelangelo. 4. Tu qualche volta le hai viste? 5. Ogni volta che ho viaggiato in ho visto anche l'arte moderna. 6. A Roma ho ammmirato per esempio la Galleria d'Arte Moderna. 7. Tu cosa ne hai pensato? 8. Sono tornato/tornata in Italia nel 1999, tu quando ci sei tornato?

Ex.3: uscite, uscite, rimango, saliamo, rimaniamo, usciamo, rimangono rimaniamo, usciamo, saliamo. **Ex.4:** 1. No, non le ho ascoltate. 2. No, non l'ha abbracciata. 3. No, non li hanno aiutati. 4. No, non l'abbiamo apprezzata. 5. No, non l'ho conosciuta. 6. No, non l'hanno scritto. **Ex.5:** 1. scritto, 2. letto, 3. amato, 4. cantato, 5. ballato, 6. risposto, 7. chiuso, 8. venduto, 9. capito, 10. ricevuto, 11. avuto, 12. stato, 13. preso, 14. veduto/visto, 15. messo, 16. rotto, 17. speso, 18. aperto.

Ex.6: 1. sale, 2. è salito, 3. rimanere, 4. rimaniamo, 5. esci, 6. uscite, 7. tenete, 8. tengono. **Ex.7:** 1. in estate, 2, in primavera, 3. in inverno, 4. in autunno, 5. marzo, 6. settembre, ottobre. **Ex.8:** Answers will vary but may include the following: 1. Ci sono una nonna e un nipote. 2. Sono nella piccola via di un paese. 3. La nonna tiene in braccio il bambino. 4. Il bambino si riposa. 5. Stamattina i due hanno fatto la spesa, hanno preparato il pranzo, hanno pulito la casa. 6. Stasera la nonna cenerà, racconterà una storia, andrà a letto presto. **Ex.9:** li, li, loro, le, le, si, lo, lei, si, si lei. **Ex.10:** 1. meno, lei, 2. più, lui, 3. più, lei, 4. più, lei, 5. meno, lei, 6. più, lei.

CHAPTER 37:

Ex 1: 1. cognato, 2. cognata, 3. suocera, 4. cognata, 5. nipote, 6. pezzo, 7. contorno, 8. ricordo. **Ex.2:** 1: squisito, 2. affascinata, 3. ammobiliato, 4. graziose, 5. classico, 6. rapido. **Reading:** Second letter from Rome: Mario Campi to Marina Ricci.

Dear friend: 1. Last Saturday Mr. Marcelli called me on the phone to invite me to lunch at his house for the next day. Of course I accepted immediately, happy to have the opportunity to finally meet my vendor and to visit an Italian family. 2. I took a cab and at noon we stopped on Piave street, in front of a very elegant building. 3. I went up on the elevator to the fourth floor and I rang the doorbell. I immediately heard some quick footsteps. A young filipino maid opened the door and invited me to come in. I asked: "May I?" 4. "I heard someone say "Come in, come in!" and Mr. Marcelli came in to greet me. " Hello, Mr. Campi," he said, "I am happy to meet you." 5. Then we went into a living room furnished in a modern and tasteful style. I told him: "This apartment is very beautiful." Mr. Marcelli introduced me to his wife, his parents-in-law, and his children, two serious and intelligent young men. "Make yourself comfortable," Mrs. Marcelli told me. 6. The young men study at the classical high school. The oldest wants to be a doctor and the youngest wants to be a lawyer. Later other relatives of Mr. Marcelli arrived: his brother-in-law and his sister-in-law with his three nephews and his brother with his fiancée. The couple will get married in two months. 7. We sat down at the table and Mrs. Marcelli served us a delicious Italian lunch, starting with the appetizer, then a soup in broth, meat with two side dishes, salad, cheese, fruit, various wines and coffee. 8. At the table we said "Happy eating!" and then we talked about Italian life, about art, and especially about music. We also talked of the wedding of Mr. Marcelli's brother: the ceremony will take place in the Church of Saint Pudenziana and the reception in a restaurant in Trastevere. 9. After lunch the two boys went into their room to do their homework because tomorrow they have an oral test. 10. Then Mrs. Marcelli played the guitar and sang some Italian songs. 11. Having spent such a pleasant afternoon I left fascinated by my new friends, bringing with me an unforgettable memory of a good Italian family. And the desire to have a family of my own. Then I went home, that is to the hotel. Very cordially, your friend, Mario Campi. **Ex.3:** 1. Mario ha conosciuto la famiglia del suo rivenditore. 2. Mario è arrivato a casa della famiglia Marcelli in tassì. 3. Una giovane cameriera filippina gli ha aperto la porta. 4. I figli del signor Marcelli vogliono fare il medico e l'avvocato. 5. La signora Marcelli ha servito un tipico pranzo italiano. 6. Dopo pranzo i ragazzi sono andati in camera a fare i compiti. **Ex.4:** 1. la cameriera, 2. il medico, 3. l'avvocato, 4. l'ascensore, 5. il pranzo, 6. l'antipasto, 7. i compiti. **Ex.5:** 1. ci siamo arrabbiate, mi sono arrabbiato / arrabbiata, vi siete arrabbiati, ti sei arrabbiata, si sono arrabbiati, 2. mi sono addormentato, si è addormentata, ci siamo addormentati, ti sei addormentato, vi siete addormentate, 3. ti sei alzata, si sono alzati, vi siete alzate, ci siamo alzati, si è alzato, 4. si sono trasferiti, ti sei trasferita, si è trasferita, vi siete trasferite, mi sono trasferita, 5. si è preoccupato, si sono preoccupate, ti sei preoccupato, ci siamo preoccupati, vi siete preoccupate. **Ex.6:** 1. ti sei alzata, ti sei lavata i denti e poi ti sei fatta la doccia, 2. ci siamo alzati, ci siamo fatti la doccia e poi ci siamo lavati i denti, 3. vi siete alzate, vi siete vestite e vi siete lavate i denti, 4. si è alzato, si è lavato la faccia e si è preparato la colazione, 5. si è alzata, si è lavata le mani e il viso e si è vestita, 6. si sono fatti la doccia e si sono messi le scarpe. **Ex.7:** 1. prima è andata a letto e poi si è addormentata, 2. prima ho mangiato e poi mi sono lavata i denti, 3. prima ci siamo alzati e poi ci siamo vestiti, 4. prima vi siete lavati e poi vi siete vestiti, 5. prima si è stancata e poi si è riposata, 6. prima si è messo i calzini e poi si è messo le scarpe. **Ex.8:** *Answers will vary.* **Ex.9:** 1.Salve (Buongiorno, Piacere), mi chiamo Flora Carducci e sono di Modena. 2. Salve (Buongiorno, Piacere), mi chiamo Chiara Bernardi e sono di Pisa. 3. Salve (Buongiorno, Piacere), mi chiamo Sofia Scicolone e sono di Pozzuoli. 4. Salve (Buongiorno, Piacere), mi chiamo Mauro Bianchina e sono di Reggio Calabria. 5. Salve (Buongiorno, Piacere), mi chiamo

Francesco Ubaldoni e sono di Perugia. 6. Salve (Buongiorno, Piacere), mi chiamo Gemma Giannini e sono di Lucca.

CHAPTER 38:

Ex 1: 1. rumoroso, 2. grande, grosso, 3. disperato, 4. chiacchierare, 5. volere una mano, 6. sfortunatamente, 7. ruote, 8. spericolatamente.
Ex.2: 1. sfortunatamente, disperati, ridere, 2. guidare, attendere, qualcuno, 3. andare, concerto, ragazze, 4. cricco, gomma, volante, 5. portabagagli, zaino, mangiare, merenda. **Reading:** An email from Mario Campi to his friend Roberto Vico. Dear Friend, 1. Yesterday Isabella Amendola, Mr. Marcelli's assistant, called me on the phone and asked me, "Do you want to take a day trip with me and two friends of mine to Ostia, by car?" I accepted with pleasure. 2. This morning my new friends came to pick me up early at my hotel. 3. The three brought a backpack where there was a good lunch prepared for us by Isabella's mom. 4. Isabella drove the car with which she came to pick me up at the airport. We climbed in while speaking and laughing, and we left. 5. We were out of Rome; Isabella was at the wheel driving recklessly, as she always does, when suddenly we heard a noise that we immediately recognized. 6. "What is it? What happened?" We all asked. 7. Isabella stopped the car and we got out. "Darn it! We have a flat tire," she answered. 8. Daniele, Isabella's friend's boyfriend, wanted to change the tire and I wanted to help him. We began to look for the jack. But unfortunately there was no jack in the trunk. What to do? 9. Once in a while a car went by at great speed. In spite of our desperate signals nobody stopped. Shucks! 10. It was very hot and the sun was burning on our heads. We sat under a tree near the road to await our destiny. 11. Shortly after a big truck rapidly approached and suddenly stopped in front of us with a noisy brake. The trucker got out. 12. "Do you have a flat tire? Do you want a hand?" That big and large

man had a sweet voice and a very nice air.
13. "I think so, but we do not have the jack," we told him. "Fortunately, though, we have a spare tire." 14. "The trucker brought us a jack and we all got to work. In five minutes all was ready. Good! 15. While we worked we chatted a little with the trucker and we invited him to join us. This way we made a new friend. 17. Another time I will write and tell you my impressions of Ostia—and of Isabella Amendola. Now I don't have time because tonight I will go to a concert with her and now I must change. Cordially, your friend, Mario Campi. **Ex.3:** 1a, 2b, 3b, 4c, 5c, 6a, 7b, 8b.
Ex.4: 1. gita, 2. zaino, 3. volante, 4. rumore, 5. gomma, cricco, 6. camion, 7. ruota, scorta, cricco, 8. impressioni, 9. cambiarsi, concerto.
Ex.5: era, era, aveva, era, aveva, erano, erano, era, era, avevano. **Ex.6:** 1. Anche dieci anni fa uscivo per andare a ballare. 2. Anche dieci anni fa bevevo solo succo d'arancia. 3. Anche dieci anni fa dicevi solo la verità. 4. Anche dieci anni fa tu andavi al lavoro a piedi. 5. Anche dieci anni fa noi usavamo la macchina pochissimo. 6. Anche dieci anni fa isabella guidava spericolatamente. 7. Anche dieci anni fa ero proprio felice. 8. Anche dieci anni fa i miei figli studiavano la letteratura. 9. Anche dieci anni fa tutti gli alberghi erano pieni. 10. Anche dieci anni fa davamo una mano ai nostri suoceri.
Ex.7: *Answers will vary.* **Ex.8:** Answers will vary but may include: 1. Accelera! 2. Rallenta! 3. Frena! Attento! 4. Fermati! 5. Vai dritto!

CHAPTER 39:

Ex 1: 1. tradisce, 2. continua, 3. teme, 4. ammira, 5. colpisce, 6. segue. **Ex.2:** 1. il pittore, 2. moneta, 3. i venditori, 4. scalini, 5. il portatile, 6. le vetrine, 7. getta, 8. riposarci. **Reading:** Another message from Mario Campi to Roberto Vico. Dear friend, 1. I write you on my laptop, sitting at the Caffè Doney which you had so recommended to me before my departure. I am very tired. My feet hurt and my legs hurt. I took a walk so beautiful it was

to die for. 2. Isabella Amendola had invited me to take a walk with her, and this morning she came to pick me up at the hotel. Then we went out, going on foot to the Bridge Saint Angelo. 3. We stayed a little on the bridge to look at people strolling and the street vendors who were selling their objects of African crafts: elephants, belts, and also pirated disks and toys. 4. Then, following the Tiber, we continued walking all the way to Piazza Navona. What a magnificent square! Certainly it must be among the most beautiful in the world. The fountains, the churches, the buildings, everything is in perfect harmony. A fairytale! 5. We stopped at the Tre Scalini (Three Steps) Café to have an ice cream but above all to rest. What struck me everywhere in Italy is the importance of the café in daily life. 6. There one has breakfast, meets friends and writes even letters and emails, as I am doing at this moment. Being at the café is like being at the theater: the passersby are the actors and actresses, at times tragic, at times comic, but always interesting. 7. Then we continued our walk all the way to Piazza di Spagna, stopping once in a while to admire the antique shops and the windows where they sell interesting paintings and sculptures. 8. Strolling with Isabella is tiring but also very relaxing: I did not have to look at the map, because she knows all the streets, squares, churches and monuments of Rome. But if I stopped for too long Isabella said, "Come on, let's go!" 9. We went up the stairs of the beautiful staircase all they way to Trinità dei Monti. Up there we stopped a moment to catch our breath after the tiring climb and to enjoy the view of Rome. 10. Following Via Sistina and Via di Porta Pinciana we arrived at Porta Pinciana, which leads to the gardens of Villa Borghese. Then, coming back, we went to the Trevi Fountain, in which I tossed a coin because it is said that whoever does this will certainly come back to Rome. 11. Then Isabella went home and I stopped for a little while here at the Caffè Doney, very tired but fascinated by the beautiful stroll. 12. But you must certainly be curious about

Isabella: as her name says, she is a very beautiful girl, tall, thin, with long, curly blond hair. She is also very nice and intelligent. But don't you fear, I remain in love with Marina and I am not betraying her. Isabella is becoming a good friend.
13. Affectionately, your friend who is in love above all else, these days at least, with Rome. Mario Campi. **Ex.3:** 1F, 2V, 3F, 4F, 5F, 6V, 7F, 8V.
Ex.4: 1. portatile, 2. seduto, 3. artigianato, piratati, gioattoli, 4. tradire, 5 passanti, 6. negozi, 7. moneta.
Ex.5: 1. era arrivato, 2. aveva conosciuto, 3. era andato, 4. si era innamorato, 5. aveva studiato, 6. aveva imparato. **Ex.6:** 1. Quando Livia ha chiamato i bambini, i bambini erano già andati via. 2. Quando i signori Ricci-Jones hanno cercato Marina, Marina era già partita. 3. Quando Mario è arrivato all'aeroporto, Isabella lo aveva già aspettato a lungo. 4. Quando Marina è entrata nel cinema, il film era già finito. 5. Quando Mario si è recato nella hall dell'albergo, Isabella e gli amici erano già arrivati. **Ex.7:** 1. Avevamo tempo, abbiamo guardato il film che avevamo affittato ieri. 2. C'era il sole, ho fatto la passeggiata che mi avevi consigliato tu. 3. Eri in biblioteca, hai studiato la lezione che ti aveva dato il professore. 4. Stavano male, si sono riposati come aveva detto il medico. 5. Io ero con gli amici, abbiamo bevuto la birra che avevano portato dalla Germania. 6. Eravate al bar, avete chiacchierato con le ragazze che erano arrivate l'altroieri. **Ex. 8:** *Answers will vary.*
Ex. 9: *Answers will vary.* **Ex. 10:** *Answers will vary.*

CHAPTER 40:

Ex 1: 1e, 2d, 3f, 4g, 5a, 6h, 7c, 8b.
Ex.2: 1. astronomico, 2 estivi, 3. dorati, 4. vecchie, 5. secchi, 6. obbligato / obbligata. **Reading:** Letter from Mario Campi to Marina Ricci. Dear friend, 1. Now that I know a little better the customs of Italians, I feel obliged to address you with the tu form. For a long time I have considered you a true friend, therefore I can no longer address you with the Lei form. If you want, from now on, let's use the tu with each other. I will start with this letter, hoping to find you in agreement. 2. Guess where I am writing you from? I am sitting at a café, as I often do. The work of a tourist demands a lot of rest. And where can I rest better than at a café? 3. Remember our conversations about the environs of Rome? Well, today I want to describe to you my trip from Rome to Castel Gandolfo, now that my memory is fresh. 4. I went with some friends by car and while we crossed the countryside I was looking out the window. Some farmers were working in the field and vineyards.
5. All around there were magnificent old olive trees and, here and there, groups of cypresses. My friends wanted to take me for a tour of the Roman Castles, the area where the wine called of the Castles is produced. 6. The first important stop was Frascati. We got off (there were 4 of of us) and we went into a small restaurant where we ate a plate of spaghetti alla carbonara (al dente, of course), grilled vegetables, and spit-roasted chicken, and we drank the local dry white wine. We were hungry as wolves! We also toasted to the health of the excellent cook! 7. After this very cheerful stop we climbed back in the car to continue the tour. We passed the big town of Marino with its stone houses, and while we climbed the hill through the road that leads to Castel Gandolfo, a magnificent view opened up to our eyes: the blue sky, the many shades of green of the vineyards, the olive trees, the cypresses, the golden color of the small wheat fields. 8. Finally we arrived at the magnificent Castel Gandolfo, where the Pope has his summer residence. Looking up we saw the dome of the Vatican Specola, an important astronomical observatory. 9. We got off at the square. There we saw many little shops with souvenirs of the place: postcards and religious objects. I bought some souvenirs, of course. 10. After an excellent ice cream in the square we started our return trip and I want to tell you something about the various little towns which we crossed. 11. But it is late. Therefore I close this letter happy to have

enjoyed a nice day. Answer me soon and tell me what you are doing. Your friend, Mario Campi.

Ex.3: 1g, 2a, 3f, 4e, 5d, 6h, 7c, 8b.

Ex.4: 1. abitudini, 2. osservatorio, 3. vino, asciutto, 4. trattorie, 5. residenza, 6. piazza, negozietti, 7. ricordini, 8. paesi. **Ex.5:** 1. suona, 2. dormi, 3. canta, 4. balla, 5. passeggia, 6. esci, 7. telefona, 8. attraversa. **Ex.6:** 1. non suonate, 2. non dormite, 3. non cantate, 4. non ballate, 5. non passeggiate, 6. non uscite, 7. non telefonate.

Ex.7: 1. Non parlare più! 2. Non viaggiare più! 3. Non passeggiare più! 4. Non bere più! 5. Non pregare più! 6. Non telefonare più! 7. Non suonare più! 8. Non scrivere più! **Ex.8:** Answers will vary, but may include the following: cosa, cosa, consiglia, prendo, pesto, secondo, contorno, bere, per favore. **Ex.9:** *Answers will vary.*

CHAPTER 41:

Ex 1: 1 affollata, 2. fantini, la sella, 3. veterinari, 4. corsa, cavalli, 5. abiti, festa, 6. a prima vista.

Ex.2: 1. volere bene, 2. avere itenzione di, desiderare, 3. cavalcare, 4. saggiamente, 5. prezioso / preziosa, 6. pieno, 7. vestito, 8. cavallo, 9. straniero / straniera, 10. veterinario / veterinaria.

Reading: Email message from Mario Campi to Roberto Vico. Dear friend 1. One evening, as I was strolling through Via Veneto with its numerous hotels and cafés, I observed a sign full of beautiful colors. 2. I stoppd to read it. It was the announcement of the Palio of the Contrade of Siena, of which I had already heard, and which takes place every year in July and August in the historic Piazza del Campo. 3. Since Siena is one of the small cities which I had the intention of visiting I decided to invite Isabella to go there with me for a few days. "Why not?" She told me, and accepted enthusiastically. 4. When we arrived in Siena, on July 2nd in the morning, we found the city very crowded. In the streets there were people in medieval costumes. 5. Walking around the various neighborhoods of the city (called "contrade" in old Italian), I could speak at length with Isabella—about Italy, about her life, about her dreams and desires. I discovered other beautiful qualities of this young woman. I care for her, but I cannot fall in love with her. 6. Isabella, by the way, is also in love with another person, and she says that when she is with me she succeeds in forgetting her love pains. But we cannot give orders to our heart, as they wisely say here in Italy. 7. Let's go back to the Palio. As you know, the Palio is a horse race, and the jockeys, dressed in medieval clothes, ride without a saddle. Many Italians and foreigners go to see it. 8. A great pageant opened the feast, in which all the oldest families in the city participated in ancient and very precious costumes. 9. The races were very exciting. The enthusiasm was very great, and all the tourists took pictures of the races. I too felt taken up by the general enthusiasm. 10. But Isabella was sad, because she loves horses very much and wants to be a veterinarian—and the Palio can be difficult and dangerous for the horses. "Don't be upset," I told her, "the horses have fun too!" 11. We slept in a pretty hotel downtown—in separate rooms, don't worry! 12. Upon my return to New York I will show you all the beautiful color photographs I took in Siena—maybe you will fall in love at first sight with Isabella! Always affectionately, your friend, Mario Campi. **Ex.3:** 1c, 2c, 3a, 4b, 5b, 6b.

Ex.4: 1. A Via Veneto ci sono i caffè e gli alberghi. 2. Ogni anno a Siena c'è il Palio delle Contrade. 3. L'entusiasmo per le corse era grandissimo. 4. I quartieri di Siena si chiamano le contrade. 5. Nel cuore di Mario non c'è posto per Isabella. 6. I fantini del Palio cavalcano senza sella. **Ex.5:** 1.signora, 2.padre, 3. madre, 4.sorella, 5.mercoledì, 6. Giovedì 7. alla scuola

Ex.6: 1. No, non abbiamo incontrato nessuno. 2. No, non abbiamo parlato con nessuno. 3. No, non abbiamo dimenticato niente. 4. No, non ho visto niente di pericoloso. 5. No, non non l'ha portato nessuno. 6. No, non ti regalerò niente.

Ex.7: 1. No, non ha avuto né acqua né riposo.

2. No, non ho incontrato neanche un amico. 3. No, non hanno parlato neanche ai cavalli. 4. No, non ho visto né Mario né Marina. 5. No, non ho cucinato né carne né pesce. 6. No, non abbiamo ordinato né vino, né birra. **Ex.8:** 1. Non, non l'hanno ancora fatta. 2. No, non l'ho ancora visto. 3. No, non li abbiamo ancora mangiati. 4. No, non l'ha ancora visitato. 5. No, non l'ha ancora bevuta. 6. No, non l'hanno ancora guardato. **Ex.9:** 1. è lento come una lumaca. 2. è coraggiosa come un leone. 3. è un'oca. 4. sei muta come un pesce. 5. è furba come una volpe. 6. sono sano / sana come un pesce. 7. è un orso. **Ex.10:** *Answers will vary.* **Ex.11:** il pesce

CHAPTER 42: REVIEW, CHAPTERS 37-41:

2. crossword puzzle: *across:* 1. indimenticabile, 2. ridi, 7. il, 8. si, 10. automobile, 13. so, 14. da, 15. accelerare, 17. do, 18. continuare, 19. fermarsi, 21. pericoloso, 22. finestrino, 26. cartina, 29. sul, 30. contrada, 33. macchina, 35. te, 37. guidare, 38. sai, 39. passante, 42. eri, 44. treno, 45. ne. *down:* 2. nulla, 3. mai, 4. attraversare, 5. rallentare, 6. di, 9. tre, 11. mie, 12. motorino, 16. scorta, 18. ci, 20. cricco. 21. per, 23. scuolabus, 24. volante, 25. traffico, 27. risalire, 28. sa, 29. segnale, 31. tu, 32. via, 34. con, 36. mano, 40. su. **Ex.1:** 1b, 2h, 3f, 4e, 5g, 6d, 7c, 8a. **Ex.2:** 1. Cucinala! 2. Cuocilo! 3. Non bruciarle! 4. Attraversala veloce-mente! 5. Non bucarla! 6. Cantale! 7. Leggila! 8. Guidalo con attenzione! 9. Non tradirli! 10. Suonala con me! **Ex.3:** ero, abitavo, era, ho deciso, mi sono innamorata, erano, tornavo, sono tornata. **Ex.4:** 1. Io non vado mai al Palio di Siena. 2. Non ci sono andata neanche quest'anno. 3. Nessuno è venuto con me. 5. Non sono venuti né il mio migliore amic, né mia sorella. 5. Non ho visto niente di interessante. 6. Non ci andrò più in futuro. **Ex.5:** 1. avevo promesso, 2. avevo messo, 3. avevo telefonato, 4. era finito, 5. eravamo la-sciati, 6. erano andati. **Ex.6:** 1. Quando ci eravamo presentati avevamo detto "Piacere!" 2. Tu, Cristiano, quando ti eri presentato, avevi detto "Molto lieto!"

3. E la signora Caporossi quando si era presentata aveva detto "Lietissima!" 4. Voi che cosa avevate detto quando vi eravate presentati? **Ex.7:** 1. ha accelerato 2. accelera. 2. ordiniamo. 4. abbiamo ordinato. 5. attraversi. 6. attraversavi. 7. bucare. 8. abbiamo bucato. **Ex.8:** 1. Ma Alberto non studia mai la sera. 2. Ma Alberto non ama né la musica né l'arte. 3. Ma Alberto non scrive niente nel suo diario. 4. Ma Alberto non fa i compiti con nessuno. 5. Ma Alberto non vuole più la mamma di sera. 6. Ma Alberto non ha affatto voglia di giocare con me. **Ex.9:** 1. Chiara, ammira le maschere! 2. Chiara e Alberto, passeggiate per la città! 3. Chiara e Alberto, non tirate i coriandoli! 4. Alberto, dai una mano a Chiara! 5. Chiara e Alberto, non dimenticate di pulire! 6. Chiara, invita i tuoi amici al Carnevale! 7. Chiara e Alberto, divertitevi al Carnevale! 8. Alberto, presentali! **Ex.10:** Some variations possible, but here is a basic translation: Quali sono le tipiche cose italiane? Luigi Barzini si è fatto questa domanda nel suo famoso libro Gli italiani. Le cose italiane sono come specchi per gli italiani. Queste cose sono le cose che possono succedere solamente in Italia. Possono essere piccole cose, ma insieme ci permettono di capire il carattere italiano. Ci aiutano a rispondere alla domanda: "Perché siamo chi siamo?"

CHAPTER 43:

Ex 1: 1. pittoresche, 2. cresciuti, 3. nati, nati, 4. sconosciuto, 5. eleganti, 6. indimenticabili. **Ex.2:** 1b, 2c, 3e, 4l, 5d, 6i, 7f, 8h, 9a, 10g. **Reading:** Email message from Mario Campi to Roberto Vico. Dear Friend, 1. Here I am in Florence, where I spent five unforgettable days with Isabella, visiting the magnificent buildings, churches, and museums, and walking up and down the picturesque streets. I will not try to describe to you all the beautiful places that I visited here because to do it in one letter is not sufficient, I must write an entire book. Anyway, I will write to you something about my impres-

sions and experiences in the best way possible.
2. I have read that the richness of the entire civilization can be found in Florence, and that this city does not belong only to Italy but to the entire universe. I have been here only for five days but I feel that this claim is true. 3. Then I have an exceptional guide, Isabella, who was born and raised in Florence and who made me love it even more, showing me famous places and also places unknown to tourists. 4. Naturally we spent a lot of time at the Uffizi Gallery and the Pitti Palace, and I saw the David of Michelangelo at the Accademia. 5. We spent several hours walking through the picturesque streets, among which is Via Tornabuoni, which is the most important street in Florence for its elegant shops and cafés.
6. In an old, very narrow street I saw the house where the famous poet Dante Alighieri was born in 1265. I read his Divine Comedy in English. Someday I hope to read it in Italian. 7. As you can imagine, the Ponte Vecchio with its craft shops was of great interest to me: how many beautiful artistic objects made by florentine craftsmen can be seen there: bracelets, rings, earrings, necklaces and also many leather objects. 8. I bought for Isabella a leather handbag which she had much admired but which she could not afford. She was speechless and embraced me tightly when I gave it to her. For Marina I got a more important gift: a yellow gold bracelet with white gold designs and some small diamonds. She likes modern things and I am sure she will like it—but I am not as sure that she will accept it... I will give it to her when I return to New York. 9. Halfway through Ponte Vecchio there is an archway from which one can admire the river Arno, which flows calmly and slowly. There, Isabella and I spoke at length about our dreams, about our loves, about our heartaches. Anyway I cannot fall in love with her, because Marina is still too much present in my heart. 10. Tomorrow Isabella and I will return to Rome. Then I will leave alone and will take a trip to Naples, because I want to visit especially

Pompei, Capri and Ischia. Then I will return again to Rome where I will catch the plane to come home, that is to New York. Very affectionately, your friend, Mario Campi. **Ex.3:** 1V, 2F, 3F, 4V, 5F, 6V, 7F, 8V, 9V, 10F. **Ex.4:** 1. fiume, lento, 2. borsetta, braccialetto, 3. innamorarsi, cuore, 4. pittoresche, 5. negozi, 6. nata, cresciuta, 7. sconosciuti. **Ex.5:** 1. le vuole bene, 3. gli vuole bene, 3. non le vuole bene, 4. l'ha ammirata, 5. li abbiamo ammirati, 6. l'hanno guardata. **Ex.6:** 1a, 2b, 3c, 4b, 5a, 6c, 7a, 8a. **Ex.7:** 1. gliel'ha comprata, 2. gliel'ha comprato, 3. non gliel'ha dato, 4. gliene ha mandati, 5. non me l'ha inviata, 6. non ce l'ha regalata. **Ex.8:** 1. Il Colosseo è un esempio di architettura antica. 2. La Monna Lisa è un quadro di Leonardo, 3. La Pietà è una scultura di Michelangelo, 4. Il Palazzo Vecchio di Firenze è un esempio di architettura medievale, 5. L'Eur è un quartiere moderno di Roma, 6. San Pietro è una basilica rinascimentale, 7. Gian Lorenzo Bernini è uno scultore e architetto barocco, 8. Giacomo Balla è un pittore moderno, 9. Pier Luigi Nervi è un architetto moderno, 10. Giotto è un pittore medievale, **Ex.9:** *Answers will vary.*

CHAPTER 44:

Ex 1: 1. compagna, 2. riaccompagnare, 3. a braccetto, 4. presentarsi, 5, funerale, 6. lungomare, 7. gelosia, 8. respingere, 9. soli, 10. sdraiati. **Ex.2:** 1. secondo, gelosia, innamorati, gelosi, 2. gelosa, sospetto, abbigliamento, 3. respingo, soprattutto, da solo, cinema, 4. scorso, a braccetto, lungomare, si è girata, 5. sola, ho baciato, sospetti, scambio.
Reading: Letter from Mario Campi to Roberto Vico. Dear friend, 1. I do not believe in destiny. I mean, that is, that until last week I had not believed in destiny. Now I will tell you what happened. 2. During my trip alone in Naples, Capri and Ischia I had a lot of time to think. I strolled along the sea in Naples, I lay down in the sun at the beach of Capri and Ischia, I had an ice cream

alone in a café, and I thought, imagined, dreamed. 3. What did I dream? What I would do in my ideal future. I would call Marina, I would tell her to come to Italy to me. I would send her a plane ticket, I would reserve the most romantic hotel in Rome, I would walk with her along the streets she knows so well. I would take her out to dinner, I would treat her to a nice ice cream in Piazza Navona. We would stroll together on the Lungotevere, she would take my hand, would look me in the eyes, and I would tell her all the love I feel for her. We would embrace, we would kiss, and we would never leave each other again. I would be the happiest man in the world, and Marina would be the most loved woman in the world. 4. That was my dream, dear friend, a dream which until a few days ago seemed to me impossible. But now listen to me. 5. I was downtown Rome, after a work meeting with Mr. Marcelli. I had gone into a clothing store with Isabella, my best friend in Italy. Isabella had to buy some clothing items for work. 6. I turned around and I saw Marina entering the shop arm in arm with a handsome man. The joy of seeing her again was greater than the jealousy of seeing her with another man. I ran to greet her. 7. She looked at Isabella with the same suspicion with which I looked at the man who was with her. Then we introduced our partners to one another. The man accompanying Marina was her cousin Luca, and she had come suddenly to Rome for her grandmother's funeral. 8. We went out to lunch, all four of us, in a nice small restaurant, "Da Lella," of which Marina knew the owner. We ate, drank, chatted. After lunch, we exchanged phone numbers and left each other. 9. The next day I called Marina and invited her to the movies. I told her that she still owed me the prize for the geograhy exam. She accepted laughing. 10. At the movies, we held hands, and when I accompanied her back home I kissed her before leaving her. She did not reject me, on the contrary. I called her "love," "treasure," "adored one," many words which I had learned in the hope of one day being able to say them to her. 11. For the rest, my friend, you will have to await my return. I am the happiest man in the world. Very affectionately, your friend, Mario Campi. **Ex.3:** 1V, 2F, 3F, 4F, 5V, 6V, 7F, 8V, 9V, 10V. **Ex.4:** 1. destino, 2. futuro, 3. fuori passeggiare, mano, occhi. 4. sogno, 5. braccetto, 6. gioia, gelosia, 7. funerale, nonna. **Ex.5:** prenderei, berrebbe, vorrebbero, prenderemmo, mangerebbero, vorremmo, vorrebbe, potremmo. **Ex.6:** 1. saprei l'italiano meglio, 2. potremmo nuotare meglio, 3. studieresti meglio, 4. sogneremmo l'amore meglio, 5. vedremmo il panorama meglio, 6. visiteremmo il mondo meglio, 7. faresti una festa meglio, 8. guarderemmo il film meglio. **Ex.7:** 1. la bacerei, 2. lo prenderemmo, 3. lo berrei, 4. ci verrei, 5. ne sarei felice, 6. gli scriverei, 7. li inviteremmo, 8. la riaccompagneremmo. **Ex.8:** 1. Bello quel vestito a quadretti, posso provarlo? 2. Belli quei pantaloni di lana, posso provarli? 3. Bella quella gonna di cotone, posso provarla? 4. Belli quegli stivali di pelle, posso provarli? 5. Bella quella camicia di lino, posso provarla? 6. Bella quella giacca a quadretti, posso provarla? **Ex.9:** *Answers will vary.*

CHAPTER 45:

Ex 1: 1c, 2f, 3e, 4d, 5b, 6a. **Ex.2:** 1. la mela, 2. albicocca, 3. la sabbia, 4. abbronzarsi, 5. remare, 6. prendere il sole. **Reading:** Mario Campi left New York well informed about Italy: he knew how to speak Italian decently and had even informed himself on the history and the geography of the country. But in order to learn Italian, a stay in Italy is necessary. 2. Now he speaks the language with more ease. He has visited many of the places he had studied. And he loves many things in Italy: Rome, Florence, and Siena; the historical monuments; the marvelous art museums; the painting, sculpture, architecture; the landscapes in the environs of Rome. He loves the beaches of Capri, bathing in the calm sea, sunbathing and tanning on the beach, walking on the hot sand, and then swimming, rowing, sailing. 3. Naturally he likes Italian cooking a lot, and the fruit that is so tasty: strawberries, peaches, apricots, plums, apples, pears. He loves Italian icecreams: his favorite flavors are hazelnut-chocolate, nougat, and hazelnut. But he especially loves the Italians. He loves their enthusiasm for life, the deep sense of dignity, their sense of humor, their kindness, their passion for discussion and their independence. 4. All this he could have imagined. What he had not foreseen, though, was his love for an Italian woman, Marina, and especially the desire to remain in Italy—and not only for Marina. He should leave and return to New York, but he does not want to. 5. Life in Italy is really more tranquil than in New York, in spite of his first impressions in Isabella's car from the airport to the hotel: Isabella continues to drive at very high speed, and she continues to be Mario's Italian best friend. She is a very with-it young woman and she will go far. Naturally Marina is a little jealous: after all she too is a typical Italian! 6. So Mario has asked his software company to let him stay in Italy for a year, in Rome, and work from there. His company has found him a position for a year in Rome, with Mr. Marcelli. Mario will not leave Italy! Obviously he is very happy, and this way he and Marina will have the opportunity to get to know each other better and to understand if they are really made for each other. 7. Here is the brief email that Mario has sent to his friend Roberto Vico: Dear Roberto: I am not leaving, or better yet, I will no longer leave this country—at least for a year, then we will see. Come visit me, or better yet, come visit us! I wish! Marina and I are waiting for you, and we will be happy to show you all the beautiful things about Rome that we love! Till soon, I hope, Mario.

Ex.3: 1V, 2V, 3F, 4F, 5F, 6V, 7V, 8F.

Ex.4: 1. decentemente, 2. messaggio, elettronica, 3. gelosa, 4. migliore, 5. andarsene, 6. cucina, frutta, 7. passione, 8. ditta, anno. **Ex.5:** 1.se ne andranno, ce ne andremo, te ne andrai, ve ne

andrete, me ne andrò. 2. se ne sono andate, ve ne siete andati, me ne sono andato, te ne sei andata, se n'è andata. 3. se ne va, ce ne andiamo, ve ne andate, me ne vado, te ne vai. 4. te ne andavi, ce ne andavamo, me ne andavo, se ne andava, ve ne andavate, 5. ce ne andremmo, se ne andrebbe, se ne andrebbero, ve ne andreste, te ne andresti.

Ex.6: 1. Per bollire la pasta ci vuole l'acqua e ci vuole il sale. 2. Per condire l'insalata ci vuole l'olio e ci vuole l'aceto. 3. Per preparare la carbonara ci vogliono le uova e ci vuole la pancetta. 4. Per arrostire le patate ci vuole l'olio e ci vogliono le erbe. 5. Per fare il tiramisù ci vuole il mascarpone e ci vuole il caffè. 6. Per preparare le lasagne vegetariane ci vuole la besciamella e ci vogliono le verdure.

Ex.7: 1. Il presidente americano non se ne va dagli Stati Uniti. 2. I Ricci-Jones non se ne vanno dagli Stati Uniti. 3. Noi spagnoli non ce ne andiamo dalla Spagna. 4. Tu non te ne vai dalla casa dei genitori. 5. Voi studenti non ve ne andate dalla scuola. 6. I messicani non se ne vanno dal Messico. **Ex.8:** 1. Se voglio costruire una casa vado dall'architetto. 2. Se voglio imparare una nuova lingua vado dall'insegnante di lingue. 3. Se mi sento molto male vado dal dottore o dalla dotteoressa o dal medico. 4. Se ho bisogno di aiuto con le tasse vado dal ragioniere o dall'avvocato. 5. Se il mio cane sta male vado dal veterinario. 6. Se ho problemi legali vado dall'avvocato. 7. Se il bagno si è rotto vado dall'idraulico. 8. Se voglio esser intervistato per un giornale vado dal giornalista. 9. Se la luce non si accende vado dall'elettricista. 10. Se voglio costruire un tavolo su misura vado dal falegname.

Ex.9: *Answers will vary.*

CHAPTER 46:

Reading: Last year Mr. Mario Campi, a software salesman from New York, decided to take a trip to Italy. He wanted to visit his vendor in Rome and at the same time he wanted to see the most interesting things in the capital and in various other cities in Italy. But Mr. Campi did no speak Italian. In order to learn that language he found in New York an Italian teacher, Ms. Marina Ricci. For six months Mr. Campi attended lessons, and the two met every Tuesday and every Thursday in Ms. Ricci's office. Little by little Mr. Campi fell in love with Ms. Ricci. On May 31st Mr. Campi left for Italy by plane. When he arrived at the Fiumicino airport, his vendor's assistant, Ms. Isabella Amendola, was there waiting for him. They climbed into Isabella's car and she drove at great speed to the hotel where Mr. Campi had reserved a room with a bathroom. A few days after his arrival in Rome, Mr. Campi had lunch at the home of his vendor. He met his wife, a kind and attractive lady, and his children. The Marcelli's were glad to make the acquaintance of this American gentleman. Mr. Campi devoted himself not only to business but also to the visit of Rome—its monuments, its museums, its streets and squares. Using Rome as a starting point, he took a tour of other cities. In Florence and Siena he was accompanied by Isabella Amendola, of whom he had become in the meantime a great friend. In Florence he bought an important gift for Marina: a golden bracelet. When Mr. Campi arrived in Italy he already knew how to speak Italian fairly well, therefore he took advantage of every opportunity to speak the language with everybody. Thus he learned how to know and love the Italian people. But he missed his teacher a lot, Marina Ricci. Whe he was in Italy he wrote several letters and email messages to Marina and to his friend Roberto Vico. He had many things to tell to the two, but of course it was not possible to write letters full of details. He had to leave for their future conversations many interesting topics. But Mr. Campi saw Marina again before he had foreseen. The two met by chance in Rome and never left each other again. To Mr. Campi it felt like he was in seventh heaven. Mr. Campi requested a year of work in Rome from his firm, and now he lives there happily with his great love.

Ex.1: 1. rimanemmo, rimasi, rimaneste, rimanesti, rimasero. 2. chiusi, chiuse, chiudemmo, chiudesti, chiudeste. 3. cadesti, caddero, cadeste, cademmo, cadde. 4. scesero/sentirono, scendesti/sentisti, scese/sentì, scendeste/sentiste, scesi/sentii. 5. decisero, decise, decidesti, decidemmo, decisi. **Ex.2:** 1a, 2c, 3c, 4a, 5c, 6b. **Ex.3:** nacque, visse, scrisse, pubblicò, ebbe, fu, morì. **Ex.4:** Answers will vary but may include: 1. Pronto, chi parla? 2. C'è Carmine? 3. Attenda in linea. 4. Mi può passare Dario? **Ex.5:** *Answers will vary.*

CHAPTER 47: REVIEW, CHAPTERS 42-46:

2. crossword puzzle: *across:* 1. abbigliamento, 2. largo, 11. collana, 12. righe, 13. lì / là, 14. lungo, 16. taglia, 17. bianco, 18. comodo, 20. stretto, 21. seta, 23. borsetta, 25. scarpe, 26. sciarpa, 28. braccetto, 31. guanti, 33. lino, 34. nero. *down:* 2. braccialetto, 3. lana, 4. mai, 5. numero, 6. pelle, 7. corto, 8. foulard, 9. blu, 15. giallo, 18. cotone, 19. orologi, 22. quadretti, 24. stivali, 25. su, 27. verde, 29. con, 30, oro, 32. tuo. **Ex.1:** 1c, 2d, 3e, 4h, 5f, 6g, 7a, 8b. **Ex.2:** 1. Qual è il prefisso per Alessandria? Il prefisso per Alessandria è 0131 (zero uno tre uno). 2. Qual è il prefisso per Bari? Il prefisso per Bari è 080 (zero ottanta). 3. Qual è il prefisso per Catania? Il prefisso per Catania è 095 (zero novantacinque). 4. Qual è il prefisso per Cuneo? Il prefisso per Cuneo è 0171 (zero uno sette uno). 5. Qual è il prefisso per Genova? Il prefisso per Genova è 010 (zero dieci). 6. Qual è il prefisso per Macerata? Il prefisso per Macerata è 0733 (zero sette tre tre). 7. Qual è il prefisso per Milano? Il prefisso per Milano è 02 (zero due). 8. Qual è il prefisso per Padova? Il prefisso per Padova è 049 (zero quarantanove). **Ex.3:** nacque, iniziò, scriveva, scriveva, fu, era, portò, seppe, furono, dovevano, morì. **Ex.4:** 1. Sì, te lo regalo, 2. Sì, te le regalo, 3. Sì, te lo regalo, 4. Sì, ve la regalo, 5. Sì, ve lo regalo,

6. Sì, ve le regalo, 7. Sì, glielo regalo, 8. Sì, glielo regalo, 9. Sì, gliela regalo, 10. Sì, glieli regalo. **Ex.5:** me ne vado, te ne vai, se ne vanno, ve ne andate, ce ne andiamo. **Ex.6:** verrei, vedrei, imparerei, andrei, sarei, porteresti, faresti, tornerei, darei, verrebbero, vedrebbero, imparerebbero, vorrebbero. **Ex.7:** 1. Per essere felici ci vorrebbe l'amicizia. 2. Per essere felici ci vorrebbero molti viaggi in tutto il mondo. 3. Per essere felici ci vorrebbe la musica classica. 4. Per essere felici ci vorrebbero le canzoni di Andrea Bocelli. 5. Per essere felici ci vorrebbe l'arte di Raffaello. 6. Per essere felici ci vorrebbero i romanzi di Andrea Camilleri. 7. Per essere felici ci vorrebbero le poesie d'amore di Petrarca. 8. Per essere felici ci vorrebbero i bambini. **Ex.8:** 1. già, 2. meno, 3. anche, 4. sempre, 5. ancora, 6. anzi. **Ex.9:** 1. Per andare da Carpineto a Roma una macchina ci metterà un'ora e mezzo. 2. Per andare da Carpineto a Roma un motorino ci metterà quattro ore. 3. Per andare da Carpineto a Roma un autobus ci metterà due ore. 4. Per andare da Carpineto a Roma un aereo ci metterà venti minuti. 5. Per andare da Carpineto a Roma quest'uomo a piedi ci metterà due giorni. **Ex.10:** 1. In città quest'uomo guiderebbe un camion. 2. In mare quest'uomo andrebbe in barca. 3. Senza il mulo quest'uomo sarebbe stanchissimo. 4. Con il mulo malato quest'uomo curerebbe il mulo. 5. Dal barbiere quest'uomo si taglierebbe i capelli. 6. Con due muli quest'uomo farebbe più in fretta.